제2판

예제로 배우는 SAS 프로그래밍 입문

강현철 · 최병정 · 김기영 · 최병진 지음

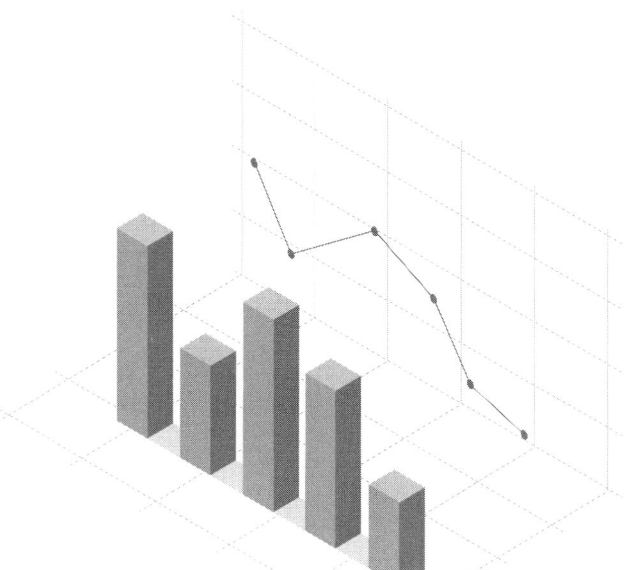

자유아카데미

머리말

이 책은 SAS 소프트웨어를 이용하여 데이터 분석을 수행하고자 하는 다양한 분야의 독자들을 위한 프로그래밍 입문서이다. 따라서 실제적이고 간단한 예제들을 이용하여 SAS 언어의 기본적인 사항에 대해서 쉽고 간단하게 설명하고 있다. 또한 다양한 형태의 문제를 해결하기 위한 몇 가지 고급기법들도 다루고 있기 때문에 SAS를 이용해 본 독자들도 잘 몰랐던 부분을 새롭게 배우거나 쉽게 참조할 수 있는 참고서로서 유용하게 사용될 수 있을 것이다.

이 책은 열 개의 장으로 구성되어 있다. 먼저 1장에서는 SAS 시스템을 처음 접하는 독자들을 위해 SAS의 기본 윈도우 및 사용법을 간단히 소개하였다. 2 ~ 7장에서는 SAS 데이터셋의 생성과 저장, 데이터의 결합, 데이터값의 변환 등과 같은 데이터 관리에 대한 전반적인 사항을 자세히 다루었으며, 8 ~ 9장에서는 다양한 테이블과 그래프를 작성하는 방법을 설명하였다. 마지막으로 10장에서는 프로그래밍 없이도 SAS의 강력한 분석 기능을 손쉽게 활용할 수 있는 Enterprise Guide의 주요 기능들을 소개하였다.

일반적으로 SAS를 사용한 컴퓨터 작업은 이 소프트웨어가 가지고 있는 데이터 처리 및 분석기법의 일부만을 이용하여 수행되는 경우가 많으므로, 먼저 이 책의 범위 내에서 필요한 기본개념 및 구조를 이해한 후 실제 작업의 필요에 따라 점차 기법의 이용 범위를 확충시켜 나가는 것이 바람직하다고 생각된다. 따라서 이 책은 SAS를 사용해 본 경험이 거의 없거나 비교적 초보 단계에 있는 사용자를 그 대상으로 하고 있으며, 보다 다양한 SAS의 기능을 이용하여 고급 사용자가 되기를 원하는 독자들은 SAS 시스템의 도움말 기능 및 Online Document 등의 다른 참고문헌들을 충분히 활용하기를 권한다.

좋은 책을 만들기 위해 최선을 다했지만 오류가 나올 수 있다. 이 점은 양해를 바라며, 출간 후 나올 수 있는 수정사항 등은 자유아카데미 홈페이지 자료실(www.freeaca.com)을 통해 게시할 것이니 참고하기를 바란다. 아무쪼록 이 책이 SAS를 이용해 실제 자료를 분석하고자 하는 독자들에게 유용하게 사용되기를 바란다.

2023년 10월

저자들

차 례

제1장 SAS 프로그램의 작성과 실행

제2장 SAS 데이터셋 만들기

제3장 데이터 요약 및 표현

제4장 다양한 INPUT 명령문의 형식

제5장 데이터 단계에서 사용되는 명령문들

제6장 데이터셋의 결합 및 관리

제7장 데이터 가공 및 처리

제8장 테이블 작성: TABULATE 프로시저

제9장 그래프 작성:SAS/GRAPH

제10장 SAS Enterprise Guide 소개

제 1 장

SAS 프로그램의 작성과 실행

정보를 가지고 있는 모든 사람은 이를 효율적으로 다루고자 노력한다. 만약 관심영역에 관한 모든 정보를 담고 있는 데이터의 양이 수작업보다 컴퓨터를 통한 처리를 요구할 경우 SAS 소프트웨어는 이를 위한 다양한 수단을 제공해 준다. 이 책에서는 SAS를 이용하여 데이터를 읽고, 저장하고, 처리하여 출력하는 등과 같이 데이터를 관리하는 제반 방법과 자료의 중요한 측면을 요약하고 표현하는 기법들을 다루고자 하는데, 이에 앞서 여기서는 SAS의 특징과 주요기능에 대해서 간단히 살펴볼 것이다.

1.1 SAS 시스템의 주요 기능

SAS 소프트웨어는 원래 컴퓨터를 이용한 통계분석의 필요에 의해 미국 North Carolina 주의 SAS Institute Inc.에서 개발되어, 다양한 유형의 자료를 SAS 시스템 내에서 포괄적으로 처리 · 분석할 수 있도록 제반 수단을 제공하는 통계분석 시스템(Statistical Analysis System)이다.

그러나 SAS 소프트웨어는 개발 이후 지속적으로 발전되어 통계분석 이외에도 품질관리 및 계량경제모형 분석 등으로부터 데이터 웨어하우징(data warehousing), 데이터마이닝(data mining), 기계학습(machine learning), 딥러닝(deep learning)에 이르기까지 다양한 목적의 작업을 수행할 수 있는 매우 강력한 소프트웨어로 변모하였다. 따라서 현재의 SAS는 단순한 통계패키지의 범위를 넘어서 하나의 고급화된 컴퓨터언어 또는 전략적 응용 소프트웨어(Strategic Application Software)로 자리잡고 있는 실정이다.

더 나아가 SAS는 자금세탁 방지(Anti-Money Laundering), 사기검출 시스템(Fraud Detection System), 예지보전(Predictive Asset Maintenance), 전사적 리스크 관리 시스템(Enterprise Risk Management System), SMA(Social Media Analytics) 등의 비즈니스 솔루션을 제공하고 있다.

SAS는 다른 소프트웨어에 비해서 시스템의 접근과 이용절차가 비교적 편리하고, 데이터 파일을 효율적으로 관리할 수 있으며, 다른 소프트웨어에 의해 만들어진 시스템 파일들을 직접 이용하는 것이 가능하고, 기본적인 SAS 제품 이외에 다양한 수요에 호응하여 공급되는 여러 가지 제품들을 이용할 수 있다는 장점을 가지고 있다. 이와 같은 SAS

시스템은 각각의 기능을 담당하는 다양한 제품들로 구성되어 있는데, 그중 중요한 제품들의 기능을 간단히 나열하면 다음과 같다.

■ Base SAS

SAS/CORE와 함께 SAS 시스템의 근간이 되는 제품으로 데이터셋의 입·출력과 저장, SAS 파일의 편집과 관리, 기본적인 통계분석 및 보고서 작성 등의 기능을 가지고 있다. 이 책에서 서술하고 있는 대부분의 내용은 Base SAS의 기능과 사용법에 대해서 다루고 있다.

■ SAS/ACCESS

EXCEL, dBase, DB2, Informix, MS SQL Server, ODBC, OLE DB, ORACLE, SYBASE, Teradata 등 다양한 DBMS(Data Base Management System, 데이터베이스 관리 시스템) 테이블과의 자료 입·출력을 지원한다.

■ SAS/AF

SAS 시스템을 기반으로 하여 객체지향(object-oriented) 애플리케이션 프로그램을 개발할 수 있다.

■ SAS/CONNECT

다른 운영체제(operating system) 및 컴퓨터와 연결하여 SAS를 실행할 있도록 클라이언트/서버 툴셋을 지원한다.

■ SAS Enterprise Guide

데이터 접근 및 가공, 다양한 리포트 작성, 통계적인 분석 등의 과정이 프로그래밍 없이 메뉴 방식으로 가능하도록 지원한다. 따라서 특히 초보적인 SAS 사용자들에게 유용하며, 이 책의 제4장에서는 Enterprise Guide의 기본적인 기능과 사용법을 소개하고 있다.

■ SAS Enterprise Miner

데이터의 생성 및 추출, 탐색 및 변형, 모형화, 평가 등으로 이루어지는 일련의 데이터마이닝(data mining) 작업을 하나의 애플리케이션 작업 공간에서 쉽게 수행할 수 있도록 구성되어 있다.

■ SAS/ETS

계량경제(econometrics) 및 시계열(time series) 데이터를 이용한 분석 및 예측, 재무분석(financial analysis) 등을 지원한다.

■ SAS/GRAPH

다양한 형태의 플롯과 도표를 작성하고 편집할 수 있도록 지원한다. 이 책의 제10장에서 SAS/GRAPH의 기본적인 기능과 사용법을 소개하고 있다.

■ SAS/IML

행렬(matrix) 연산 및 처리를 위한 대화식 기능을 가지고 있다. 또한 SAS/IML Studio는 SAS/IML을 위한 대화식 인터페이스를 제공한다.

■ SAS/INSIGHT

다양한 형태의 그래프 작성 및 기본적인 통계분석을 대화식으로 수행할 수 있는 기능을 가지고 있다.

■ SAS/IntraNet

동적 애플리케이션을 통해 웹 기반하에서 데이터를 처리하고 보고서를 작성할 수 있도록 지원한다.

■ SAS Metadata Server

다차원 데이터베이스(multidimensional database)를 구축하고 OLAP(online analytical processing) 분석을 수행할 수 있도록 지원한다.

■ SAS/OR

경영학이나 산업공학에서 다루는 OR(operations research) 문제를 해결하는 데 필요한 기능을 가지고 있다.

■ SAS/QC

품질 개선 및 공정 개선 등 통계적 품질관리(quality control)를 위한 다양한 분석을 수행할 수 있다.

■ SAS/SHARE

다수의 사용자들이 여러 데이터 라이브러리 및 테이블들을 공유하여 작업을 수행할 수 있도록 지원한다.

- **SAS/STAT**

전통적으로 SAS 시스템에서 가장 많이 이용되는 제품 중 하나로써 각종 통계분석의 처리를 포괄적으로 수용하고 있다. 이 책의 일부는 SAS/STAT의 내용을 다루고 있다.

이들 중 특히 Base SAS는 SAS 시스템의 기본이 되는 제품으로써 SAS/STAT 등의 다른 제품들을 사용하여 특정 분석 또는 작업을 수행하기 위해서는 이 책에서 다루고 있는 내용을 중심으로 Base SAS의 기능 및 사용법을 잘 알아두어야 한다. Base SAS가 가지고 있는 주요 기능에 대해서 몇 가지를 서술하면 다음과 같다.

- **데이터의 입력과 출력** : 실제적으로 거의 모든 형태의 데이터를 읽어 이를 SAS의 고유 형식을 통해 저장할 수 있으며, 다른 형식의 외부 파일로 데이터를 출력할 수 있다.
- **데이터의 수정과 프로그래밍** : 데이터 값의 수정 및 변환, 새로운 변수의 생성, 누적연산, 오류검정 등을 위해 사용할 수 있는 다양한 프로그램 명령문을 가지고 있다.
- **정보의 출력 및 보고서 작성** : SAS 고유의 형식에 따른 보고서뿐만 아니라 사용자가 원하는 다양한 형태로 정보를 출력하고 보고서를 작성할 수 있다.
- **기본적인 통계자료 분석** : 기초통계분석이나 일변량 자료의 탐색 등 기본적인 통계분석을 수행할 수 있다.
- **파일의 관리 및 조작** : SAS 데이터 파일이 가지는 특별한 구조를 통해 여러 SAS 데이터 셋들을 사용자의 필요에 따라 조작하여 원하는 형태의 데이터셋을 창조할 수 있다.

1.2 SAS 프로그램의 작성 및 결과 보기

SAS를 구동하는 방법은 다른 윈도우즈용 응용 프로그램을 사용하는 것과 동일하다. 즉, 윈도우즈 바탕화면에서

시작 > 프로그램(P) > SAS > SAS 9.4

를 연속적으로 클릭하면 된다.[1] <그림 1.1>은 SAS의 초기 화면을 보여주고 있는데, 다른 윈도우즈용 응용 프로그램과 마찬가지로 SAS도 여러 개의 윈도우들로 구성되어 있다.

1) 이 책에서는 SAS 9.4를 기준으로 설명한다.

또한 각 윈도우 안에는 <그림 1.1>에서와 같이 해당 윈도우에서 사용할 수 있는 **풀다운 메뉴**와 **툴바**(도구모음, 풀다운 메뉴의 기능 중 자주 사용되는 몇 개의 기능을 아이콘으로 등록해 놓은 것)가 나타나게 되는데, 사용자는 이들을 통해 원하는 작업 명령을 선택할 수 있다(마우스 커서가 위치하고 있는 윈도우에 따라서 풀다운 메뉴와 툴바의 내용이 바뀌게 된다). 먼저 이 절에서는 SAS의 중요한 윈도우들에 대해서 간단히 살펴보도록 하자.

1.2.1 프로그램의 작성과 실행: 편집기 윈도우

일반적으로 SAS에서는 프로그램을 작성하고 이를 수행시키는 것으로부터 실제 작업이 시작된다고 할 수 있는데, 앞의 <그림 1.1>에서는 프로그램 편집을 위해 SAS에서 제공하는 (확장)**편집기**를 보여주고 있다. 편집기는 여러 개를 동시에 열 수도 있으며, 이미 열려진 편집기들과 여러 윈도우들에 대하여 **윈도우 이동 탭**을 이용하여 원하는 윈도우로 이동할 수 있다(그림 1.2).

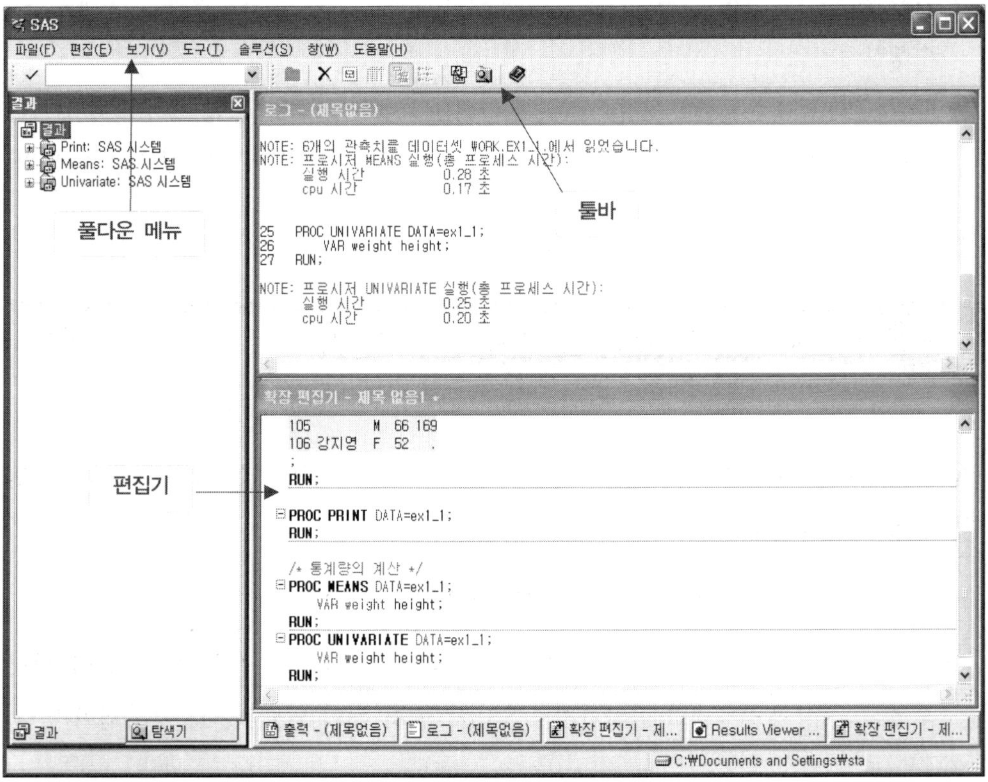

〈그림 1.1〉 SAS 화면의 구성

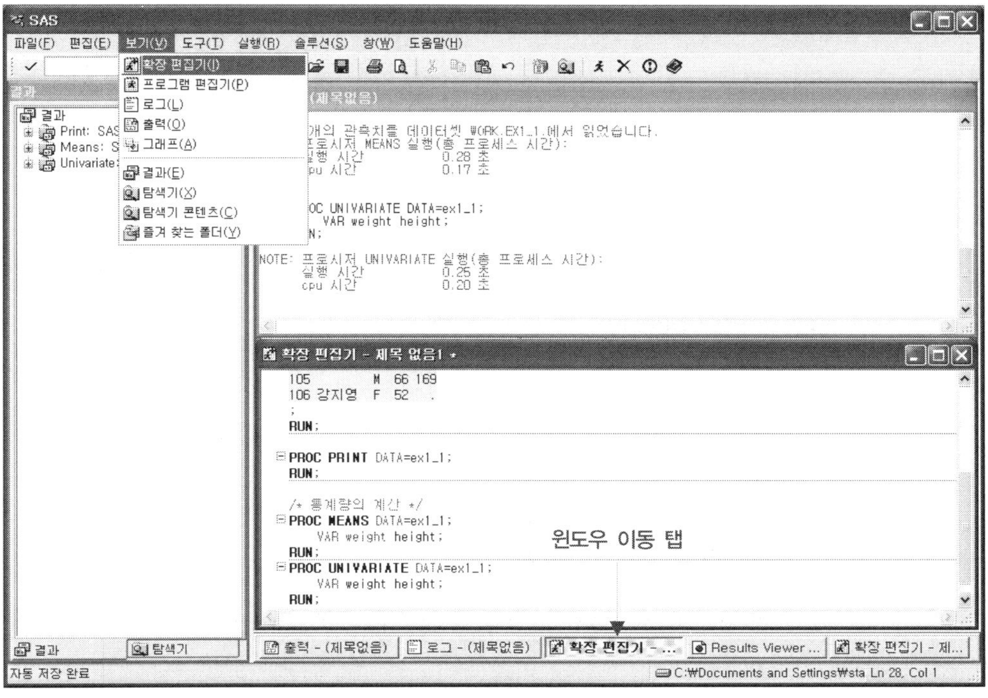

〈그림 1.2〉 보기(V) 메뉴와 윈도우 이동 탭

(1) 보기(V) 메뉴

확장 편집기, 로그, 출력, 그래프 등 주요 윈도우들을 새로 열거나(그림 1.2), 이미 열려져 있는 윈도우로 이동할 수 있다.

(2) 도구(T) 메뉴

테이블 편집기, 그래프 편집기, 리포트 편집기 등 다른 여러 편집기 윈도우들을 열 수 있으며(그림 1.3), 편집기 및 출력 윈도우 등에 대한 옵션이나 설정을 변경할 수 있다. <그림 1.3>은 **우선 설정 대화상자**를 열어서 리스트 형식의 결과와 HTML 형식의 결과를 모두 제공하도록 설정한 예이다(여기서 HTML 파일이 생성될 폴더를 변경함으로써 외부에 출력결과를 저장할 수도 있다).

〈그림 1.3〉 도구(T) 메뉴와 옵션 설정

〈그림 1.4〉 편집(E) 메뉴와 바꾸기 대화상자

(3) 편집(E) 메뉴

실행 취소, 복사, 붙여넣기, 지우기, 찾기, 바꾸기 등 프로그램 편집에 필요한 여러 가지 기능을 가지고 있다(그림 1.4). 프로그램의 특정한 부분에만 편집 명령을 수행하고자 한다면 먼저 마우스를 이용하여 특정 부분을 블록으로 지정한 후 편집 메뉴의 기능을 이용하면 된다.

(4) 실행(R) 메뉴

프로그램을 모두 작성한 후에는 <그림 1.5>에서와 같이 **실행(S) 메뉴** 또는 **실행 아이콘** ( )을 클릭하여 프로그램을 실행시키면 결과가 출력 윈도우 또는 Results Viewer 윈도우에 출력된다. 만약 작성된 프로그램 중 일부만을 실행하고자 한다면 마우스를 이용하여 해당 부분을 블록으로 지정한 후 실행 메뉴 또는 실행 아이콘을 선택하면 된다. 또한 이전에 실행되었던 프로그램들을 다시 편집기에 불러오고자 하는 경우에는 **이전 실행 불러오기(R) 메뉴**를 선택하면 된다.

〈그림 1.5〉 실행(R) 메뉴와 실행 아이콘

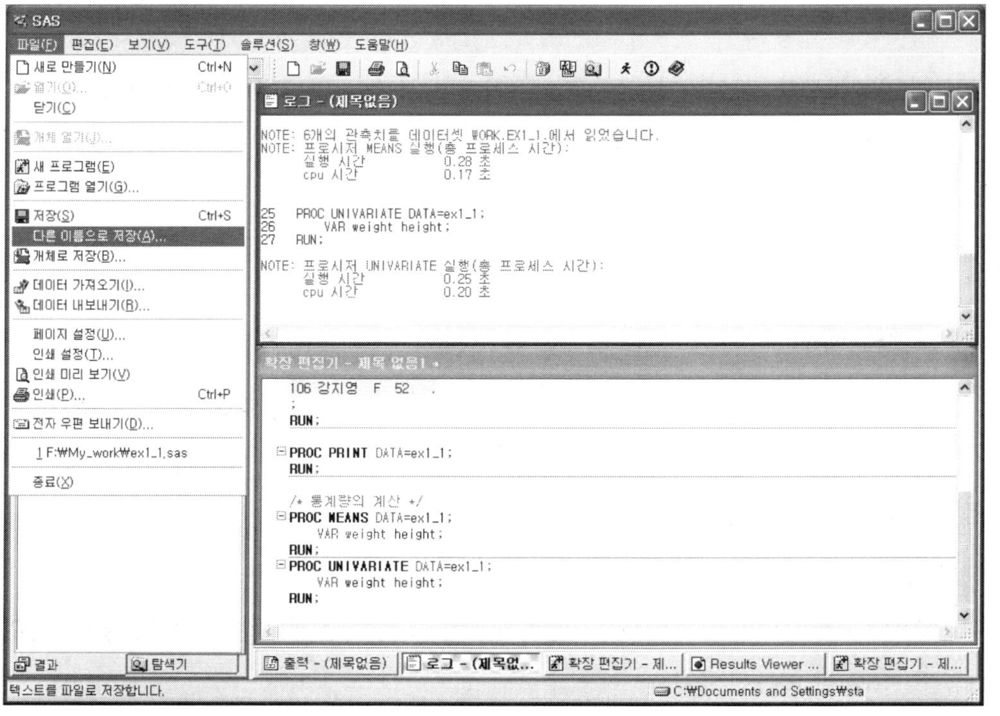

〈그림 1.6〉 파일(F) 메뉴

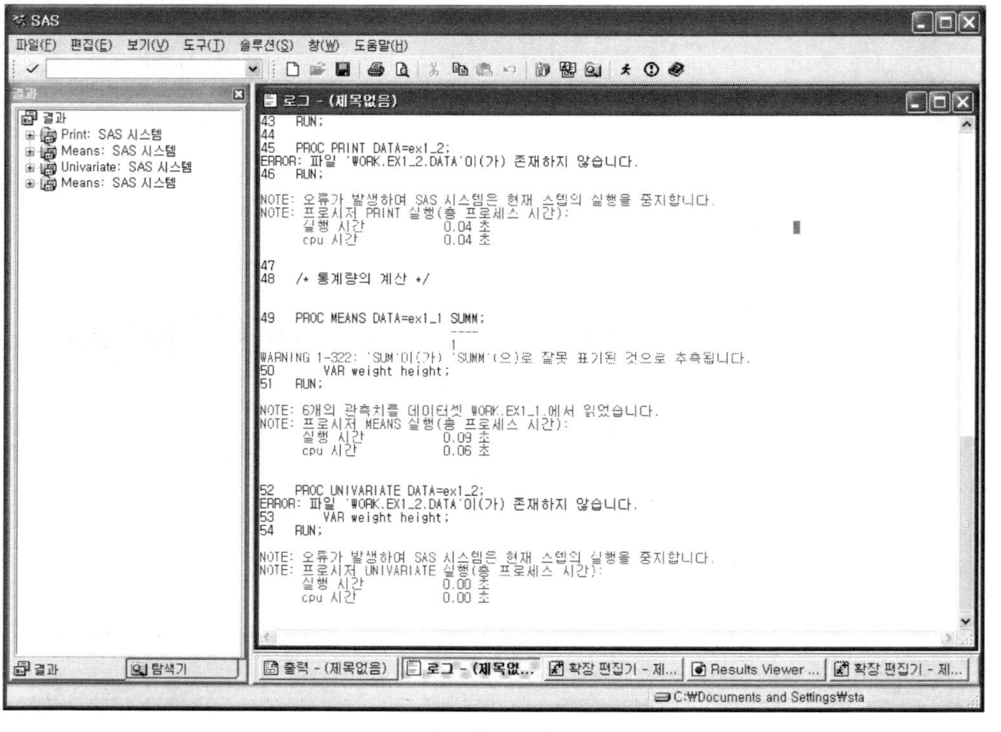

〈그림 1.7〉 로그 윈도우

(5) 파일(F) 메뉴

작성된 프로그램은 다음에 다시 편집하여 사용할 수 있도록 <그림 1.6>에서와 같이 **저장(S)** 또는 **다른 이름으로 저장(A) 메뉴**를 이용하여 외부 파일로 저장해 두는 것이 좋다(SAS 프로그램 파일의 기본 확장자는 *.SAS이다). 또한 <그림 1.6>에서 볼 수 있듯이 파일(F) 메뉴는 이전에 작성된 프로그램 파일의 열기 및 각 윈도우에 있는 내용을 인쇄하거나 SAS를 종료하는 등의 기능을 가지고 있다.

1.2.2 프로그램의 검토 및 오류 체크: 로그 윈도우

로그 윈도우에는 프로그램 오류 등 SAS 프로그램을 실행할 때 발생하는 여러 가지 사항들이 출력된다. 따라서 프로그램을 실행한 후 출력 윈도우로 이동하기 전에 먼저 로그 윈도우의 내용을 자세히 살펴보는 것이 좋다. 로그 윈도우에는 일반적으로 다음과 같은 세 가지 유형의 로그가 출력된다.

- Note : 실행된 데이터 단계나 프로시저의 내용, 실행 시간, 생성된 데이터셋의 구조 등 프로그램 실행에 관한 여러 가지 정보를 출력한다.
- Error : 프로그램이 정상적으로 실행되지 않은 경우 프로그램의 문법적 오류나 잘못된 옵션의 사용 등 그 원인을 출력한다.
- Warning : 문법적 오류는 아니지만 해당 프로시저나 옵션을 사용할 때 주의해야 할 사항 등 사용자가 알아두어야 할 내용들을 출력한다.

사용자는 이러한 로그 윈도우의 내용을 자세히 살펴보고, 만약 프로그램에 오류가 있으면 관련된 부분의 프로그램을 수정하여 다시 실행해야 한다. 이러한 과정은 더 이상의 오류가 없고 원하는 분석결과를 얻을 수 있는 프로그램이 작성될 때까지 반복하여 이루어져야 한다.

1.2.3 결과 보기: Results Viewer 윈도우 및 출력 윈도우

실행된 프로그램에 특별한 이상이 없는지를 로그 윈도우를 통해 확인한 후, 그 다음에 수행해야 할 작업 중 하나는 원하는 분석결과의 내용을 살펴보는 것이다.

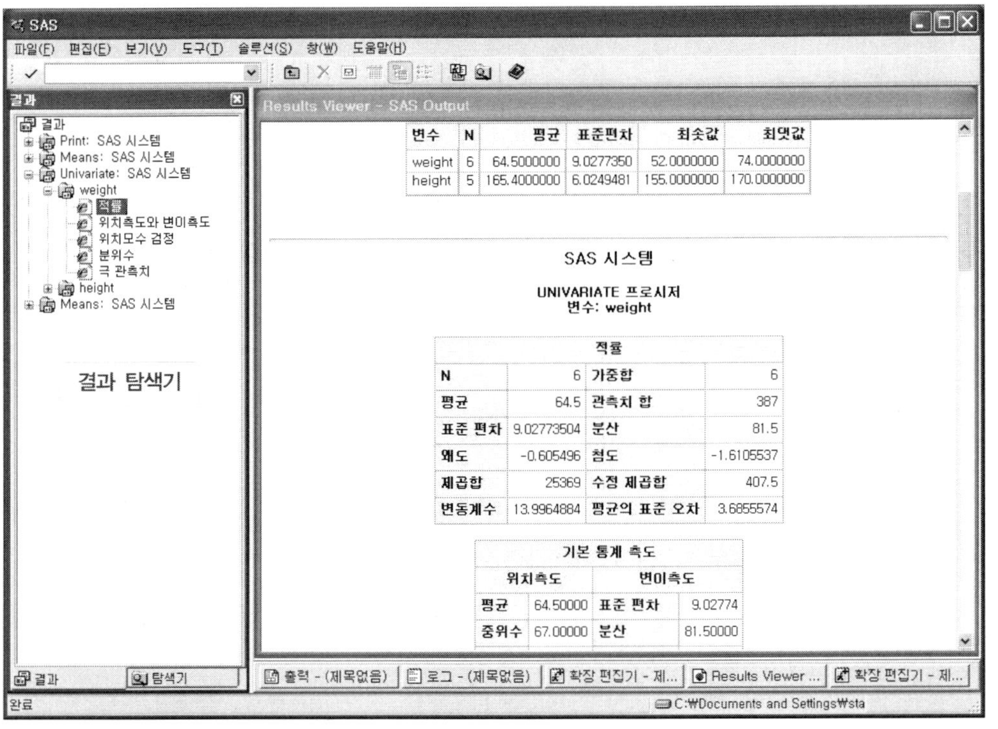

〈그림 1.8〉 Results Viewer 윈도우

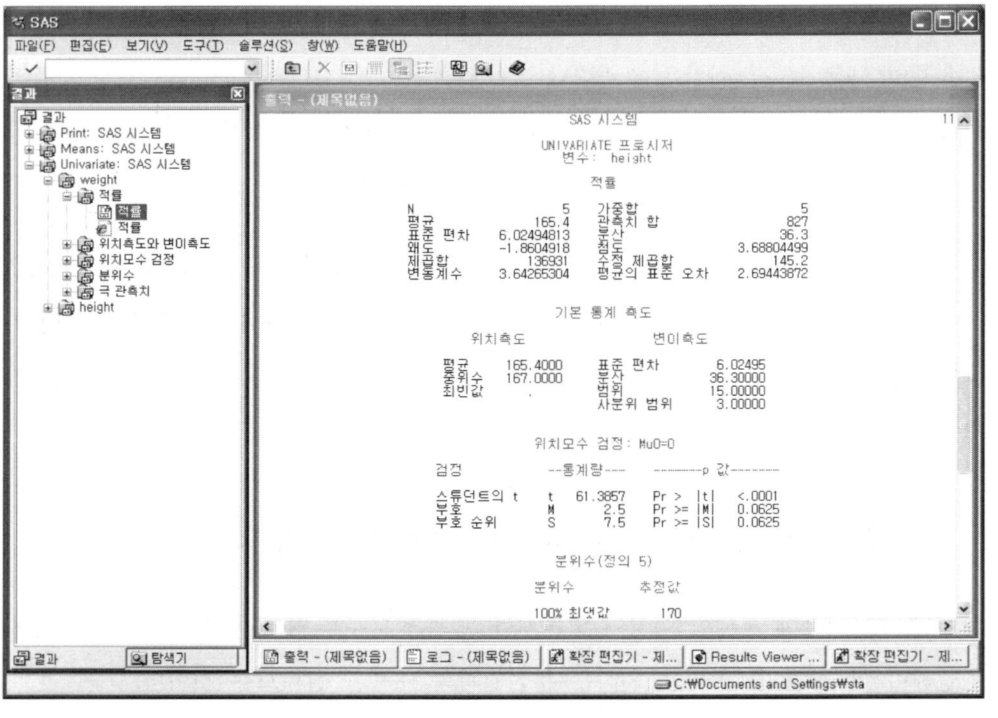

〈그림 1.9〉 출력(Output) 윈도우

대부분의 SAS 결과들은 <그림 1.8>과 같은 Results Viewer 윈도우 또는 <그림 1.9>와 같은 출력(output) 윈도우에 출력된다(<그림 1.3>의 우선 설정 대화상자에서 설정된 내용에 따른다). **Results Viewer 윈도우**는 HTML 형식으로 결과가 출력되는 윈도우이고,[2] **출력 윈도우**는 텍스트 형식으로 결과가 출력되는 윈도우이다.[3] 이들 윈도우에서는 편집(E) 메뉴를 이용하여 '모두 선택(S)', '복사(C)', '모두 지우기(R)' 등을 수행할 수 있으며, 파일(F) 메뉴의 '저장(S)' 또는 '다른 이름으로 저장(A)' 메뉴를 이용하여 외부 HTML 파일이나 텍스트 파일로 결과들을 저장할 수 있다. 또한 윈도우의 내용을 스크롤바(scroll bar)를 이용하여 상하, 좌우로 이동하며 살펴볼 수 있으며, 윈도우 왼쪽에 있는 **결과 탐색기**를 이용하여 원하는 부분으로 빠르게 이동할 수도 있다.

앞에서 설명한 윈도우들을 이용하여 SAS 프로그램을 실행하고 출력결과를 얻는 과정을 간단히 요약하면 다음과 같다.

① **편집기**(확장 편집기 또는 프로그램 편집기)에서 SAS 프로그램을 작성한다. 기존에 작성된 프로그램이 있는 경우에는 '파일(F) > 프로그램 열기(O)' 메뉴를 이용하여 프로그램을 연 후 이를 편집하고 수정하여 프로그램을 완성한다. 프로그램 편집 시 파일(F) 메뉴 또는 툴바의 편집 아이콘들을 적절히 사용하면 보다 쉽게 프로그램을 작성할 수 있다. 프로그램을 완성한 후에는 '파일(F) > 저장(S)'(또는 다른 이름으로 저장(A)) 메뉴를 이용하여 프로그램을 외부 파일로 저장하고, '실행(R) > 실행(S)' 메뉴 또는 아이콘을 이용하여 프로그램을 실행시킨다.

② 보기 메뉴 또는 윈도우 이동 탭을 이용하여 **로그 윈도우**로 이동한 후, 프로그램의 수행과정 및 오류가 발생하였는지 등을 살펴본다. 만약 프로그램에 이상이 있으면 이를 수정하여 저장한 후 다시 실행시킨다.

③ **Results Viewer 윈도우**(또는 **출력 윈도우**)로 이동한 후 분석결과를 살펴보고 해석한다. 만약 원하는 결과가 제대로 출력되지 않았거나 빠진 결과가 있다면 프로그램을 수정한 후 다시 실행시킨다. 필요한 출력결과는 다른 워드프로세서나 워크시트 소프트웨어에 복사하거나 '파일(F) > 저장(S)'(또는 다른 이름으로 저장(A)) 메뉴를 이용하여 외부 파일로 저장해 둔다.

---

2) Results Viewer 윈도우의 내용은 MHT, HTM, HTML 등의 웹 페이지 보관 파일로 저장할 수 있으며, 흔글 또는 워드와 같은 워드프로세서나 엑셀과 같은 워크시트용 소프트웨어에 복사하여 붙여넣기를 수행한 후 표의 형태로 쉽게 편집할 수 있다.

3) 출력 윈도우에서 저장된 텍스트 파일의 기본 확장자는 *.lst이며, 흔글 또는 워드와 같은 워드프로세서에서 텍스트 형식으로 불러들일 수 있다.

SAS 시스템 내에는 지금까지 소개한 기본 윈도우들 이외에도 테이블 편집기, 그래프 편집기, 라이브러리 윈도우 등 여러 가지 기능의 윈도우들이 있는데, 이들에 대해서는 이 책의 다음 장들에서 차차 설명할 것이다.

1.3 SAS 프로그램의 구조

많은 윈도우즈용 응용 소프트웨어들은 메뉴 또는 명령어 방식에 의해서 작업을 수행할 수 있도록 되어 있다. 그러나 SAS 시스템은 앞에서도 살펴보았듯이 SAS 언어(language)라고 불리는 특별한 프로그래밍 언어에 의해서 작업을 수행한다. 물론 윈도우즈 환경에서는 Enterprise Guide, INSIGHT, Time Series Forecasting System 등과 같은 제품들을 통해서 메뉴 방식을 이용할 수 있고, 전반적으로 GUI(Graphic User Interface) 환경으로 전환해 가는 과정에 있지만, 빠르고 효율적인 작업수행을 위해서는 SAS 언어를 이용하는 것이 바람직한 경우가 많다. 특히 SAS는 다양한 형태의 데이터를 사용자의 요구와 분석에 부합하도록 조작하고 관리하는 기능이 매우 뛰어난데, 이와 같은 기능을 충분히 활용하기 위해서는 SAS의 기본 언어를 이해하는 것이 무엇보다 중요하다고 할 수 있다. 먼저 여기서는 SAS 언어가 가지고 있는 기본적인 개념과 용어에 대해서 간단히 살펴볼 것이다.

예 1.1 SAS 프로그램의 예

```
DATA ex1_1;                                 ─┐
   INPUT id $ 1-3 name $ 5-10 sex $ 13       │
       weight 16-17 height 19-21;            ├─ SAS 명령문들 (Data-Step)
   IF weight>=70 THEN weight1='GE70';        │
     ELSE weight1='LT70';                    │
CARDS;                                      ─┘
```

예 1.1 **SAS 프로그램의 예(계속)**

```
101 김철수  M  74 170          ─┐
102 이영희  F  68 166           │
103 안수지  F  55 155           ├─ 데이터
104 박민호  M  72 167           │
105         M  66 169           │
106 강지영  F  52   .          ─┘
;                              ─┐
RUN;                            │
                                │
PROC PRINT DATA=ex1_1;          │
RUN;                            ├─ SAS 명령문들 (Proc-Step)
                                │
/* 통계량의 계산 */              │
                                │
PROC MEANS DATA=ex1_1;          │
   VAR weight height;           │
RUN;                            │
                                │
PROC UNIVARIATE DATA=ex1_1;     │
   VAR weight height;           │
RUN;                           ─┘
```

1.3.1 프로그램의 구성요소

다른 프로그래밍 언어와 같이 SAS 언어는 규정된 어휘와 이들을 전후 관련시키는 문법 체계를 가지고 있다. 이러한 문법의 일정한 규칙에 따라 작성된 일련의 SAS **명령문** (statement)들이 논리적인 의미에 따라 모여서 하나의 SAS 프로그램을 형성하게 된다. 여기서 하나의 명령문은 SAS가 특별한 명령을 수행하도록 지시하는 역할을 하며, 일반적으로 다음에 설명되는 중심어, 이름, 특수문자 및 연산자 등으로 구성된다.

앞의 <예 1.1>은 하나의 전형적인 SAS 프로그램의 예로서, 몇 개의 데이터를 입력하고 이를 읽어서 간단한 통계처리를 수행하는 프로그램이다. 여기서는 이를 중심으로 먼저 SAS 프로그램의 구조에 대해서 간단히 살펴보도록 하자.

(1) 중심어(Keyword)

하나의 SAS 명령문의 종류를 나타내는 것으로써 DATA, INPUT, IF, CARDS, PROC, RUN 등이 있다. 예를 들어, <예 1.1>에서 INPUT은 변수의 이름, 변수형, 자릿수 등을 지정하기 위해 사용되는 명령문이고, CARDS는 데이터의 시작을 알리는 명령문이며, RUN은 프로그램의 컴파일(compile)과 실행을 지시하는 명령문이다.

(2) 이름(Name)

변수(variable), SAS 데이터셋(data-set), 프로시저(procedure), 포맷(format) 등의 이름을 나타낸다. 특히 변수와 데이터셋의 이름은 영문자 또는 _(underscore)로 시작되는 이름을 사용자가 지정하여 사용해야 한다.4) 이와 같은 SAS 이름의 중간에는 0~9와 같은 숫자의 사용은 가능하나 공백(blank), .(period), #, $, ? 등의 특수문자는 사용할 수 없다. 앞의 <예 1.1>에서 ex1_1은 사용자가 지정한 SAS 데이터셋의 이름을 나타내고, id, name, sex, weight, height, weight1 등은 변수의 이름을 나타낸다.

(3) 특수문자와 연산자

SAS 프로그램 내에는 특수한 역할을 하는 '$', ',', ':', ';', '"', '#', '.' 등의 특수문자와 '=', '*', '/', '+', '−' 등의 연산자(operator)를 사용할 수 있다. <예 1.1>에서 $는 변수 id, name, sex가 문자형(character type)임을 나타내는 특수문자이다.

1.3.2 명령문의 형식

각각의 SAS 명령문은 SAS에게 특별한 명령의 해석과 수행을 지시하게 되는데, 일반적으로 다음과 같은 사용 형식에 맞추어 명령문을 작성해 주어야 한다.

- 일반적으로 하나의 중심어로 시작되고 반드시 ;(semicolon)으로 닫아주어야 한다. 즉, 특수문자 ;은 하나의 명령문이 끝난다는 것을 나타낸다. <예 1.1>에서 각 명령문은 DATA, INPUT, IF, PROC 등과 같은 중심어로 시작되고 ;으로 끝난다는 것을 볼 수 있을 것이다.

---

4) 버전(version) 7 미만의 SAS에서는 반드시 8자리 이하의 이름을 사용해야 하지만, 버전 7 이상부터는 8자리 이상의 변수 또는 데이터셋 이름도 사용할 수 있다.

■ 명령문의 각 원소들은 적어도 하나 이상의 공백(space)에 의해서 구분되어야 한다. 단, 어떤 특수문자는 공백 대신에 사용할 수 있는데, 이 경우에도 여분의 공백은 항상 허용된다.

■ 한 행(line)의 어느 열(column)에서나 시작할 수 있고, 다음 행으로 한 단어의 짤림이 없이 연속될 수 있으며, 한 행에 여러 개의 명령문을 사용할 수 있다. 예를 들어, <예 1.1>의 데이터 단계 프로그램을 다음과 같이 작성해도 된다.

```
DATA ex1_1; INPUT id $ 1-3 name $ 5-10 sex $ 13 weight 16-17
height 19-21;
IF weight>=70 THEN weight1='GE70'; ELSE weight1='LT70'; CARDS;
```

■ 사용자는 /* 주석(comment) */과 같은 형식으로 SAS 프로그램 내에 주석을 추가할 수 있다. 이와 같은 주석은 단지 사용자의 편의를 위해 프로그램에 설명을 붙여 놓는 것으로써 SAS가 특정 명령을 수행하도록 지시하는 것은 아니다. 행 단위로 주석을 설정하는 경우, 주석으로 처리하려는 행에서 [Ctrl]+[?]로 설정하고 [Ctrl]+[Shift]+[?]로 해제할 수 있다.

1.3.3 데이터 단계와 프로시저 단계

일반적인 SAS 프로그램은 <예 1.2>에서와 같이 데이터 단계(Data-Step)와 프로시저 단계(Proc-Step)라고 불리는 여러 개의 블록으로 구성된다.

(1) 데이터 단계(Data-Step)

데이터 단계는 DATA라는 중심어와 데이터셋의 이름으로 시작되며, 새로운 SAS 데이터셋의 생성 및 자룟값의 변형 등 데이터에 대한 조작을 수행하는 단계이다. 데이터셋의 이름은 앞에서의 규칙에 따라 사용자가 지정해 주면 된다. 이 책의 전반적인 내용은 데이터 단계에서 명령문을 작성하는 방법을 설명하고 있다.

(2) 프로시저 단계(Proc-Step)

프로시저 단계는 PROC이라는 중심어와 특정한 역할을 수행하는 프로시저(procedure)의 이름으로 시작되며, 통계분석, 그래프 및 보고서 작성 등을 수행하는 단계이다. 프로시저의 이름은 PRINT, PLOT, MEANS 등과 같이 SAS에 등록되어 있는 이름을 사용해야

예 1.2 데이터 단계와 프로시저 단계

```
DATA ex1_1;                                                    ┐
   INFILE 'c:\SAS_Programming\Raw_Data\score.txt';             │
   INPUT id $ 1-3 name $ 5-10 sex $ 13                         ├─ 데이터-단계
       weight 16-17 height 19-21;                              │
RUN;                                                           ┘

PROC MEANS DATA=ex1_1;                                         ┐
   VAR weight height;                                          ├─ 프로시저-단계
RUN;                                                           ┘

DATA ex1_2;                                                    ┐
   SET ex1_1;                                                  │
   IF weight>=70 THEN weight1='GE70';                          ├─ 데이터-단계
      ELSE weight1='LT70';                                     │
RUN;                                                           ┘

PROC PRINT DATA=ex1_2;                                         ┐
   VAR name weight weight1;                                    ├─ 프로시저-단계
RUN;                                                           ┘

PROC CHART DATA=ex1_2;                                         ┐
   VBAR weight1;                                               ├─ 프로시저-단계
RUN;                                                           ┘
```

하는데, 각 프로시저들은 특정한 통계분석이나 그래프 그리기 등의 기능을 담당하고, 프로시저마다 일정한 문법형식을 가지고 있다. 이 책의 후반부에서는 기본적인 몇 가지 프로시저의 문법형식 및 사용방법을 다룬다.

SAS 프로그램에서는 일반적으로 대·소문자를 구분하지 않고 사용해도 무방하지만, 이 책의 예에서는 중심어 또는 옵션(option) 등과 같이 철자를 그대로 따라야 하는 부분은 대문자로 작성할 것이다. 또한 여러 개의 SAS 명령문을 나열하는 경우 저자가 나름대로 정한 규칙에 의해서 열 맞추기 등을 이용할 것이다. SAS 언어에 익숙하지 않은 초보자들은 효율적인 프로그램 작성과 보관 및 오류 체크 등을 위해서 이러한 규칙에 따르는 것이 좋을 것이라고 생각된다.

〈그림 1.10〉 도움말(H) 메뉴

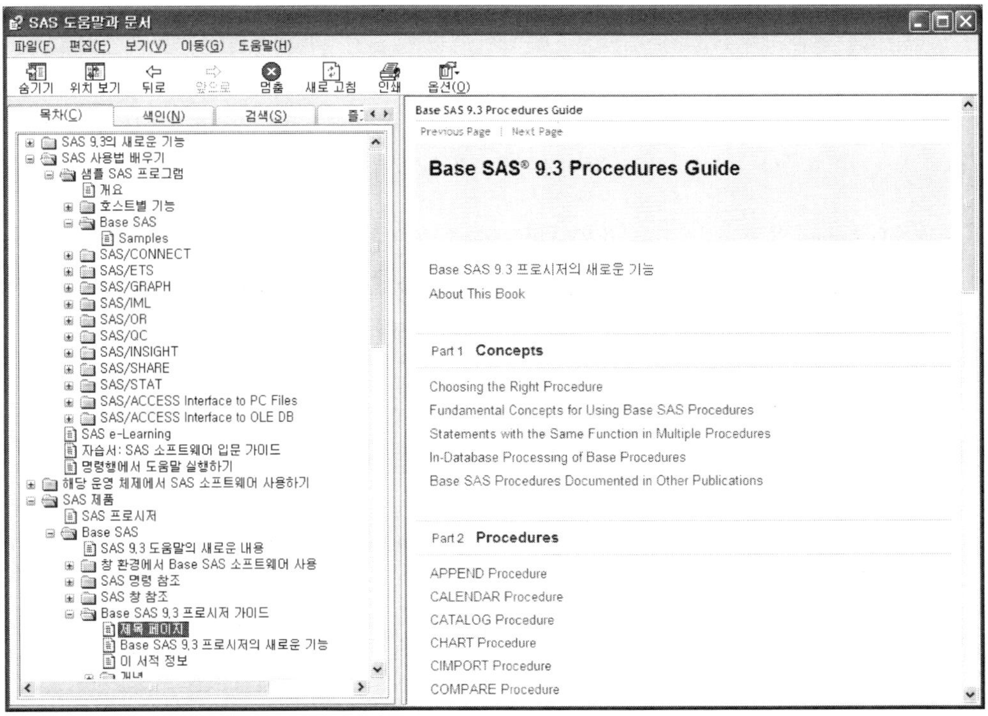

〈그림 1.11〉 SAS 도움말과 문서(Document)

지금까지 SAS의 기능 및 프로그램의 작성과 실행 그리고 프로그램의 구조 및 문법적 규칙에 대해서 간단히 살펴보았다. 이제 다음 장에서부터는 SAS 데이터셋을 만들고 관리하는 방법과 만들어진 데이터셋을 이용하여 여러 가지 처리를 수행하는 과정을 자세히 다루어 보도록 하자.

1.4 연습문제

1-1 SAS는 시스템의 운영과 프로그래밍 방법에 대해서 매우 풍부한 예제와 도움말 기능을 가지고 있다. 도움말 메뉴 및 SAS 도움말과 문서(Document) 등을 이용하여 풀다운 메뉴, 툴바(도구모음), 기본적인 SAS 윈도우들의 기능에 대해서 자세히 살펴보아라(그림 1.10, 그림 1.11 참조).

1-2 앞의 1.2절에서 설명한 우선 설정 대화상자를 열고 여러 가지 설정을 적절히 변경해 보아라. 또한 '도구(T) > 옵션(O)' 메뉴에는 어떤 기능들이 포함되어 있는지를 자세히 살펴보아라(마우스 포인터가 어떤 윈도우에 있는지에 따라서 이 메뉴의 기능이 다르게 나타난다는 것을 주의하여라).

1-3 <예 1.1>과 <예 1.2>의 프로그램을 작성하고 이를 각각 실행하여 출력되는 로그와 결과들을 살펴보아라. 또한 Results Viewer 윈도우와 출력 윈도우의 결과를 각각 외부 파일로 저장한 후 웹 브라우저 또는 워드프로세서에서 그 파일들을 열어 보아라.

1-4 SAS Institute의 홈페이지 및 관련 웹사이트에서는 사용자들의 여러 가지 문제 해결을 위한 방법과 예제 프로그램들을 지원해 주고 있다(www.sas.com, www.sas.com/korea, www.mysas.co.kr 등). 이러한 웹사이트들의 내용에 대해서 전반적으로 살펴보아라.

1-5 단어에 알맞은 정의를 연결하여라.

단어			정의
SAS data set	•	•	SAS 프로그래밍 코드를 포함하는 파일
Raw Data file	•	•	SAS에 적합한 데이터 파일
SAS Program file	•	•	가공되지 않은 데이터 파일

1-6 다음의 프로그램을 보고 아래의 문항에 답하여라.

```
DATA pilotdata;
   INFILE 'c:\temp\pilot.data';
   INPUT EmployeeID         $  1 - 6
         FirstName          $  7 - 19
         LastName           $ 20 - 34
         JobCode            $ 35 - 41
         Salary               42 - 47
         Category           $ 48 - 50;
RUN;

PROC SORT DATA=pilotdata OUT=sortedpilotdata;
   BY LastName FistName;
RUN;

PROC PRINT DATA=sortedpilotdata;
   VAR EmployeeID FirstName LastName Jobcode;
RUN;
```

(1) SAS 프로그램이 몇 단계로 이루어져 있는가?

(2) 데이터 단계는 몇 개인가?

(3) 프로시저 단계는 몇 개인가?

(4) 사용된 프로시저 이름은 무엇인가?

(5) 몇 개의 명령문으로 이루어져 있는가?

제 2 장

SAS 데이터셋 만들기

대부분의 자료분석 소프트웨어에서와 마찬가지로 SAS를 이용하여 분석을 수행하기 위해서 가장 먼저 수행해야 할 일은 가지고 있는 자료를 SAS 데이터셋(data set)으로 만드는 것이다. 이 장에서는 먼저 SAS 데이터셋은 구조를 간단히 설명하고, SAS 데이터셋을 만들고 저장하는 과정에 대해서 자세히 설명할 것이다.

2.1 SAS 데이터셋의 구조

아래 <그림 2.1>은 앞 장의 <예 1.1>에 의해서 생성된 간단한 SAS 데이터셋의 구조를 보여주고 있는데, 이와 같이 SAS 데이터셋은 변수와 개체(또는 관측치)라는 두 개의 차원에 의해서 직사각형으로 배열된 전체 자료들의 집합이다.

- **변수**(variable) : 데이터셋의 한 열로써 구체적인 속성을 나타내는 자룟값들의 집합을 나타낸다. 예를 들어, <그림 2.1>에서 height라는 변수는 각 개체들의 키를 나타내는 자룟값들로 이루어져 있다. 이와 같은 변수들은 문자, 숫자, 특수문자 및 기호 등으로 이루어진 **문자형**(character type) 변수와 숫자만으로 이루어진 **숫자형**(numeric type) 변수로 분류된다. 예를 들어, <그림 2.1>에서 변수 name은 문자형이고, 변수 weight는 숫자형이다.
- **개체**(observation) : 데이터셋의 한 행으로써 동일한 관찰 단위에 대한 모든 변수들의 자룟값들의 집합을 나타낸다. 예를 들어, <그림 2.1>의 데이터셋은 6개의 개체를 포함하고 있는데, 각 개체는 한 사람에 대한 id, name, gender, weight, height 등에 대한 자룟값을 가지고 있다.

	ID	NAME	GENDER	WEIGHT	HEIGHT
1	101	김철수	M	74	170
2	102	이영희	F	68	166
3	103	안수지	F	55	155
4	104	박민호	M	72	167
5	105		M	66	169
6	106	강지영	F	52	.

변수(variable)

개체(observation)

결측값(missing value)

〈그림 2.1〉 SAS 데이터셋의 구조

2.2 외부 텍스트 파일 읽어오기

일반적으로 원자료(raw data)는 텍스트(text) 형식의 파일로 저장되어 있는 경우가 많다. 예를 들어, <그림 2.2>와 같은 자료가 'c:\SAS_Programming\Raw_Data\기업이미지.txt'라는 경로와 파일 이름으로 저장되어 있다고 하자.1) 이 자료에서 처음 두 열(column)은 고객 번호를 나타내고, 세 번째 열은 연령대(1=10대, 2=20대, 3=30대, 4=40대, 5=50대), 네 번째 열은 성별(M=남자, F=여자)을 나타낸다. 그리고 다섯 번째 열부터 일곱 번째 열까지는 세 개의 기업이미지 조사문항에 대한 응답을 나타낸다(1=예, 2=보통, 3=아니오, .=무응답).2)

```
011M111
022M333
034F331
044M332
054M111
065F2..
073M111
085F111
095M113
102F232
```

〈그림 2.2〉 텍스트 자료의 예: 기업이미지.txt

〈표 2.1〉 코드북(code book)의 예

변수 이름	내용	열 번호	코드값
id	고객 번호	1–2	고유 번호 (ID)
age	연령대	3	1=20대, 2=30대, 3=40대, 4=50대, 5=60대 이상
gender	성별	4	M=남자, F=여자
item1	좋은 제품을 만들기 위해 노력한다	5	1=예, 2=보통, 3=아니오, .=모름/무응답
item2	소비자를 중요하게 여긴다	6	
item3	신뢰할만한 기업이다	7	

1) HWP 또는 Word와 같은 워드프로세서에서 원자료를 저장할 때는 '다른 이름으로 저장하기'를 선택하여 반드시 텍스트 파일로 저장해야 다른 응용 프로그램과 호환이 된다.

2) 자료의 내용과 입력 형식을 테이블의 형식으로 정리한 것을 코드북(code book)이라고 하며(표 2.1 참조), 자료와 더불어 자세하고 정확하게 작성되어 있어야 한다.

예 2.1 외부 텍스트 파일 읽기

```
DATA company;
    INFILE 'c:\SAS_Programming\Raw_Data\기업이미지.txt';
    INPUT id 1-2 age 3 gender $ 4 item1 5 item2 6 item3 7;
    LABEL id='고객번호' age='나이' gender='성별'
          item1='좋은 제품을 만들기 위해 노력한다'
          item2='소비자를 중요하게 여긴다'
          item3='신뢰할만한 기업이다';
RUN;
```

이제 <그림 2.2>의 원자료 파일을 SAS 데이터셋으로 읽어들이기 위하여 작성된 프로그램은 <예 2.1>과 같다. <예 2.1>에서 알 수 있듯이 새로운 SAS 데이터셋을 만들 때는 먼저 **DATA 명령문**에 원하는 데이터셋의 이름을 지정해 주어야 한다(이 예에서는 company). 또한 **INFILE 명령문**은 외부 텍스트 파일이 저장되어 있는 경로(폴더) 및 파일

〈그림 2.3〉 데이터셋 생성 프로그램을 실행한 후의 로그 윈도우

이름을 지정하기 위해 사용되며, **INPUT 명령문**은 변수 이름과 열 번호를 지정하기 위해 사용된다(여기서 변수 gender와 같이 문자변수인 경우에는 변수 이름 뒤에 **$** 표시를 해 주어야 한다). 그리고 **LABEL 명령문**은 꼭 필요한 것은 아니지만 변수에 대한 설명을 붙여두고자 할 때 사용된다. 이들 명령문에 대해서는 다음 장에서 보다 자세히 설명할 것이다.

이와 같은 프로그램을 편집기에 작성한 후 실행 메뉴 또는 실행 아이콘을 클릭하여 프로그램을 실행시키면 <그림 2.3>에서와 같이 로그 윈도우에 데이터셋 company가 생성되었다는 메시지가 출력됨을 볼 수 있을 것이다.

이러한 SAS 데이터셋은 여러 개를 만들 수 있으며, 생성된 SAS 데이터셋은 라이브러리(library)라고 불리는 특별한 공간에 SAS의 고유한 형식으로 저장된다.

2.3 SAS 데이터셋의 이용과 저장

데이터 단계가 정상적으로 수행되어 SAS 데이터셋이 생성되면 사용자는 이를 필요할 때마다 호출하여 추후 분석에 이용할 수 있다. 예를 들어, <예 2.2>에서와 같은 프로그램을 실행시키면 <그림 2.4>에서와 같이 각 변수별 빈도표가 출력되는데, 여기서 PROC FREQ 명령문의 DATA= 옵션에 의해 데이터셋 company가 호출되도록 지정하였고, TABLES 명령문으로 빈도표를 출력할 변수 이름들을 지정하였음을 알 수 있다(FREQ 프로시저에 대해서는 3.3절에서 다시 자세히 설명할 것이다).

예 2.2 프로시저의 사용 예

```
PROC FREQ DATA=company;
    TABLES age gender item1 item2 item3;
RUN;
```

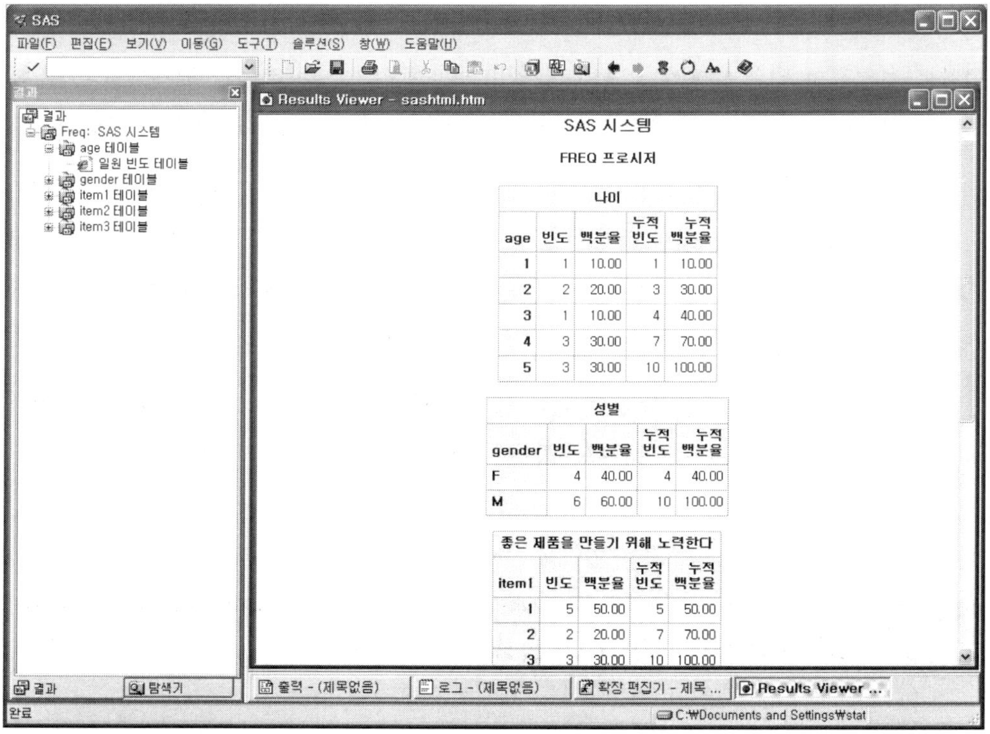

〈그림 2.4〉 FREQ 프로시저를 실행한 후의 Results Viewer 윈도우

2.3.1 라이브러리를 이용한 SAS 데이터셋의 저장

앞에서 원자료 파일을 읽어 SAS 데이터셋을 만드는 과정을 간단히 살펴보았다. 그런데 이렇게 생성된 데이터셋은 어디에 저장되는 것일까? SAS는 특별한 지정이 없는 경우 SAS를 구동한 후에 생성된 데이터셋들을 **WORK 라이브러리**(2.3.3절 참조)라고 불리는 일정한 장소에 임시로 보관하였다가 SAS가 종료되면 이 데이터셋들을 모두 삭제해 버린다.[3)] 따라서 SAS를 사용할 때마다 매번 동일한 데이터셋 생성 작업을 반복해야 하는 불편함이 생기게 된다.

그러나 일정한 작업을 수행하여 생성된 SAS 데이터셋을 외부 파일 형태로 특별한 라이브러리(하드디스크의 특정 폴더)에 저장해 두었다가 다음 번에 데이터 단계를 수행하지 않고서도 이 데이터셋을 바로 사용할 수 있는 방법이 있다. 특히 INSIGHT, Enterprise Miner 등 SAS 시스템에 포함되어 있는 메뉴 방식의 분석 기능을 이용하기 위해서는 분석에

3) SAS가 정상적으로 종료되지 않은 경우에는 WORK 라이브러리의 임시 파일들이 삭제되지 않기 때문에 불필요한 하드디스크의 낭비가 생길 수 있다. 이 경우에는 사용자가 윈도우즈 탐색기 등을 이용하여 임시 파일들을 물리적으로 삭제해 주어야 한다.

사용할 SAS 데이터셋이 저장되어 있는 폴더를 SAS **라이브러리**(library)로 등록시켜 주어야 하기 때문에, 여기서 설명하는 라이브러리의 개념과 사용 방법을 반드시 알아두어야 한다.

LIBNAME 명령문은 SAS 라이브러리를 생성하기 위해 사용되며, 일반적인 사용 형식은 다음과 같다.

LIBNAME *library 'folder'*;

예 2.3 LIBNAME 명령문의 사용 예

```
LIBNAME mysas 'c:\SAS_Programming\SAS_Data';

DATA mysas.company;
    INFILE 'c:\SAS_Programming\Raw_Data\기업이미지.txt';
    INPUT id 1-2 age 3 gender $ 4 item1 5 item2 6 item3 7;
    LABEL id='고객번호' age='나이' gender='성별'
          item1='좋은 제품을 만들기 위해 노력한다'
          item2='소비자를 중요하게 여긴다'
          item3='신뢰할만한 기업이다';
RUN;
```

<예 2.3>은 LIBNAME 명령문에 의해 생성된 라이브러리를 이용하여 SAS 데이터셋을 물리적인 파일로 디스크에 저장하는 예를 보여주고 있다. 즉, LIBNAME 명령문은 특정 폴더의 경로에 대해서 라이브러리(library)라는 임시의 별칭을 붙여주는 것으로써, <예 2.3>에서는 'c:\SAS_Programming\SAS_Data'라는 폴더에 'mysas'라는 라이브러리 이름을 지정하고 있다(LIBNAME 명령문에 지정되는 폴더는 하드디스크상에 이미 존재하고 있어야 한다).

이와 같이 라이브러리를 등록해 두면 SAS 프로그램 내에서 특정 폴더를 지칭하여 바로 사용할 수 있기 때문에 매우 편리하다. 즉, <예 2.3>에서 데이터셋 이름을 mysas.company 라고 하였는데, 이는 'c:\SAS_Programming\SAS_Data'라는 폴더 안에 company라는 SAS 데이터셋을 생성하도록 지정한 것이다(윈도우즈 탐색기 등을 이용하여 company.sas7bdat 라는 파일이 생성되어 있음을 확인해 보기 바란다). 이렇게 생성된 SAS 데이터셋은 .xls, .ppt, .hwp 파일 등과 마찬가지로 윈도우즈 탐색기 등을 이용하여 복사, 이동, 제거할 수 있으며, 필요한 경우 수시로 호출하여 사용할 수 있다(2.3.3.절 참조).[4]

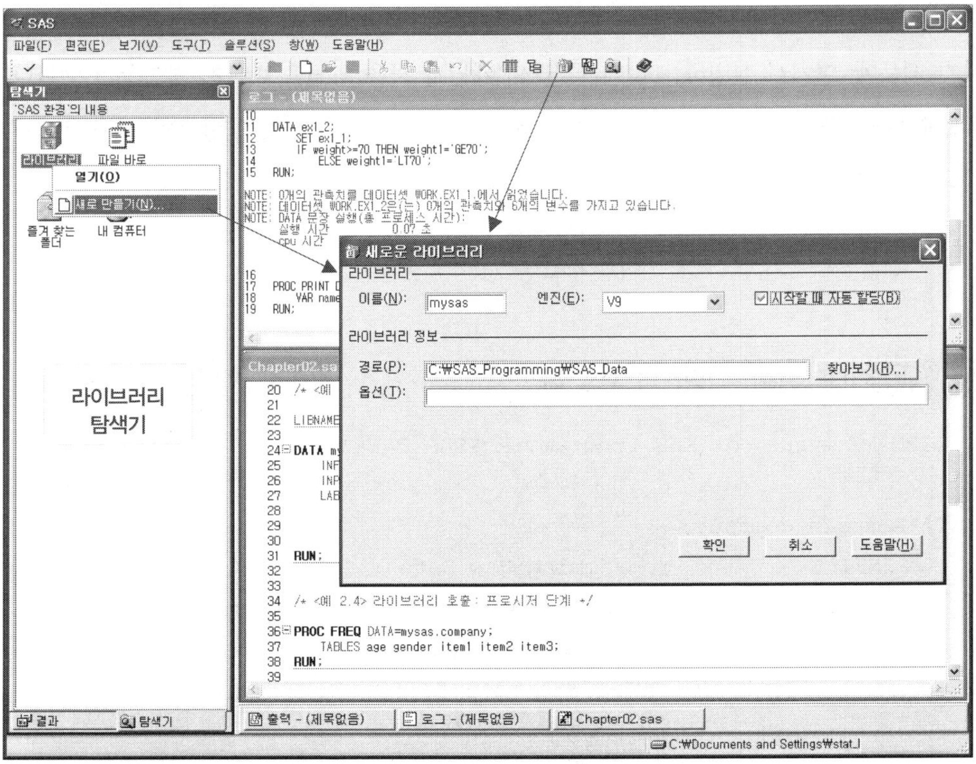

〈그림 2.5〉 새로운 라이브러리 생성

2.3.2 라이브러리 탐색기의 이용

한편 LIBNAME 명령문에 의해 등록된 라이브러리는 SAS가 구동되는 동안에만 사용되는 임시의 별칭이므로 새로 SAS를 구동하는 경우에는 다시 LIBNAME 명령문을 수행해 주어야 한다.5) 그러나 <그림 2.5>와 같은 **라이브러리 탐색기**(library explorer)를 이용하면 라이브러리를 메뉴 방식으로 관리할 수 있을 뿐만 아니라 라이브러리를 계속 등록하여 사용할 수가 있으므로 매우 편리하다. 또한 라이브러리 탐색기를 이용하면 SAS 데이터셋의 내용 보기나 변수 이름의 변경 등 데이터셋을 전반적으로 관리할 수 있다.

(1) 새로운 라이브러리의 생성

라이브러리 탐색기를 이용하여 새로운 라이브러리를 생성하고자 할 때는 먼저 <그림

4) SAS 데이터셋은 version에 따라 *.sas7bdat, *.sd2와 같은 확장자를 갖는다.

5) 이러한 불편을 해결하는 한 가지 방법은 AUTOEXEC.sas 파일을 이용하는 것이다. 이에 대해서는 7.11절을 참조하기 바란다.

2.5>와 같이 팝업 메뉴(pop-up menu, 오른쪽 마우스를 클릭하면 나타나는 빠른 메뉴)의 **새로 만들기(N) 메뉴** 또는 **라이브러리 생성( ) 아이콘**을 클릭한 후, **새로운 라이브러리 대화상자**에서 라이브러리의 이름과 폴더의 물리적 경로를 지정하면 된다(만약 **찾아보기(R)** 버튼이 나타나지 않을 경우에는 **엔진(E)** 란을 V9로 지정하면 된다). 이때 <그림 2.5>에서와 같이 **시작할 때 자동 할당(B)**에 체크를 해 두면 다음에 SAS를 구동할 때도 라이브러리의 지정이 계속 유지되게 된다.

(2) SAS 데이터셋의 탐색

라이브러리를 등록하고 나면 해당되는 폴더에 SAS 데이터셋을 생성할 수 있을 뿐만 아니라 다음과 같은 과정을 수행하여 그 폴더에 있는 데이터셋들을 탐색하고 편집할 수도 있다.

① <그림 2.5>에서와 같이 라이브러리 탐색기에서 **라이브러리 아이콘**을 오른쪽 마우스로

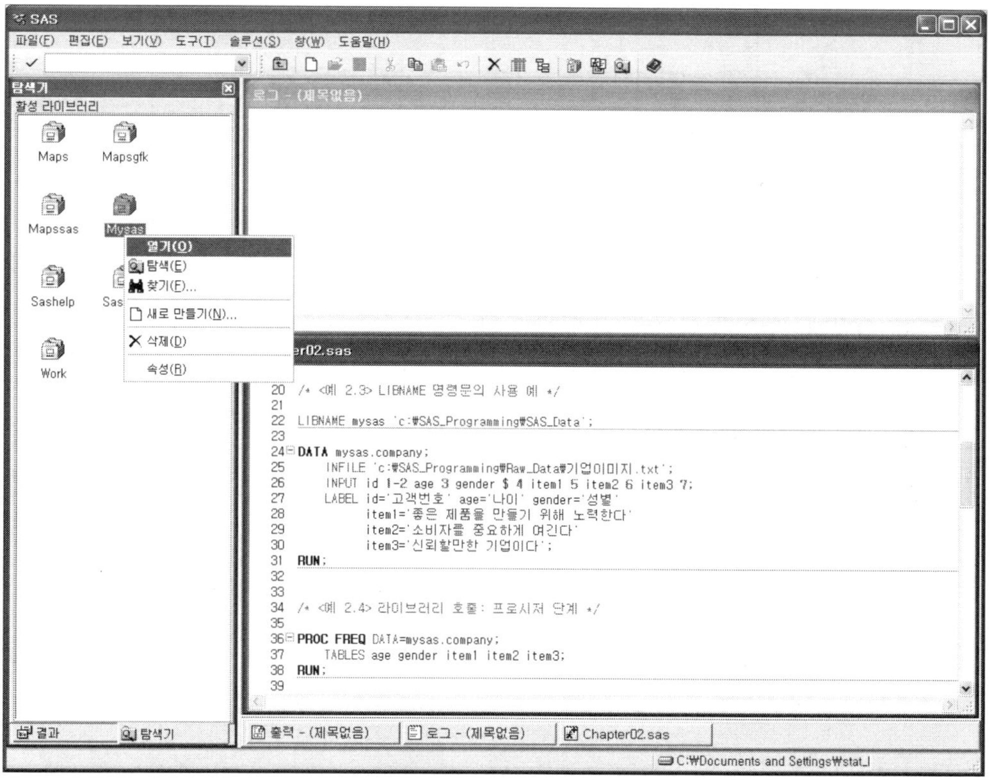

〈그림 2.6〉 라이브러리 열기[6]

6) '속성(R)' 메뉴를 클릭하면 라이브러리의 물리적 경로 등을 살펴볼 수 있다. 또한 '삭제(D)' 메뉴를 클릭하면 라이브러리의 등록을 해제할 수 있다(해당 폴더가 물리적으로 삭제되는 것은 아니다).

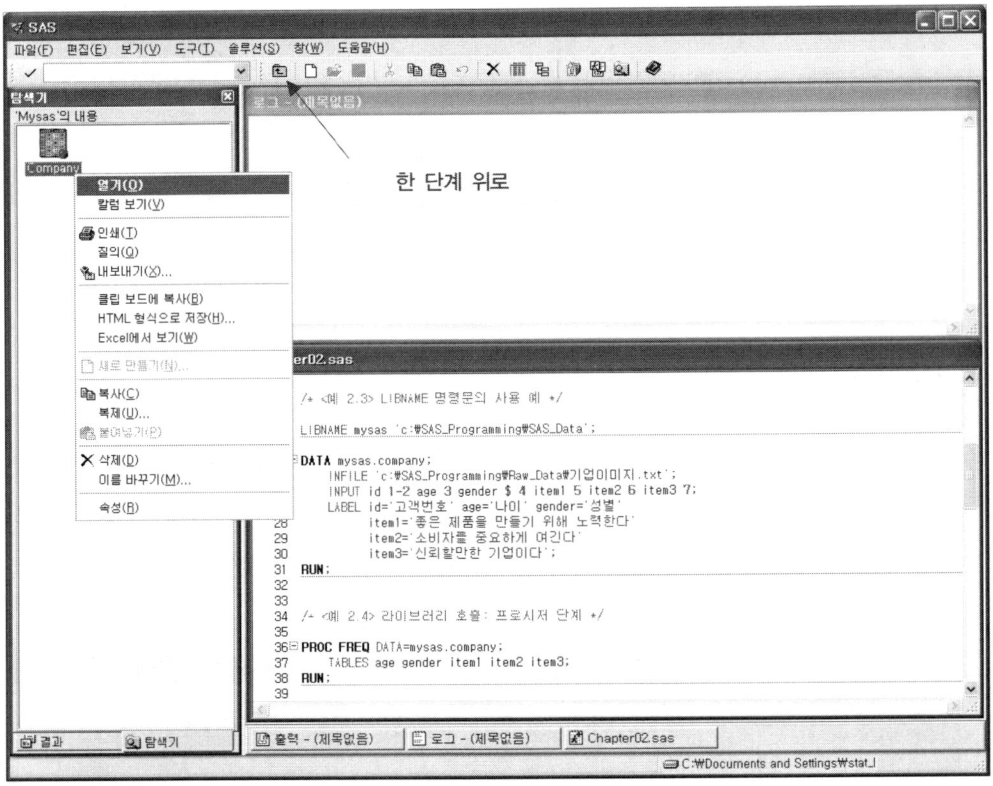

〈그림 2.7〉 데이터셋 열기[7]

클릭한 후 팝업 메뉴에서 **열기(O) 메뉴**를 클릭한다. 또는 라이브러리 아이콘을 더블클릭 한다. 이렇게 하면 탐색기에 현재 등록되어 있는 라이브러리들이 보여지게 된다.

② <그림 2.6>에서와 같이 탐색하고자 하는 라이브러리를 오른쪽 마우스로 클릭한 후 팝업 메뉴에서 **열기(O) 메뉴**를 클릭한다. 또는 해당 라이브러리를 더블클릭한다. 이렇게 하면 <그림 2.7>에서와 같이 라이브러리 내에 존재하는 SAS 파일들이 보여지게 된다.

③ <그림 2.7>에서와 같이 탐색하고자 하는 SAS 데이터셋을 오른쪽 마우스로 클릭한 후 팝업 메뉴에서 **열기(O) 메뉴**를 클릭한다. 또는 해당 데이터셋을 더블클릭한다. 이렇게 하면 <그림 2.8>에서와 같이 데이터셋의 내용이 보여지게 된다.

이와 같은 과정을 수행하면 **View Table 윈도우**를 통해 SAS 데이터셋의 내용을 살펴볼 수 있다. 또한 **보기(V) 메뉴**(그림 2.8)를 이용하면 데이터셋 보기에 관한 여러 가지 옵션

7) '한 단계 위로' 아이콘을 클릭하면 <그림 2.6>으로 되돌아 갈 수 있다.

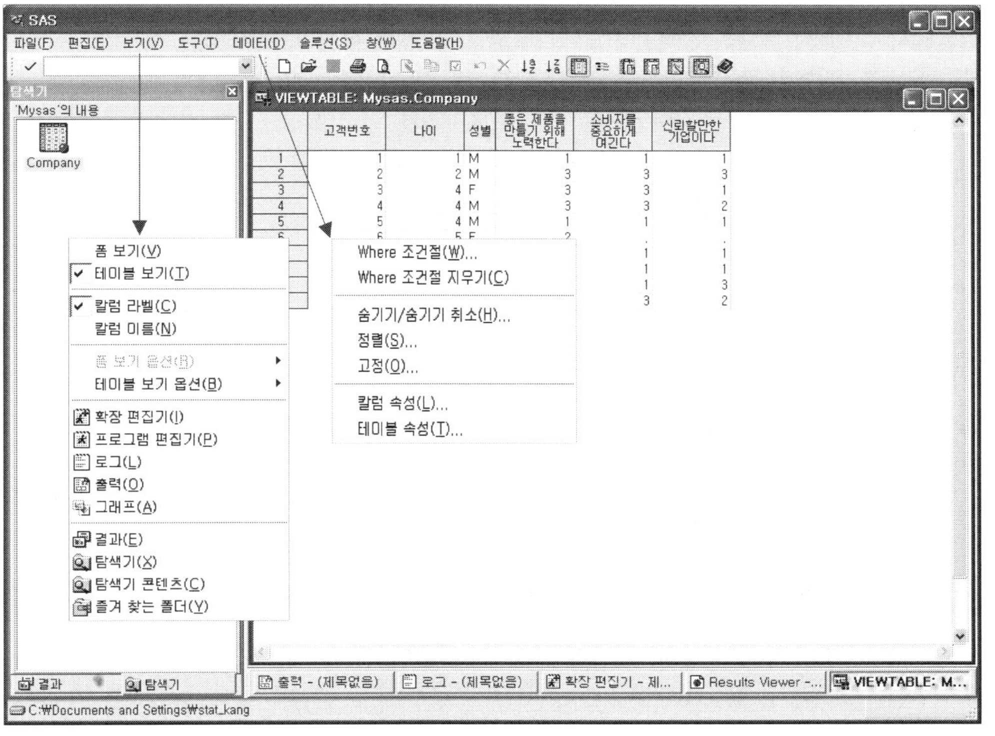

〈그림 2.8〉 View Table 윈도우[8)]

을 변경할 수 있고(예를 들면 '변수 이름'으로 볼 것인지 아니면 '변수 레이블'로 볼 것인지 등), **데이터(D) 메뉴**(그림 2.8)를 이용하면 데이터셋의 일부 내용만 살펴보거나 정렬 및 검색 등을 수행할 수도 있다(연습문제 2-5 참조).

2.3.3 라이브러리의 호출

LIBNAME 명령문 또는 라이브러리 탐색기에 의해서 등록된 라이브러리의 SAS 데이터셋을 지칭할 경우에는 앞의 <예 2.3> 및 위의 <예 2.4>에서와 같이 '**라이브러리 이름.데이터셋 이름**'의 형태로 두 수준의 이름을 지정해 주어야 하는데, 만약 라이브러리 이름 부분을 생략하면 임시 라이브러리인 WORK를 지정하는 것과 같다(즉, work.data-set). **WORK 라이브러리**는 SAS의 환경설정 파일에 의해서 특정 임시폴더(예를 들면, c:\Documents and settings\사용자 이름\Local Settings\Temp\SAS Temporary Files, c:\windows\temp\SAS Temporary Files, c:\sas\saswork 등으로 지정되어 있다.

8) 데이터셋을 호출하여 사용하고자 할 때는 해당 데이터셋에 대한 View Table 윈도우를 반드시 닫아주어야 한다.

예 2.4 라이브러리 호출: 프로시저 단계

```
PROC FREQ DATA=mysas.company;
    TABLES age gender item1 item2 item3;
RUN;
```

따라서 특정한 라이브러리를 규정하지 않은 데이터셋 이름 company(또는 work.company)는 WORK 라이브러리의 company 데이터셋을 나타내는 데 반해, <예 2.4>의 mysas.company는 라이브러리 mysas(즉, 'c:\SAS_Programming\SAS_Data' 폴더)의 conpany 데이터셋을 나타내므로 엄연히 서로 다른 데이터셋을 지칭하고 있는 것이다.

예 2.5 라이브러리 호출: 데이터 단계

```
LIBNAME mysas 'c:\SAS_Programming\SAS_Data';
LIBNAME new 'c:\temp\newdata';

DATA new.company1;
    SET mysas.company;
    itemmean=(item1+item2+item3)/3;
RUN;
```

한편 <예 2.5>는 라이브러리 mysas('c:\SAS_Programming\SAS_Data' 폴더)에 저장되어 있는 company라는 데이터를 호출하여 itemmean이라는 새로운 변수를 생성한 후, 다른 라이브러리 new('c:\temp\newdata' 폴더)에 company1이라는 데이터세트 파일로 저장하는 예이다.

이 예에서 사용된 **SET 명령문**은 이미 존재하고 있는 SAS 데이터세트를 호출하는 기능을 가지고 있으며, SET 명령문의 기능에 대해서는 제6장에서 자세히 설명할 것이다.

이러한 방식으로 라이브러리를 등록하여 사용하면 하드디스크에 저장되어 있는 어떤 SAS 데이터세트라도 프로그램 상에서 수시로 호출할 수 있고, 원하는 공간에 데이터세트를 파일로 저장할 수 있으므로 매우 편리하다.

2.4 데이터 가져오기 마법사 이용하기

윈도우즈 환경에서 작업할 때 얻는 이점 중의 하나는 서로 다른 응용 프로그램들 간에 데이터를 공유할 수 있다는 것이다. SAS와 다른 윈도우즈 응용 프로그램 사이에 데이터를 공유할 수 있는 방법은 여러 가지가 있는데, 여기서는 **데이터 가져오기 마법사(Import Wizard)**를 이용하여 외부 데이터 파일을 읽어들이는 과정을 살펴보도록 하자.

SAS와 다른 윈도우즈 응용 프로그램 사이에 데이터를 공유하는 과정을 이해하는 데 있어서 무엇보다 중요한 것은 SAS와 각 응용 프로그램에서의 데이터 구조를 정확히 파악하는 것이다. 앞에서도 설명한 바와 같이 SAS 데이터셋은 행은 관측개체 그리고 열은 변수를 나타내는 특수한 형태로 되어 있으며, 각 변수는 숫자형, 문자형, 날짜형과 같은 특별한 변수형식(variable type)을 가지고 있다. 따라서 DBF, DIF 또는 상용 DBMS[9] (Oracle, DB2, Teradata, Greenplum 등)에서와 같이 SAS 데이터셋과 유사한 형태로 저장되어 있는 데이터베이스들은 SAS와의 인터페이스가 용이하다.

그러나 워크시트 또는 Excel 등과 같은 스프레드시트 형태로 저장된 파일은 SAS 데이터셋과 구조가 매우 다르기 때문에, SAS에서 데이터를 불러올 때 원래 저장되어 있는 구조에 맞추어 해당하는 옵션을 정확하게 지정해야 한다. 예를 들면, Excel의 워크시트에서는 변수형에 대한 구분이 없기 때문에 SAS가 여기에 있는 데이터를 가져올 때는 일반적으로 데이터 부분의 첫 행을 기준으로 변수형식을 결정하므로, 첫 행에 결측값이나 특수문자가 있는 경우에는 특별한 지정이 없으면 그 열은 문자변수로 인식되어 숫잣값을 제대로 읽어 들이지 못할 수 있다.[10]

9) 데이터베이스 관리 시스템(database management system): 데이터를 효과적으로 이용할 수 있도록 정리 · 보관하기 위한 것으로서 데이터베이스를 관리하기 위해 필요한 데이터의 추가, 변경, 삭제, 검색 등의 기능을 가지는 소프트웨어 패키지이다.

10) Excel 파일 등 외부 데이터베이스 파일이 데이터 가져오기 마법사가 원하는 형식으로 되어 있지 않을 때는 ACCESS 프로시저를 사용하여 문제를 해결할 수 있다. 이에 대해서는 '예제로 배우는 SAS 고급프로그래밍(강현철 외, 자유아카데미)'을 참조하기 바란다.

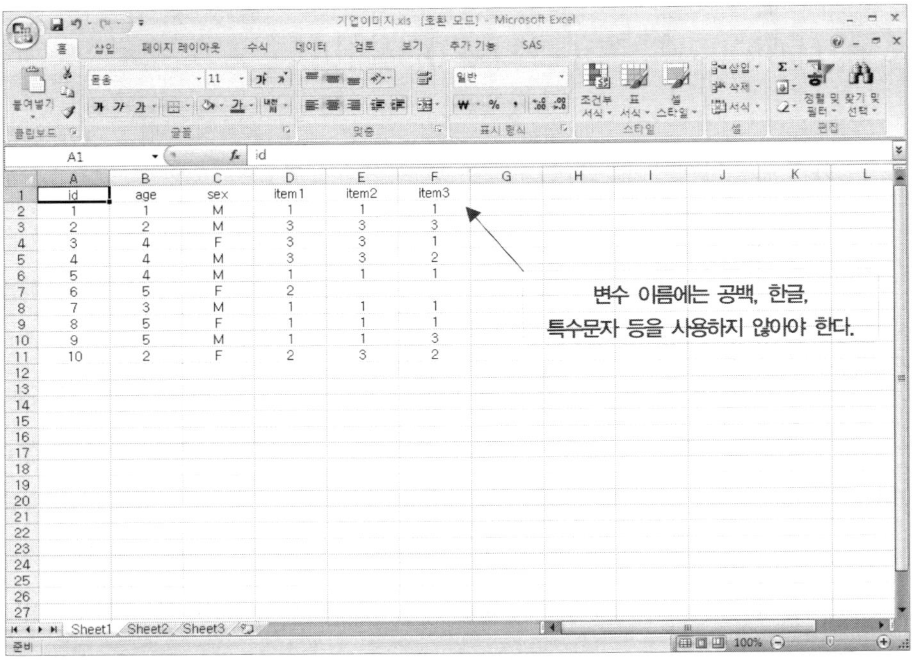

〈그림 2.9〉 기업이미지.xls 데이터

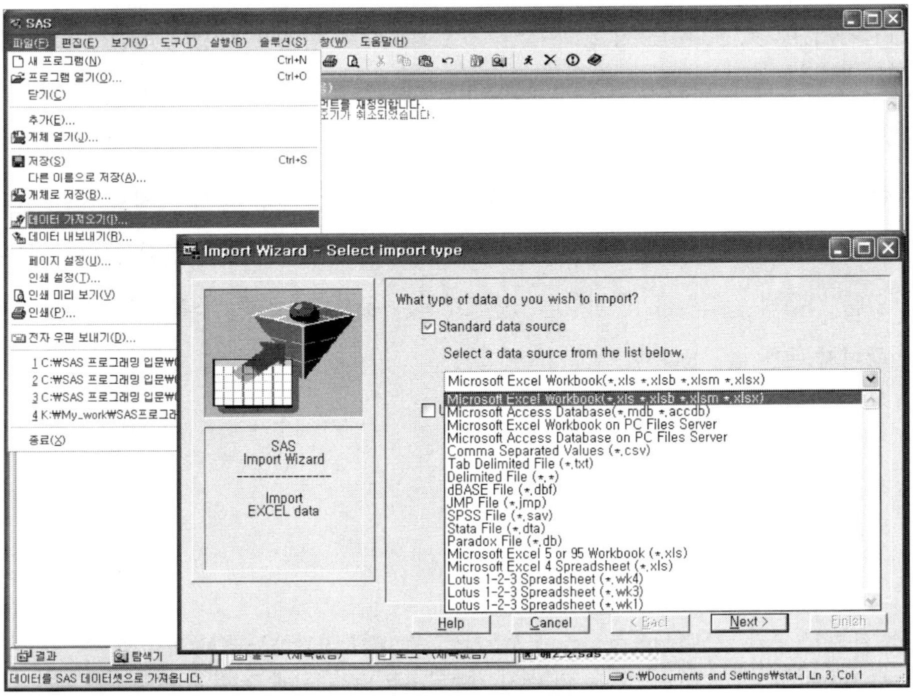

〈그림 2.10〉 데이터 가져오기 메뉴/마법사 11)

11) 데이터 가져오기 마법사를 사용하기 전에 사용하려는 Excel 파일을 닫아주어야 한다.

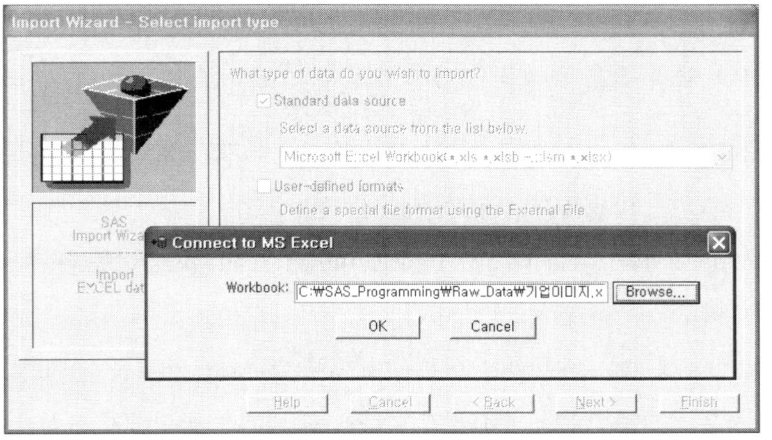

〈그림 2.11〉 데이터 가져오기 마법사 : Excel 파일 선택

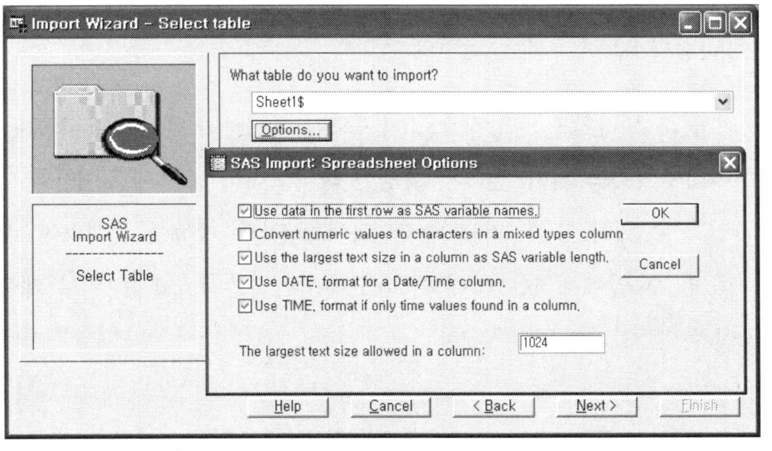

〈그림 2.12〉 Options 대화상자

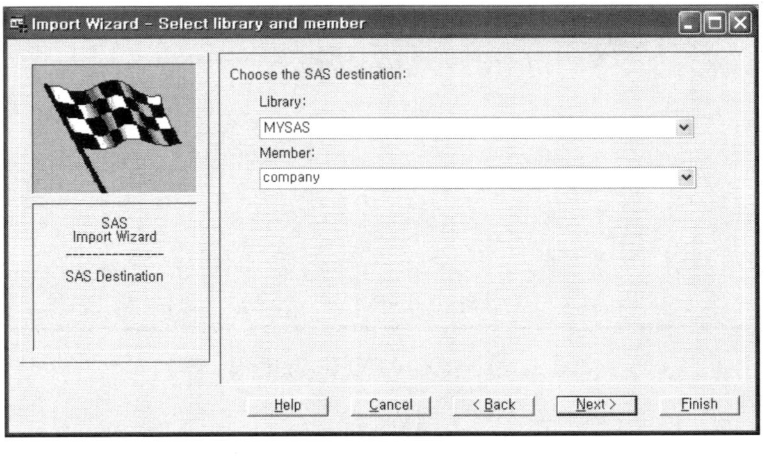

〈그림 2.13〉 라이브러리 및 데이터셋 이름 지정

여기서는 <그림 2.9>와 같은 Excel 데이터(기업이미지.xls)를 SAS 데이터셋으로 변환하기 위하여 다음과 같은 과정을 수행해 보도록 하자.

① <그림 2.10>에서와 같이 풀다운 메뉴의 '**파일(F) 〉 데이터 가져오기(I)**' 메뉴를 선택하여 데이터 가져오기 마법사(Import Wizard)를 연다.

② <그림 2.10>에서와 같이 가져오기 원하는 데이터 형식(type)을 선택한 후, **Next〉** 버튼을 클릭한다.

③ <그림 2.11>에서와 같이 파일 이름을 선택한 후 **Next〉** 버튼을 선택한다.

④ 필요한 경우 <그림 2.12>에서와 같이 **Options** 버튼을 클릭하여 옵션을 변경한다.

⑤ <그림 2.13>에서와 같이 SAS 데이터셋이 저장될 라이브러리와 SAS 데이터셋의 이름을 지정한 후(사용하기를 원하는 라이브러리는 미리 등록해 두어야 한다) **Finish** 버튼을 클릭한다.[12]

이러한 과정을 모두 마치고 정상적으로 가져오기 마법사가 실행되면 지정된 라이브러리에 SAS 데이터셋이 저장되며, 앞에서 설명한 라이브러리 탐색기를 이용하여 데이터셋의 내용을 확인할 수 있다. 또한 '**파일(F) 〉 데이터 내보내기(R)**' 메뉴를 선택하여 데이터 내보내기 마법사를 연 후 앞에서와는 반대로 SAS 데이터셋을 Excel 등 외부 데이터베이스 파일로 저장할 수도 있다(6.7절 참조).

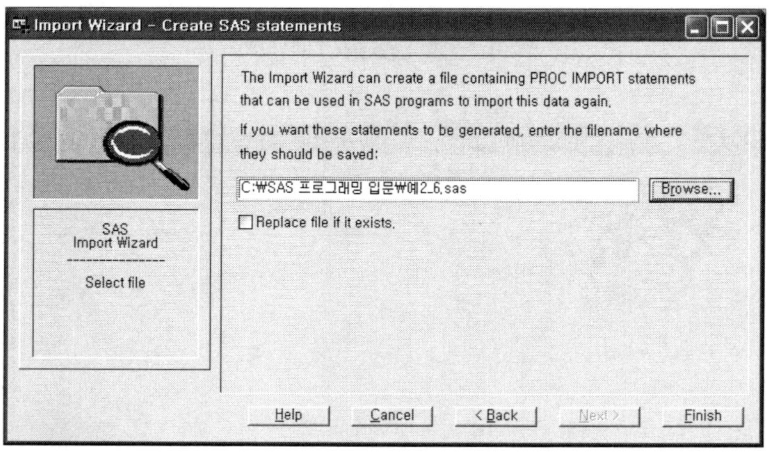

〈그림 2.14〉 PROC IMPORT 명령문의 저장

12) <그림 2.13>에서 Next 버튼을 클릭한 후 프로그램 이름을 지정하면 데이터 가져오기 마법사를 이용하는 것과 동일한 작업을 수행하는 SAS 프로그램(PROC IMPORT 명령문)을 얻을 수 있다(그림 2.14 참조).

2.5 IMPORT 프로시저 이용하기

앞 절에서 다루었던 데이터 가져오기 마법사는 IMPORT 프로시저의 기능을 대화상자를 통해 이용할 수 있도록 구현한 것이다(IMPORT 프로시저는 SAS/ACCESS 제품에 포함되어 있다). 여기서는 다음 예를 통해 IMPORT 프로시저의 사용법을 간단히 설명할 것이다.

예 2.6 IMPORT 프로시저: Excel 데이터 가져오기

```
PROC IMPORT DBMS=EXCEL
            DATAFILE="c:\SAS_Programming\Raw_Data\기업이미지.xls"
            OUT=mysas.company
            REPLACE;
    RANGE="Sheet1$";
RUN;
```

<예 2.6>은 앞에서 다루었던 '기업이미지.xls' 데이터로부터 SAS 데이터셋을 만들기 위한 IMPORT 프로시저의 사용 예이다. **PROC IMPORT 명령문**에서 **DBMS= 옵션**은 가져올 파일의 형식이 Excel임을 지정하는 것이고(<그림 2.10>에 해당), **DATAFILES= 옵션**은 Excel 파일이 저장되어 있는 경로와 Excel 파일의 이름을 지정하는 것이며(<그림 2.11>에 해당), **OUT= 옵션**은 데이터셋이 저장될 라이브러리와 SAS 데이터셋 이름을 지정하는 것이고(<그림 2.13>에 해당), **REPLACE 옵션**은 라이브러리 내에 동일한 이름의 SAS 데이터셋이 이미 존재할 경우 이를 덮어쓰도록 지정하는 것이다. 또한 **RANGE= 명령문**은 Excel 파일 안에서 데이터를 가져올 워크시트를 지정하는 것이다(<그림 2.12>에 해당).

예 2.7 IMPORT 프로시저: SPSS 데이터 가져오기

```
PROC IMPORT DBMS=SPSS
            DATAFILE="c:\SAS_Programming\Raw_Data\기업이미지.sav"
            OUT=mysas.company
            REPLACE;
    FMTLIB=mysas.company_formats;
RUN;
```

IMPORT 프로시저에서는 **DBMS=** 옵션의 설정을 변경함으로써 매우 다양한 형식의 외부 데이터 파일을 가져올 수 있다(<그림 2.10> 참조). 예를 들어, <예 2.7>에서는 DBMS= 옵션에 SPSS를 지정함으로써 **.SAV**(SPSS 소프트웨어 데이터 파일의 확장자)[13)]파일로부터 SAS 데이터셋을 만들고 있다. 여기서 사용된 **FMTLIB= 명령문**은 SPSS의 파일에 변숫값 레이블(value label)이 포함되어 있는 경우, 이를 포맷 카탈로그에 저장하여 사용하고자 할 때 지정하는 것이다(사용자 출력포맷에 대하여는 7.6절을 참조하기 바란다).

2.6 원자료를 프로그램 내부에 입력하기

원자료(raw data)의 개체 수가 크지 않을 경우에는 SAS 프로그램의 데이터 단계에 원자료를 직접 입력하여 SAS 데이터셋을 생성하는 것이 효율적인 경우도 있다.

<예 2.8>은 10개의 개체를 프로그램 내부에 입력하고 있는데, 여기서 **CARDS 명령문**은 자료가 프로그램 내부에 입력되어 있음을 지정하는 명령문이며, SAS는 CARDS의 뒤에 위치하는 모든 자룟값들은 ;(semicolon)이 나타날 때까지 원자료로 인식한다(INPUT 명령문과 CARDS 명령문의 기능에 대해서는 제4장에서 자세히 다룬다).

예 2.8 원자료를 프로그램 내부에 입력하기

```
LIBNAME mysas 'c:\SAS_Programming\SAS_Data';

DATA mysas.htwt;
    INPUT name $ gender $ dept $ age height weight;
    LABEL name='이름' gender='성별' dept='학과'
          age='나이' height='키' weight='몸무게';
CARDS;
김철수 M Stat 25 170 67
강민호 M Stat 20 169 70
이영희 F Math 19 160 58
```

13) 최근 통계 소프트웨어 SPSS는 PASW Statistics로 이름이 변경되었다.

예 2.8 원자료를 프로그램 내부에 입력하기(계속)

```
박지수 F Econ 21 160 59
최병호 M Math 28 177 62
장순미 F Stat 22 173 60
이상호 M Econ 19 170 71
김미숙 F Math 16 150 48
박흥식 M Econ 20 165 53
유은영 F Stat 16 169 57
;
RUN;
```

이 절에서는 데이터의 원천에 따라 SAS 데이터셋을 생성하는 방법들을 다루었는데, 요약하면 다음과 같이 세 가지 방법으로 정리할 수 있다.

① 원자료를 SAS 프로그램 내부에 있력하기(2.6절 참조). 이 방법은 원자료의 개체 수가 매우 작을 때 유용하다.

② 외부 텍스트 파일을 가져오기(2.2절 참조). 이 방법은 원자료의 개체 수가 매우 크거나 입력 형식이 다양할 때 유용하다(제4장 참조).

③ 외부 DBMS(Data Beas Management System) 파일을 가져오기(2.4절 및 2.5절 참조). 이 방법은 이미 데이터가 다른 형식의 DBMS 파일로 구축되어 있는 경우 유용하다.

2.7 연습문제

2-1 <예 2.1> ~ <예 2.8>의 프로그램들을 수행하여 생성된 데이터셋들을 살펴보아라. 또한 로그 윈도우 및 Results View 윈도우(또는 출력 윈도우)에 출력되는 내용들을 자세히 살펴보아라.

2-2 Drink 데이터셋(표 3.1 참조)을 생성하기 위하여 다음을 수행하여라.

(1) 텍스트 파일 '음료수.txt'를 이용하여 mysas.drink 데이터셋을 생성하여라.

(2) EXCEL 파일 '음료수.xls'를 이용하여 mysas.drink 데이터셋을 생성하여라.

(3) SPSS 파일 '음료수.sav'를 이용하여 mysas.drink 데이터셋을 생성하여라.

2-3 <그림 2.6>의 빠른(pop-up) 메뉴 중 '속성(R)' 및 '삭제(D)' 메뉴를 클릭하여 수행되는 내용을 살펴보아라.

2-4 <그림 2.8>의 풀-다운 메뉴 중 '보기(V)' 메뉴에 있는 하위 메뉴들 중 '폼 보기(V)', '테이블 보기(T)', '칼럼 라벨(C)', '칼럼 이름(N)', '테이블 보기 옵션(B)' 등을 실행하여 그 기능을 살펴보아라.

2-5 <그림 2.8>의 풀-다운 메뉴 중 '데이터(D)' 메뉴에 있는 하위 메뉴들을 클릭하여 다음 내용을 수행하여 보아라.

(1) '숨기기/숨기기 취소(H)' 메뉴를 클릭하여 Hide/Unhide 대화상자를 열고(그림 2.15), Hidden 란에 변수 item1, item2, item3를 지정한 후 OK 버튼을 클릭하여라. 그러면 VIEWTABLE 윈도우에 변수 id, gender, age만 나타날 것이다. 다시 모든 변수들이 VIEWTABLE 윈도우에 나타나게 하여라.

(2) 'Where 조건절(W)' 메뉴를 클릭하여 WHERE EXPRESSION 대화상자를 열고(그림 2.16), Available Columns 란에서 변수 gender를 클릭하고 Operators 목록의 EQ를 클릭하여라. ① Available Columns 란에서 <CONSTANT enter value>를 클릭하고 <그림 2.17>에서 Enter Constant Value 란에 M을 입력한 후 OK 버튼을 클릭하여라. 또는 ② Available Columns 란에서 <LOOKUP distinct values>를 클릭하고 <그림 2.18>에서 M을 클릭하여라. 그러면 VIEWTABLE 윈도우에 'age=M'인 데이터만 나타나게 될 것이다. 다시 'Where 조건절 지우기(C)' 메뉴를 클릭하여 모든 개체가 VIEWTABLE 윈도우에 나타나게 하여라.

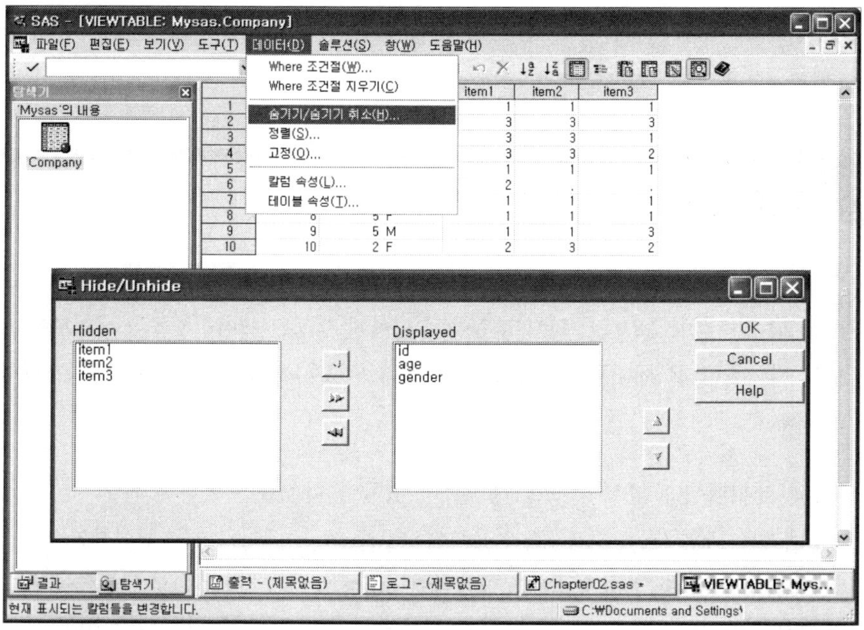

〈그림 2.15〉 Hide/Unhide 대화상자

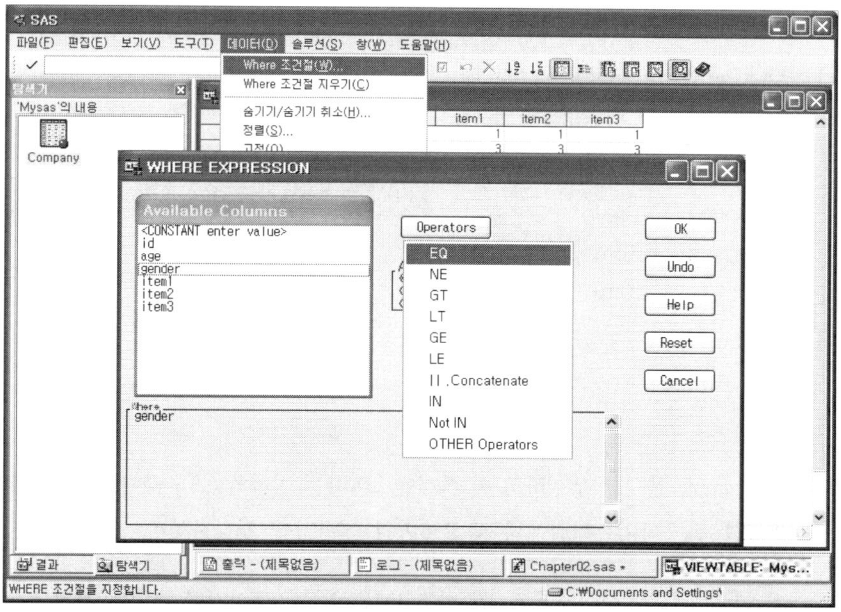

〈그림 2.16〉 WHERE EXPRESSION 대화상자

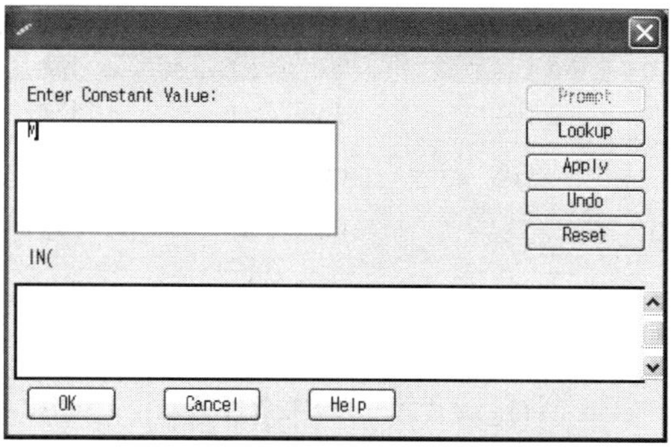

〈그림 2.17〉 CONSTANT enter value 대화상자

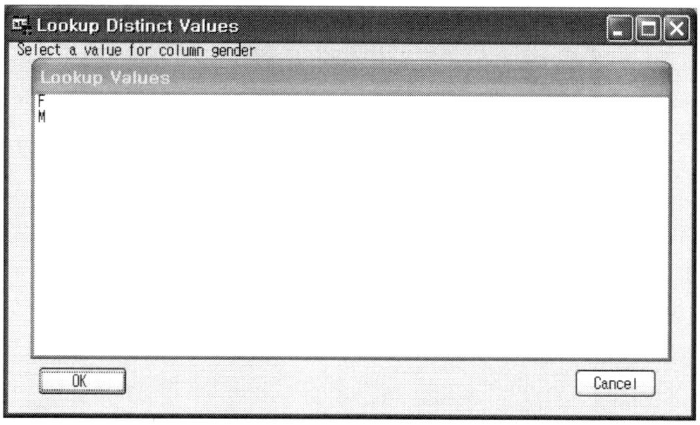

〈그림 2.18〉 LOOKUP distinct values 대화상자

2-6 아래 자료를 텍스트 파일로 저장하고, 이 텍스트 파일을 INFILE 명령문을 이용하여 SAS 데이터셋으로 저장하여라(주어진 코드북을 참고하여라).

<텍스트 자료>

```
1 Monona     Steve 32
2 Milwaukee  Tom   44
3 Madison    Kim   25
```

<코드북>

변수	내용	열 번호
Obs	고객 번호	1–2
City	도시	3–12
Name	성명	13–18
Age	나이	19–20

2-7 'C:\'에 example 폴더를 생성하고 이 폴더를 'ex'라는 이름의 SAS 라이브러리로 생성하여라. 생성한 'ex' 라이브러리에 문제 2-6번의 데이터를 저장하여라.

2-8 아래의 데이터셋을 엑셀 파일로 저장하고 IMPORT 프로시저와 데이터 가져오기 마법사를 각각 이용하여 저장한 엑셀 파일을 SAS 데이터셋으로 변환하여라.

Region	State	Month	Expenses	Revenue
Southern	GA	JAN2001	2000	8000
Southern	GA	FEB2001	1200	6000
Southern	FL	FEB2001	8500	11000
Northern	NY	FEB2001	3000	4000
Northern	NY	MAR2001	6000	5000
Southern	FL	MAR2001	9800	13500
Northern	MA	MAR2001	1500	1000

제 3 장

데이터 요약 및 표현

3.1 기초통계량의 계산: MEANS 프로시저

3.2 일변량 통계량의 출력: UNIVARIATE 프로시저

3.3 빈도표의 작성: FREQ 프로시저

3.4 그림 그리기: PLOT과 CHART 프로시저

3.5 프로시저와 함께 사용되는 명령문들

3.6 SAS Enterprise Guide 소개

3.7 SAS Studio 소개

3.A 부록 : SAS를 클라우드에서 무료로 사용하기

3.8 연습문제

앞 장에서 SAS 데이터셋을 생성하는 여러 가지 방법들에 대하여 다루었다. **프로시저 단계**(procedure step)는 이미 생성되어 있는 SAS 데이터셋에 대하여 필요한 연산과 분석을 수행하고, 분석된 결과를 인쇄하거나, 특별한 형태의 새로운 SAS 데이터셋을 생성하는 등의 기능을 가지는 SAS 프로시저를 호출하여 사용자가 원하는 작업을 수행하는 단계이다. 프로시저 단계는 데이터 단계와 서로 특별한 순서 없이 결합하여 SAS 작업 수행 과정의 어느 위치에서도 이미 생성된 SAS 데이터셋에 대해 적용할 수 있다.

이와 같은 프로시저 단계는 **PROC 명령문**으로 시작되며, 호출하고자 하는 프로시저 이름과 처리대상이 되는 SAS 데이터셋을 지정하여 사용되는데, PROC 명령문의 일반적인 사용형식은 다음과 같다.

PROC *procedure-name* DATA=*SAS-data-set options;*

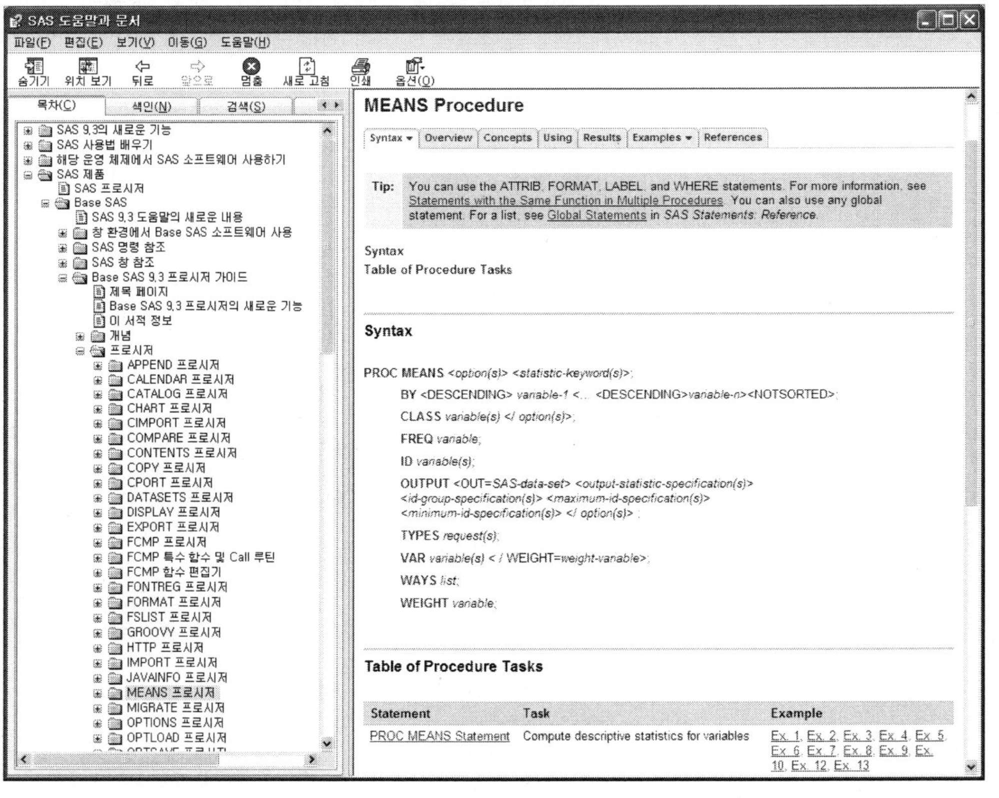

〈그림 3.1〉 기본 프로시저들에 대한 SAS 도움말[1)]

---

1) MEANS, UNIVARIATE, FREQ 등 기초통계분석과 관련된 프로시저들에 대해 보다 자세한 설명을 원하는 독자들은 "SAS 도움말과 문서(Document)" 또는 "예제로 배우는 SAS 데이터 분석 입문(김기영 외, 자유아카데미)"을 참조하기 바란다.

여기서 **DATA= 옵션**이 생략되면 가장 마지막으로 생성되거나 사용된 SAS 데이터셋이 처리대상이 된다.

Base SAS에는 데이터셋에 있는 정보를 요약하고 그 내용을 표현하는 몇 가지 기본적인 프로시저들이 포함되어 있다(그림 3.1 참조). 이 장에서는 이러한 프로시저의 기능에 대해서 사용방법 위주로 간단히 살펴볼 것이다. 여기서 주로 사용될 데이터셋은 앞 장에서 다룬 바 있는 htwt 데이터셋이다.

3.1 기초통계량의 계산

MEANS 프로시저

MEANS 프로시저는 숫자변수에 대한 기본적인 일변량 기술통계량(descriptive statistic)을 제공하며, 계산된 여러 통계량을 포함하는 새로운 SAS 데이터셋을 생성하여 이를 다음 분석의 입력 데이터로 사용할 수도 있다.

MEANS Procedure의 일반적 사용형식

```
PROC MEANS DATA=SAS-data-set options;
    BY variables;
    CLASS variables / options;
    FREQ variable;
    ID variables;
    OUTPUT OUT=SAS-data-set statistic-specifications / options;
    TYPES requests;
    VAR variables / WEIGHT=weight-variable;
    WAYS list;
    WEIGHT variable;
RUN;
```

OBS	name	gender	dept	age	height	weight
1	이영희	F	Math	19	160	58
2	박지수	F	Econ	21	160	59
3	장순미	F	Stat	22	173	60
4	김미숙	F	Math	16	150	48
5	유은영	F	Stat	16	169	57
6	김철수	M	Stat	25	170	67
7	강민호	M	Stat	20	169	70
8	최병호	M	Math	28	177	62
9	이상호	M	Econ	19	170	71
10	박흥식	M	Econ	20	165	53

〈그림 3.2〉 htwt 데이터셋

예 3.1 MEANS 프로시저에 의한 기술통계량

```
LIBNAME mysas "C:\SAS_프로그래밍입문\SAS_Data";

PROC MEANS DATA=mysas.htwt MAXDEC=2 MEAN STD CV RANGE;
   CLASS gender;
   VAR age height weight;
   TITLE '>>>>> 성별 기초통계량 <<<<<';
RUN;
```

>>>>> 성별 기초통계량 <<<<<

MEANS 프로시저

성별	관측값 수	변수	레이블	평균	표준편차	변동계수	범위
F	5	age	나이	18.80	2.77	14.76	6.00
		height	키	162.40	8.96	5.52	23.00
		weight	몸무게	56.40	4.83	8.56	12.00
M	5	age	나이	22.40	3.91	17.46	9.00
		height	키	170.20	4.32	2.54	12.00
		weight	몸무게	64.60	7.37	11.41	18.00

<예 3.1>은 MEANS 프로시저의 전형적인 사용 예를 보여주고 있다. 먼저 **PROC MEANS 명령문**에서 사용된 옵션인 **MAXDEC=**의 경우 n은 분석결과를 인쇄할 때 사용될

최대 소수점의 자릿수를 지정하는 것으로, 디폴트는 MAXDEC=8이다. 또한 PROC MEANS 명령문에는 <예 3.1>과 같이 특정 통계량들을 지정하여 출력할 수도 있는데, 만약 어떤 통계량도 지정하지 않으면 N(결측값이 아닌 개체의 수), MEAN(평균값), STD(표준편차), MIN(최솟값), MAX(최댓값) 등이 출력된다. 이 예에서는 MEAN, STD, CV(변이계수, Coefficient of Variation), RANGE(범위, 즉 최댓값과 최솟값의 차이)가 지정되어 그 결과가 출력되었다.

MEANS 프로시저에는 CLASS나 VAR 등의 명령문이 추가로 사용될 수 있다. **CLASS 명령문**은 변수의 자룟값에 따른 개별 통계량을 구하고자 하는 변수를 지정하는 것이고, **VAR 명령문**은 대부분의 분석 프로시저에서 사용될 수 있는 것으로 분석에 사용할 숫자변수들을 지정하는 것이다. <예 3.1>에서는 데이터셋 mysas.htwt에 있는 변수들 중 변수 age, height, weight에 대한 지정된 통계량들을 성별(gender)로 구분하여 계산하도록 요구하고 있다. 만약 MEANS 프로시저를 사용할 때 VAR 명령문을 생략하면 데이터셋 내의 모든 숫자변수가 분석에 사용된다.

MEANS 프로시저와 거의 유사한 기능을 가지고 있는 것으로 **SUMMARY 프로시저**가 있는데, 이는 주로 계산된 기술통계량들에 의해 새로운 데이터셋을 생성하기 위해서 사용된다(7.1절 참조).

한편 <예 3.1>에 사용된 **TITLE 명령문**은 출력결과에 제목을 붙이기 위해서 사용되며, 이 명령문의 사용법에 대하여는 3.5절에서 자세히 설명한다.

3.2 일변량 통계량의 출력

UNIVARIATE 프로시저

UNIVARIATE는 MEANS나 SUMMARY 프로시저와 마찬가지로 일변량 기술통계량을 제공하는 프로시저이나, 이들 프로시저에 비해서 다음과 같이 해당 변수의 분포에 대해 보다 다양한 분석결과를 제공하는 프로시저이다.

- 적률(moment)에 기초한 다양한 기술통계량을 계산한다.
- 극단값(extreme value), 중위수(median), 4분위수(quantile) 등에 대한 상세한 정보를 계산한다.

- 위치모수(location parameter)나 척도모수(scale parameter)에 대해서 절사평균(trimmed mean)과 같은 로버스트(robust) 추정값을 계산한다.
- 추정값에 대한 신뢰구간(confidence limit)을 계산한다.
- 정규성(normality)에 대한 검정을 수행한다.
- 정규확률그림(normal probability plot), 상자그림(box plot), 줄기-잎 그림(stem and leaf plot) 등과 같은 분포에 대한 그림을 출력한다.

UNIVARIATE Procedure의 일반적 사용형식

```
PROC UNIVARIATE DATA=SAS-data-set options;
    BY variables;
    CLASS variables / KEYLEVEL='value1'|('value1' 'value2')>;
    FREQ variable;
    HISTOGRAM variables / options;
    ID variables;
    INSET keywords / options;
    OUTPUT OUT=SAS-data-set statistic-keywords=names;
    PROBPLOT variables / options;
    QQPLOT variables / options;
    VAR variables;
    WEIGHT variable;
RUN;
```

<예 3.2>는 UNIVARIATE 프로시저를 이용하여 여러 가지 기술통계량을 계산하고 데이터에 대한 분포를 탐색하는 프로그램의 예이다. 여기서 사용된 **NORMAL**과 **PLOTS 옵션**은 각각 정규성 검정의 결과와 정규확률그림을 출력하도록 지정하는 것이다. 또한 HISTOGRAM, PROBPLOT, QQPLOT 명령문은 각각 다음과 같은 그래프를 제공해 주는 명령문들로써 NORMAL, EXPONTIAL, GAMMA 등과 같은 분포를 지정하여 사용할 수 있다.

- **HISTOGRAM** : 막대 그래프와 모수적(parametric) 또는 비모수적(nonparametric) 밀도곡선(density curve)을 출력한다.
- **PROBPLOT** : 특정 분포에 근거한 확률그림(probability plot)을 출력한다.
- **QQPLOT** : 특정 분포에 근거한 분위수-분위수그림(quantile-quantile plot)을 출력한다.

<예 3.2>의 출력결과에는 이 프로그램에 의한 결과 중 일부만을 제시하였다. 독자들은 결과 탐색기를 이용하여 이 프로그램이 주는 결과를 자세히 살펴보기 바란다.

예 3.2 UNIVARIATE 프로시저에 의한 기술통계량

```
PROC SORT DATA=mysas.htwt;
   BY gender;
RUN;

PROC UNIVARIATE DATA=mysas.htwt NORMAL PLOTS;
   BY gender;
   VAR age height weight;
   HISTOGRAM age / NORMAL;
   PROBPLOT height weight / NORMAL;
   QQPLOT age / EXPONENTIAL;
RUN;
```

UNIVARIATE 프로시저
변수: age (나이)

성별=F

적률			
N	5	가중합	5
평균	18.8	관측값 합	94
표준편차	2.77488739	분산	7.7
왜도	-0.0093604	첨도	-2.70366
제곱합	1798	수정 제곱합	30.8
변동계수	14.7600393	평균의 표준 오차	1.24096736

기본 통계 측도			
위치측도		변이측도	
평균	18.80000	표준편차	2.77489
중위수	19.00000	분산	7.70000
최빈값	16.00000	범위	6.00000
		사분위수 범위	5.00000

위치모수 검정: Mu0=0				
검정	통계량		p 값	
스튜던트의 t	t	15.14947	Pr > |t|	0.0001
부호	M	2.5	Pr >= |M|	0.0625
부호 순위	S	7.5	Pr >= |S|	0.0625

정규성 검정				
검정	통계량		p 값	
Shapiro-Wilk	W	0.876112	Pr < W	0.2921
Kolmogorov-Smirnov	D	0.243525	Pr > D	>0.1500
Cramer-von Mises	W-Sq	0.049283	Pr > W-Sq	>0.2500
Anderson-Darling	A-Sq	0.336245	Pr > A-Sq	>0.2500

예 3.2 UNIVARIATE 프로시저에 의한 기술통계량(계속)

분위수(정의 5)	
레벨	분위수
100% 최댓값	22
99%	22
95%	22
90%	22
75% Q3	21
50% 중위수	19
25% Q1	16
10%	16
5%	16
1%	16
0% 최솟값	16

극 관측값			
최소		최대	
값	관측값	값	관측값
16	5	16	4
16	4	16	5
19	1	19	1
21	2	21	2
22	3	22	3

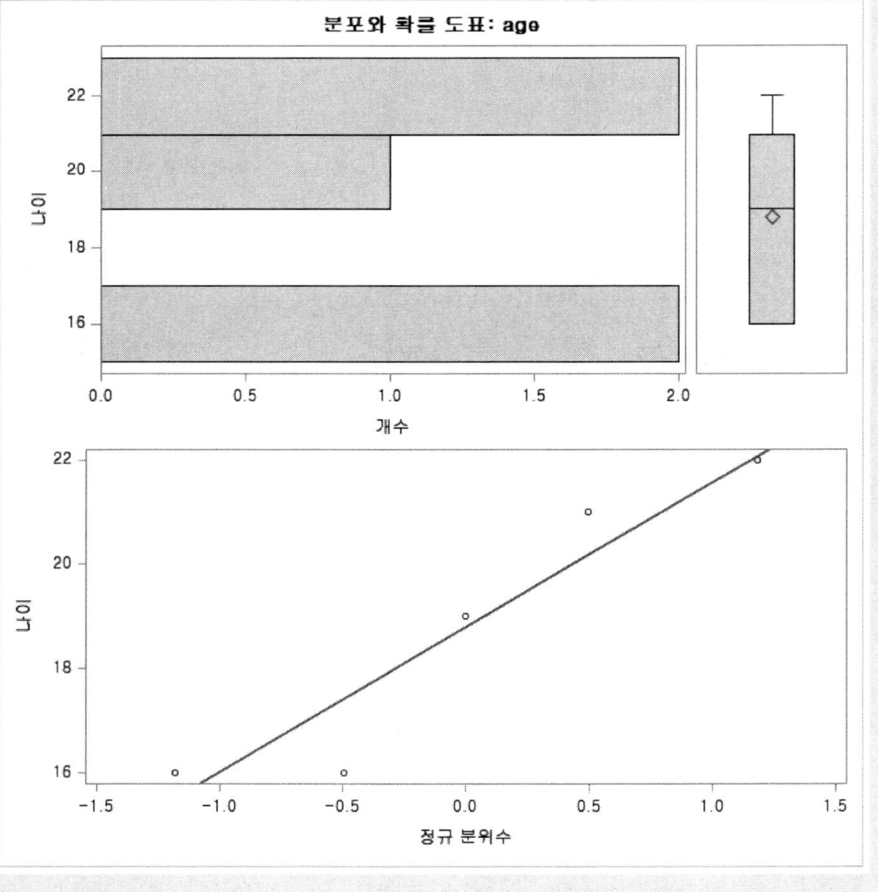

한편 <예 3.2>에서와 같이 대부분의 프로시저에는 **BY 명령문**을 함께 사용할 수 있는데, 이는 BY 변수의 자룟값에 따라 독립적으로 해당 프로시저를 수행하고자 할 때 사용된다. 즉, 3.1절에서 설명한 CLASS 명령문과 유사한 기능을 가지고 있다고 할 수 있는데, 다만 BY 명령문을 사용하기 위해서는 사용할 데이터셋이 반드시 BY 변수에 의해서 정렬되어 있어야 한다(BY 변수에 의하여 데이터를 정렬하기 위해서 **SORT 프로시저**를 사용할 수 있다. 7.4절 참조). 또한 BY 명령문은 거의 모든 프로시저에 대해서 제한 없이 사용할 수 있는 반면에, CLASS 명령문은 사용할 수 있는 프로시저와 기능이 다소 제한적이다 (UNIVARIATE 프로시저에도 CLASS 명령문을 사용할 수는 있다).

UNIVARIATE 프로시저에서는 **PLOTS 옵션**을 사용하여 텍스트 형식의 상자그림을 얻을 수 있는데, 보다 근사한 그래프 형태의 상자그림을 얻기 원한다면 다음과 같은 형식으로 BOXPLOT 프로시저를 사용할 수도 있다.

예 3.3 BOXPLOT 프로시저에 의한 상자그림

```
PROC BOXPLOT DATA=mysas.htwt;
   PLOT (height weight)*gender / BOXSTYLE=SKELETAL;
RUN;
```

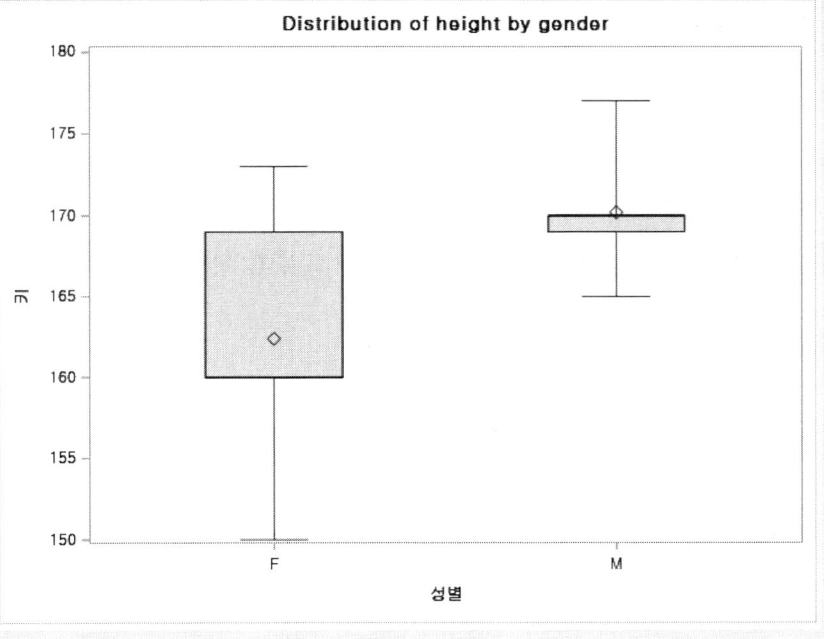

예 3.3 BOXPLOT 프로시저에 의한 상자그림(계속)

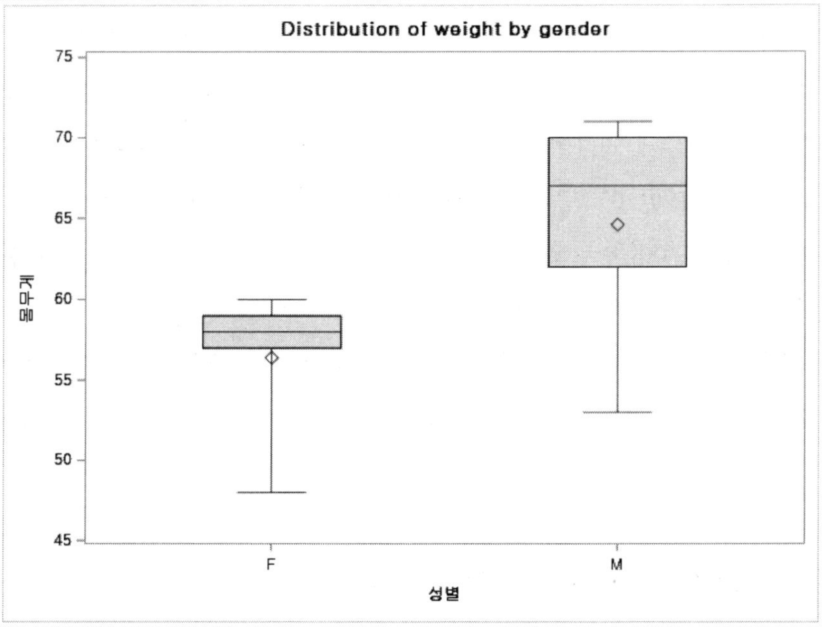

3.3 빈도표의 작성

FREQ 프로시저

어떤 한 변수가 가지는 분포 상의 특징이나 두 변수 간의 연관관계를 살펴보기 위하여 **빈도표**(frequency table)가 자주 사용된다. FREQ 프로시저는 일차원 또는 다차원 빈도표와 변수들 간의 상호연관성을 재는 측도들을 제공함으로써 각 변숫값들의 분포와 연관도에 관한 정보를 요약하여 준다.

FREQ Procedure의 일반적 사용형식

```
PROC FREQ DATA=SAS-data-set options;
    BY variables;
    EXACT statistic-keywords / options;
    OUTPUT statistic-keywords OUT=SAS-data-set;
    TABLES requests / options;
```

```
    TEST statistic-keywords;
    WEIGHT variable;
RUN;
```

하나의 FREQ 프로시저에는 여러 개의 **TABLES 명령문**을 사용할 수 있으며, <예 3.4>와 같이 하나의 TABLES 명령문 내에 여러 개의 빈도표 형식을 지정할 수도 있다. 다음은 TABLES 명령문을 사용하는 몇 가지 예이다.

- TABLES age; 변수 age에 관한 1차원 빈도표.
- TABLES age*gender; 변수 age와 gender의 각 수준에 대한 2차원 빈도표.
- TABLES a*b*c*d; 4차원 빈도표.
- TABLES a*(b c); a*b와 a*c의 빈도표.
- TABLES (a b)*(c d); a*c, a*d, b*c, b*d의 빈도표.
- TABLES (a b c)*d; a*d, b*d, c*d의 빈도표.
- TABLES a–c; a, b, c 각각의 빈도표.
- TABLES (a–c)*d; (a b c)*d와 동일.

예 3.4 FREQ 프로시저에 의한 빈도표

```
PROC FREQ data=mysas.htwt;
   TABLES dept gender*dept;
RUN;
```

FREQ 프로시저

학과				
dept	빈도	백분율	누적 빈도	누적 백분율
Econ	3	30.00	3	30.00
Math	3	30.00	6	60.00
Stat	4	40.00	10	100.00

빈도
백분율
행 백분율
칼럼 백분율

테이블 gender * dept				
	dept(학과)			
gender(성별)	Econ	Math	Stat	합계
F	1 10.00 20.00 33.33	2 20.00 40.00 66.67	2 20.00 40.00 50.00	5 50.00
M	2 20.00 40.00 66.67	1 10.00 20.00 33.33	2 20.00 40.00 50.00	5 50.00
합계	3 30.00	3 30.00	4 40.00	10 100.00

〈표 3.1〉 Drink 데이터셋[2)]

age	drink	count
18	A	10
19	A	13
20	A	12
18	B	14
19	B	7
20	B	4
18	C	2
19	C	10
20	C	6
18	D	12
19	D	8
20	D	10

또한 FREQ 프로시저의 TABLES 명령문에는 <예 3.5>에서와 같이 NOROW(행 퍼센트를 출력하지 않음), NOCOL(열 퍼센트를 출력하지 않음), NOPERCENT(각 칸의 퍼센트를 출력하지 않음) 등과 같은 출력제어 옵션들과 CHISQ(독립성 또는 동질성을 검정하기 위한 카이제곱 통계량), AGREE(일치도 통계량)와 같이 연관성 측도에 관련된 통계량들을 출력하는 옵션들을 지정할 수 있다.

한편 <표 3.1>에서와 같이 빈도표의 대상이 되는 데이터셋에 각 칸별 빈도에 관한 정보를 포함하고 있는(즉, 데이터가 빈도에 의하여 미리 요약되어 있는) 경우가 종종 있다. 이 예에는 총 108명의 사람 중 나이(age)가 18세이면서 음료수(drink) A를 좋아하는 사람은 10명이고, 나이가 19세이면서 음료수 A를 좋아하는 사람은 13명인 경우이다.

예 3.5 WEIGHT 명령문의 사용

```
PROC FREQ DATA=mysas.drink;
   WEIGHT count;
   TABLES age drink age*drink / NOCOL NOPERCENT;
RUN;
```

2) 이 데이터셋을 생성하는 과정은 연습문제 2-2를 참조하여라.

예 3.5 **WEIGHT 명령문의 사용(계속)**

age	빈도	누적 빈도
18	38	38
19	38	76
20	32	108

drink	빈도	누적 빈도
A	35	35
B	25	60
C	18	78
D	30	108

빈도
행 백분율

테이블 age * drink	drink				
age	A	B	C	D	합계
18	10 26.32	14 36.84	2 5.26	12 31.58	38
19	13 34.21	7 18.42	10 26.32	8 21.05	38
20	12 37.50	4 12.50	6 18.75	10 31.25	32
합계	35	25	18	30	108

이와 같이 변숫값들의 각 조합에 대한 빈도를 나타내는 변수가 데이터셋 내에 포함되어 있는 경우는 <예 3.5>에서와 같이 FREQ 프로시저에서 **WEIGHT 명령문**에 그 변수를 지정해 주어야 한다. 만약 이 예에서 WEIGHT 명령문을 생략하면 변수 age에 대한 1차원 빈도표에서 각 연령의 빈도가 모두 4로 출력되게 된다(이러한 내용을 수행하여 그 결과를 확인해 보기 바란다).

이와 같은 빈도변수를 지정하는 명령문은 프로시저에 따라서 약간씩 다른데, 예를 들어 MEANS, SUMMARY, UNIVARIATE 프로시저에서는 **FREQ 명령문**을 사용하여 빈도변수를 지정해 주어야 한다. 이들 프로시저에서 사용할 수 있는 WEIGHT 명령문은 통계량을 계산할 때 각 개체에 부여되는 가중치(weight)를 지정하는 것이므로 FREQ 프로시저의 경우와는 전혀 다른 의미를 가진다.

3.4 그림 그리기

PLOT과 CHART 프로시저

여기서 설명할 PLOT과 CHART는 텍스트 형태의 그림을 제공하는 프로시저로서 사용 방법이 비교적 간단하다. 이에 대해 SAS/GRAPH 소프트웨어의 GPLOT 또는 GCHART 프로시저를 이용하면 보다 정교한 형태의 그래프들을 그래픽(graphic) 형식으로 얻을 수 있는데, 이에 대해서는 제9장을 참조하기 바란다.

3.4.1 PLOT 프로시저

PLOT 프로시저는 두 변수 사이의 관계를 플롯(plot) 형식으로 표현하는 기능을 가지고 있다.

PLOT Procedure의 일반적 사용형식

PROC PLOT DATA=*SAS-data-set options*;
    BY *variables*;
    PLOT *plot-requests / options*;
RUN;

<예 3.6>은 PLOT 프로시저의 간단한 사용 예를 보여주고 있는데, 그리고자 하는 수직축 변수(height와 weight)와 수평축 변수(age)를 **PLOT 명령문**에 지정해 주면 된다. 또한 3.3절의 FREQ 프로시저와 유사하게 하나의 PLOT 프로시저에는 여러 개의 PLOT 명령문을 사용할 수 있으며, 하나의 PLOT 명령문 내에 여러 개의 플롯 형식을 지정할 수도 있다. 플롯 형식을 지정하는 방법은 TABLES 명령문에서와 유사하다.

예 3.6 PLOT 프로시저의 사용

```
PROC PLOT DATA=mysas.htwt;
   PLOT height*age='H' weight*age=gender
        / HPOS=50 VPOS=15 OVERLAY;
RUN;
```

```
          height*age 도표.  사용된 기호: 'H'.
          weight*age 도표.  기호: gender의 값.

       |
   200 +
       |
       |H       H  H     H        H        H
       |        H  H  H
   150 +H
       |
       |
       |
   100 +
       |
       |        M  M
       |F       F     F  F        M        M
    50 +F          M
       |
      -+--+--+--+--+--+--+--+--+--+--+--+--+-
      16 17 18 19 20 21 22 23 24 25 26 27 28

                         나이
```

PLOT 명령문에는 <예 7.8>에서와 같이 플롯에 표현할 문자 또는 변수를 지정할 수도 있는데, 이 예에서 height*age 플롯에는 문자 H를, weight*age 플롯에는 변수 gender의 자룟값을 표현하도록 지정하고 있다. 또한 **OVERLAY** 옵션을 사용하면 동일한 PLOT 명령문 안에 있는 모든 플롯을 하나의 그림에 겹쳐서 그려준다. 만약 각 플롯들을 개별적으로 작성하고자 한다면 OVERLAY 옵션을 생략하면 된다.

한편 PLOT 명령문에는 플롯의 크기와 형태 등을 조절하기 위한 다양한 옵션을 사용할 수 있는데, 자주 사용되는 옵션인 **HPOS=**와 **VPOS=**은 수평축의 길이와 수직축의 길이를 지정하는 옵션이다.

3.4.2 CHART 프로시저

CHART 프로시저는 HBAR(수평막대도표), VBAR(수직막대도표), PIE(파이도표), STAR(별도표), BLOCK(블록도표) 등의 명령문을 이용하여 여러 가지 형태의 도표(chart)를 그리는 기능을 가지고 있다.

CHART Procedure의 일반적 사용형식

```
PROC CHART DATA=SAS-data-set options;
    BLOCK variables / options;
    BY variables;
    HBAR variables / options;
    PIE variables / options;
    STAR variables / options;
    VBAR variables / options;
RUN;
```

<예 3.7>은 변수 dept에 대한 수평막대도표와 변수 age에 대한 파이도표를 출력하는 프로그램의 사용 예를 보여주고 있는데, HBAR나 PIE 명령문 등에는 하나 이상의 변수들을 동시에 지정할 수 있다. **DISCRETE 옵션**은 숫자변수에 대해서 모든 자룟값을 각각의 막대 또는 파이로 표현하도록 지정하는 것이다. 만약 DISCRETE 옵션을 생략하면 숫자변수에 대해서는 SAS가 적절한 구간으로 나누어 도표를 표현하게 된다.

예 3.7 CHART 프로시저의 사용

```
PROC CHART DATA=mysas.htwt;
   HBAR dept;
   PIE age / DISCRETE;
RUN;
-------------------------------------------------------------------------------
```

예 3.7 CHART 프로시저의 사용(계속)

```
 학과                                       누적                    누적
                                      빈도   빈도      백분율       백분율
       |
 Econon |***************                  3      3     30.00      30.00
       |
 Math  |***************                  3      6     30.00      60.00
       |
 Stat  |********************             4     10     40.00     100.00
       |
       -----+----+----+----+
            1    2    3    4

                 빈도

                  통계량: 빈도, 분석: age

                        19
                     *********
                  ****        .****
                **             .    **
              *        2      .       * 16
            **.     20.00%   .         **
           **   ..           .     2   **
          *       .         .  20.00%   *
          *         ..      .            *
          *           .                  *
     20  *      2        +  .  .. .  . ..  *
         *  20.00% .          .     1     *
          *         ..  ..  ..10.00%     *
          *      .     .    .     .      * 28
           **   .. 1    .    .    1 ..   **
            **. 10.00%. 1  10.00%  .**
              *        10.00%.        *
                **       .       .   **
              21 ****.          .****  25
                     *********
                        22
```

한편 <예 3.8>과 같이 **SUMVAR=**와 **TYPE= 옵션**을 사용하면 각 막대 또는 파이에 대해서 다른 변수의 통계량을 표현하는 것도 가능하다. 즉, 이와 같이 프로그램을 작성하면 두 변수 dept와 gender에 의해서 수직막대도표를 각각 그릴 때 변수 age의 평균에 의해서 막대의 크기를 표현하게 된다.

예 3.8 SUMVAR=, TYPE= 옵션의 사용

```
PROC CHART DATA=mysas.htwt;
   HBAR dept gender / SUMVAR=age TYPE=MEAN;
RUN;
--------------------------------------------------------------------------------

성별                                                                    나이
                                                           빈도         평균
        |
F       |**************************************            5      18.80000
        |
M       |*********************************************     5      22.40000
        |
    ----+---+---+---+---+---+---+---+---+---+---+-
        2   4   6   8  10  12  14  16  18  20  22

                           나이
```

3.5 프로시저와 함께 사용되는 명령문들

프로시저를 사용할 때 출력을 보기 좋게 하거나 특정 조건에 맞는 데이터만으로 작업을 수행하기 위해서 다양한 명령문을 함께 사용할 수 있는데, 여기서는 프로시저와 함께 사용할 수 있는 몇 가지 명령문에 대해서 설명하도록 한다.

3.5.1 OPTIONS 명령문

OPTIONS 명령문은 출력결과의 형식을 규정하거나 SAS의 여러 가지 사용환경을 설정하기 위한 옵션들을 지정하는 명령문이다. 여기서는 자주 사용되는 몇 가지 옵션들에 대해서 살펴보도록 하자.

예 3.9 OPTIONS 명령문의 사용

```
OPTIONS LINESIZE=80 PAGESIZE=50 NODATE PAGENO=1;

PROC PRINT DATA=mysas.htwt;
RUN;
```

- CENTER | NOCENTER : 출력결과를 가운데 정렬할 것인지 아니면 왼쪽 정렬할 것인지를 지정한다.
- DATE | NODATE : 현재 날짜의 출력 여부를 지정한다.
- NUMBER | NONUMBER : 페이지 번호의 출력 여부를 지정한다.
- LINESIZE=*n* : 출력결과에서 한 줄의 길이를 지정한다.
- PAGESIZE=*n* : 출력결과에서 한 페이지에 들어가는 줄 수를 지정한다.
- PAGENO=*n* : 새로운 페이지 번호를 지정한다.

이와 같은 OPTIONS 명령문에 의해서 지정된 사항들은 그 내용을 변경하는 새로운 설정이 있거나 SAS가 다시 구동되기 전까지는 계속 영향을 준다.

단, OPTIONS 명령문에 지정된 몇 가지 사항들은 리스트(list, 텍스트) 출력 형식의 결과에만 영향을 주며, HTML 출력 형식의 결과에는 영향을 주지 않는다. 리스트 출력과 HTML 출력의 설정을 위해서는 풀다운 메뉴에서 "도구(T) > 옵션(O) > 우선 설정(P)" 메뉴를 선택한 후 '우선 설정' 대화상자에서 원하는 사항들을 선택하면 된다(제1장 그림 1.3 참조).

한편, <예 3.9>에서 사용된 **PRINT 프로시저**는 데이터세트의 내용을 출력(Resilts Viewer) 윈도우에 출력하는 기능을 가지고 있다(그림 3.1 및 7.5절 참조).

3.5.2 TITLE, FOOTNOTE 명령문

TITLE과 **FOOTNOTE 명령문**은 출력되는 결과에 제목(title)과 주석(footnote)을 붙이기 위한 명령문이다. <예 3.10>에서 볼 수 있듯이 이 두 개의 명령문은 프로시저 단계의 내부에 사용할 수도 있고 특정 프로시저와 관계없이 독자적으로 사용할 수도 있다. TITLE과 FOOTNOTE 명령문의 일반적 사용형식은 다음과 같다.

TITLE*n* 'text'; 또는 FOOTNOTE*n* 'text';

이와 같은 TITLE이나 FOOTNOTE 명령문에 의해 나타나는 제목이나 주석은 여러 줄에 걸쳐 겹쳐 출력되도록 처리할 수 있는데, 앞의 사용형식에서 *n*이 바로 출력되는 제목이나 주석의 줄 번호를 나타내게 된다. <예 3.10>에서 첫 번째 TITLE 명령문과 같이 줄 번호를 지정하지 않는 것은 TITLE1을 사용하는 것과 같다. <예 3.10>에 의해 출력된 제목과 주석의 내용을 살펴보면, 여기서 사용된 두 개의 프로시저 단계인 FREQ와 MEANS의 처리결과가 OPTIONS 명령문에 의해서 지정된 PAGENO=1에 따라 페이지 1과 페이지 2에 출력되고 있다.

OPTIONS 명령문의 경우와 마찬가지로 TITLE과 FOOTNOTE 명령문은 특정 프로시저에만 영향을 주는 것이 아니라 이후의 모든 프로시저의 출력에 영향을 준다. 즉, 새로운 TITLE*n*이나 FOOTNOTE*n* 명령문이 나타나기 전까지는 기존의 제목과 주석이 계속 출력되는 것이다. 그러나 새로운 TITLE*n* 명령문이 사용되면 기존의 제목 중 *n*보다 큰 줄 번호를 사용한 TITLE 명령문에 의해서 붙여진 제목은 모두 무시된다. 따라서 다음과 같이 TITLE 명령문을 사용하면 기존의 모든 TITLE 명령문을 무시하게 된다.

TITLE; 또는 TITLE1;

예 3.10 TITLE과 FOOTNOTE 명령문의 사용 (리스트 출력 형식)

```
OPTIONS PAGESIZE=30 NODATE PAGENO=1;

TITLE '--- Data-Set htwt ---';

PROC FREQ DATA=mysas.htwt;
TITLE2 '>>> 성별 빈도 <<<';
   TABLES gender;
RUN;

TITLE2 '>>> 기초통계량 <<<';
TITLE3 "*** '성별' ***";
PROC MEANS DATA=mysas.htwt MEAN;
   CLASS gender;
   VAR height weight;
FOOTNOTE '키와 몸무게';
RUN;
--------------------------------------------------------------------------------
```

예 3.10 TITLE과 FOOTNOTE 명령문의 사용(계속)

```
                     --- Data-Set htwt ---                    1
                       >>> 성별 빈도 <<<

                         FREQ 프로시저

                             성별

                                        누적          누적
      gender      빈도      백분율       빈도        백분율
      -----------------------------------------------------
      F              5      50.00           5       50.00
      M              5      50.00          10      100.00


                     --- Data-Set htwt ---                    2
                      >>> 기초통계량 <<<
                       *** '성별' ***

                        MEANS 프로시저

                 관측치
    성별             수    변수        레이블              평균
    ---------------------------------------------------------
    F                5    height      키          162.4000000
                          weight      몸무게       56.4000000

    M                5    height      키          170.2000000
                          weight      몸무게       64.6000000
    ---------------------------------------------------------


                           키와 몸무게
```

한편 <예 3.10>의 TITLE3 명령문에서와 같이 제목에 인용부호(' ')가 포함된 경우에는 다음과 같은 이중 인용부호(" ")를 사용해서 인용부호가 제목의 일부임을 구별해 주어야 한다(물론 이와 같은 형식은 인용부호를 포함하지 않는 제목이나 주석에 대해서도 동일하게 사용할 수 있다).

TITLE*n* "text"; 또는 FOOTNOTE*n* "text";

〈표 3.2〉 비교연산자

기 호	약 어	기 능	기 호	약 어	기 능
=	EQ	같다	〉=	GE	크거나 같다
^= 또는 ~=	NE	같지 않다	〈=	LE	작거나 같다
〉	GT	크다	&	AND	그리고
〈	LT	작다	| 또는 !	OR	또는

3.5.3 WHERE 명령문

WHERE 명령문은 특정한 조건을 만족하는 데이터에 대해서만 해당 프로시저를 수행시키기 위해서 사용할 수 있는데,[3] <표 3.2>의 비교연산자나 IN 또는 CONTAINS 명령어를 사용하여 조건식을 지정할 수 있다.

먼저 <예 3.11>의 첫 번째 WHERE 명령문에 의해서 'age>20'이라는 조건식(논리식)이 만족되는 데이터만 MEANS 프로시저의 처리대상이 되고 있다. WHERE 명령문에 **비교연산자**를 사용하는 몇 가지 예를 들면 다음과 같다.

```
WHERE age<=20 OR age>50;
WHERE age LE 20 OR age GT 50;
WHERE 20<=age<50;
WHERE age>=20 AND age<50;
WHERE age GE 20 & age LT 50;
```

예 3.11 WHERE 명령문의 사용

```
TITLE '--- Data-Set htwt ---';
FOOTNOTE;

TITLE2 '***** 연령 > 20 *****';
PROC MEANS DATA=mysas.htwt MEAN STD;
   WHERE age>20;
   CLASS gender;
```

3) WHERE 명령문은 프로시저 단계뿐만 아니라 데이터 단계에서도 동일한 형식으로 사용할 수 있다.

예 3.11 WHERE 명령문의 사용(계속)

```
   VAR height weight;
RUN;

TITLE2 '***** Dept : Stat or Math *****';
PROC PRINT DATA=mysas.htwt;
   WHERE dept CONTAINS 'at';
RUN;
```

--- Data-Set htwt ---
***** 연령 > 20 *****

MEANS 프로시저

성별	관측값 수	변수	레이블	평균	표준편차
F	2	height	키	166.5000000	9.1923882
		weight	몸무게	59.5000000	0.7071068
M	2	height	키	173.5000000	4.9497475
		weight	몸무게	64.5000000	3.5355339

--- Data-Set htwt ---
***** Dept : Stat or Math *****

OBS	name	gender	dept	age	height	weight
1	이영희	F	Math	19	160	58
3	장순미	F	Stat	22	173	60
4	김미숙	F	Math	16	150	48
5	유은영	F	Stat	16	169	57
6	김철수	M	Stat	25	170	67
7	강민호	M	Stat	20	169	70
8	최병호	M	Math	28	177	62

<예 3.11>의 두 번째 WHERE 명령문에서와 같이 **CONTAINS 명령어**를 사용하면 해당 변수가 지정된 특정한 문자열을 포함하고 있는지를 검토하여 이를 만족하는 데이터에만 프로시저를 적용하게 된다. 따라서 이 예에서는 변수 dept가 문자열 'at'를 포함하고 (contain) 있는 Stat과 Math인 경우에 한해서 PRINT 프로시저가 수행되었다.

한편 **IN 명령어**는 WHERE 명령문에 다음과 같이 여러 개의 자룟값을 나열할 때 매우 유용하게 사용된다.

```
WHERE age IN (16, 19, 21, 28);
WHERE name IN ('강민호', '최병호', '장순미', '김미숙');
```

IN 명령어를 사용할 때는 위와 같이 콤마(,) 또는 하나 이상의 공백으로 구분하여 자룟값을 나열하면 되는데, 이때 문자변수에 대해서는 각 문자열을 인용부호(' ')로 닫아주어야 한다. "WHERE age IN (16, 19, 21, 28);"를 OR 연산자를 이용하여 동일하게 표현하려면 다음과 같이 지정해야 한다.

```
WHERE age=16 OR age=19 OR age=21 OR age=28;
```

따라서 나열해야 할 자룟값이 많은 경우에는 IN 명령어를 사용하는 것이 OR로 연결하여 나열하는 것보다 훨씬 효율적이다.

3.5.4 FORMAT, LABEL 명령문

FORMAT 명령문은 변수에 대한 출력포맷(출력형식)을 지정하는 것으로서 SAS에 내장되어 있는 포맷(4.4절 및 5.4 참조) 또는 사용자 포맷(7.6절 참조)을 이용할 수 있다. 이와 같은 출력포맷은 자룟값 자체를 변경하는 것이 아니라 프로시저를 이용하여 데이터를 출력하거나 VIEWTABLE 윈도우에 데이터셋을 디스플레이(display)할 때만 자룟값을 바꾸어 보여주는 것이기 때문에, 데이터의 저장이나 관리에 매우 효율적으로 사용될 수 있다.

예 3.12 FORMAT, LABEL 명령문의 사용

```
TITLE '>>>>> 출력포맷의 이용 <<<<<';

PROC PRINT DATA=mysas.htwt LABEL;
   FORMAT dept $1. height 5.1 weight 5.1;
   LABEL height='신장(cm)' weight='체중(kg)';
RUN;
```

예 3.12 FORMAT, LABEL 명령문의 사용(계속)

>>>>> 출력포맷의 이용 <<<<<

OBS	이름	성별	학과	나이	신장(cm)	체중(kg)
1	이영희	F	M	19	160.0	58.0
2	박지수	F	E	21	160.0	59.0
3	장순미	F	S	22	173.0	60.0
4	김미숙	F	M	16	150.0	48.0
5	유은영	F	S	16	169.0	57.0
6	김철수	M	S	25	170.0	67.0
7	강민호	M	S	20	169.0	70.0
8	최병호	M	M	28	177.0	62.0
9	이상호	M	E	19	170.0	71.0
10	박흥식	M	E	20	165.0	53.0

<예 3.12>에서 변수 dept(학과)는 문자변수로서 1바이트가 할당되어 첫 글자만 출력되었고, 변수 height와 weight에는 전체 자릿수를 5자리로 하고 소수점 이하 자릿수를 1로 출력하도록 지정한 것이다.

LABEL 명령문은 각 변수에 새로운 레이블(변수에 대한 설명)을 부여하기 위해 사용되며, <예 3.12>에서는 변수 height와 weight에 대하여 원래의 레이블인 '키', '몸무게' 대신에 새로운 레이블인 '신장(cm)', '체중(kg)'이 출력되어 있다.

한편 FORMAT 명령문과 LABEL 명령문은 프로시저 단계뿐만 아니라 데이터 단계에서도 사용할 수 있는데(예 2.3, 예 2.8 참조), 데이터 단계에서 출력포맷이나 레이블이 지정되어 있으면 이 데이터셋을 사용하는 모든 프로시저의 수행에 영향을 주지만, 프로시저 내에 FORMAT 명령문이나 LABEL 명령문을 사용하면 해당 프로시저가 수행되는 동안에만 영향을 준다.

3.6 SAS Enterprise Guide 소개

이 절에서는 SAS의 매가이버 칼(The Swiss Army Knife of SAS)라고 불리는 Enterprise Guide에 대하여 간단히 소개하고자 한다. SAS Enterprise Guide의 자세한 내용에 대하여는 제10장을 참조하기 바란다.

SAS Enterprise Guide는 Thin-Client 프로그램이며, <그림 3.3>과 같이 프로그램 창에서 프로그램을 코딩하고, 로그 창에서 프로그램의 오류를 확인하고, 결과 창에서 결과를 확인한다. SAS Studio와 마찬가지로 Enterprise Guide의 프로그램 창에서도 프로그램의 자동 완성 기능을 제공하여, 프로그램 코딩의 효율성이 획기적으로 개선되었다.

이 절에서는 다음과 같은 과정을 수행하여 SAS Enterprise Guide의 기본적인 사용법을 학습해 보도록 하자.

① 윈도우즈 시작 메뉴에서 'SAS > SAS Enterprise Guide'를 클릭하여 SAS Enterprise Guide를 구동하고, 새로운 프로젝트를 생성하여라.

② 풀다운 메뉴에서 '프로그램(P) > 새로운 프로그램(N)' 메뉴를 선택하여 프로그램 창이 나타나게 하여라.

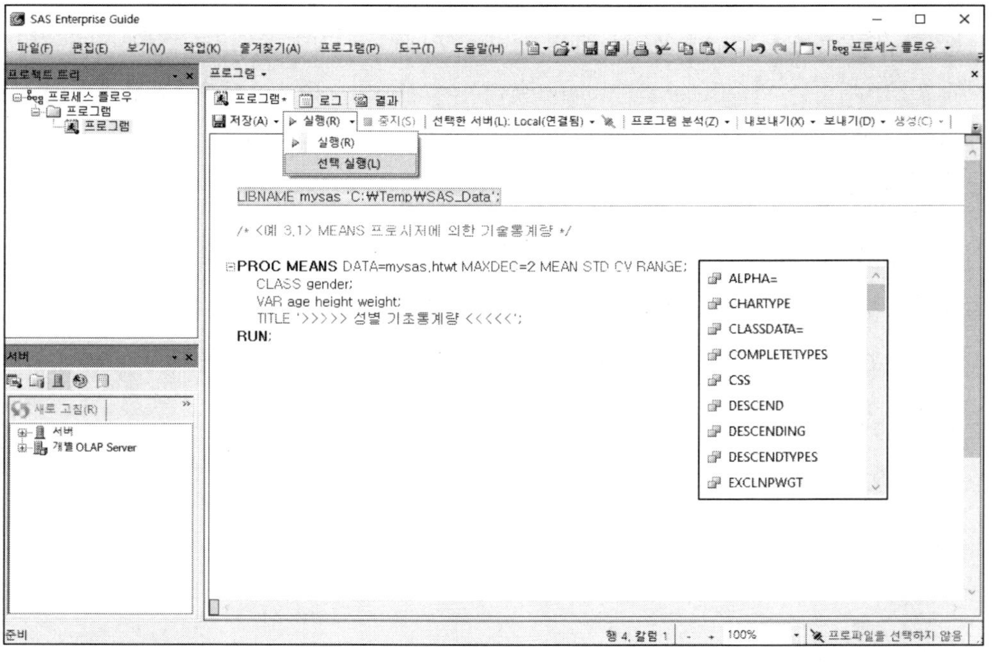

〈그림 3.3〉 SAS Enterprise Guide 프로그래밍 화면

③ 프로그램 창에 <예 3.1>의 프로그램을 입력하여라(그림 3.3 참조). 이때 프로그램의 자동 완성 기능을 활용하여 보아라.

④ 실행 버튼을 클릭하여 프로그램을 실행한 후, 로그 창과 결과 창의 내용을 살펴보아라.

이제 다음과 같은 과정을 수행하여 SAS Enterprise Guide의 몇 가지 다른 기능들을 학습해 보도록 하자.

① 풀다운 메뉴에서 '파일(F) > 데이터 가져오기(I)' 메뉴를 선택하여 '기업이미지.xls' 파일을 가져와 보아라(그림 3.4 참조).

② 풀다운 메뉴에서 '파일(F) > 내보내기(R)' 메뉴를 선택하여 가져온 데이터를 새로운 SAS 데이터셋으로 저장하여 보아라.

③ 풀다운 메뉴에서 '작업(K) > 기술(E) > 요약 통계량(S)' 메뉴를 선택하여라(그림 3.5 참조).

④ 요약 통계량 대화상자에서 분석변수 필드에 item1, item2, item3 변수를, 분류변수 필드에 sex 변수를 지정하여라(그림 3.6 참조).

⑤ 요약 통계량 대화상자에서 실행 버튼을 클릭한 후 결과, 입력 데이터, 코드, 로그 창의 내용을 살펴보아라(그림 3.7 참조). 특히, 코드 창에 요약 통계량을 출력하는 SAS 프로그램이 생성되어 있음을 살펴보기 바란다.

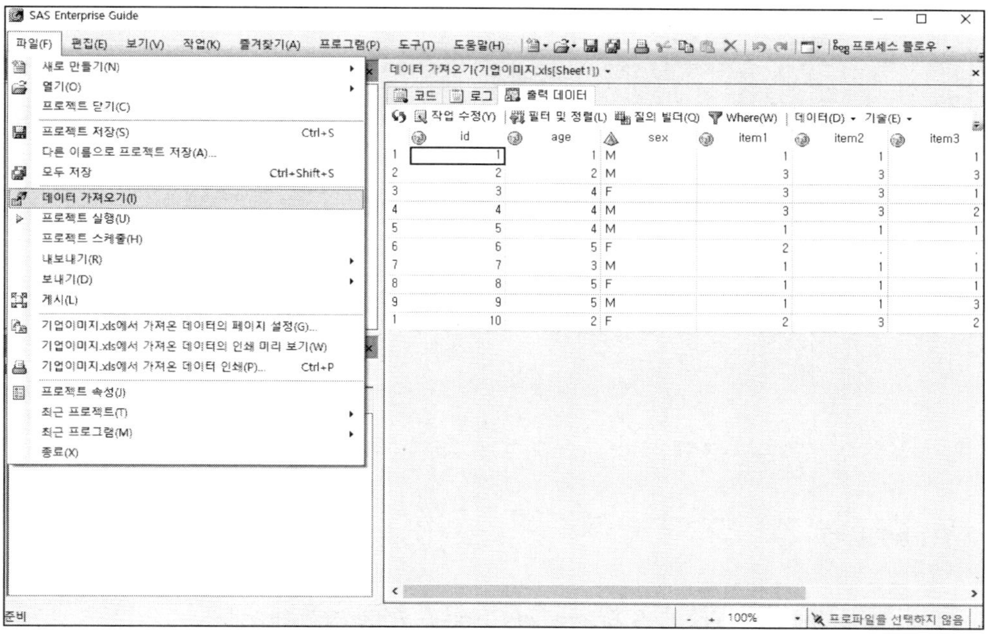

〈그림 3.4〉 SAS Enterprise Guide – 파일(F) 메뉴

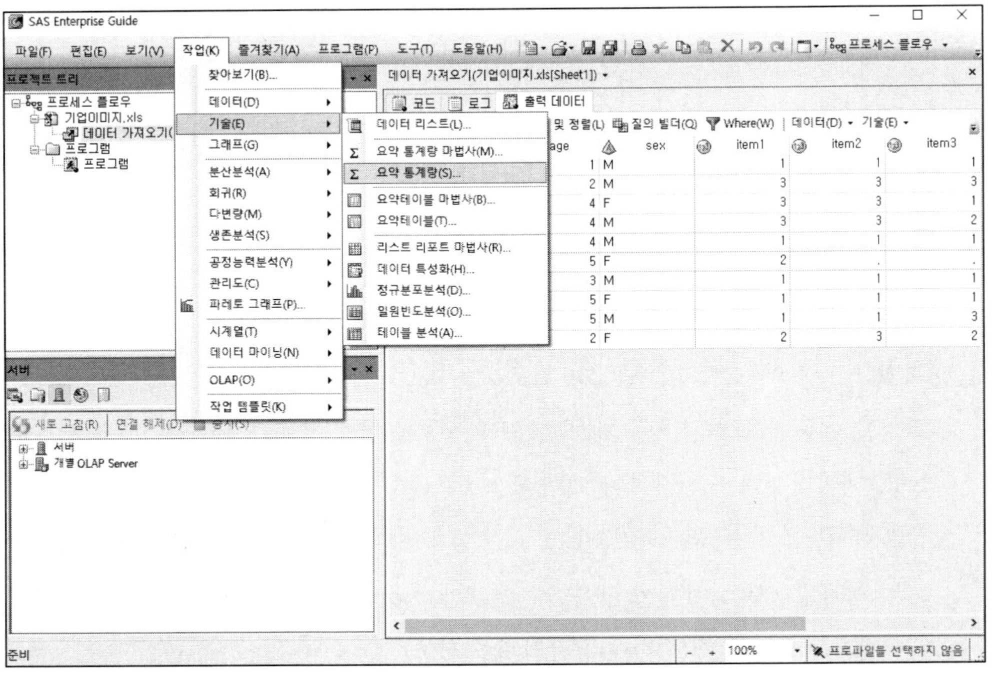

〈그림 3.5〉 SAS Enterprise Guide – 작업(K) 메뉴

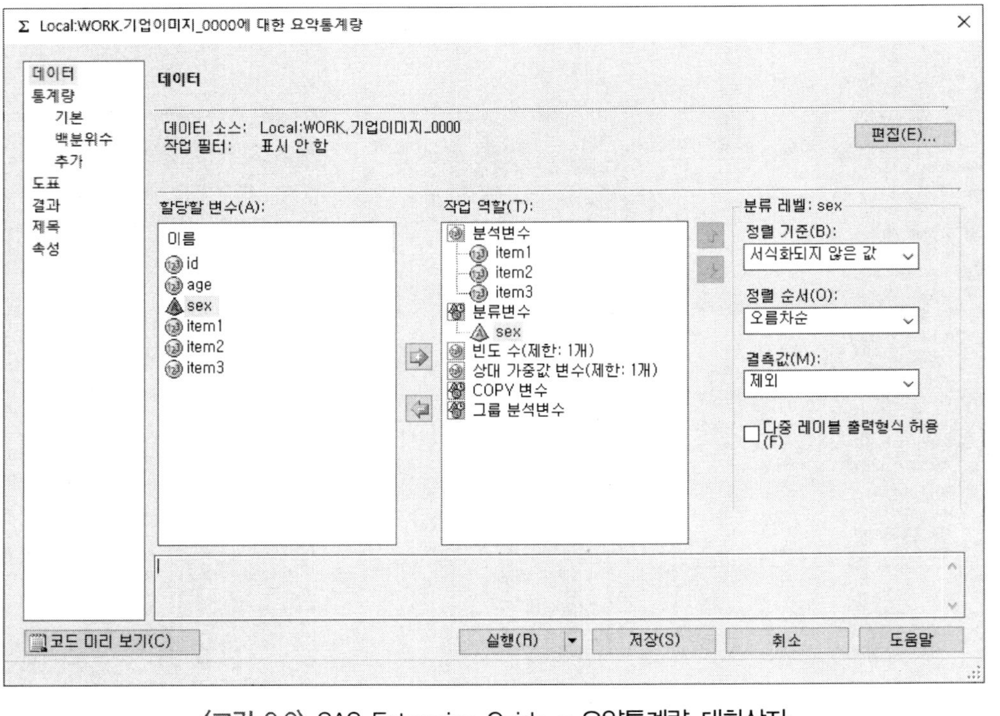

〈그림 3.6〉 SAS Enterprise Guide – 요약통계량 대화상자

〈그림 3.7〉 SAS Enterprise Guide - 결과, 코드 창

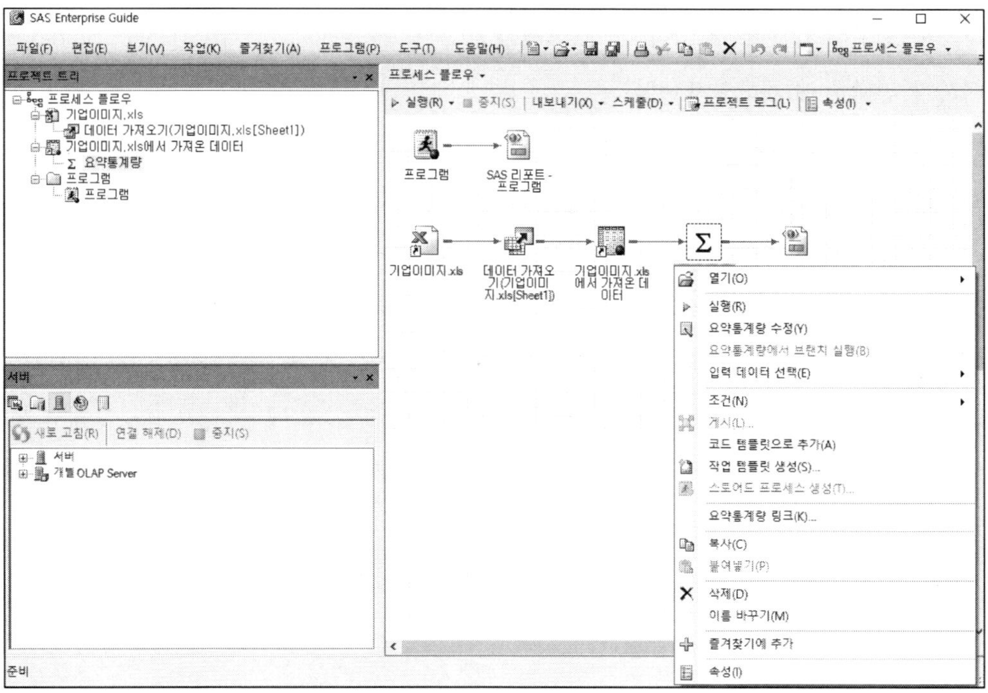

〈그림 3.8〉 SAS Enterprise Guide - 프로세스 플로우

⑥ '프로젝트 트리' 영역에서 '프로세스 플로우'를 더블클릭하여 프로세스 플로우가 나타나게 하여라(그림 3.8 참조).

⑦ 풀다운 메뉴에서 '파일(F) > 프로젝트 저장(S)' 메뉴를 선택하여 프로젝트를 저장하여 보아라. 참고로 SAS Enterprise Guide 프로젝트 파일의 확장자는 *.egg이다.

프로세스 플로우에서 특정 작업을 오른쪽 마우스로 클릭한 후 열기(O) 메뉴를 선택하여 작업 내용을 수정하거나 다시 실행할 수 있다(그림 3.8 참조). 또한 저장된 프로젝트는 다른 사람과 공유할 수도 있고, 프로젝트 파일을 다시 불러와서 내용을 수정하거나 추가적인 작업을 수행할 수 있으므로 매우 편리하다.

3.7 SAS Studio 소개

SAS에서 프로그래밍을 위해 SAS Base(Foundation), Enterprise Guide, SAS Studio 등 다양한 도구를 사용할 수 있다. 이 절에서는 이들 중 웹 브라우저 기반의 SAS Studio에 대하여 간단히 소개하고자 한다.

앞에서 설명한 바와 같이 SAS Base에서는 확장 편집기 창에서 프로그램을 코딩하고, 로그 창에서 프로그램의 오류를 확인하고, 출력 창에서 결과를 확인한다.

SAS Studio는 웹 기반의 프로그램이며, <그림 3.9>와 같이 코드 창에서 프로그램을 코딩하고, 로그 창에서 프로그램의 오류를 확인하고, 결과 창에서 결과를 확인한다. 특히 SAS Studio의 코드 창에서는 프로그램의 자동 완성 기능을 제공하여, 프로그램 코딩의 효율성이 획기적으로 개선되었다. 그리고 '프로그래머 모드' 외에 '시각적 프로그래머 모드'를 지원하여, 프로그램에 익숙하지 않은 사용자도 코딩 없이 데이터 조작이나 전처리 그리고 통계분석이나 머신러닝 기능을 손쉽게 할 수 있도록 지원한다.

이 절에서는 다음과 같은 과정을 수행하여 SAS Studio의 기본적인 사용법을 학습해 보도록 하자.

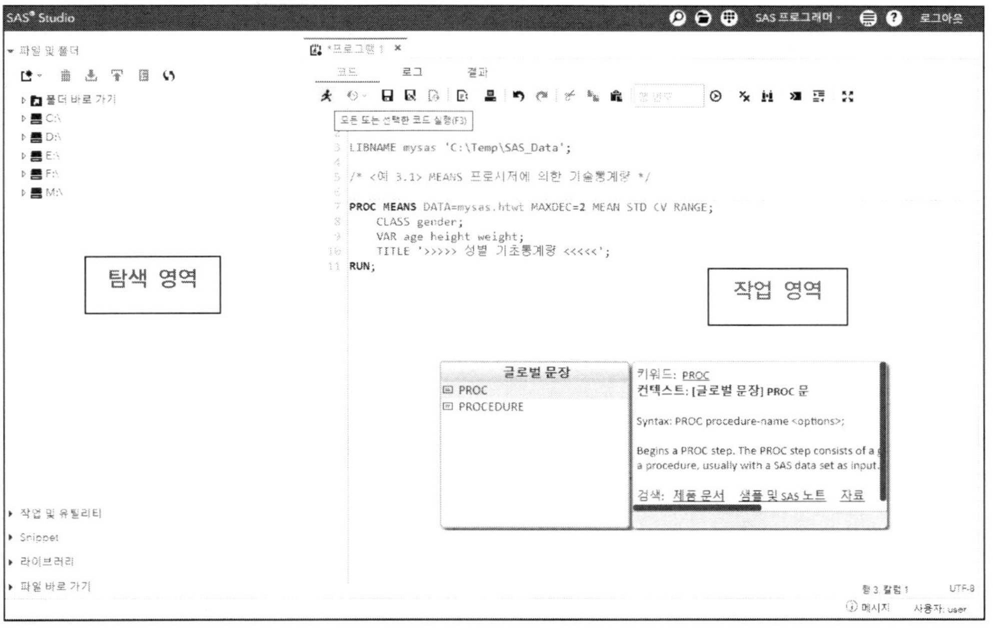

〈그림 3.9〉 SAS Studio 기본 창

① 윈도우즈 시작 메뉴에서 'SAS > SAS Studio'를 클릭하여 SAS Studio를 구동하여라. 그러면 웹 브라우저(Google Chrome, Microsoft Edge, Apple Safari 등)가 활성화되면서 <그림 3.9>와 같이 SAS Studio 기본 창이 나타난다.

② 코드 창에 <예 3.1>의 프로그램을 입력하여라(그림 3.9 참조). 이때 프로그램의 자동 완성 기능을 활용하여 보아라.

③ 실행 버튼을 클릭하여 프로그램을 실행한 후, 로그 창과 결과 창의 내용을 살펴보아라.

④ <그림 3.10>과 같이 탐색 영역의 '작업 및 유틸리티 > 작업 > 요약 통계량' 메뉴를 선택하여라(클릭 또는 더블클릭을 이용).

⑤ 작업 영역에서 데이터 필드에 MYSAS.HTWT 데이터셋을, 분석변수 필드에 age, height, weight 변수를, 분류변수 필드에 gender 변수를 지정하여라. 분석변수와 분류변수를 지정할 때 변수 추가(+) 버튼을 이용하면 된다.

⑥ 실행(🏃) 버튼을 클릭한 후 결과, 코드, 로그, 옵션, 출력, 정보 창의 내용을 차례로 살펴보아라. 특히, 코드 창에 요약 통계량을 출력하는 SAS 프로그램이 생성되어 있음을 살펴보기 바란다(그림 3.10 참조).

〈그림 3.10〉 SAS Studio – 작업 및 유틸리티

3.A 부록 : SAS를 클라우드에서 무료로 사용하기4)

SAS는 과거에 사용자들이 SAS를 편리하게 사용할 수 있도록 University Edition을 가상머신 (virtual machine)을 기반으로 무료로 제공해 왔다. 그러나 이것은 설치단계에서 오류가 자주 발생하고 가상머신이 구동될 때 정지되는 문제가 발생했기 때문에 이러한 부분을 어려워하는 사용자는 SAS를 배우는데 제약이 많았다. SAS는 이러한 불편함을 개선하고 더 많은 사용자들이 편리하게 SAS를 학습할 수 있도록 SAS OnDemand for Academics(이하 SODA)라는 서비스를 2021년에 론칭하였다. 이 서비스는 시간과 공간의 제약 없이 인터넷 환경에서 사용할 수 있도록 SAS 클라우드를 통해 제공되고 있다. 무엇보다도 사용자당 5GB의 용량을 제공하여 다양한 학습을 하는데 불편함이 없다.

또한 SAS에 대한 몇 가지 오해가 있다. 첫 번째가 '가격이 비싸서 사용하기 어렵다'는 것이다. 특히 학교나 교육기관에서 SAS를 구매할 여력이 없으면 SAS를 가르치는 것

4) 이 내용은 서울대학교 행정대학원 고길곤 교수의 "SAS에 대한 공개 무료 프로그램(OnDemand for Academics)의 소개"라는 기고문을 참조하였음을 밝힌다.

자체가 어렵다. 두 번째는 'SPSS나 EXCEL처럼 마우스로 간단히 메뉴를 선택하여 분석하는 풀다운 방식의 분석이 어렵다'는 것이다. 물론 SAS가 프로그램 언어 기반의 통계 프로그램이기 때문에 코딩을 통해서도 가능하지만, 프로세스 플로우를 통해 데이터를 만들거나 통계분석이나 더 나아가 머신러닝 모델링을 할 수 있는 것을 모르는 사용자가 많다.

3.A.1 SODA의 장점

"코딩 없이 배우는 데이터 과학(황보현우, 한노아, 2023)"에서 SODA의 장점에 대해 다음과 같이 언급하고 있다.

첫째, SODA는 사용의 편의성을 가진다. SODA는 '작업 및 유틸리티' 기능을 지원하는데, 이것은 데이터 처리와 분석 등을 위한 많은 작업이 포함되어 있다. 사용자는 포인트앤클릭 방식으로 이미 구성된 작업을 선택하고, 작업에 사용할 데이터와 변수 등을 선택하기만 하면 된다. 작업 수행을 위한 선택 사항도 편리한 사용자 인터페이스로 쉽게 변경하고 선택할 수 있다. 이 기능은 사용자가 설정한 내용을 기반으로 코드를 생성하기 때문에 SAS 프로그램을 다룰 수 있는 사람은 코드 생성 결과를 복사하여 활용하는 것도 가능하다.

둘째, SODA는 관리의 편의성을 가진다. SODA는 '프로세스 플로우(process flow)' 기능을 지원하는데, 이 기능은 데이터 처리부터 분석, 시각화까지 전 과정을 '흐름도'로 보여준다. 프로세스 플로우는 특히 구성원의 협업에 유용하다. 작업을 코드로만 관리할 경우, 다른 사람이 한 번에 작업 흐름을 이해하기 어렵다. 하지만 프로세스로 시각화되어 있기 때문에 처음 작업을 보는 사람도 이해하기 쉽고 설명도 편리하다는 장점이 있다. 그 결과 협업을 위한 비용과 시간이 절약되어 작업의 생산성을 높이게 된다.

셋째, SODA는 코드 재사용이 쉽다. 코드 재사용 기능은 이미 만들어 둔 코드를 변수나 데이터만 바꿔 사용할 수 있는 기능을 말한다. 코드 재사용 기능을 사용하면 데이터 분석을 위한 프로그래밍 시간을 많이 줄일 수 있다. SODA는 스니펫(snippet)을 통해 코드 재사용 기능을 지원한다. 스니펫은 자주 사용하는 코드를 등록해 두고, 필요할 때 클릭하면 자동으로 프로그램 창에 작성되는 기능이다. 이 외에도 매크로(macro) 기능을 통해서 반복적인 코드 재사용이 가능하다.

마지막으로 SODA는 무료로 사용할 수 있다. 비슷한 기능을 지원하는 상용 소프트웨어는 많지만 온전히 무료로 제공되는 소프트웨어는 SODA가 유일하다. 그렇기 때문에 데이터 과학자 입문자가 부담 없이 데이터 과학과 데이터 질의 언어인 SQL(structured query language)을 익히는 데 유용한 도구이다.

3.A.2 SODA를 사용하기 위한 준비

(1) SODA의 권장 시스템 환경

SODA는 클라우드 환경을 이용하기 때문에 Window, Mac 등 운영체제에 영향을 받지 않는다. 또한 PC 사양에도 큰 영향을 받지 않는다. 브라우저의 경우 일부 기능이 제한되는 경우도 있지만 대부분의 브라우저를 지원한다. Microsoft Edge와 Explorer는 제한적으로 지원되며, Microsoft 웹브라우저를 사용할 경우 'Microsoft Edge on Chromium'를 사용할 것을 권장한다.

SODA가 지원되는 브라우저

- Google Chrome (권장)
- Apple Safari (권장)
- Mozilla Firefox
- Microsoft Edge*
- Microsoft Explorer*

(2) SODA 서비스 가입하기

1) 서비스 가입 화면으로 이동

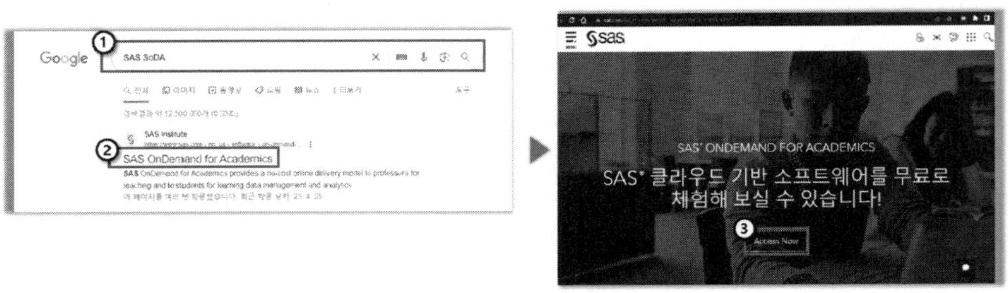

〈그림 3.11〉 SODA 서비스 가입 화면 이동 방법

① Google에서 'SODA' 검색

② SAS OnDemand for Academics 클릭

(주소: https://www.sas.com/ko_kr/software/on-demand-for-academics.html)

③ 홈페이지 접속 후 'Access SAs OnDemand for Academics Now' 클릭

2) SODA 접속 화면

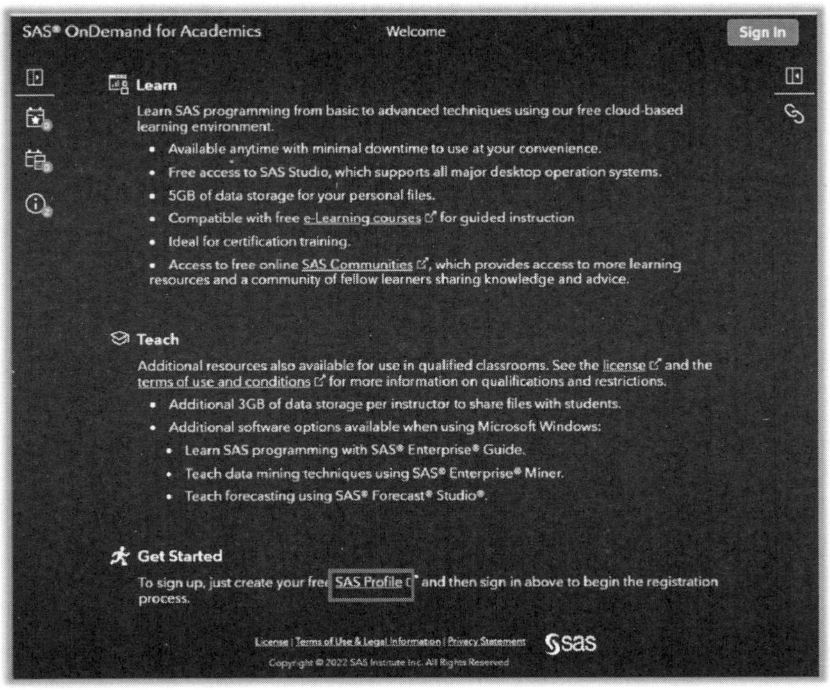

〈그림 3.12〉 SAS OnDemand for Academics 접속 화면

SODA 접속 화면은 <그림 3.12>와 같다. 이 화면에는 SODA 학습을 위한 교육 자료와 커뮤니티 등 유용한 정보를 제공한다. SODA를 사용하기 위해서는 SAS 프로필을 만들어야 하는데, 프로필은 'Get Started'의 'SAS Profile'을 통해 만들 수 있다.

3) 프로필 만들기

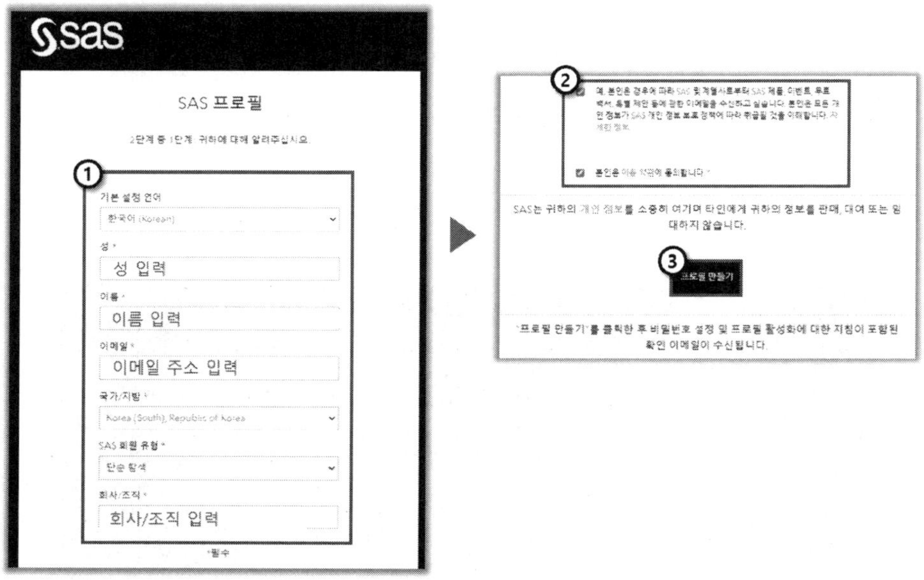

〈그림 3.13〉 SAS 프로필 만들기

① SAS 프로필 창의 각 항목에 인적사항 기입

② 이용약관 동의 체크

③ [프로필 만들기] 클릭

[프로필 만들기]를 클릭하면, 잠시 후 인적사항에 기입한 이메일 주소로 프로파일 활성화 메일이 발송된다. 이 메일을 통하여 프로필 활성화와 비밀번호 설정이 가능하다.

4) 프로필 활성화

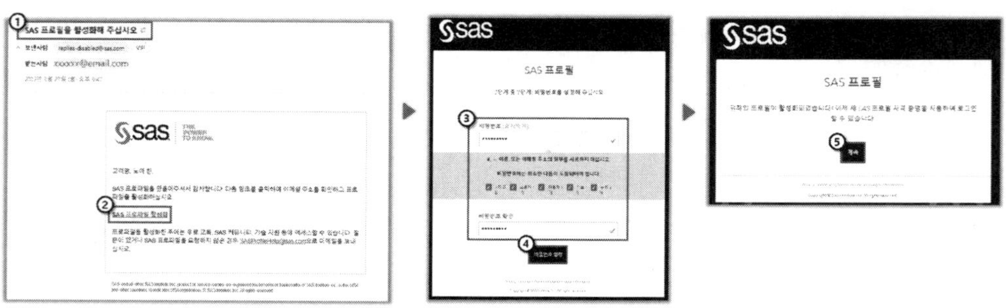

〈그림 3.14〉 SAS 프로필 활성화

① 프로필 등록 후, 가입한 이메일로 'SAS 프로필을 활성화해 주십시오'라는 메일이 왔는지 확인
(경우에 따라 메일이 도착하는 데에 시간이 다소 걸릴 수 있음)
② 승인 메일이 도착하면, [SAS 프로파일 활성화] 클릭
③ 조건에 맞는 SODA 접속 비밀번호와 비밀번호 확인 입력. 체크박스가 모두 초록색으로 바뀌어야 함.
④ [비밀번호 설정] 클릭
⑤ 'SAS 프로필' 창이 나타나면 [계속] 클릭

5) 로그인

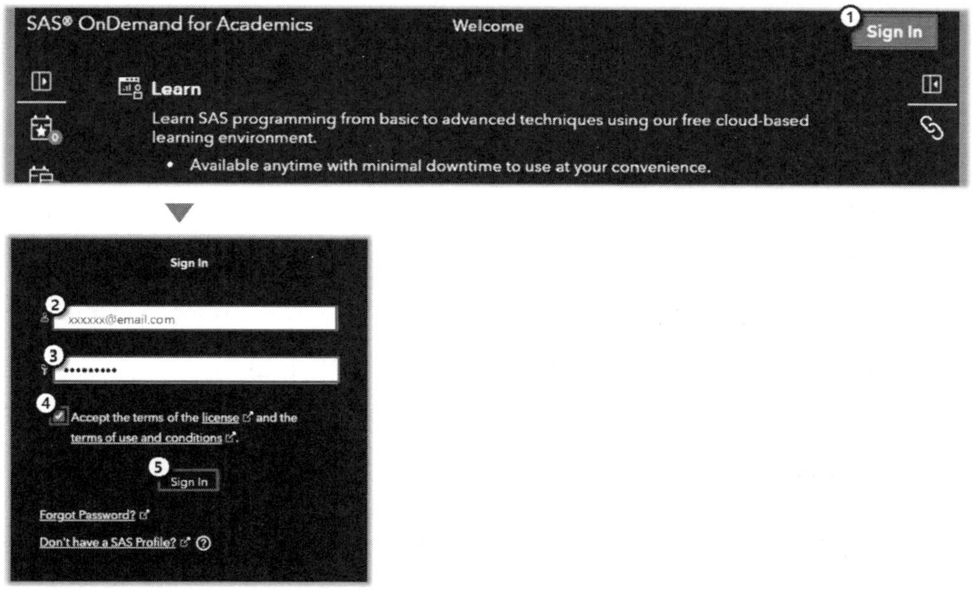

〈그림 3.15〉 활성화된 프로필로 로그인하기

① 다시 Welcome('https://welcome.oda.sas.com/) 화면으로 이동한 뒤 [Sign In] 버튼을 클릭
② 등록한 아이디와 비밀번호를 입력
③ [Accept ... conditions] 체크 박스 체크
④ [Sign In] 버튼 클릭

6) 지역 설정

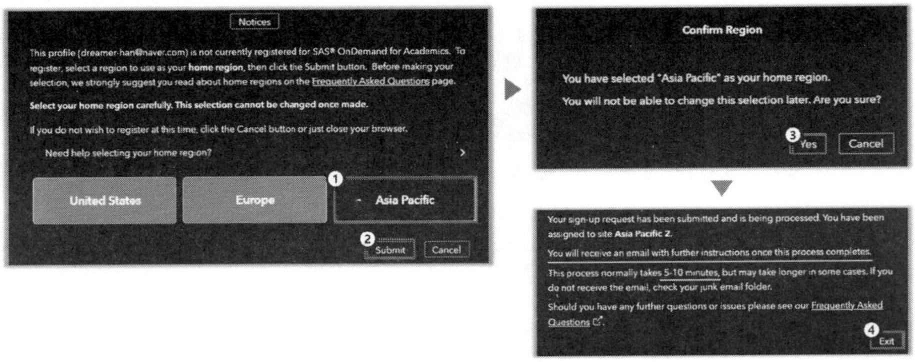

〈그림 3.16〉 사용자 서비스 이용 지역 설정

① [SAS OnDemand for Academics Registration]에서 서비스 이용지역 선택(대한민국에서 사용하는 경우 Asia Pacific으로 설정). 지역을 선택하는 이유는 클라우드 서버가 지역 단위로 할당되기 때문이다. 만약 다른 지역(예를 들면, 한국 이용자가 미국)에서 접속할 경우, 같은 서비스를 제공받지 못할 수 있다.

② [Submit] 버튼 클릭

③ 메시지 박스 [Confirm Region]이 뜨면, [Yes]를 클릭

④ 지역 등록 완료 후 [Exit] 버튼을 클릭. 앞서 지정한 지역 서버에 클라우드 이용 공간이 다 만들어지면, 메일을 통해 알림(다소 시간 소요).

7) 서비스 이용

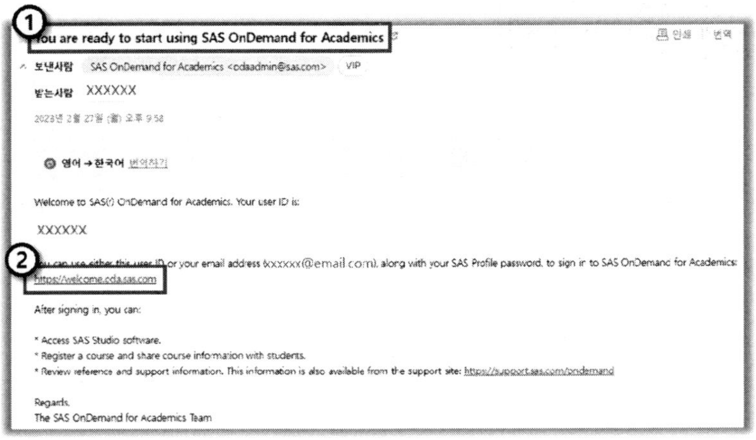

〈그림 3.17〉 SAS OnDemand for Academics 사용자 환경 조성 결과 확인

① 프로파일에 입력한 메일로 'You are … for Academics'라는 제목의 메일이 도착했는지 확인

② 승인 메일이 도착했다면 'https://welcome.oda.sas.com'링크 클릭

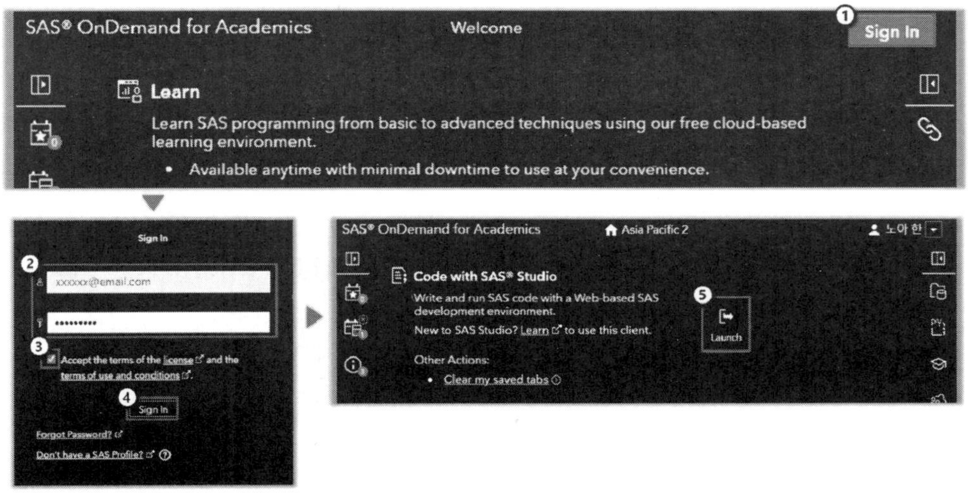

〈그림 3.18〉 SAS OnDemand for Academics 접속

① 'Welcome' 화면에서 [Sign In] 버튼 클릭

② 등록한 아이디와 비밀번호를 입력

③ [Accept ... conditions] 체크 박스 체크

④ [Sign In] 버튼 클릭

⑤ [Launch] 버튼 클릭

이제 SODA 서비스를 이용을 위한 모든 가입 절차가 끝났다.

3.8 연습문제

3-1 SAS 도움말과 문서에서 MEANS, UNIVARIATE, FREQ 프로시저에 대한 예(example)들을 살펴보아라. 또한 각 프로시저에 대하여 몇 개의 예를 선택하여 실행하고, 그 내용과 결과를 살펴보아라.

3-2 다음 데이터는 14종류의 자동차에 대해서 6개의 변수, 즉 차의 크기(car size), 제조회사(manufacturer), 모델명(model), 주행거리(mileage), 신뢰성(reliability), 주행거리와 신뢰성에 기초한 차의 지수(index)를 조사한 것이다. MEANS 프로시저를 이용하여 다음을 수행하여라(문제 3-2~3-5를 수행함에 있어 OPTIONS, TITLE, FOOTNOTE, FORMAT, LABEL 명령문을 적절하게 사용할 것).

〈SAS Data-set : Car〉

	SIZE	MANUFACT	MODEL	MILEAGE	RELIABLE	INDEX
1	Small	Chevrolet	Geo Prizm	33	5	4
2	Small	Honda	Civic	29	5	4
3	Small	Toyota	Corolla	30	5	4
4	Small	Ford	Escort	27	3	3
5	Small	Dodge	Colt	34	.	.
6	Compact	Ford	Tempo	24	1	3
7	Compact	Chrysler	Le Baron	23	3	3
8	Compact	Buick	Skylark	21	3	3
9	Compact	Plymouth	Acclaim	24	3	3
10	Compact	Chevrolet	Corsica	25	2	3
11	Compact	Pontiac	Sunbird	24	1	3
12	Mid-Sized	Toyota	Camry	24	5	4
13	Mid-Sized	Honda	Accord	26	5	4
14	Mid-Sized	Ford	Taurus	20	3	3

(1) 변수 mileage와 reliable에 대한 평균, 표준편차, 합계를 소수점 이하 세 자리까지 출력하여라.

(2) 변수 mileage와 reliable에 대한 평균, 표준편차, 합계를 SAS 데이터셋에 저장하고, 그 내용을 살펴보아라(참고: OUTPUT 명령문과 OUT= 옵션을 사용할 것. 7.1절 참조).

(3) 변수 manufact의 각 수준별로 변수 mileage와 reliable에 대한 개체 수, 결측값의 수, 최솟값, 최댓값, 범위, 평균, 표준편차, 변동계수를 출력하여라.

3-3 (문제 3-2의 계속) UNIVARIATE 프로시저를 이용하여 다음을 수행하여라.

(1) 변수 mileage와 reliable에 대한 일변량 기술통계량들을 출력하여라.

(2) HISTOGRAM, PROBPLOT, QQPLOT 명령문을 사용하여 변수 mileage와 reliable에 대한 막대 그래프, 확률그림, 분위수-분위수 그림을 출력하여라.

(3) 변수 size의 각 수준별로 변수 mileage와 reliable에 대한 일변량 기술통계량들을 출력하여라.

3-4 (문제 3-2의 계속) FREQ 프로시저를 이용하여 다음을 수행하여라.

(1) size, manufact, reliable, index의 1차원 빈도표를 출력하여라. 이 때 결측값을 빈도표의 범주에 포함하여라(참고: TABLES 명령문에 MISSING 옵션을 사용할 것).

(2) size*manufact, size*index의 2차원 분할표를 출력하여라.

(3) size*index의 각 수준별 조합에 따른 빈도를 SAS 데이터셋에 저장하고 그 내용을 살펴보아라(참고: TABLES 명령문에 OUT= 옵션을 사용할 것).

3-5 (문제 3-2의 계속)

(1) 플롯에 표현할 문자변수로 model을 지정하여 두 변수 mileage와 reliable의 플롯을 작성하여라.

(2) 변수 size와 manufact에 대한 막대도표와 파이도표를 작성하여라.

(3) 변수 size의 각 수준별로 변수 mileage의 평균을 표현하는 막대도표를 작성하여라.

3-6 문제 3-2~3-5의 내용을 SAS Enterprise Guide를 통해 수행하여라.

3-7 7개의 변수(Name, Gender, Status, Year, Section, Score, Finalscore)로 이루어진 자룟값이 다음과 같을 때, 이 자룟값을 SAS 데이터셋으로 변환시키고 Status와 Year를 구분하여 Score 변수에 대한 기초통계량을 출력하여라.

열 번호	————1————2——— 1234567890123456789012345
데이터	Abbott F 2 97 A 90 87 Branford M 1 98 A 92 97 Crandell M 2 98 B 81 71 Dennison M 1 97 A 85 72 Edgar F 1 98 B 89 80 Faust M 1 97 B 78 73 Greeley F 2 97 A 82 91 Hart F 1 98 B 84 80 Isley M 2 97 A 88 86 Jasper M 1 97 B 91 93

3-8 문제 3-7번에서 생성된 데이터셋에서 Score 변수와 Finalscore 변수의 관계를 PLOT 프로시저를 이용하여 나타내어라. 이때 성별(Gender)을 고려하여 플롯으로 표현하고, 그 결과를 해석하여라.

제 4 장

다양한 INPUT 명령문의 형식

SAS를 이용하여 분석을 수행하기 위해서 가장 먼저 수행해야 할 일은 데이터셋을 만드는 것이며, 제2장에서는 SAS 데이터셋을 만드는 여러 가지 방법들에 대하여 간단히 다루었다. 특히 원자료(raw data)가 텍스트(text) 형식의 파일로 저장되어 있는 경우가 종종 있는데, 이 장에서는 다양한 형태의 텍스트 데이터를 읽어서 SAS 데이터셋을 생성하는 방법들에 대해서 자세히 설명할 것이다.

4.1 원자료의 위치 지정

2.2절에서 설명한 바와 같이 원자료가 텍스트 파일의 형식을 가지고 있을 경우, SAS 데이터셋을 생성하기 위해서 가장 먼저 수행해야 할 일 중의 하나는 원자료가 어디에 위치하고 있는지를 프로그램에 지정하는 것이다.

데이터는 SAS 프로그램의 내부에 입력될 수도 있고 독립된 파일로 외부에 존재할 수도 있는데, 데이터의 양이 적은 경우에는 하나의 프로그램 파일 안에서 데이터와 프로그램을 관리할 수 있기 때문에 자료를 SAS 프로그램의 내부에 입력하는 것이 편리하다. 그러나 데이터의 양이 매우 크거나 이미 다른 소프트웨어에서 데이터가 텍스트로 입력되어 있는 경우에는 독립된 외부 파일(external file)로 데이터를 구성하는 것이 데이터의 입력 또는 관리에 편리하다.

4.1.1 원자료를 외부 파일로부터 읽는 경우: INFILE 명령문

제2장에서 다룬 바 있는 INFILE 명령문은 데이터를 외부 파일로부터 읽는 경우에 외부 파일의 경로(path)와 파일 이름(filename)을 지정하는 명령문이다. 이때 외부 파일은 특별한 경우를 제외하고는 텍스트 파일(text file 또는 ASCII file)로 저장되어 있어야 한다.

```
김철수 stat  96  38
최민지 math  89  42
이영희 econ  98  55
오인수 stat 102  39
```

〈표 4.1〉 원자료의 예: 성적.txt

예 4.1 외부 파일로 작성된 원자료 읽기

```
DATA mysas.person;
   INFILE 'c:\SAS_Programming\Raw_Data\성적.txt';
   INPUT name $ dept $ salary age;
RUN;
```

예를 들어, <표 4.1>과 같은 네 개의 자료가 'c:\SAS_Programming\Raw_Data'라는 폴더에 '성적.txt'라는 파일 이름으로 다음과 같이 저장되어 있다면, <예 4.1>에서와 같이 INFILE 명령문을 사용하여 프로그램을 작성하면 된다. 여기서 **INPUT 명령문**은 변수의 이름 및 유형을 지정하기 위해 사용된다(변수 name 및 dept와 같이 문자변수인 경우에는 변수 이름 뒤에 $ 표시를 해 주어야 한다).

INFILE 명령문은 항상 INPUT 명령문 앞에 위치해야 하며, 경로를 포함한 파일 이름을 인용부호(' ')로 닫아주어야 한다. 또한 INFILE 명령문에는 외부 파일의 형태를 지정할 수 있는 여러 가지 옵션들이 추가로 사용될 수 있는데, 이에 대해서는 4.8절에서 자세히 다룰 것이다.

예 4.2 원자료를 프로그램 내부에 입력하기

```
DATA mysas.person;
   INPUT name $ dept $ salary age;
CARDS;
김철수 stat  96  38
최민지 math  89  42
이영희 econ  98  55
오인수 stat 102  39
;
RUN;
```

4.1.2 원자료를 프로그램 내부에 입력하는 경우: CARDS 명령문

CARDS 명령문은 원자료가 프로그램 내부에 입력되어 있음을 지정하는 명령문이며,

SAS는 CARDS의 뒤에 위치하는 모든 자룟값들은 ;(semicolon)이 나타날 때까지 원자료로 인식한다. 따라서 CARDS 명령문 및 원자료 그리고 ;(semicolon)을 포함하는 부분은 데이터 단계의 제일 마지막에 위치하고 있어야 한다. <예 4.2>는 네 개의 개체에 관한 원자료를 프로그램 내부에 입력한 예이다. 앞에서 설명한 바와 같이 ;(semicolon)은 한 명령문의 끝을 나타내기도 하지만, 이 경우에서와 같이 원자료의 끝을 나타내기도 한다.

4.2 공백문자로 구분된 데이터 읽기
List Input

<예 4.1>과 같이 모든 자룟값이 하나 이상의 공백문자(blank 또는 space)에 의해서 분리되어 있는 경우를 데이터가 **자유포맷**(free format)으로 입력되어 있다고 한다. 데이터가 자유포맷으로 입력되어 있는 경우에는 <예 4.1> 및 <예 4.2>의 INPUT 명령문

INPUT name $ dept $ salary age;

에서와 같이 주어진 변수 이름의 순서대로 입력 데이터를 읽게 되는데, 이와 같은 INPUT 문의 형식을 **List Input**이라고 한다. 이때 문자를 자룟값으로 가지는 문자변수(character variable)의 뒤에는 특수기호 $를 표시해 주어야 한다.

자유포맷에 의한 입력은 가장 쉽고 단순하지만, 이를 위해서는 다음과 같이 지켜야 할 몇 가지 규칙이 있다.

- 데이터의 모든 자룟값들은 적어도 하나 이상의 공백문자에 의해서 분리되어 있어야 한다. 만약 다른 구분자(delimiter, separator)를 사용한 데이터가 입력되어 있는 경우에는 INFILE 명령문과 DLM 옵션을 사용하여 구분자를 지정해 주어야 한다(4.8절 참조).
- 각 결측값(missing value)은 한 개의 마침표(.)로 표시되어 있어야 한다.
- 문자변수의 자룟값은 공백문자를 포함하지 않아야 하고, 길이(length)가 8자리를 넘지 않아야 한다. 만약 문자변수의 자룟값이 8자리를 넘게 되면 앞에서부터 8자리만을 데이터셋에 저장하게 된다. 문자변수에 대한 이와 같은 현상을 방지하기 위해서는 LENGTH 명령문을 사용해서 문자변수가 저장될 바이트(byte)의 수를 미리 선언해 주어야 한다(5.5절 참조).

예 4.3 자유포맷으로 데이터 읽기

```
DATA mysas.grade;
   INPUT id name $ class $ score grade $;
CARDS;
2590 john  Stat 80.3 A
  3569 willy Math . B
7048   younghee . 30.6 C
9087 . Eng 100     A
. e.t .    . .
;
RUN;
```

	id	name	class	score	grade
1	2590	john	Stat	80.3	A
2	3569	willy	Math	.	B
3	7048	younghe		30.6	C
4	9087		Eng	100	A
5	.	e.t		.	

앞에서 설명한 바와 같이 SAS는 프로그램에 대해서는 대·소문자를 구별하지 않지만, <예 4.3>의 결과에서 볼 수 있듯이 문자변수의 자룟값이나 TITLE 명령문에서 사용된 제목내용 등에 대해서는 대·소문자를 구별한다.

4.3 고정포맷으로 입력된 데이터 읽기 Column Input

데이터가 공백문자나 다른 구분자에 의해서 분리되어 있지 않은 경우에는 앞에서와 같은 자유포맷에 의해서 자료를 읽을 수 없다. 그러나 모든 데이터의 자룟값들이 열(column)에 맞추어 정리되어 있다면 이를 데이터가 **고정포맷**(fixed format)으로 입력되어 있다고 하고, 입력포맷 또는 열지시자에 의해서 데이터를 읽어들일 수 있다.

예 4.4 고정포맷으로 데이터 읽기

```
DATA mysas.grade1;
   INPUT name $ 11-18 class $ 20-35 classid 1-4 score 36-40 grade $ 41;
CARDS;
259067048 김철수  Statistics          80.3A
356989087 박민호  Mathematics             B
704842534 이영희                      30.6C
908727844         English            100 A
424573465 남궁수지 Computer Science
;
RUN;
```

---

	name	class	classid	score	grade
1	김철수	Statistics	2590	80.3	A
2	박민호	Mathematics	3569	.	B
3	이영희		7048	30.6	C
4		English	9087	100	A
5	남궁수지	Computer Science	4245	.	

INPUT 명령문에 사용되는 **열지시자**(column indicator)는 고정포맷으로 입력된 각 변수의 시작 열과 끝 열을 지정하는 것으로써 다음과 같은 사용형식을 가지고 있으며, 이와 같은 INPUT 문의 형식을 **Column Input**이라고 한다.

INPUT *variable* <*$*> *start-column-end-column;*

이러한 고정포맷은 자유포맷을 사용하는 것에 비해서 다음과 같은 이점을 가지고 있다.

- 자룟값들 사이에 공백문자를 입력하지 않아도 된다.
- 문자변수가 공백문자를 포함할 수 있으며, 최대 32,767자리까지 자룟값을 가질 수 있다.[1)]
- 결측값을 공백문자로 처리할 수 있다.
- 필요 없는 변수에 대한 자룟값을 읽지 않을 수 있다.
- 읽을 열의 위치가 지정되므로 어떤 순서로 읽어도 무방하며, 같은 열을 반복하여 읽을 수도 있다.

---

1) 문자 자룟값에서의 한글처리: '김'과 같은 한글 한 글자는 SAS에서 2바이트를 사용하여 인식한다. 따라서 <예 4.4>에서와 같이 한글 한 글자에 대해서 각 2자릿수씩으로 처리해 주어야 한다.

4.4 특수 포맷으로 입력된 데이터 읽기
Formatted Input

영문자 또는 한글문자, 숫자, − 부호, 소수점 등으로만 입력되어 있는 데이터를 표준 데이터(standard data)라고 하고, 이들 이외에 다른 특수문자와 함께 입력되어 있는 경우를 비표준 데이터(non-standard data)라고 한다. 예를 들어, 1,100,100이나 $2500과 같이 콤마(,) 또는 $ 부호를 사용하거나 16진수(hexadecimal)로 입력된 자료는 비표준 데이터이다.

가장 흔한 비표준 데이터의 경우는 **날짜 자료**에서 많이 발생한다. SAS에서는 날짜형 입력포맷을 사용하면 1960년 1월 1일을 기준으로 그 때부터의 날수로 바꾸어서 저장한다(5.4절 참조). 이는 저장과 관리가 편리하기 때문인데, 예를 들어 1961년 1월 1일은 366으로 저장된다.

입력포맷(informat)은 특별한 형식으로 입력된 비표준 데이터를 읽을 때 유용하며, **숫자형**(numeric type), **문자형**(character type), **날짜형**(date type)이 있다. INPUT 문에서 입력포맷을 사용하는 형식은 다음과 같다.

INPUT *variable* <*$*><*informat*>*w.d* ⋯ ;

여기서 $는 변수가 문자형임을 지정하는 것이고, informat은 특정 입력포맷이며, *w*는 전체 자릿수이고, *d*는 소수점 이하의 자릿수이다(*d*는 숫자형에 대해서만 사용할 수 있으며, *d*가 생략되면 0으로 인식한다).

<표 4.2>는 SAS에서 사용할 수 있는 입력포맷 중에서 자주 사용되는 몇 개만을 사용 예와 함께 소개한 것이다. 이 외에도 수십 종류의 입력포맷이 있는데, 이들에 대해서는 SAS 도움말과 문서(Document)를 참조하기 바란다(그림 4.1 참조).

〈표 4.2〉 입력포맷의 사용 예

유형	입력포맷	내 용	입력자료	사용 예	결 과
문자형	$*w*.	문자자료를 읽는다. 문자 이전의 공백문자는 제거된다.	Min Ho Min Ho	$8. $8.	Min Ho Min Ho

	$CHAR*w*.	문자자료를 읽는다. 문자 이전의 공백문자까지 포함된다.	Min Ho
			   Min Ho
				$CHAR8.
				$CHAR8.
					Min Ho
					   Min Ho

〈표 4.2〉 입력포맷의 사용 예(계속)

유형	입력포맷	내 용	입력자료	사용 예	결 과
숫자형	*w.d*	표준 숫자자료를 읽는다	1234 −12.3	5.1 5.1	123.4 −12.3
	COMMA*w.d*	콤마와 $ 부호가 포함된 숫자자료를 읽는다. 괄호는 − 부호로 인식된다.	$1,100,100 (1,234)	COMMA10. COMMA7.	1100100 −1234
	PERCENT*w.*	% 부호가 포함된 숫자자료를 읽는다. 괄호는 − 부호로 인식된다.	15% (20%)	PERCENT3. PERCENT5.	0.15 −0.20
날짜형	DATE*w.*	ddmmmyy 또는 ddmm myyyy 형태로 입력된 날짜자료를 읽는다.	01jan1961 01jan61	DATE9. DATE7.	366 366
	TIME*w.*	hh:mm:ss.ss 형태로 입력된 시간자료를 읽는다.	10:30 10:30:15	TIME5. TIME8.	37800 37815
	MMDDYY*w.*	mmddyy 또는 mmdd yyyy 형태로 입력된 날짜자료를 읽는다.	01−01−61 01/01/61 010161	MMDDYY8. MMDDYY8. MMDDYY6.	366 366 366

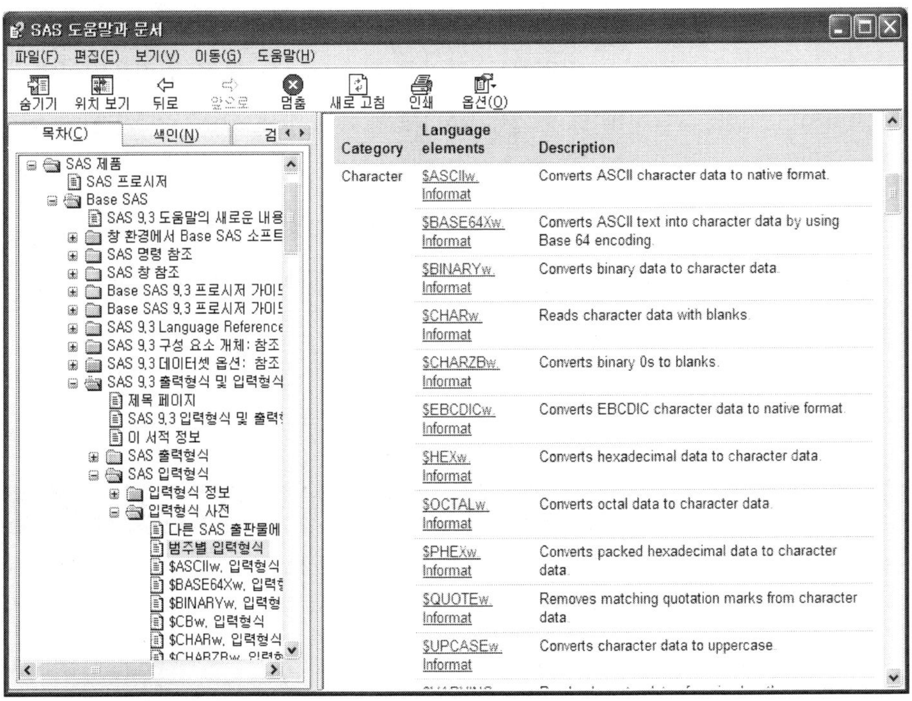

〈그림 4.1〉 입력포맷에 대한 SAS 도움말 화면

예 4.5 **입력포맷에 의해 데이터 읽기**

```
DATA mysas.dept;
   INPUT name $18. +1 hired DATE7. +1 salary 5.;
   FORMAT hired DATE7.;
CARDS;
Martin, Virginia   09aug80 34800
Singleton, MaryAnn 24apr85 27900
Leighton, Maurice  16dec83 32600
Freuler, Carl      15feb88 29900
Cage, Merce        19oct82 39800
;
RUN;
```

---

	name	hired	salary
1	Martin, Virginia	09AUG80	34800
2	Singleton, MaryAnn	24APR85	27900
3	Leighton, Maurice	16DEC83	32600
4	Freuler, Carl	15FEB88	29900
5	Cage, Merce	19OCT82	39800

<예 4.5>는 처음 18자리를 문자변수 name으로 읽고, 한 칸을 건너 띄어 그 다음 7자리를 날짜변수 hired로 읽으며, 다시 한 칸을 건너 띄어 그 다음 5자리를 숫자변수 salary로 읽도록 INPUT 명령문을 작성한 예이다. 여기에서 **+*n***은 현재 읽고 있는 포인터 위치에서 *n* 칸만큼 오른쪽으로 이동하도록 지시하는 것인데, 이를 **포인터 조절**(pointer control)이라고 한다. 이와 같은 포인터 조절에서 숫자 *n*은 양의 정수가 되어야 하며, 만약 포인터를 왼쪽으로 이동시키려면 다음과 같이 처리하면 된다.

```
DATA pointer;
   m=-5;
   INPUT x1 10. +m x2 5.;
...
```

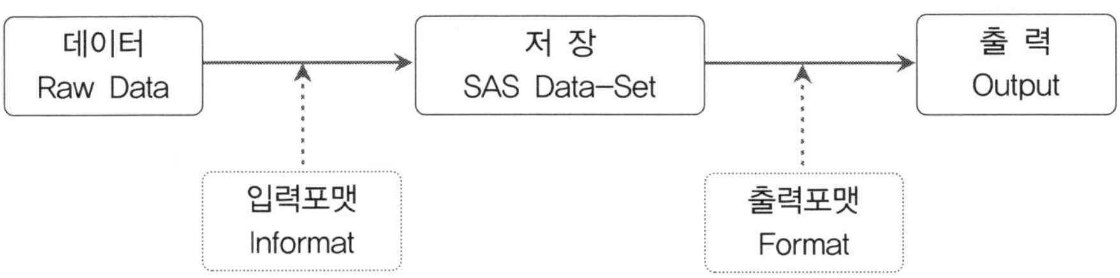

〈그림 4.2〉 입력포맷과 출력포맷에 의한 자룟값 처리절차

〈표 4.3〉 입력포맷과 출력포맷의 사용 예

자 료	입력포맷	저 장	출력포맷	출 력
abcdefghij	$10.	abcdefghij	$5.	abcde
1.23456789	10.	1.23456789	4.2	1.23
1,100,100	COMMA9.	1100100	DOLLAR10.	$1,100,100
01jan1998	DATE9.	13880	YYMMDD6.	980101

SAS는 입력포맷에 의해서 데이터를 읽고 SAS 내부의 규칙에 의해서 데이터셋에 저장한다고 하였는데, 이를 사용자가 이해하기 편리한 형태로 다시 출력하기 위해서는 어떻게 해야 할까? 이 때는 <예 4.5>에서와 같이 **FORMAT 명령문**에 의해서 출력포맷을 지정하면 된다(3.5.4절 참조). <그림 4.2>와 <표 4.3>은 입력포맷과 출력포맷에 의한 자룟값의 처리절차 및 예를 보여주고 있다.

4.4.1 다양한 입력포맷의 사용: Mixed Input

<예 4.6>은 앞 절들에서 다루었던 여러 가지 INPUT 명령문의 형식을 함께 사용한 예이다. 변수 idno, strtwght, endwght에는 List Input이 사용되었고(이들 변수의 앞과 뒤는 하나 이상의 공백문자로 분리되어 있다), 변수 name에는 Column Input이, 변수 team에는 Formatted Input이 사용되었다. 여기서 사용된 **@*n***은 입력 포인터(pointer)의 위치를 *n*번째 열로 이동시켜 자룟값을 읽도록 지정하는 열지시자이다.

이와 같이 다양한 입력포맷을 사용하면 특별하게 입력된 데이터를 쉽게 읽을 수 있고, 또한 보다 효율적으로 프로그램을 작성할 수 있다.

예 4.6 다양한 입력포맷의 사용

```
DATA mysas.club;
   INPUT idno name $ 6-19 @25 team $6. strtwght endwght;
CARDS;
1023 David Shaw         red     189 165
1049 Amelia Serrano     yellow  189 165
;
RUN;
----------------------------------------------------------------------------
```

예 4.6 다양한 입력포맷의 사용(계속)

	idno	name	team	strtwght	endwght
1	1023	David Shaw	red	189	165
2	1049	Amelia Serrano	yellow	189	165

4.4.2 변수 이름의 생략

변수는 프로그램에서 그들이 나타나는 순서대로 데이터셋에 저장되는데, 데이터 단계나 프로시저 단계에서 다양한 형태로 변수 이름을 생략하여 사용할 수 있다. 예를 들어, <예 4.7>에서 '(jan feb mar) (+5 COMMA5.)'는 'jan +5 COMMA5. feb +5 COMMA5. mar +5 COMMA5.'과 동일하고, '(score1-score3) (4.1)'은 'score1 4.1 score2 4.1 score3 4.1'과 동일하다. 다음은 변수 이름을 생략하여 사용하는 다양한 예이다.

- x1-x10 : x1부터 x10까지의 10개 변수.
- math--stat : math부터 stat 사이에 저장되어 있는 모든 변수.
- math _NUMERIC_ stat : math부터 stat 사이의 모든 숫자변수.
- math _CHARACTER_ stat : math부터 stat 사이의 모든 문자변수.
- _NUMERIC_ : 데이터셋에 있는 모든 숫자변수.
- _CHARACTER_ : 데이터셋에 있는 모든 문자변수.
- _ALL_ : 데이터셋에 있는 모든 변수.

예 4.7 변수 이름의 생략

```
DATA mysas.jansales;
   INPUT item $10. (jan feb mar) (+5 COMMA5.) (score1-score3) (4.1);
CARDS;
trucks       1,382      2,789      3,556 121 114 137
jeeps        1,235      2,543      3,987 111 97  122
landrovers   2,391      3,011      3,658 156 142 143
;6
RUN;
```

	item	jan	feb	mar	score1	score2	score3
1	trucks	1382	2789	3556	12.1	11.4	13.7
2	jeeps	1235	2543	3987	11.1	9.7	12.2
3	landrovers	2391	3011	3658	15.6	14.2	14.3

4.5 하나의 개체가 여러 줄에 입력되어 있는 데이터 읽기

입력해야 할 변수가 매우 많거나 특별한 필요에 의해서 하나의 관찰개체의 자료가 여러 줄에 걸쳐서 입력되는 경우가 자주 있다. 이 때는 / 또는 #*n*에 의해서 입력 포인터를 줄 단위로 이동시키면서 자료를 읽을 수 있다. 특수기호 /(slash)는 포인터의 위치를 다음 줄의 첫 열로, 그리고 #*n*(pound-*n*)은 포인터의 위치를 데이터의 매 *n*번째 행의 첫 열로 이동시키도록 지정하는 것이다.

예 4.8 입력 포인터의 행 이동

```
DATA mysas.club;
   INPUT idno name $ 6-19 / team $6. #3 strtwght endwght;
CARDS;
1023 David Shaw
red
189 165
1049 Amelia Serrano
yellow
189 165
;
RUN;
```

	idno	name	team	strtwght	endwght
1	1023	David Shaw	red	189	165
2	1049	Amelia Serrano	yellow	189	165

<예 4.8>의 데이터는 한 개체에 대한 자룟값들이 각각 3 줄에 걸쳐서 입력되어 있다. 이때 INPUT 명령문에서 /는 첫 번째 줄에서 변수 indo와 name의 값을 읽고 줄을 바꾸어서 두 번째 줄에서 변수 team의 값을 읽도록 지정한 것이며, #3는 매 세 번째 줄에서 strtwght와 endwght를 읽도록 지시한 것이다. 따라서 이 예에서는 /를 #2로 또는 #3를 /로 바꾸어 써도 결과가 동일하며, 이 프로그램에 의해 생성된 데이터는 <예 4.6>과 같게 된다.

4.6 여러 개의 개체가 한 줄에 연속해서 입력되어 있을 때

여러 개의 개체가 줄 구분 없이 연속해서 입력되어 있는 경우가 있다. 이러한 경우에는 INPUT 명령문에 @@(double trailing at)을 사용하여, 모든 자료의 값을 전부 읽을 때까지 다음 줄로 포인터가 이동하지 않도록 지정할 수 있다. <예 3.9>의 결과에서 볼 수 있듯이 @@을 사용하지 않으면 매 줄에서 하나의 개체에 대해서 두 변수의 자룟값 읽기가 완료된 후 다음 줄로 포인터가 이동되어 다음 개체에 대한 자룟값 읽기가 시작된다.

지금까지 설명한 +*n*, /, #*n*, @*n*과 @@ 등은 어떠한 INPUT 문의 형식과도 함께 사용할 수 있다.

예 4.9 @@의 사용

```
DATA mysas.double;
   INPUT x y @@;
CARDS;
1 2 3 4
5 6 7
8 9 10
;
RUN;
```

@@을 사용한 경우

	x	y
1	1	2
2	3	4
3	5	6
4	7	8
5	9	10

@@을 사용하지 않은 경우

	x	y
1	1	2
2	5	6
3	8	9

4.7 자룟값에 따라 서로 다른 INPUT 명령문 사용하기

앞 절에서 @*n*은 지정된 *n*번째 열로 포인터를 이동시키기 위해 사용한다는 것을 이미 설명하였다. INPUT 명령문의 끝에 숫자의 지정없이 사용되는 @(trailing at) 부호는 @*n*의 특별한 경우라고 볼 수도 있는데, @ 부호로 끝나지 않는 INPUT 명령문이 나타날 때까지 다음 줄로 포인터를 이동하지 않고 기다리도록 지정하는 것이다. 즉, INPUT 명령문에 @이 사용되지 않으면 SAS는 INPUT 명령문에 나열된 마지막 변수의 자룟값을 읽은 후에 자동적으로 포인터의 위치를 다음 줄로 이동시킨다.

예 4.10 @의 사용

```
DATA mysas.year;
   INPUT year 1-4 @;
   IF year=1988 THEN INPUT day 5-7 amount 8-10;
   IF year=1989 THEN INPUT day 6-8 amount 10-12;
CARDS;
19883.2149
19885.7614
1989 7.9 764
1989 6.8 875
;
RUN;
```

---

	year	day	amount
1	1988	3.2	149
2	1988	5.7	614
3	1989	7.9	764
4	1989	6.8	875

<예 4.10>의 데이터에서 연도에 따라 데이터가 다른 형식으로 입력되어 있다. 이때 이와 같이 프로그램을 작성하면, 먼저 변수 year의 값을 읽은 후에 이 자룟값에 따라 서로 다른 INPUT 명령문을 수행시켜서 나머지 변수에 대한 자룟값을 읽을 수 있다. 여기서 사용된 IF 명령문의 형식에 대해서는 다음 장에서 자세히 설명할 것이다.

4.8 기본적인 INFILE 옵션

지금까지 여러 가지 INPUT 명령문의 형식에 의해서 데이터를 읽는 경우를 살펴보았는데, 특정한 INPUT 명령문의 형식을 사용하기 위해서는 데이터가 그러한 INPUT 명령문을 사용할 수 있도록 입력되어 있어야 한다. 한편 4.1절에서 설명한 INFILE 명령문에는 데이터가 다소 비정형적으로 입력되어 있을 경우라도 복잡한 과정을 거치지 않고 입력 데이터를 읽게 해 주는 몇 가지 옵션(option)을 추가로 사용할 수 있다. 이 절에서는 이들 옵션 중에서 자주 사용되는 몇 가지 것들에 대해서 설명할 것이다. 일반적인 **INFILE 명령문**의 사용형식은 다음과 같다.

INFILE *file-specification <options>*;

여기서 파일 이름(file-specification)에는 4.1절에 설명한 바와 같이 '파일의 경로와 이름'을 지정할 수 있을 뿐만 아니라 FILENAME 명령문(6.6절 참조)에 의해서 설정된 파일참조(file reference) 또는 CARDS를 지정할 수도 있다.

4.8.1 FIRSTOBS=*n* 옵션

FIRSTOBS=*n*은 *n*번째 줄에서부터 자료를 읽기 시작하도록 지정하는 옵션이다. 이 옵션은 자룟값의 시작부분에 데이터에 대한 기술(description)이나 불필요한 정보가 포함되어 있을 때, 이 부분을 읽지 않게 할 경우에 유용하다.

예를 들어, 다음 데이터에는 처음 두 줄에 데이터와 변수에 대한 설명이 포함되어 있는데, 이때 3번째 줄에서부터 자룟값을 읽기 위한 프로그램은 <예 4.11>과 같다.

```
Score of Midterm-Exam, 2000
ID         NAME         SUBJECT      SCORE
259067048  Chulsu Kim   Statistics   80.3
356989087  Minho Park   Mathmatics   100
704842534  Younghee Lee English      30.6
```

〈표 4.4〉 원자료의 예: 중간시험.txt

예 4.11 FIRSTOBS 옵션의 사용

```
DATA mysas.midscore;
   INFILE 'c:\SAS_Programming\Raw_Data\중간시험.txt' FIRSTOBS=3;
   INPUT id 1-9 name $ 11-22 class $ 24-33 score 34-38;
RUN;
```

	id	name	class	score
1	259067048	Chulsu Kim	Statistics	80.3
2	356989087	Minho Park	Mathmatics	100
3	704842534	Younghee Lee	English	30.6

4.8.2 MISSOVER 옵션

INPUT 명령문에 나열된 변수의 개수보다 어떤 개체의 자룟값의 개수가 적게 입력되어 있는 경우에, MISSOVER 옵션은 다음 예에서와 같이 자룟값을 읽지 못한 변수에 대해서는 결측값으로 처리하도록 지정하는 것이다. 한편 4.1절에서 설명한 바와 같이 프로그램 내부에 데이터를 입력하는 경우에는 일반적으로 INFILE 명령문을 사용할 필요가 없지만, <예 4.12>에서와 같이 INFILE 명령문에 있는 옵션을 사용하기 위해 **INFILE CARDS 명령문**을 사용할 수 있다.

예 4.12 MISSOVER 옵션의 사용

```
DATA mysas.miss;
   INFILE CARDS MISSOVER;
   INPUT a b c;
CARDS;
1 2 3
4 5
6 7 8
9 0 1 2
3 4 5
;
RUN;
```

예 4.12 MISSOVER 옵션의 사용(계속)

MISSOVER 옵션을 사용한 경우

	a	b	c
1	1	2	3
2	4	5	.
3	6	7	8
4	9	0	1
5	3	4	5

MISSOVER 옵션을 사용하지 않은 경우

	a	b	c
1	1	2	3
2	4	5	6
3	9	0	1
4	3	4	5

4.8.3 DLM=, DSD, EXPANDTABS 옵션

대부분의 소프트웨어에서 데이터를 읽어들일 때, 공백문자(blank)는 전형적인 자룟값 구분자(delimiter 또는 separator)이다. SAS에서도 데이터의 모든 변수가 공백문자로 구분되어 있을 때는 List Input에 의해서 쉽게 자료를 읽을 수 있음을 앞에서 설명한 바 있다. 그러나 다른 워드프로세서 또는 소프트웨어에서 데이터를 입력할 때, 사용자의 환경에 따라서 공백문자가 아닌 다른 구분자를 사용하는 경우가 있다. 이와 같은 경우에 **DLM= 옵션**을 사용하면 하나 이상의 문자 또는 특수기호 등을 자룟값의 구분자로 지정할 수 있다.

DLM 옵션과 유사하면서 보다 확장된 기능을 가지고 있는 것으로 **DSD 옵션**이 있는데, 이 DSD 옵션은 다음과 같은 기능을 가지고 있다.

- 콤마(,)를 구분자로 사용한다. 콤마 이외의 다는 구분자가 있을 때는 DLM 옵션을 함께 사용할 수 있다.
- <예 3.13>에서와 같이 연속된 구분자들 사이를 결측값으로 처리한다.
- 콤마 또는 DLM 옵션에 의해서 구분자로 지정된 특수문자 중에서 인용부호 안에 있는 문자는 구분자로 인식하지 않는다. 또한 인용부호는 자룟값으로 받아들이지 않는다.

예 4.13 DLM 또는 DSD 옵션의 사용

```
DATA mysas.score;
   INFILE CARDS DLM=','; (또는 INFILE CARDS DSD;)
   INPUT test1 test2 test3;
CARDS;
91,87,95
```

예 4.13 DLM 또는 DSD 옵션의 사용(계속)

```
97,,92
1,1,1
;
RUN;
```

INFILE CARDS DLM=',';

	test1	test2	test3
1	91	87	95
2	97	92	1

INFILE CARDS DSD;

	test1	test2	test3
1	91	87	95
2	97	.	92
3	1	1	1

한편, 데이터의 구분자가 탭(tap) 문자로 되어 있는 파일(tap-delimited file)을 읽는 경우에는 **EXPANDTABS 옵션**을 사용하여 구분자를 탭 문자로 하도록 지정할 수 있다.

4.9 연습문제

4-1 다음은 데이터 단계에서 전형적으로 사용되는 명령문이다. SAS에서 구동될 수 있도록 명령문들을 순서대로 나열하여라.

INFILE	RUN	DATA	INPUT

4-2 명령어들의 정의를 연결하여라.

명령어			정의
INFILE	•	•	데이터 단계가 끝났음을 알리는 명령어
RUN	•	•	원자료의 위치를 지정하는 명령어
DATA	•	•	원자료의 변수명을 지정하는 명령어
INPUT	•	•	SAS 데이터셋을 만드는 명령어

4-3 다음 INPUT 명령문들은 어떤 작업을 수행하는가?

```
- INPUT @7 sex 2.;
- INPUT a 3-4 b;
- INPUT @3 a 2. b;
- INPUT a 3-4 #2 b 5-6;
- INPUT name $ 1-20 #2 addrs1 $ 1-24 addrs2 $ 26-39 #3;
- INPUT name $ 1-20 / addrs1 $ 1-24 addrs2 $ 26-39 /;
- INPUT @10 x1 #2 x2 10-11 +1 x3;
- INPUT name $ 10 (x1-x10)(4.);
- INPUT (loc1-loc5)(2. +1) @1 (amt1-amt5)(+2 1.);
- INPUT x1 1-3 x2 4-6 x3 7-9 x4 10-12 x5 13-15;
- INPUT (x1-x5)(5*3.0);
- INPUT (x1-x5)(3*3.1 2*3.0);
- INPUT (a b c d)(4.2);
```

4-4 다음과 같이 공백문자로 구분된 데이터가 있다고 하자. 이 데이터로부터 SAS 데이터셋 exam4_4를 생성하는 프로그램을 작성하여라(단, 변수 이름은 id, dept, age, test1, test2, gender로 할 것).

```
001 stat   22   9  12  m
002 law    21  10  15  f
003 econ   23  10  17  f
004 math   27  16  17  m
005 engl   21  11  12  f
```

4-5 다음과 같은 형식으로 기록되어 있는 데이터가 있다고 하자. Column Input 방식을 이용하여 이 데이터로부터 SAS 데이터셋 exam4_5를 생성하는 프로그램을 작성하여라. 단, 변수 이름은 id, name, item1, item2, …, item6 (item1~item6는 모두 1자리), height(3자리), weight(2자리), age(2자리), region의 순서로 할 것.

열 번호	`         1         2         3         4` `1234567890123456789012345678901234567890`

데이터	`101 K.J. Kim  1111121838030 Seoul`
	`102 D.J. Kho  3233211716725 Kyungbuk`
	`103 W.S. Jang 5717191696140 Pusan`
	`104 B.S. Seo  3355431756533 Kangwondo`
	`104 M.W. Kang 5522331685927 Inchon`

4-6 문제 4-5의 데이터로부터 Formatted Input 방식을 이용하여 SAS 데이터셋 exam4_6을 생성하고, 그 결과를 SAS 데이터셋 exam4_5와 비교하여라.

4-7 콤마(,)로 구분되어 있는 다음 데이터로부터 SAS 데이터셋 exam4_7을 생성하는 프로그램을 작성하여라(단, 변수 이름은 문제 4-4와 동일하게 할 것).

```
001,stat,22,9,12,m
002,law,21,10,15,,
003,"econ",23,,17,f
004,math,27,16,17,"m"
,"engl",21,11,12,"f"
```

4-8 다음 데이터는 어느 사무기기 제조회사의 영업사원별 판매실적에 관한 것으로 변수 machine의 자룟값(sm 또는 c)에 따라 두 가지 형식으로 입력되어 있다. 이 데이터를 읽어서 SAS 데이터셋 exam4_8을 생성하여라.

열 번호	1 2 3 12345678901234567890123456789012345
데이터	young m22969 east sm stride f27253 east sm topin east 86432m33 c greco m18523 west sm thalman south 94320f25 c moore m25718 south sm wilson north 97214m45 c

machine	변수 이름	시작 열	끝 열
sm	name	1	8
	gender	9	9
	sales	10	14
	region	20	24
c	name	1	8
	region	10	14
	sales	16	20
	gender	21	21
	age	22	23

4-9 5개의 변수(last, first, gender, math, engl)에 대한 자룟값들이 다음과 같이 한 줄에 계속 연결되어 입력되어 있는 경우, 이 데이터를 읽어서 SAS 데이터셋 exam4_9를 생성하여라.

```
LEE SEULGI F 58.9 77.8 PARK SOEUN F 91.0 82.6 CHAE YOUNSIK M 67.7 45.9
KIM EUNYOUNG F 63.5 78.1 CHO MINJI M 34.2 67.8 PARK INSOO M 45.6 53.4
```

제 5 장

데이터 단계에서 사용되는 명령문들

이 장에서는 앞에서 설명한 데이터 단계의 기본적인 내용에 추가하여 사용할 수 있는 몇 가지 중요한 명령문들을 살펴볼 것이다. 이러한 명령문들은 읽어들인 자룟값을 변환시키거나 새로운 변수의 생성 등을 통해 사용자의 목적에 맞는 SAS 데이터셋을 만들기 위해 사용된다.

5.1 할당문과 선언문

사용자는 다음과 같은 형식의 **할당문**(assignment statement)을 이용하여 자룟값을 바꾸거나 새로운 변수를 생성할 수 있다.

Variable = Expression;

여기서 등호 왼쪽의 변수 이름(variable)에는 기존의 변수 또는 새로운 변수 이름을 사용할 수 있고, 등호 오른쪽의 표현식(expression)에는 <예 5.1>에서와 같이 사칙연산을 포함한 여러 가지 형태의 표현식을 사용할 수 있다.[1)]

예 5.1 다양한 할당문의 사용

```
DATA mysas.exam;
   INPUT id $ name $ mid final;
CARDS;
001 김철수 10 40
002 이영희 15 10
001 강민호 50 15
001 박지수 20  .
;
RUN;
```

1) 여기서 사용된 SET 명령문은 이미 존재하고 있는 SAS 데이터셋을 호출하는 기능을 가지고 있으며, SET 명령문의 기능에 대해서는 제6장에서 자세히 설명한다,

예 5.1 다양한 할당문의 사용(계속)

```
DATA mysas.exam1;
   SET mysas.exam;
   x=30;                      /* Numeric Constant        */
   major='통계학';             /* Character Constant      */
   major_id='STA'||id;        /* Concatenation           */
   mean=(mid+final)/2;        /* Arithmetic Expression */
   y=mid**3;                  /* Exponentiation          */
   LABEL name='이름' mid='중간성적' final='기말성적';
RUN;
```

	id	이름	중간성적	기말성적	x	major	major_id	mean	y
1	001	김철수	10	40	30	통계학	STA001	25	1000
2	002	이영희	15	10	30	통계학	STA002	12.5	3375
3	001	강민호	50	15	30	통계학	STA001	32.5	125000
4	001	박지수	20	.	30	통계학	STA001	.	8000

이와 같은 SAS 표현식을 사용함에 있어서 **문자열**(character string)은 인용부호(' ')로 문자열의 좌우를 닫아주어 변수 이름과 구별해 주어야 한다. 또한 <예 5.1>에서 **연결 연산자**(||, concatenation operator)는 여러 개의 문자열과 문자변수들을 연결하는 연산자이다. 이때 문자열 또는 문자변수에 포함되어 있는 공백문자는 제거되지 않으며, 공백문자를 제거하기 위해서는 다음 절에서 설명하는 **TRIM 함수**를 사용하면 된다.

한편 데이터 단계의 프로그램에서는 LENGTH, FORMAT, LABEL, DROP, KEEP, RENAME 등과 같은 지정된 변수에 대해 특정한 기능을 표시하는 **선언문**을 사용할 수가 있다. 예를 들어, <예 5.1>에서 사용된 **LABEL 명령문**은 각 변수에 레이블(변수에 대한 설명)을 붙여주는 것으로써, 이와 같이 변수에 레이블을 붙여두면 이 후의 프로시저를 사용할 때 그 변수 이름 대신 레이블을 출력하게 할 수 있다(3.5절 참조).

5.2 함수의 이용

SAS 내에는 수학연산, 통계계산, 문자조정, 난수발생 등과 같은 다양한 기능을 가지는 약 150여 개의 함수(function)가 등록되어 있다. 따라서 이들 함수를 이용하면 복잡한 형태의 연산을 매우 쉽게 수행할 수 있다.

<표 5.1>에는 자주 사용되는 몇 개의 함수들에 대해서 설명하고 있으며, <예 5.2>는 이들 함수를 이용하여 자룟값을 변환하거나 새로운 변수를 생성하는 예이다. 다른 함수들에 대해서는 SAS 도움말과 문서(Document)를 참조하기 바란다.

〈표 5.1〉 몇 가지 SAS 함수의 기능

유형	함수 및 사용형식	함수의 기능
숫자 함수	INT(*arg*)	arg의 값을 정수화한다.
	LOG(*arg*)	arg의 자연대수(밑이 지수인 로그)를 구한다.
	LOG10(*arg*)	arg의 상용대수(밑이 10인 로그)를 구한다.
	MAX(*arg1,arg2,…*)	결측값이 아닌 arg1, arg2, … 중에서 최댓값을 구한다.
	MIN(*arg1,arg2,…*)	결측값이 아닌 arg1, arg2, … 중에서 최솟값을 구한다.
	MEAN(*arg1,arg2,…*)	결측값이 아닌 arg1, arg2, … 들의 평균을 구한다.
	SUM(*arg1,arg2,…*)	결측값이 아닌 arg1, arg2, … 들의 합을 구한다.
	SQRT(*arg*)	arg의 제곱근을 구한다.
날짜 함수	DAY(*date*)	date의 일을 구한다(1~31).
	INTNX('*interval*', *from*, *n*)	from으로부터 *n* interval(day, month, qtr, year 등) 이후의 날짜를 계산한다.
	INTCX('*interval*', *from*, *to*)	from으로부터 to 사이의 interval(day, month, qtr, year 등)을 계산한다.
	MDY(*month,day,year*)	년, 월, 일에 해당하는 SAS 날짯값을 계산한다.
	MONTH(*date*)	date의 월을 구한다(1~12).
	QTR(*date*)	date의 분기를 구한다(1~4).
	TODAY()	현재 날짜에 해당하는 SAS 날짯값을 구한다.
	WEEKDAY(*date*)	date의 요일값을 구한다(1~7).

〈표 5.1〉 몇 가지 SAS 함수의 기능(계속)

유형	함수 및 사용형식	함수의 기능
문자 함수	COMPRESS(*arg*, *characters*)	arg의 내용 중 characters에 주어진 문자들을 제거한다. 문자가 주어지지 않으면 공백문자를 모두 제거한다.
	LEFT(*arg*)	문자열 arg의 앞쪽에 있는 공백문자를 모두 제거하여 문자열을 왼쪽으로 정렬한다.
	LENGTH(*arg*)	문자열 arg의 길이를 계산한다(결측값에 대해서는 1의 값을 가진다).
	SUBSTR(*arg*, *position*,*n*)	arg의 내용 중 주어진 위치(position)로부터 시작하여 *n*번째까지의 문자열을 값으로 가진다.
	TRANSLATE(source, to−1,from−1,…)	'from'에 주어진 문자를 'to'에 주어진 문자로 바꾼다.
	TRIM(*arg*)	문자열 arg의 오른쪽 공백문자를 모두 제거한다.
	UPCASE(*arg*)	arg의 모든 내용을 대문자로 바꾼다.

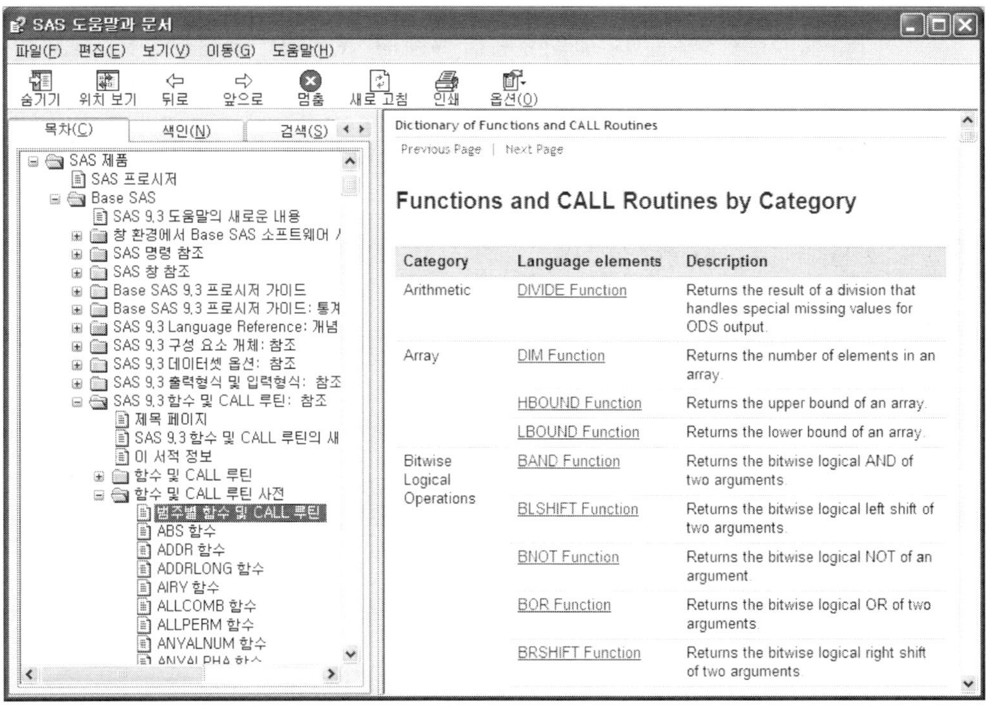

〈그림 5.1〉 함수에 대한 SAS 도움말 화면

예 5.2 다양한 함수의 사용

```
DATA mysas.finexam;
   INPUT name $ 1-8 mid final enterm enterd;
   mid=INT(mid);                          /* Numeric Function    */
   max_mf=MAX(mid,final,30);
   name=COMPRESS(name);                   /* Character Function */
   f_name=SUBSTR(name,1,2);
   ent_day=MDY(enterm,enterd,1999); /* Date Function         */
   ent_week=WEEKDAY(ent_day);
   FORMAT ent_day yymmdd6.;
CARDS;
김 철 수 10.1 40 11 22
이  영희 15.7 10 11 29
강민호  50.3 15 12 05
박지  수 20.8  . 12 15
;
RUN;
```

	name	mid	final	enterm	enterd	max_mf	f_name	ent_day	ent_week
1	김철수	10	40	11	22	40	김	991122	2
2	이영희	15	10	11	29	30	이	991129	2
3	강민호	50	15	12	5	50	강	991205	1
4	박지수	20	.	12	15	30	박	991215	4

예 5.3 MEAN과 SUM 함수의 사용

```
DATA mysas.avescore;
   INPUT name $ (x1-x3)(1.) y1-y3;
   total=SUM(OF x1-x3 y1-y3);
   average=MEAN(OF x1-x3 y1-y3);
CARDS;
김철수 551 2 1 3
최민지 .31 4 5 1
이영희 153 2 . 2
오인수 412 4 . .
;
RUN;
```

예 5.3 MEAN과 SUM 함수의 사용(계속)

	name	x1	x2	x3	y1	y2	y3	total	average
1	김철수	5	5	1	2	1	3	17	2.83333
2	최민지	.	3	1	4	5	1	14	2.8
3	미영희	1	5	3	2	.	2	13	2.6
4	오민수	4	1	2	4	.	.	11	2.75

한편 MEAN이나 SUM **함수**는 다음과 같은 형식으로 사용할 수 있는데,

MEAN(*var1,var2,var3,*…) 또는 MEAN(OF *var1 var2 var3* …)

<예 5.3>에서와 같이 변수 이름을 생략하여 사용하고자 하는 경우에는 **OF 명령어**를 사용하는 것이 보다 효율적이다. 또한 MEAN과 SUM 함수는 결측값이 아닌 자룟값만을 가지고 연산을 수행하므로 사용 시 주의해야 한다. 예를 들어, <예 5.3>의 MEAN 함수에 의해서 변수 average에는 결측값이 아닌 자룟값들의 평균이 계산되어 저장되는 데 반해서, 만약 MEAN 함수를 사용하는 대신에 다음과 같은 연산식을 사용하면

```
average=(x1+x2+x3+y1+y2+y3)/6;
```

여섯 개의 변수 중 어느 하나라도 결측값을 가지는 개체에 대해서는 연산을 수행하지 않고 변수 average가 결측값을 가지게 된다.

5.3 조건문

5.3.1 IF-THEN 명령문

어떤 할당문을 모든 개체에 적용하는 대신 특정 조건에 부합하는 개체에 대해서만 사용하고자 하는 경우가 종종 있을 것이다. 이와 같은 경우에는 다음과 같은 형식의 IF-THEN 명령문을 이용하여 원하는 작업을 수행할 수 있다.

IF *condition* THEN *action*;

여기에서 *condition*은 조건 논리식을 표현하는 것이고, *action*은 조건식이 참(true)인 경우에만 수행되는 할당문을 표현하는 것이다.

예 5.4 IF-THEN 명령문의 사용

```
DATA mysas.exam2;
   SET mysas.exam;
   IF final=. THEN final=10;
   IF (mid+final)>=50 THEN score1='P';
   IF mid>=30 or final>=30 THEN score2='P';
   IF score1=' ' THEN
      DO;
         score1='F';
         score2='F';
      END;
RUN;
```

	id	name	mid	final	score1	score2
1	001	김철수	10	40	P	P
2	002	이영희	15	10	F	F
3	001	강민호	50	15	P	P
4	001	박지수	20	10	F	F

<예 5.4>에는 4개의 IF-THEN 명령문이 포함되어 있다. 이와 같은 조건식에는 대부분 **비교연산자**(comparison operator)가 사용되는데, 이들은 앞의 3.5절 <표 3.2>에 정리되어 있는 기호 또는 약어를 사용하면 된다. 즉, <예 5.4>의 첫 번째 IF-THEN 명령문은 다음과 같이 작성할 수도 있다.

```
IF final EQ . THEN final=10;
```

한편 이와 같은 비교연산자와 함께 <예 5.4>의 세 번째 IF-THEN 명령문에서와 같이 **AND**와 **OR 연산자**를 이용하여 다중 조건식을 사용할 수도 있다. 또한 <예 5.4>의 네 번째 IF-THEN 명령문에서와 같이 **DO-END 명령문**을 함께 사용하면 하나의 조건식에 대해 여러 개의 할당문을 동시에 지정할 수 있다(DO-END 명령문에 대해서는 6.4절에서 자세히 설명할 것이다).

예 5.5 **IN 명령어의 사용**

```
DATA mysas.exam3;
    SET mysas.exam;
    IF mid IN (10 15) THEN score1='C';
    IF mid IN (20,50) THEN score1='B';
    IF name IN ('이영희' '박지수') THEN sex='F';
    IF name IN ('김철수','강민호') THEN sex='M';
RUN;
```

	id	name	mid	final	score1	sex
1	001	김철수	10	40	C	M
2	002	이영희	15	10	C	F
3	001	강민호	50	15	B	M
4	001	박지수	20	.	B	F

(1) IN 명령어

WHERE 명령문에서도 사용될 수 있는(3.5.3절 참조) IN 명령어는 IF 조건문에 여러 개의 자룟값을 나열할 때 매우 유용하게 사용된다. IN 명령어는 사용할 때는 <예 5.5>에서와 같이 콤마(,) 또는 하나 이상의 공백으로 구분하여 자룟값을 나열하면 되는데, 이때 문자변수에 대해서는 각 문자열을 인용부호(' ')로 닫아주어야 한다.

예를 들어, <예 5.5>의 첫 번째 IF 명령문은 다음과 같은 프로그램과 동일한 작업을 수행하게 되므로

```
IF mid=10 OR mid=15 THEN score1='C';
```

나열해야 할 자룟값이 많은 경우에는 IN 명령어를 사용하는 것이 OR로 연결하여 나열하는 것보다 훨씬 효율적이다.

예 5.6 **IF-THEN-ELSE 명령문의 사용**

```
DATA mysas.exam4;
    SET mysas.exam;
    IF mid>=30 THEN score1='A';
        ELSE IF mid>=20 THEN score1='B';
        ELSE score1='C';
```

예 5.6 IF-THEN-ELSE 명령문의 사용(계속)

```
   IF final>=30 THEN score2='P';
      ELSE score2='F';
RUN;
```

---

	id	name	mid	final	score1	score2
1	001	김철수	10	40	C	P
2	002	이영희	15	10	C	F
3	001	강민호	50	15	A	F
4	001	박지수	20	.	B	F

5.3.2 IF-THEN-ELSE 명령문

IF-THEN 명령문에 **ELSE 명령문**을 함께 사용하면 프로그램을 보다 효율적으로 작성할 수가 있는데, ELSE 명령문은 바로 위에 있는 조건식이 참이 아닌 경우에만 수행된다. 예를 들어, <예 5.6>은 변수 score1에 대해

(1) mid≥30이면 A,

(2) (1)이 참이 아니면서 mid≥20이면 B,

(3) (1)과 (2)가 모두 참이 아니면 C

를 자룟값으로 가지도록 프로그램을 작성한 것이다. 이 예에 대해서 ELSE 명령문을 사용하지 않고 동일한 작업을 수행하기 위해서는 IF-THEN 명령문들을 다음과 같이 작성해야 할 것이다.

```
IF mid>=30 THEN score1='A';
IF 20<=mid<30 THEN score1='B';
IF mid<20 THEN score1='C';
```

예 5.7 DELETE 명령문의 사용

```
DATA mysas.person1;
   SET mysas.person;
   IF dept='math' OR dept='econ' THEN DELETE;
RUN;
```

예 5.7 DELETE 명령문의 사용(계속)

	name	dept	salary	age
1	김철수	stat	96	38
2	오민수	stat	102	39

5.3.3 관찰개체의 삭제: DELETE 명령문

<예 5.7>에서와 같이 IF 명령문과 **DELETE 명령문**을 함께 사용하면 특정한 조건에 맞는 데이터만 제거하는 작업을 쉽게 수행할 수 있다. 즉, 이 예에서는 변수 dept의 값이 math이거나 econ인 데이터를 모두 제거하고 데이터셋을 생성하게 된다. 한편 다음과 같이 THEN 명령어를 사용하지 않고 IF 명령문을 사용하면

```
IF dept='stat';
```

데이터셋에 저장하고자 하는 데이터만 골라낼 수 있다(위 IF 명령문은 변수 dept의 값이 stat인 데이터만 저장하게 하는 것이므로, <예 5.7>의 데이터에 이를 적용하면 <예 5.7>에서의 결과와 동일하게 된다).

5.4 날짜변수

앞 장에서 설명한 바와 같이 SAS 데이터셋에서 변수는 세 가지 형태(숫자형, 문자형, 날짜형)으로 구분된다. 변수가 어떠한 형태를 가지느냐에 따라서 각 변수를 처리하는 방법과 사용할 수 있는 함수 등이 다르다.

한편 5.4절에서 언급한 바와 같이 **날짜형** 입력포맷으로 자룟값을 읽으면 SAS는 1960년 1월 1일을 기준으로 그 때부터의 날수로 바꾸어서 데이터셋에 저장한다. 예를 들어, 1961년 1월 1일은 366이라는 숫자로 바꾸어 저장되고, 1959년 1월 1일은 -365로 저장된다. 이와 같은 날짜변수에는 일반적인 산술연산식을 사용할 수 있을 뿐만 아니라 다양한 형태의 날짜함수(date function)를 사용할 수 있으므로 매우 편리하다.

예 5.8 날짜형 입력포맷, 함수, 출력포맷

```
DATA mysas.hire;
   INPUT name $6. +1 bdate DATE7. +1 hired MMDDYY8.;
   hiredate=hired+(365.25*3);
   hireqtr=QTR(hiredate);
   IF hired>'01jan94'D THEN new='YES';
   FORMAT bdate MMDDYY8. hired YYMMDD8. hiredate WEEKDATE17.;
CARDS;
김철수 01jan60 09-15-90
최민지 05oct49 01-24-92
이영희 18mar88 10-10-93
오인수 29feb80 05-29-94
;
RUN;
```

	name	bdate	hired	hiredate	hireqtr	new
1	김철수	01/01/60	90-09-15	Tue, Sep 14, 1993	3	
2	최민지	10/05/49	92-01-24	Mon, Jan 23, 1995	1	
3	이영희	03/18/88	93-10-10	Wed, Oct 9, 1996	4	
4	오인수	02/29/80	94-05-29	Wed, May 28, 1997	2	YES

<예 5.8>은 DATE7.과 MMDDYY8.이라는 입력포맷(informat)으로 두 변수 bdate와 hired를 읽어들이고 있으며, 산술연산식에 의해 변수 hired에 3년을 더하여 변수 hiredate를 생성하고, <표 5.1>에서 설명한 날짜함수 QTR을 이용하여 변수 hireqtr을 생성하였다. 한편 날짜변수에 비교연산식을 사용하기 위해서는 **날짜상수**(date constant)를 사용해야 하는데, 날짜상수는 <예 5.8>에서와 같이 '*ddmmmyy*'D 형태로 지정해 주어야 한다.

숫자화되어 저장되어 있는 날짜변수를 사용자가 보기 편한 형태의 날짜형식으로 출력하거나 보기 위해서는 <예 5.8>에서와 같이 **FORMAT 명령문**(3.5절 참조)에 의해 각 날짜변수의 출력포맷을 지정해 주어야 한다.

5.5 문자변수와 LENGTH 명령문

LENGTH 명령문은 선언문으로써 SAS 데이터셋에 변수가 저장될 때 사용되는 바이트(byte) 수를 지정해 준다. LENGTH 명령문을 사용할 때 한 가지 조심할 것은 LENGTH 명령문이 변수의 길이(자릿수)를 지정하는 것이 아니라는 점이다. 따라서 소수점을 가지는 숫자변수에 대해서는 바이트 수를 숫자변수일 때의 디폴트(default)인 8바이트보다 작게 지정하는 것을 피해야 한다. 만약 숫자변수에 대해서 바이트 수를 8바이트보다 작게 하면 자룟값이 정확하게 저장되지 않을 수 있다.

한편 문자변수에 대해서는 SAS가 영문 한 글자는 1바이트, 한글 한 글자는 2바이트로 저장하기 때문에, LENGTH 명령문은 길이를 지정하는 것과 동일하게 된다. LENGTH 명령문은 나열된 변수의 순서에 따라서 변수가 저장되는 순서를 지정하는 기능도 가지고 있으며, 일반적인 사용법은 다음과 같다.

LENGTH *variable* <$> *length* … ;

여기에서 $는 변수가 문자형임을 지정하는 옵션이며, *length*는 바이트 수로써 숫자형에 대해서는 2에서 8까지, 문자형에 대해서는 1에서 32,767까지 지정할 수 있다(이는 운영체제에 따라 다를 수 있다). LENGTH 명령문은 자료를 읽는 동안에는 어떠한 영향도 주지 않으며, 프로그램에서 LENGTH 명령문 다음에 나타나는 변수에만 영향을 준다.

예 5.9 Length 명령문의 사용

```
DATA mysas.length;
   LENGTH name $ 9 grade $ 6;
   INPUT name $ score;
   IF 1<=score<=3 THEN grade='LOW';
      ELSE IF 4<=score<=7 THEN grade='MIDDLE';
      ELSE IF 8<=score<=10 THEN grade='HIGH';
CARDS;
HyunCheol 7
YongChan 10
MinHee 3
```

예 5.9 Length 명령문의 사용(계속)

```
;
RUN;
```

LENGTH 문이 사용된 경우

	name	grade	score
1	HyunCheol	MIDDLE	7
2	YongChan	HIGH	10
3	MinHee	LOW	3

LENGTH 문이 사용되지 않은 경우

	name	score	grade
1	HyunCheo	7	MID
2	YongChan	10	HIG
3	MinHee	3	LOW

<예 5.9>에서 볼 수 있듯이 만약 LENGTH 명령문에 의해서 변수의 길이가 미리 지정되어 있지 않으면 INPUT 명령문에서 지정된 변수 name에 대해서는 디폴트인 8이 길이가 되고, grade에 대해서는 이 변수의 값으로 처음 나타나는 LOW에 의해서 길이가 3이 된다. 이러한 자룟값의 손실을 방지하기 위해서 **문자형** 변수의 길이를 미리 지정할 수 있다. 그리고 LENGTH 명령문이 사용된 경우에는 LENGTH 명령문에 의해서 지정된 변수가 저장될 때 데이터셋의 앞쪽에 저장되는 것을 볼 수 있다.

5.6 RETAIN 명령문

데이터 단계의 수행 시 SAS는 각 레코드(record)의 자룟값들을 읽은 후에 데이터 단계에 주어진 명령문들을 수행하여 매 개체를 하나씩 차례로 생성해 나간다. 이러한 데이터 단계에서 각 개체를 생성하기에 앞서 사용자가 특별히 명시를 하지 않으면, SAS는 숫자변수에는 결측값을 그리고 문자변수에는 공백으로 고정시켜 놓고 시작한다. 그러나 사용자가 이와 같은 처리를 원하지 않고 어떤 변수의 값을 바로 전 단계에서의 값으로 유지시키고자 한다면 그 변수의 이름을 **RETAIN 명령문**으로 지정하여 프로그램을 수행시키면 된다. 일반적으로 SAS의 연산은 단위 개체 내의 변수에 대해서만 이루어지기 때문에 개체 간의 연산이 쉽지 않다고 할 수 있는데, RETAIN 명령문은 이와 같은 개체 간의 자룟값 비교나 연산에서 유용하게 사용된다. RETAIN 명령문의 일반적 사용형식은 다음과 같다.

RETAIN *variable-1 [initial-value-1]* … ;

이때 특별한 지정이 없으면 RETAIN 명령문에 지정된 변수는 숫자변수가 된다. 문자변수로 지정하고자 할 때는 적절한 길이의 문자형 초깃값을 지정하거나 앞절에서 설명한 LENGTH 명령문으로 문자변수의 길이를 사전에 지정해야 한다. 변수의 초깃값을 지정하지 않으면 초깃값은 결측값(missing value)이 된다.

예 5.10 RETAIN 명령문의 사용

```
DATA mysas.case;
   INPUT name $ x @@;
   RETAIN max_x 0 y 0 oldname '***';
   max_x=MAX(max_x,x);
   y=y+x*x;
   IF name=oldname THEN case='Old';
      ELSE case='New';
   oldname=name;
   DROP oldname;
CARDS;
AAA 1   BBB 4   BBB 8   BBB 3
CCC 2   CCC 5   DDD 6
;
RUN;
```

---

	name	x	max_x	y	case
1	AAA	1	1	1	New
2	BBB	4	4	17	New
3	BBB	8	8	81	Old
4	BBB	3	8	90	Old
5	CCC	2	8	94	New
6	CCC	5	8	119	Old
7	DDD	6	8	155	New

<예 5.10>은 다양한 형태의 RETAIN 명령문의 사용 예를 보여주고 있다. 먼저 변수 max_x에 대해서는 MAX 함수를 이용하여 변수 x의 자룟값들 중 가장 큰 값을 계속 저장해 나가는 것이며, 변수 y는 누적 제곱합을 계산한다. 변수 case는 변수 name의 이전 자룟값과 현재 자룟값을 비교하여 새로운 자룟값에는 'New'를 그리고 이전 자룟값과 같으면 'Old'라는 자룟값을 가지게 한 것이다.

한편 단순히 한 수식에서의 누적합(cumulative sum)을 구하고자 할 때는 RETAIN 명령문에 유지될 변수를 지정하지 않고 **함축 RETAIN**(implicit RETAIN)을 사용할 수도 있는데, 예를 들어 <예 5.10>의 프로그램 중 누적제곱합을 수행하는 할당문 'y=y+x*x'는 다음과 같이 작성해도 동일한 작업을 수행한다.

```
y+x*x;
```

여기서 변수 y는 누적결과를 보유하는 숫자변수이고, x*x는 제곱을 나타내는 SAS 표현식이다. 이와 같은 함축 RETAIN은 숫자변수에 대해서만 사용할 수 있으며, 변수의 초깃값으로는 0을 가진다. 즉, 다음과 같이 RETAIN 명령문과 **SUM 함수**를 함께 사용하는 것과 동일하다.

```
RETAIN y 0;
y=SUM(y,x*x);
```

한편 <예 5.10>에서 사용된 **DROP 명령문**은 데이터셋에 저장하지 않고 제거할 변수를 지정할 때 사용되는 선언문이다(6.3절 참조).

5.7 ARRAY 명령문

ARRAY 명령문은 일련의 변수들을 **배열**(array)의 원소들로 지정하는 것으로, 여러 개의 변수들에 대해서 동일한 작업을 반복할 필요가 있을 때 ARRAY 명령문과 **DO-END 명령문**(6.4절 참조)을 함께 이용하면 효율적으로 작업을 수행할 수 있다. SAS에서 ARRAY 명령문의 사용은 일반적인 프로그래밍 언어에서의 배열 지정과 개념적으로 유사하며, ARRAY 문의 일반적 형식과 사용법은 다음과 같다.

ARRAY *name* {#} <$> *variable-list*;

예 5.11 ARRAY 명령문의 사용

```
DATA mysas.tscore;
   INPUT name $ math stat eng kor art;
   ARRAY tscore [5] math stat eng kor art;
   DO i=1 TO 5;
      IF tscore(i)=9 THEN tscore(i)=.;
   END;
CARDS;
김철수 5 5 1 2 1
최민지 9 3 1 4 5
이영희 1 5 3 2 9
오인수 4 1 2 4 9
;
RUN;
```

	name	math	stat	eng	kor	art	i
1	김철수	5	5	1	2	1	6
2	최민지	.	3	1	4	5	6
3	이영희	1	5	3	2	.	6
4	오인수	4	1	2	4	.	6

<예 5.11>에서 다섯 개의 변수 math, …, art는 ARRAY 명령문에 의해 tscore라는 배열의 원소로 지정되며, 이 배열에 포함된 어느 변수의 자룟값이 9가 되면 이를 결측값으로 바꾸고 있다. 즉, 데이터 단계를 수행하는 동안에 tscore(1)은 변수 math, tscore(2)는 변수 stat, …, tscore(5)는 변수 art를 의미하게 된다.

5.8 기타 명령문들

(1) 논리문의 이용

논리문(logical statement)은 표현식이 참이면 1, 거짓이면 0을 가지게 되는 일종의 조건식이다. 예를 들어, <예 5.12>에서 각 괄호 안의 논리문은 그 안의 내용이 사실이면 1, 그렇지 않으면 0이 되며, 변수 group에는 각 논리문의 0과 1들의 합계가 기억된다.

예 5.12 논리문의 사용

```
DATA logical;
   INPUT age path;
   group=(age GT 0)+(age<=35);
   IF path THEN dept='STAT';
CARDS;
 ...
```

한편 자룟값이 1 또는 0을 가지는 변수에 대해서는 5.3절에서 다루었던 IF 명령문을 <예 5.12>에서와 같이 사용할 수 있는데, 이 예에서 변수 path의 자룟값이 1인 데이터에 대해서만 변수 dept가 자룟값 STAT를 가지게 된다.

(2) LIST 명령문

현재 처리되고 있는 개체에 대한 입력 데이터를 LOG 윈도우에 출력한다.

예 5.13 LIST 명령문의 사용

```
DATA list;
   INPUT trt crop herb;
   IF trt = . THEN LIST;
 ...
```

(3) RETURN 명령문

이 명령문은 현재 처리되고 있는 개체에 대해 그 이후의 작업을 수행하지 않고 데이터-단계의 처음으로 돌아가서 다음 개체에 대한 작업을 수행하고자 할 때 사용된다. <예 5.14>에서 두 변수 x와 y의 자룟값이 같은 개체에 대해서는 그 이후의 연산은 수행되지 않는다. 사실 모든 데이터-단계에는 제일 마지막 명령문으로서 RETURN 명령문이 있는 것처럼 생각할 수 있다.

예 5.14 RETURN 명령문의 사용

```
DATA return;
   INPUT x y z;
   IF x=y THEN RETURN;
   x=y+z;
   xsquare=x*x;
CARDS;
 ...
```

(4) GOTO 명령문

이 명령문은 프로그램의 수행 도중 특정한 부분으로 건너띄어 작업을 계속 수행하고자 할 때 사용된다. GOTO 명령문의 일반적인 사용형식은 다음과 같다.

GOTO *label*;

......

label: SAS 프로그램; …

여기서 label은 GOTO 명령문의 수행에 의해 작업의 수행이 이동되는 목적지를 식별해 주기 위하여 사용자가 정의한 이름으로 현재 사용하고 있는 데이터-단계 내에 위치해야 한다. <예 5.15>에서 만약 year=78이면 label인 sub:으로 이동하여 그 이하의 프로그램이 수행되며, 그렇지 않으면 변수 total을 계산하고 RETURN 명령문에 의해 다음 개체에 대한 처리를 시작한다.

예 5.15 GOTO 명령문의 사용

```
DATA goto;
   INPUT year weight damage plant;
   IF year=78 THEN GOTO sub;
   total=damage/plant;
   RETURN;
   sub: weight=weight*1.3;
        plant=plant*2;
CARDS;
 ...
```

(5) LINK 명령문

이 명령문은 데이터 단계의 특정한 부분을 하나의 블록으로 설정하고 해당 블록과 연결하여 작업을 수행하고자 할 때 사용된다(하나의 블록은 label:으로 시작하여 RETURN;으로 끝나야 한다). <예 5.16>에서 만약 year=78이면 sub:과 RETURN; 사이의 문장들을 수행하고, 다시 LINK 명령문 이후로 돌아가서 변수 total을 계산하고 RETURN 명령문에 의해 다음 개체에 대한 처리를 시작한다. 즉, <예 5.15>에서는 변수 total에 대한 연산이 y=78이 아닌 경우에만 수행되지만, <예 5.16>에서는 모든 개체에 대해 변수 total에 대한 연산이 수행된다. GOTO 나 LINK 명령문에서 사용되는 label:은 하나의 데이터 단계 내에 여러 개가 존재할 수도 있다.

예 5.16 LINK 명령문의 사용

```
DATA link;
   INPUT year weight damage plant;
   IF year=78 THEN LINK sub;
   total=damage/plant;
   RETURN;
   sub: weight=weight*1.3;
        plant=plant*2;
CARDS;
 …
```

(6) STOP 명령문

이 명령문은 데이터 단계를 종료하고 현재의 작업내용만으로 데이터셋을 생성하고자 할 때 사용된다. <예 5.17>에서 읽어들인 개체의 수를 나타내는 자동변수(6.5절 참조) _N_이 250이 될 때까지만 데이터 단계가 수행된다.

예 5.17 STOP 명령문의 사용

```
DATA stop;
   INPUT x y z;
   IF _N_ GT 250 THEN STOP;
CARDS;
 …
```

(7) ABORT 명령문

이 명령문은 데이터 단계를 종료하고 데이터셋을 생성하거나 대치하지 않도록 하고자 할 때 사용된다. <예 5.18>에서 두 번째 개체에 대해서 숫자변수 id에 문잣값(abc)이 있어 오류가 발생되었다. 따라서 데이터 단계 처리의 오류여부를 나타내는 자동변수(6.5절 참조) _ERROR_가 1을 가지게 되므로 ABORT 명령문이 수행되어 데이터셋 inf는 단 1개의 개체를 가지게 된다. 단, 현재의 데이터셋 이름이 이미 존재하는 데이터셋의 이름과 같은 경우 일단 ABORT 명령문이 수행된 데이터셋은 기존의 데이터셋을 대치하지 않는다.

예 5.18 ABORT 명령문의 사용

```
DATA abort;
   INPUT id score;
   IF _ERROR_ THEN ABORT;
CARDS;
111  50
abc  70
333  80
;
RUN;
```

5.9 연습문제

5-1 다음 프로그램을 실행시키면 균일분포(uniform distrbution)로부터 10개의 난수(random number)를 발생하여 변수 fahren이 생성된다. 이 변수 fahren이 화씨온도를 나타낸다고 할 때 섭씨온도로 변환시킨 새로운 변수 celsius를 가지는 SAS 데이터셋 temper2를 생성하여라.

<참조> 섭씨온도=(5/9)×(화씨온도−32)

```
DATA temper1;
   DO obs=1 TO 10;
      fahren=INT(RANUNI(0)*181 + 32);
      OUTPUT;
   END;
   DROP obs;
RUN;
```

5-2 3명의 학생에 대해 6번의 퀴즈를 본 점수를 기록한 다음 데이터로부터 다음과 같은 새로운 변수들을 포함하는 SAS 데이터셋 exam5_2를 생성하여라.

변수	id	q1	q2	q3	q4	q5	q6
데이터	001	3	2	5	4	4	3
	002	.	2	1	2	1	2
	003	5	3	4	4	.	5

(1) q1~q6의 최솟값을 가지는 변수 small.

(2) q1~q6의 최댓값을 가지는 변수 big.

(3) q1~q6의 총합을 가지는 변수 total.

(4) q1~q6의 평균값을 가지는 변수 mean.

5-3 (문제 2의 계속) 변수 q6의 값이 q6의 평균값보다 크거나 같으면 변수 group에 'gtmean', 그렇지 않으면 변수 group에 'ltmean'을 저장시키는 SAS 프로그램을 작성하여라.

5-4 4개의 변수(id, x1, x2 ,x3)에 대해 다음과 같은 자룟값들을 가지는 SAS 데이터셋 exam5_4가 있다고 하자. 데이터셋 exam5_4를 살펴보면 id가 중복된 개체들이 포함되어 있는데, 이와 같이 중복되어 기록되어 있는 개체들 중 하나만 선택하고 나머지는 제거한 데이터셋 nexam5_4를 생성하는 프로그램을 작성하여라.

<힌트> RETAIN 명령문을 사용하거나, 변수 id에 대해 LAG*n* 함수를 이용할 것.

〈Dataset exam5_4〉				〈Dataset nexam5_4〉			
ID	X1	X2	X3	ID	X1	X2	X3
2	21	22	23	1	11	12	13
5	51	52	53	2	21	22	23
5	51	52	53	3	31	32	33
1	11	12	13	4	41	42	43
3	31	32	33	5	51	52	53
3	31	32	33				
4	41	42	43				

5-5 다음 프로그램을 실행시키면 SAS 데이터셋 exam5_5가 생성된다. 이 데이터셋에서 각 변수에 대한 결측값이 변수 x1-x5에 대해서는 9, 변수 a,b,c,d에 대해서는 99, 나머지 변수들에 대해서는 999로 입력되어 있다고 할 때, 이들 자룟값을 결측값으로 처리하는 프로그램을 작성하여라. 단, 결측값은 SAS에서의 디폴트인 마침표(.)로 하기 바란다.

<힌트> ARRAY 명령문을 이용할 것.

```
DATA exam5_5;
  INPUT x1-x5 a b c d y1-y5 z1-z3;
CARDS;
1 0 1 0 1 2 2 2 2 1 2 3 4 5 3 3 3
9 0 0 0 9 99 99 99 7 999 999 4 5 6 999 999 999
;
RUN;
```

5-6 다음과 같은 함축 RETAIN들은 어떤 작업을 수행하는가?

```
- sumaq+x*x;
- sum+x;
- RETAIN sccum 0; accum=SUM(accum,x*x,0);
- balance+(-debit)
- n+x^=.;
```

5-7 다음과 같은 ARRAY 명령문들은 어떤 작업을 수행하는가?

```
- ARRAY x[10] x1-x10;
- ARRAY grade[*] x1-x20;
- ARRAY y{*} _NUMERIC_;
- DATA all;
     ARRAY all[20] x1-x10 y1-y10;
     ARRAY new[10] z1-z10;
     INPUT id x1-x10 y1-y10;
     DO i=1 TO 10;
        new(i)=all(i)+all(i+10);
     END;
     DROP I;
  CARD;
  ...
  RUN;
```

5-8 다음 데이터를 이용하여 시작일자(startdate)부터 종료일자(enddate)까지 걸린 일 수를 출력하는 SAS 프로그램을 작성하여라.

Project_ID	StartDate	EndDate
398	17mar2007	02nov2007
942	22jan2008	11jul2008
167	15aug2009	15feb2010
250	04jan2011	11dec2011

5-9 데이터셋이 다음과 같을 때, ARRAY 명령문을 이용하여 결측값을 0으로 모두 변경하여라.

```
x1 x2 x3 x4 x5
 9  8  7  8  .
 8  7  6  .  9
 .  .  9  7  6
```

제 6 장

데이터셋의 결합 및 관리

고려 대상에 있는 SAS 데이터셋의 형태나 내용이 사용자의 요구에 부합하지 않은 경우가 많다. 예를 들어, 이미 만들어진 데이터셋 내에 새로운 변수를 추가하거나 기존의 자룟값을 변형해야 할 필요가 있는 경우, 혹은 기존의 두 개 또는 그 이상의 데이터셋들을 하나로 결합해야 하는 경우 등이 발생할 수 있다. 또한 특정 SAS 프로시저를 사용하여 분석을 수행하기 위해서는 그 프로시저가 요구하는 형태로 데이터셋을 가공해 줄 필요도 있을 것이다.

SAS 시스템의 큰 장점 중의 하나는 데이터셋에 대한 이와 같은 관리 및 조작기능이 매우 뛰어나다는 것이다. 이 장에서는 이미 생성된 SAS 데이터셋을 가공하고 관리하는 방법들에 대해서 설명한다.

6.1 세로결합

SET 명령문

SET 명령문은 이미 존재하고 있는 SAS 데이터셋을 지정하여 그 데이터셋의 전체 혹은 일부분을 읽거나, 두 개 이상의 데이터셋들을 세로로 결합하는 데 사용된다. **SET 명령문**의 일반적인 사용형식은 다음과 같다.

```
DATA new-data-set;
   SET data-set-1 data-set-2 …;
```

예를 들어, exam이라는 기존의 SAS 데이터셋에 id, name, mid, final이라는 4개의 변수가 있을 때(예 6.1 참조), <예 6.1>과 같은 프로그램을 작성하면 이 데이터셋으로부터 새로운 변수 average가 추가적으로 생성되고, 변수 id의 자룟값이 '001'인 데이터만을 골라내어 새로운 데이터셋 exam_n을 만들게 된다.

예 6.1 SET 명령문을 이용한 데이터셋 생성

```
DATA mysas.exam_n;
   SET mysas.exam;
   average=(mid+final)/2;
```

예 6.1 SET 명령문을 이용한 데이터셋 생성(계속)

```
    IF id='001';
RUN;
```

	id	name	mid	final	average
1	001	김철수	10	40	25
2	001	강민호	50	15	32.5
3	001	박지수	20	.	.

이와 같은 형식의 SET 명령문을 사용할 때 새로운 데이터셋의 이름을 기존의 데이터셋 이름과 동일한 것으로 지정하면 기존의 데이터셋은 새로운 것으로 대체된다.

세로결합(Concatenating)

SET 명령문에 여러 개의 데이터셋을 동시에 지정하면, SAS는 지정된 데이터셋의 각 개체들을 하나씩 차례로 읽어서 순서대로 쌓아 세로로 결합한 새로운 데이터셋을 생성한다. <예 6.2>에서는 데이터셋 male과 female의 개체들을 차례로 읽어들여서 세로로 결합된 데이터셋 concat가 생성된다.

예 6.2 SET 명령문을 이용한 세로결합

```
DATA mysas.male;
    INPUT name $ sex $ mid final pre;
CARDS;
김철수  M  10  40  30
강민호  M  50  15  45
;
RUN;
```

	name	sex	mid	final	pre
1	김철수	M	10	40	30
2	강민호	M	50	15	45

```
DATA mysas.female;
    INPUT name $ sex $ mid final;
CARDS;
이영희  F  15  10
박지수  F  20   .
;
RUN;
```

	name	sex	mid	final
1	이영희	F	15	10
2	박지수	F	20	.

예 6.2 SET 명령문을 이용한 세로결합(계속)

```
DATA mysas.concat;
   SET mysas.male mysas.female;
   IF final=. THEN final=mid;
RUN;
```

	name	sex	mid	final	pre
1	김철수	M	10	40	30
2	강민호	M	50	15	45
3	미영희	F	15	10	.
4	박지수	F	20	20	.

6.2 가로결합

MERGE와 UPDATE 명령문

<예 6.3>에서와 같이 **MERGE 명령문**에 여러 개의 데이터셋을 동시에 지정하면 데이터셋들을 가로로 결합하여 새로운 데이터셋을 생성한다.

예 6.3 MERGE 명령문을 이용한 가로결합

```
DATA mysas.one;
   INPUT a b c;
CARDS;
11  21  31
12  22  32
13  23  33
14  24  34
15  25  35
16  26  36
;
RUN;
```

	a	b	c
1	11	21	31
2	12	22	32
3	13	23	33
4	14	24	34
5	15	25	35
6	16	26	36

예 6.3 MERGE 명령문을 이용한 가로결합(계속)

```
DATA mysas.two;
   INPUT c d;
CARDS;
41   51
42   52
 .   53
44   54
;
RUN;
```

	c	d
1	41	51
2	42	52
3	.	53
4	44	54

```
DATA mysas.combine;
   MERGE mysas.one mysas.two;
RUN;
```

	a	b	c	d
1	11	21	41	51
2	12	22	42	52
3	13	23	.	53
4	14	24	44	54
5	15	25	35	.
6	16	26	36	.

이 결과에서 볼 수 있듯이 MERGE 명령문을 사용할 때 유의해야 할 점 중의 하나는 MERGE 명령문에 있는 여러 데이터셋에 동일한 변수 이름이 존재하면 그 공통변수에 대한 개체들의 자룟값은 MERGE 명령문의 뒤쪽에서 지정된 데이터셋의 자룟값을 기준으로 대치되어 1:1로 가로결합된다는 것이다. 즉, <예 6.3>의 결과에서 변수 c는 결합되는 데이터셋 one과 two 모두에 들어 있다. 따라서 새로이 생성되는 데이터셋 combine의 첫 네 개의 개체에 대해서는 데이터셋 two의 자룟값들로 채워져 있다.

예 6.4 MERGE와 BY 명령문을 이용한 대응 가로결합

```
DATA mysas.mid;
   INPUT name $ sex $ pre mid;
CARDS;
김철수  M   30   10
강민호  M   45   50
이영희  F    .   15
박지수  F    .   20
최병호  F    .    8
;
RUN;
```

	name	sex	pre	mid
1	김철수	M	30	10
2	강민호	M	45	50
3	이영희	F	.	15
4	박지수	F	.	20
5	최병호	F	.	8

예 6.4 MERGE와 BY 명령문을 이용한 대응 가로결합(계속)

```
DATA mysas.final;
   INPUT name $ sex $ pre final;
CARDS;
이영희  F   32   10
김철수  M    .   40
박지수  F   15   20
강민호  M    .   15
;
RUN;
```

	name	sex	pre	final
1	이영희	F	32	10
2	김철수	M	.	40
3	박지수	F	15	20
4	강민호	M	.	15

```
PROC SORT DATA=mysas.mid;
   BY name;
RUN;
PROC SORT DATA=mysas.final;
   BY name;
RUN;
DATA mysas.all;
   MERGE mysas.mid mysas.final;
   BY name;
RUN;
```

	name	sex	pre	mid	final
1	강민호	M	.	50	15
2	김철수	M	.	10	40
3	박지수	F	15	20	20
4	이영희	F	32	15	10
5	최병호	F	.	8	.

6.2.1 대응 가로결합(Match Merge)

위의 <예 6.4>에서와 같이 MERGE 명령문에 **BY 명령문**이 함께 사용되면, BY 명령문에 지정된 변수에 의해서 두 개 이상의 데이터셋들이 결합된다. 이때 기존의 데이터셋들은 BY 명령문에 지정된 변수에 의해서 미리 정렬되어 있어야 하는데, 만약 그렇지 않다면 데이터셋들을 결합하기 전에 <예 6.4>와 같이 SORT 프로시저를 수행시켜 주어야 한다. **SORT 프로시저**는 데이터셋에 포함된 개체들을 하나 또는 그 이상의 BY 변수에 의해서 정렬하는 프로시저이다(7.4절 참조). 이 예에서도 대응 가로결합되는 데이터셋들에는 변수 name, sex, pre가 공통적으로 들어 있음을 유의하여라.

6.2.2 데이터의 갱신(Update)

두 개의 데이터셋을 MERGE 명령문을 사용해서 대응 가로결합할 때 동일한 변수가 두 데이터셋에 모두 존재하는 경우, 그 변수의 값은 나중에 읽어들인 데이터셋의 값으로 대체된다는 것을 앞에서 설명하였다. 이러한 현상은 <예 6.4>에서와 같이 나중에 읽어들인 값이 결측값(missing value)인 경우에도 동일하게 적용된다.

그러나 나중에 지정된 데이터셋(Transaction 데이터)에 결측값이 있는 경우에는 먼저 지정된 데이터셋(Master 데이터)의 값을 그대로 유지할 필요가 있을 때 **UPDATE 명령문**을 사용할 수 있다. 즉, 이 명령문은 Master 데이터에 최신의 정보가 들어 있는 Transaction 데이터를 적용하여 Master 데이터를 갱신하기 위해 사용한다. 단, UPDATE 명령문을 이용하기 위해서는 갱신에 앞서 두 데이터셋이 기준이 되는 BY 변수에 의해 미리 정렬되어 있어야 한다.

예 6.5 UPDATE 명령문을 이용한 데이터 갱신

```
DATA mysas.all1;
   UPDATE mysas.mid mysas.final;
   BY name;
RUN;
```

	name	sex	pre	mid	final
1	강민호	M	45	50	15
2	김철수	M	30	10	40
3	박지수	F	15	20	20
4	이영희	F	32	15	10
5	최병호	F	.	8	.

<예 6.5>에서 Master 데이터는 mid, Transaction 데이터는 final이 된다. 이 결과에서 데이터셋 all1에 있는 변수 pre가 최신화된 상태를 살펴보아라.

6.3 데이터셋 옵션의 사용

데이터 단계나 프로시저 단계에서 SAS 데이터셋 이름과 함께 사용할 수 있는 여러 가지 유용한 데이터셋 옵션(option)들이 있다. 자주 사용되는 **데이터셋 옵션**들을 몇 가지 소개하면 다음과 같다.

- KEEP=variables : 데이터셋에 포함될 변수들을 지정한다.
- DROP=variables : 데이터셋에 포함되지 않을 변수들을 지정한다.
- RENAME=(oldvar=newvar) : 변수 이름을 oldvar에서 newvar로 바꾼다.
- FIRSTOBS=*n* : *n*번째 개체에서부터 데이터를 읽도록 지정한다.
- OBS=*n* : *n*번째 개체까지만 데이터를 읽도록 지정한다.

예 6.6 데이터셋 옵션의 사용

```
DATA mysas.all2;
   MERGE mysas.mid(KEEP=name mid pre OBS=4)
         mysas.final(DROP=sex RENAME=(pre=pre1));
   BY name;
RUN;
```

	name	pre	mid	pre1	final
1	강민호	45	50	.	15
2	김철수	30	10	.	40
3	박지수	.	20	15	20
4	미영희	.	15	32	10

<예 6.6>은 위의 옵션들을 사용하여 프로그램을 작성한 예이다. 이와 같이 데이터셋 옵션을 사용하면 기존의 데이터셋 mid와 final 자체를 변경하는 것이 아니라, 새로운 데이터셋 all2를 만들기 위해 작업을 수행하는 동안에만 임시로 작동하는 것이므로 기존의 데이터셋들에는 아무런 변화가 없게 된다.

예 6.7 DROP과 RENAME 명령문의 사용

```
DATA mysas.all3;
   MERGE mysas.mid mysas.final;
   BY name;
   RENAME mid=m_score final=f_score;
   DROP sex pre;
RUN;

PROC PRINT DATA=mysas.all(FIRSTOBS=2 OBS=3);
TITLE '2-nd and 3-rd Observations';
RUN;
```

	name	m_score	f_score
1	강민호	50	15
2	김철수	10	40
3	박지수	20	20
4	이영희	15	10
5	최병호	8	.

2-nd and 3-rd Observations

OBS	NAME	M_SCORE	F_SCORE
2	김철수	10	40
3	박지수	20	20

한편 KEEP, DROP, RENAME 등의 데이터셋 옵션은 <예 6.7>에서와 같이 독립적인 명령문의 형태로도 사용할 수가 있다. 여기에서도 FIRSTOBS와 OBS 옵션은 PRINT 프로시저를 수행하는 동안에만 영향을 미치므로 데이터셋 all3 자체에는 아무런 변화가 없다는 것에 유의하기 바란다.

6.4 DO-END와 OUTPUT 명령문

아래와 같은 데이터가 'c:\SAS_Programming\Raw_Data\survey.txt'라는 텍스트 파일로 저장되어 있다고 하자. 이 데이터의 각 행은 5개 연령대(age) 10, 20, 30, 40, 50에서 특정 질문에 대해 조사한 사람의 수(size)와 그 질문에 '예'라고 응답한 사람의 수(response)가 주어져 있고, 각 연령대에 대해 여자와 남자의 정보가 구분되어 있다(즉, 10대의 여자 40명 중 17명이 '예'라고 응답하였고, 10대의 남자 30명 중 11명이 '예'라고 응답하였다. …).

```
40 17   30 11
50 12   20 15
30 21   60 34
40 12   40 21
20 14   30 19
```

〈그림 6.1〉 survey.txt

예 6.8 DO-END와 OUTPUT 명령문의 사용

```
DATA mysas.survey;
   INFILE 'c:\SAS_Programming\Raw_Data\survey.txt';
   DO age=10 TO 50 BY 10;
      DO sex='Female', 'Male';
         INPUT size response @@;
         OUTPUT;
      END;
   END;
   LABEL age='연령' sex='성별' size='표본수' response='응답수';
RUN;
```

	연령	성별	표본수	응답수
1	10	Female	40	17
2	10	Male	30	11
3	20	Female	50	12
4	20	Male	20	15
5	30	Female	30	21
6	30	Male	60	34
7	40	Female	40	12
8	40	Male	40	21
9	50	Female	20	14
10	50	Male	30	19

<그림 6.1>의 텍스트 파일에 있는 데이터에 대하여 <예 6.8>과 같은 프로그램을 수행하면 그 결과에서와 같이 연령 및 성별로 정리된 데이터셋을 얻을 수 있다. 이와 같이 **DO-END 명령문**을 사용하면 DO와 이에 짝을 이루는 END 명령문 사이에 있는 내용을 반복적으로 수행해 준다. 즉, <예 6.8>에서 첫 DO-END 명령문은 age 변수를 차례대로 생성시켜 SAS 데이터셋 survey에 저장시키고 있고, 두 번째 DO-END 명령문은 sex 변수 부분을 반복처리하여 저장시킨다. 따라서 원자료는 5줄인 데 반해 저장된 SAS 데이터셋 survey에는 변수 age의 5개 수준과 변수 sex의 두 수준이 결합하여 전체 10개의 개체를 만들어 내고 있다.

이와 같은 반복적(iterative) DO-END 명령문의 일반적 사용형식은 다음과 같다.

DO *variable=start-num TO stop-num BY increment;*

DO *variable=number-1,number-2,⋯;number-n;*

DO *variable='characters-1 ','characters-2 ',⋯;'characters-n';*

그런데 반복적 DO-END 명령문은 반복작업을 계속 수행하게 할 뿐 매 반복에서 작업한 내용을 생성되는 데이터셋에 저장하지는 않는다. 따라서 매 반복에서 발생한 결과를 생성되는 데이터셋에 저장하기 위해서는 <예 6.8>에서와 같이 **OUTPUT 명령문**을 DO-END 블록 안에 삽입해 주어야 한다. 만약 이 예에서 OUTPUT 명령문을 사용하지 않으면 맨 마지막에 수행된 하나의 개체만 데이터셋에 저장된다.

한편 DO 명령문에는 **UNTIL**이나 **WHILE 명령어**를 사용하여 산술연산식 또는 비교식에 의해 DO 명령문이 수행될 조건을 지정할 수도 있다. 예를 들어, <예 6.8>의 첫 번째 DO 명령문은

```
DO age=10 BY 10 UNTIL(age=50);
```

또는

```
DO age=10 BY 10 WHILE(age<=50);
```

과 같이 프로그램을 작성해도 동일한 결과를 얻을 수 있다.

예 6.9 여러 개의 데이터셋들을 동시에 생성하기

```
DATA mysas.gender_m mysas.gender_f;
   SET mysas.survey;
   IF sex='Male' THEN OUTPUT mysas.gender_m;
      ELSE OUTPUT mysas.gender_f;
RUN;
```

	연령	성별	표본수	응답수
1	10	Male	30	11
2	20	Male	20	15
3	30	Male	60	34
4	40	Male	40	21
5	50	Male	30	19

	연령	성별	표본수	응답수
1	10	Female	40	17
2	20	Female	50	12
3	30	Female	30	21
4	40	Female	40	12
5	50	Female	20	14

<예 6.9>와 같이 **OUTPUT 명령문**에 데이터셋 이름을 함께 지정하면 각 개체를 각각 특정 데이터셋에 저장할 수 있으며, 이러한 OUTPUT 명령문의 기능을 이용하여 하나의 데이터 단계에서 여러 개의 데이터셋을 동시에 생성할 수 있다. <예 6.9>에서는 DATA 명령문에 지정된 두 개의 데이터셋 gender_m과 gender_f를 생성함에 있어서 SET 명령문에 지정되어 있는 SAS 데이터셋 survey의 각 개체에 대해 IF-THEN-ELSE 명령문을 이용하여 변수 sex의 자룟값이 Male이면 해당 개체를 데이터셋 male에, 그렇지 않으면 해당 개체를 데이터셋 female에 저장하고 있다.

6.5 자동변수(Automatic Variable)

새로운 데이터셋을 생성할 때, SAS는 작업에 필요한 여러 가지 정보를 **자동변수**(automatic variable)라고 하는 변수에 임시로 저장해 둔다. 이러한 자동변수는 사용자가 그의 프로그램 내에서 직접 사용할 수도 있기 때문에 이를 통해 SAS 작업을 보다 효율적으로 수행할 수 있다. 이 절에서는 몇 가지 중요한 자동변수들에 대해서 설명할 것이다.

6.5.1 _N_과 _ERROR_

자동변수 **_N_**에는 SAS 데이터셋에 있는 각 개체에게 그것이 만들어진 순서에 따라 1부터 시작하는 자연수의 값이 부여된다. 한편 **_ERROR_**는 자룟값이나 SAS 명령문이 오류 없이 수행된 경우에는 해당 개체에 대해서 0, 오류가 발생한 경우에는 1을 변숫값으로 가진다.[1)]

예 6.10 자동변수 _N_과 _ERROR_의 사용

```
DATA mysas.stat;
   INPUT dept $ id $ score grade $;
   IF _N_=1 THEN score=17;
   obsnum=_N_;
   errornum=_ERROR_;
CARDS;
STAT S01 15  C
STAT S02 40  A
STAT S03 35  B
MATH M01 32  B
MATH M02 54  A
MATH M03  C  C
MATH M04 63  A
;
RUN;
```

	dept	id	score	grade	obsnum	errornum
1	STAT	S01	17	C	1	0
2	STAT	S02	40	A	2	0
3	STAT	S03	35	B	3	0
4	MATH	M01	32	B	4	0
5	MATH	M02	54	A	5	0
6	MATH	M03	.	C	6	1
7	MATH	M04	63	A	7	0

일반적으로 자동변수는 개체를 읽어들이는 동안에만 임시로 존재하며 생성된 데이터셋에는 따로 저장되지 않는다. 따라서 자동변수의 값을 저장하여 사용하고자 할 때는 <예 6.10>에서와 같이 새로운 변수 이름을 지정하여 저장해 두어야 한다. <예 6.10>에서는

1) 데이터 단계 또는 프로시저 단계에서 SAS 시스템의 필요에 의해 자동으로 생성하는 변수에는 일반적으로 변수 이름의 앞 · 뒤에 _(under score)가 붙는다.

여섯 번째 개체에 대한 숫자변수 score가 문자값 C를 읽게 되어 오류가 발생하였으므로(이에 대하여 로그 윈도우에 나타난 내용을 살펴보기 바란다), 변수 score에는 결측값이 저장되고 errornum의 자룟값은 1로 저장된다. 한편 변수 obsnum은 각 개체가 읽혀서 SAS 데이터셋에 저장된 순서를 나타내고 있다.

6.5.2 FIRST.BY와 LAST.BY 변수

SAS 데이터셋이 **BY 변수**에 의해 크기 순으로 정렬되어 있는 경우 일반적으로 동일한 BY 변수의 값을 가지는 여러 개체가 있게 되는데, 이런 개체들의 집합을 개체그룹이라고 한다. 이때, 자동변수 **FIRST.BY**와 **LAST.BY**는 각 개체그룹의 시작과 끝을 나타내는 정보를 저장하고 있는 변수이다. 이들은 데이터 단계에서 SET, MERGE, 또는 UPDATE 문을 이용하여 데이터셋을 생성할 때 BY 명령문을 사용함으로써 생성된다(앞에서도 설명한 바 있듯이 BY 명령문을 사용하고자 할 때는 사전에 BY 변수에 의해서 데이터셋이 정렬되어 있어야 한다). 이 두 변수는 숫자형 변수로써 개체그룹의 첫 번째 개체에는 FIRST.BY 변수가 1을, 마지막 개체에는 LAST.BY 변수가 1을, 그 외의 나머지 개체에는 두 변수 모두가 0을 가진다.

예 6.11 자동변수 FIRST.BY와 LAST.BY의 사용

```
PROC SORT DATA=mysas.stat;
   BY dept score;
RUN;

DATA mysas.stat_n;
   SET mysas.stat;
   BY dept;
   IF FIRST.dept=1 OR LAST.dept=1;
RUN;
```

	dept	id	score	grade	obsnum	errornum
1	MATH	M03	.	C	6	1
2	MATH	M04	63	A	7	0
3	STAT	S01	17	C	1	0
4	STAT	S02	40	A	2	0

<예 6.11>은 먼저 데이터셋 score를 두 변수 dept와 score에 의해서 정렬하고(즉, 변수 dept에 의해서 먼저 정렬한 다음 동일한 dept 내에서 score 순으로 정렬한다), 그 다음 데이터 단계에서는 각 dept 내에서 가장 작은 score 값을 가지는 개체와 가장 큰 score 값을 가지는 개체를 골라내어 이들을 SAS 데이터셋 rscore에 저장하고 있다.

앞에서 설명한 바와 같이 자동변수는 데이터셋을 생성하는 동안에만 임시로 저장되기 때문에, 이 변수들을 생성된 데이터셋에 포함시키기 위해서는 다음과 같은 형식으로

```
f_dept=FIRST.dept;
l_dept=LAST.dept;
```

변수 이름을 다시 지정하여 저장해야 한다.

6.6 텍스트 데이터 출력하기

PUT과 FILE 명령문

제5장에서는 다양한 형태의 INPUT 명령문에 의해서 데이터를 읽는 방법을 다룬 바 있다. 이 절에서 설명할 **PUT 명령문**은 INPUT 명령문과는 반대로 데이터셋의 내용을 텍스트 파일로 바꾸어 외부로 보내고자 할 때 출력하는 형식을 지정하는 명령문이다. 이러한 PUT 명령문에는 <예 6.12>에서와 같이 INPUT 명령문에서 사용할 수 있는 다양한 포맷형식과 @이나 # 등의 기호를 사용할 수가 있으며, 문자열을 출력하고자 할 때는 인용부호로 문자열을 표시해 주면 된다.

예 6.12 텍스트 파일로 데이터 출력하기

```
DATA mysas.subject;
   INPUT name $ dept $ math stat eng kor art;
CARDS;
김철수 Stat 5 5 1 2 1
최민지 Stat . 3 1 4 5
이영희 Stat 1 5 3 2 .
오인수 Stat 4 1 2 4 .
```

예 6.12 텍스트 파일로 데이터 출력하기(계속)

```
강민호 Econ 3 2 3 1 4
;
RUN;

FILENAME myfile 'c:\SAS_프로그래밍_입문\Raw_Data\scoreout.txt';

DATA _NULL_;
   SET mysas.subject;
   FILE myfile;
   IF dept='Stat';
   PUT name 6. ',' @11 math ',' stat ',' +3 eng ',' kor ',' art;
RUN;
-----------------------------------------------------------------------
                    김철수,   5 ,5 ,   1 ,2 ,1
                    최민지,   . ,3 ,   1 ,4 ,5
                    이영희,   1 ,5 ,   3 ,2 ,.
                    오인수,   4 ,1 ,   2 ,4 ,.
```

예를 들어, subject라는 SAS 데이터셋에 6개의 변수 dept, name, math, stat, eng, kor, art가 있다고 하자. <예 6.12>는 이 데이터셋에서 변수 dept가 자룟값 Stat를 가지는 개체를 골라내어 FILENAME 명령문에 지정된 'c:\SAS_프로그래밍_입문\Raw_Data\scoreout.txt'라는 텍스트 파일로 출력하는 프로그램이다. 여기서 사용된 **FILENAME 명령문**은 출력되는 자룟값들이 저장될 파일 이름 'c:\SAS_프로그래밍_입문\Raw_Data\scoreout.txt'와 이를 나타내는 **파일참조**(file reference 또는 file shortcut) myfile을 지정하고 있다(즉, 제2장에서 설명한 LIBNAME 명령문이 폴더에 대한 별칭을 등록하는 기능을 가지고 있는 반면에, FILENAME 명령문은 파일에 대한 별칭을 등록하기 위해 사용된다). 또한 데이터 단계에서 사용된 FILE 명령문은 데이터를 출력할 외부 파일을 지정하는 명령문으로써, 여기에는 FILENAME 명령문에 의해서 미리 지정된 파일참조인 myfile을 사용하거나 다음과 같이 직접 파일 이름을 지정할 수 있다.

```
FILE 'c:\SAS_프로그래밍_입문\Raw_Data\scoreout.txt';
```

만약 FILENAME 명령문을 사용하지 않으면 LOG 윈도우에 데이터가 출력되게 된다. 즉, 다음과 같이 FILE 명령문을 사용하는 것과 같다.

```
FILE LOG;
```

한편 <예 6.12>에서는 _NULL_이라는 특별한 형태의 데이터셋 이름이 사용되었는데, 이와 같이 _NULL_이라는 이름을 사용하면 SAS는 데이터셋을 따로 생성하지 않고 데이터 단계 내에 주어진 명령문의 내용만 수행하게 된다.

6.7 데이터 내보내기 마법사 이용하기

제2장에서는 데이터 가져오기 마법사(Import Wizard)를 이용하여 외부 데이터 파일을 읽어들이는 과정을 다룬 바 있다. 여기서는 **데이터 내보내기 마법사(Export Wizard)**를 이용하여 SAS 데이터셋을 외부 데이터 파일로 내보내는 과정을 살펴보도록 하자.

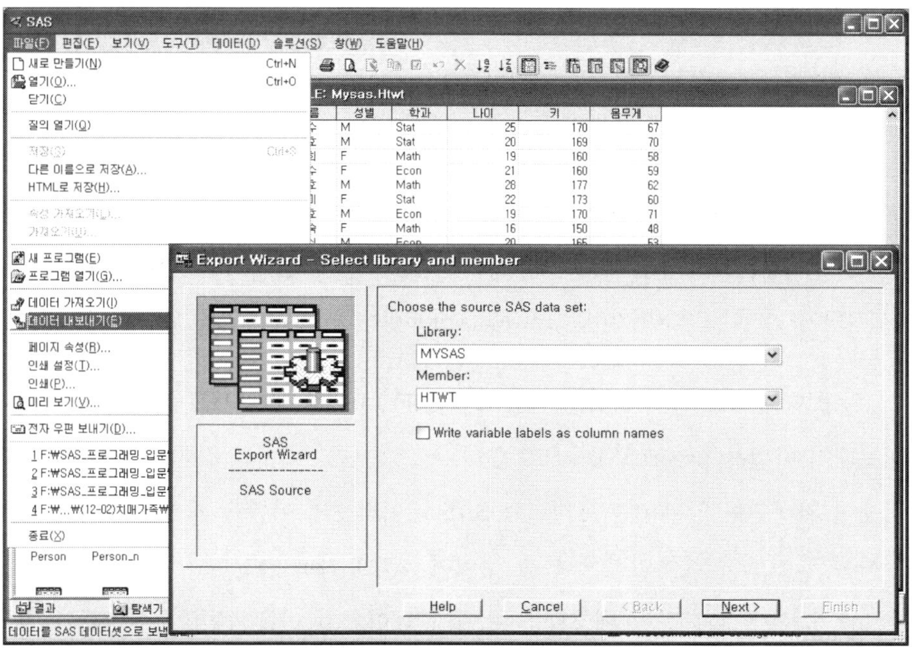

〈그림 6.2〉 라이브러리 및 데이터셋 이름 지정

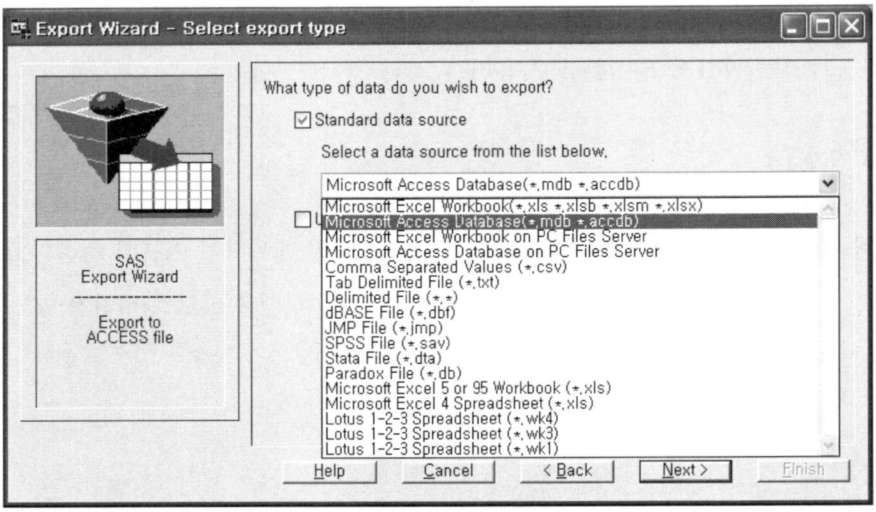

〈그림 6.3〉 파일 형식 선택

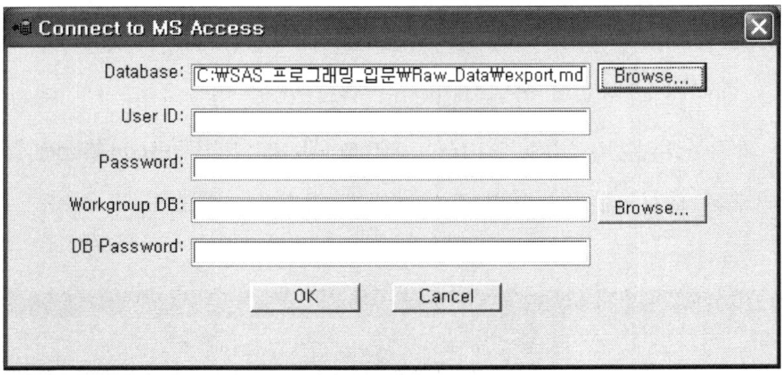

〈그림 6.4〉 MS Access Database 이름 선택

여기서는 SAS 데이터셋 htwt(2.6절 참조)를 MS Access 데이터베이스의 테이블에 내보내기 위하여 다음과 같은 과정을 수행해 보도록 하자. 단, 사전에 먼저 목표가 될 **Access 데이터베이스**가 생성되어 있어야 한다(여기서는 htwtdata.mdb라는 Access 파일을 생성해 두도록 하자).

① <그림 6.2>에서와 같이 풀다운 메뉴의 '**파일(F) 〉 데이터 내보내기(E)**'를 선택하여 데이터 내보내기 마법사(Export Wizard)를 연다. <그림 6.2>에서와 같이 내보낼 SAS 데이터셋이 저장되어 있는 라이브러리와 SAS 데이터셋의 이름을 지정한 후(사용하기를 원하는 라이브러리는 미리 등록해 두어야 한다), **Next〉** 버튼을 클릭한다.

② <그림 6.3>에서와 같이 내보내려는 데이터 형식(type)을 선택한 후, **Next〉** 버튼을 클릭한다. 여기서는 Microsoft Access Database를 선택한다.

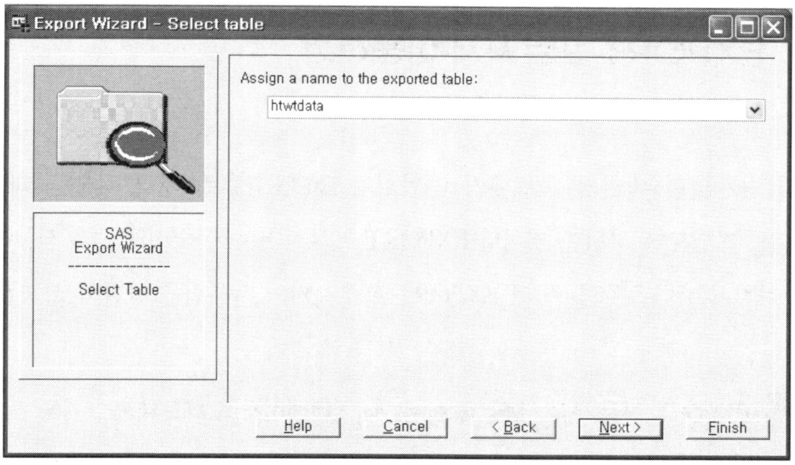

〈그림 6.5〉 테이블 이름 지정

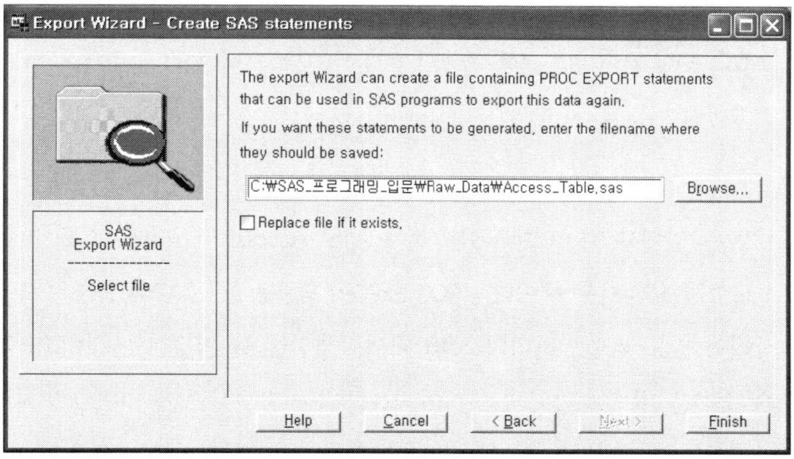

〈그림 6.6〉 SAS 프로그램 이름 지정

③ <그림 6.4>에서와 같이 Microsoft Access 데이터베이스가 저장되어 있는 폴더와 데이터베이스의 이름을 지정하고, OK 버튼을 클릭한다.

④ <그림 6.5>에서와 같이 내보내려는 데이터가 저장될 새로운 테이블의 이름을 지정한 후 Finish 버튼을 클릭한다.[2]

이러한 과정을 모두 마치고 정상적으로 내보내기 마법사가 실행되면 지정된 MS Access 데이터베이스 내에 새로운 데이터 테이블이 생성된다.

---

2) <그림 6.5>에서 Next> 버튼을 클릭한 후 <그림 6.6>에서와 같이 프로그램 이름을 지정하면 데이터 내보내기 마법사를 이용하는 것과 동일한 작업을 수행하는 SAS 프로그램(PROC EXPORT 명령문)을 얻을 수 있다.

6.8 EXPORT 프로시저 이용하기

앞 절에서 다루었던 데이터 내보내기 마법사는 **EXPORT 프로시저**의 기능을 대화상자를 통해 이용할 수 있도록 구현한 것이다(EXPORT 프로시저는 SAS/ACCESS 제품에 포함되어 있다). 여기서는 다음 예를 통해 EXPORT 프로시저의 사용법을 간단히 설명할 것이다.

예 6.13 EXPORT 프로시저: MS Access 데이터베이스로 내보내기

```
PROC EXPORT DATA=mysas.htwt
            OUTTABLE="htwtdata"
            DBMS=ACCESS REPLACE;
     DATABASE="c:\SAS_프로그래밍_입문\Raw_Data\export.mdb";
RUN;
```

<예 6.13>은 앞에서 다루었던 예를 통해 MS Access 데이터베이스를 만들기 위한 EXPORT 프로시저의 사용 예이다. **PROC EXPORT 명령문**에서 **DATA= 옵션**은 내보낼 데이터셋이 저장되어 있는 라이브러리와 SAS 데이터셋 이름을 지정하는 것이고(그림 6.2에 해당), **DBMS= 옵션**은 내보낼 파일의 형식이 Access임을 지정하는 것이며(그림 6.3에 해당), **OUTTABLE= 옵션**은 데이터가 내보내어질 테이블의 이름을 지정하는 것이고(그림 6.5에 해당), **REPLACE 옵션**은 데이터베이스 내에 동일한 이름의 테이블이 이미 존재할 경우 이를 덮어쓰도록 지정하는 것이다. 또한 **DATABASE= 명령문**은 데이터 테이블이 저장될 MS Access 데이터베이스의 경로와 이름을 지정하는 것이다(그림 6.4에 해당).

예 6.14 EXPORT 프로시저: Excel 시트로 내보내기

```
PROC EXPORT DATA=MYSAS.htwt
            OUTFILE="c:\SAS_프로그래밍_입문\Raw_Data\export.xls"
            DBMS=EXCEL REPLACE;
     SHEET="htwtdata";
RUN;
```

EXPORT 프로시저에서는 **DBMS= 옵션**의 설정을 변경함으로써 매우 다양한 형식의 외부 데이터 파일을 가져올 수 있다(그림 6.3 참조). 예를 들어, <예 6.14>에서는 DBMS= 옵션에 EXCEL을 지정함으로써 MS Excel 시트를 만들고 있다. 이 예에서는 **PROC EXPORT 명령문**의 **OUTFILE= 옵션**으로 데이터 시트가 저장될 MS Excel 파일의 경로와 이름을 지정하였고, **SHEET= 명령문**으로 워크시트의 이름을 지정하였다.

이와 같이 DBMS의 형식에 따라 명령문 및 옵션의 형태와 위치가 조금씩 다르다는 것을 주의하여라. 보다 자세한 내용은 SAS 도움말과 문서(Document)를 참조하기 바란다.

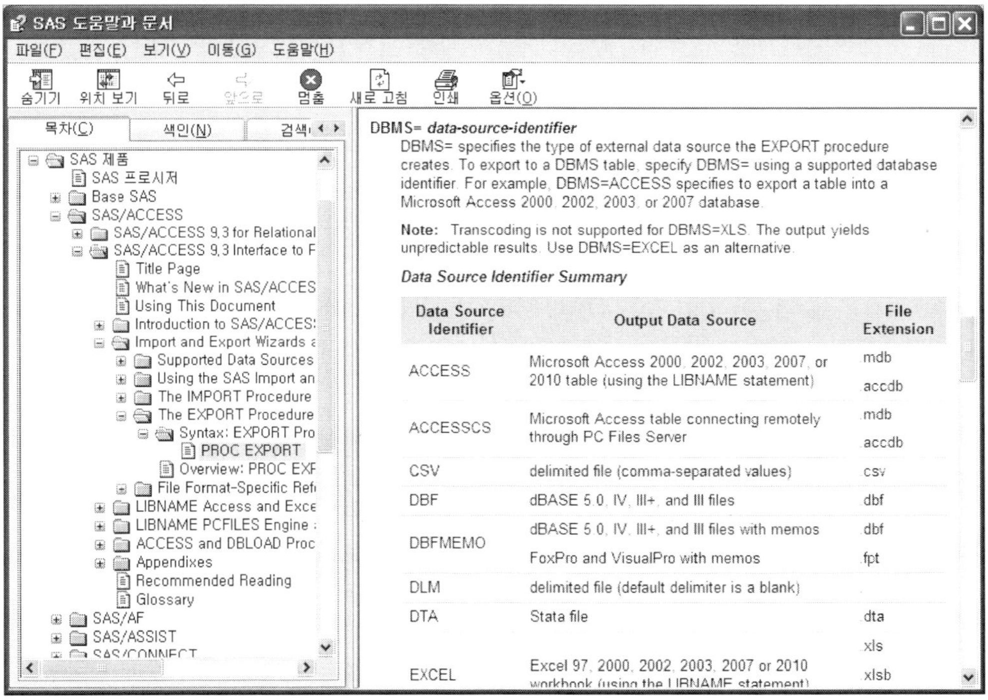

〈그림 6.7〉 EXPORT 프로시저에 대한 도움말

6.9 연습문제

6-1 두 개의 SAS 데이터셋 data1과 data2에 5개의 변수(id, gender, height, weight, year)가 포함되어 있고 두 데이터셋의 자룟값들은 다음과 같다고 할 때,

〈Dataset data1〉					〈Dataset data2〉				
ID	GENDER	HEIGHT	WEIGHT	YEAR	ID	GENDER	HEIGHT	WEIGHT	YEAR
1	M	172	65	92	4	F	160	45	93
3	M	189	89	97	7	M	192	85	91
5	F	163	47	95	6	M	168	57	92
2	F	167	52	95	8	M	183	62	98

(1) 두 개의 데이터셋을 세로로 결합시킨 SAS 데이터셋 total을 생성하여라.

(2) 데이터셋 total로부터 변수 gender가 M인 개체들만으로 새로운 데이터셋 male을 생성하여라.

6-2 서로 다른 변수들을 가지고 있는 다음과 같은 두 개의 데이터셋 infor와 score가 있을 때, 이 데이터셋들을 기준변수 id에 의해 대응 가로결합하여 새로운 데이터셋 combined를 생성하는 프로그램을 작성하여라.

〈Data-set infor〉			〈Data-set score〉			
ID	GENDER	CLASS	ID	DEPT	MID	FINAL
1	M	NO	1	ENGL	30	50
5	F	NO	2	STAT	55	70
2	M	YES	3	ECON	62	90
3	F	NO	5	STAT	48	87

6-3 변수 subject 별로 3개의 변수 treat1, treat2, treat3가 다음과 같이 주어져 있는 SAS 데이터셋 single이 있다고 하자.

〈Data-set single〉				〈Data-set multiple〉		
SUBJECT	TREAT1	TREAT2	TREAT3	SUBJECT	TIME	TREAT
1	10	11	12	1	1	10
2	20	21	22	1	2	11
3	30	31	32	1	3	12
				2	1	20

〈Data-set single〉	〈Data-set multiple〉		
	2	2	21
	2	3	22
	3	1	30
	3	2	31
	3	3	32

데이터셋 single로부터 개체들을 하나씩 차례로 읽어서 3개씩의 새로운 개체를 만들어 데이터셋 multiple을 생성하는 프로그램을 작성하여라.

<힌트> 변수 treat1, treat2, treat3의 자룟값들로부터 일괄적으로 새로운 변수 treat의 값을 부여하기 위해 ARRAY 명령문과 DO-END 명령문을 이용하고, 새로 만들어지는 개체들을 데이터셋 multiple에 기록하기 위해서 OUTPUT 명령문을 이용할 것.

6-4 각 행은 병아리종류를, 각 열은 사료종류를 나타내는 다음의 데이터는 어린 병아리의 체중증가량을 측정한 값을 기록한 것이다.

```
55  61 169 42
49 112 137 97
42  30 169 81
```

이 데이터를 읽어서 다음과 같은 내용을 가지는 SAS 데이터셋 chicken을 생성하기 위한 프로그램을 작성해 보아라. 단, 데이터셋 chicken에서 variety는 병아리종류를, saryo는 사료종류를, weight는 체중증가량을 나타내는 변수라고 하자.

<힌트> INPUT 명령문에서 DO-END 명령문을 함께 사용할 것.

VARIETY	SARYO	WEIGHT
A	1	55
A	2	61
A	3	169
A	4	42
B	1	49
B	2	112
B	3	137
B	4	97
C	1	42
C	2	30
C	3	169
C	4	81

6-5 어느 도시에서 추출된 10개 가구에 대하여 연간 수입(income)에 따른 내구재에 대한 지출(cost)을 조사한 정보를 가지고 있는 다음과 같은 SAS 데이터셋 city가 있다고 하자.

〈Data-set city〉		〈Data-set city1〉			
INCOME	COST	INCOME	COST	RATIO1	RATIO2
50	115	50	115	1.66667	1.35294
10	35	10	35	0.33333	0.41176
20	75	20	75	0.66667	0.88235
30	85	30	85	1.00000	1.00000
40	115	40	115	1.33333	1.35294

데이터셋 city로부터 새로운 SAS 데이터셋 city1을 생성하는 프로그램을 작성하여라. 여기서 ratio1은 변수 income의 값들을 그 변수의 평균으로 나누어서 구한 것이고, ratio2는 변수 cost의 값들을 그 변수의 평균으로 나눈 값들이다.

<힌트> 변수 income과 cost의 평균값을 구한 다음 이것을 저장한 SAS 데이터셋(out_city)를 만들기 위해 먼저 아래의 프로그램을 실행하고, 새로운 변수들(ratio1, ratio2)을 생성하기 위해 자동변수 _N_과 데이터셋 out_city의 변수들(m_income, m_cost)을 이용할 것.

```
PROC MEANS MEAN NOPRINT DATA=city;
   VAR income cost;
   OUTPUT OUT=out_city(KEEP=m_income m_cost)
      MEAN=m_income m_cost;
RUN;
```

6-6 다음 프로그램들은 어떤 작업을 수행하는가? 이들을 수행하여 생성되는 데이터셋들의 내용을 살펴보아라.

```
(1) DATA test;
      INPUT rep x1 x2 x3;
      trt=1; value=x1; OUTPUT;
      trt=2; value=x2; OUTPUT;
      trt=3; value=x3; OUTPUT;
      DROP x1-x3;
   CARDS;
   1  20  25  26
   2  15  17  13
```

```
;
RUN;
```

(2)
```
DATA all male female;
   INPUT sex $ 1-2 id 4-5 grade $ 7;
   IF sex=' ' THEN DO; LIST; DELETE; END; OUTPUT all;
   IF sex='m' THEN OUTPUT male;
   IF sex='f' THEN OUTPUT female;
CARDS;
   11 a
f  22 b
 m 33 b
m  44 a
;
RUN;
```

(3)
```
DATA pay;
   INPUT id pay;
CARDS;
253  100
253  142
420   80
420   20
445   80
;
RUN;
PROC SORT DATA=pay; BY id; RUN;
PROC PRINT; TITLE 'pay data after sorting'; RUN;
DATA payroll; SET pay; BY id;
   IF FIRST.id THEN tot_pay =0; tot_pay + pay; DROP pay;
   IF LAST.id THEN OUTPUT;
RUN;
PROC PRINT DATA=payroll; TITLE 'payroll data'; RUN;
```

6-7 다음 프로그램에서 데이터셋 part에는 부품을 묘사하는 변수(descript)와 각 부품의 고유번호를 나타내는 변수(number)가 주어져 있고, 데이터셋 order에는 주문한 회사의 이름(company)과 부품번호(number)가 포함되어 있다. 이 프로그램을 수행하여 생성되는 데이터셋의 내용을 살펴보아라.

```
DATA part;
   INPUT number descript $ @@;
CARDS;
100 screwdr 200  wrench  300  hammer  400  plier
;
RUN;
DATA order;
   INPUT number company $ @@;
CARDS;
100  a  100  b 200  a  300  c  300  c
;
RUN;
PROC SORT DATA=part; BY number; RUN;
PROC SORT DATA=order; BY number; RUN;
DATA info;
   MERGE part order;
   BY number;
RUN;
PROC PRINT DATA=part; RUN;
PROC PRINT DATA=order; RUN;
PROC PRINT DATA=info; RUN;
```

6-8 다음 프로그램들에서 사용된 DO 명령문들은 어떤 작업을 수행하는가?

```
- IF (25<age<= 30) THEN DO; class=2; age=30; END;
- DATA scope;
     INPUT student 1-3 (grade 1-grade5)(3.0);
     ARRAY g{5} grade1-grade 5;
     DO k=1 TO 5; IF g=. THEN g=0; END;
- DO OVER g; IF g=. THEN g=0; END;
- INPUT a b c d;
```

```
  ARRAY y{*} a b c d;
  DO OVER y; value=y; OUTPUT; END;
- DO i=1 TO 20 BY 0.25; OUTPUT; END;
- DATA uniform;
     INPUT x y z;
     IF x=. THEN
     DO k=1 TO 25; x=UNIFORM(0)*100; OUTPUT; END;
- n=0; DO WHILE(n LT 5); n+1; PUT n=; END;
- n=0; DO UNTIL(n GE 5); n+1; PUT n=; END;
```

6-9 sashelp.class 데이터를 이용하여 다음 작업을 수행하여 새로운 데이터셋(work.class)을 생성하여라.

(1) height 변수의 단위는 인치(in)이므로 이를 cm로 환산한 값을 height_cm 변수로 추가 생성하여라(단, 1inch=2.54cm).

(2) weight 변수의 단위는 파운드(lb)이므로 이를 kg으로 환산한 값을 weight_kg 변수로 추가 생성하여라(단, 1lb=0.4536kg).

제 7 장

데이터 가공 및 처리

제3장에서는 MEANS, UNIVARIATE, FREQ 등의 데이터셋에 있는 정보를 요약하고 그 내용을 표현하는 몇 가지 기본적인 프로시저들의 사용법을 다루었다. 이러한 프로시저들은 SAS 작업수행의 어느 위치에서도 이미 생성된 SAS 데이터셋에 대해 적용할 수 있는데, PROC 명령문을 통해 호출하고자 하는 프로시저 이름과 처리대상이 되는 SAS 데이터셋을 지정하여 사용된다. 이 장에서는 데이터의 가공 및 처리와 관련하여 BASE SAS 소프트웨어에 포함되어 있는 중요한 몇 가지 프로시저의 사용방법에 대해서 설명할 것이다.

7.1 OUT 데이터셋의 이용

대부분의 SAS 프로시저는 계산된 그의 수행 결과에서 얻어지는 정보들로 구성되는 새로운 SAS 데이터셋을 생성하는 기능을 가지고 있다. 예를 들어, <예 7.1>은 **MEANS 프로시저**에 의해서 CLASS 변수 sex와 dept의 자룟값에 따른 변수 age, height, weight의 평균을 계산하고, **OUTPUT 명령문**에 의해 이 평균값들로 구성된 새로운 데이터셋 mean_out을 생성하고 있다.

예 7.1 OUTPUT 명령문의 사용

```
PROC MEANS DATA=mysas.htwt NOPRINT;
   CLASS gender dept;
   VAR age height weight;
   OUTPUT OUT=mysas.htwt_m MEAN=;
RUN;
```

	gender	dept	_TYPE_	_FREQ_	age	height	weight
1			0	10	20.6	166.3	60.5
2		Econ	1	3	20	165	61
3		Math	1	3	21	162.33333333	56
4		Stat	1	4	20.75	170.25	63.5
5	F		2	5	18.8	162.4	56.4
6	M		2	5	22.4	170.2	64.6
7	F	Econ	3	1	21	160	59
8	F	Math	3	2	17.5	155	53
9	F	Stat	3	2	19	171	58.5
10	M	Econ	3	2	19.5	167.5	62
11	M	Math	3	1	28	177	62
12	M	Stat	3	2	22.5	169.5	68.5

여기서 새로운 데이터셋의 이름은 **OUT= 옵션**으로 지정하며, 저장하고자 하는 통계량을 **statistic-keyword=** 형태로 지정하면 된다(UNIVARIATE 또는 SUMMARY 프로시저에서도 이와 동일하다). 이 예의 결과에는 전체 데이터셋에 대한 평균값, 변수 dept의 각 자룟값에 따른 평균값, 변수 gender의 각 자룟값에 따른 평균값, 변수 gender와 dept의 조합에 따른 평균값들이 차례로 저장되어 있는데, 만약 다음과 같이 **NWAY 옵션**을 추가로 사용하면

```
PROC MEANS DATA=examdat.htwt NOPRINT NWAY;
```

자동변수 _TYPE_이 3인 6개의 데이터만 데이터셋으로 저장된다. 여기서 **NOPRINT 옵션**은 MEANS 프로시저의 결과를 OUTPUT 윈도우에 따로 출력하지 않도록 지정하는 것이다.

예 7.2 새로운 변수 이름의 지정

```
PROC MEANS DATA=mysas.htwt NOPRINT;
   CLASS gender dept;
   VAR age height weight;
   OUTPUT OUT=mysas.htwt_m1
         MEAN(age height weight)=mean_a mean_h mean_w
         SUM(age height weight)=sum_a sum_h sum_w;
RUN;
```

	gender	dept	_TYPE_	_FREQ_	mean_a	mean_h	mean_w	sum_a	sum_h	sum_w
1			0	10	20,6	166,3	60,5	206	1663	605
2		Econ	1	3	20	165	61	60	495	183
3		Math	1	3	21	162,33	56	63	487	168
4		Stat	1	4	20,75	170,25	63,5	83	681	254
5	F		2	5	18,8	162,4	56,4	94	812	282
6	M		2	5	22,4	170,2	64,6	112	851	323
7	F	Econ	3	1	21	160	59	21	160	59
8	F	Math	3	2	17,5	155	53	35	310	106
9	F	Stat	3	2	19	171	58,5	38	342	117
10	M	Econ	3	2	19,5	167,5	62	39	335	124
11	M	Math	3	1	28	177	62	28	177	62
12	M	Stat	3	2	22,5	169,5	68,5	45	339	137

한편 각 통계량을 새로운 변수 이름으로 저장하고자 하는 경우에는 <예 7.2>에서와 같이 VAR 명령문에 지정된 변수 이름과 새로운 변수 이름이 대응하도록 지정하면 된다. 이 예에서는 VAR 명령문에 있는 변수 age, height, weight의 평균값(MEAN)은 각각 변수 mean_a, mean_h, mean_w에, 총합(SUM)은 변수 sum_a, sum_h, sum_w로 데이터셋 mean_out에 저장된다.

예 7.3 SUMMARY 프로시저의 사용

```
PROC SUMMARY DATA=mysas.htwt NWAY;
   CLASS dept;
   VAR height weight;
   OUTPUT OUT=height_m MEAN(height weight)=mean_h mean_w;
RUN

PROC SORT DATA=mysas.htwt;
   BY dept;
RUN;

DATA mysas.htwt_r;
   MERGE mysas.htwt height_m(DROP=_TYPE_ _FREQ_);
       BY dept;
       ratio_h=(height/mean_h)*100
       diff_w=weight-mean_w;
RUN;
```

<Data-set: work.height_m>

	dept	_TYPE_	_FREQ_	mean_h	mean_w
1	Econ	1	3	165	61
2	Math	1	3	162.33333333	56
3	Stat	1	4	170.25	63.5

<Data-set: mysas.htwt_r>

	name	gender	dept	age	height	weight	mean_h	mean_w	ratio_h	diff_w
1	박지수	F	Econ	21	160	59	165	61	97	-2
2	이상호	M	Econ	19	170	71	165	61	103	10
3	박흥식	M	Econ	20	165	53	165	61	100	-8
4	이영희	F	Math	19	160	58	162.3	56	98.6	2
5	최병호	M	Math	28	177	62	162.3	56	109	6
6	김미숙	F	Math	16	150	48	162.3	56	92.4	-8
7	김철수	M	Stat	25	170	67	170.3	63.5	99.9	3.5
8	강민호	M	Stat	20	169	70	170.3	63.5	99.3	6.5
9	장순미	F	Stat	22	173	60	170.3	63.5	102	-3.5
10	유은영	F	Stat	16	169	57	170.3	63.5	99.3	-6.5

MEANS 프로시저와 거의 유사한 기능을 가지고 있는 것으로 **SUMMARY 프로시저**가 있는데, 이는 주로 계산된 기술통계량들에 의해 새로운 데이터셋을 생성하기 위해서 사용된다(MEANS 프로시저와는 반대로 SUMMARY 프로시저에서는 PRINT 옵션을 사용하지 않으면 결과를 출력하지 않는다).

<예 7.3>에서는 앞에서 배웠던 여러 가지 기능들을 이용하여 데이터를 처리하는 하나의 예를 보여주고 있다. 먼저, SUMMARY 프로시저를 통해 변수 height와 weight의 학과별 평균을 구하여 이를 데이터셋 work.height_m에 저장하였고(이때 두 평균의 변수 이름은 height_m과 weight_m으로 하였다), SORT 프로시저를 통해 데이터셋 mysas.htwt를 학과 순으로 정렬한 후 데이터셋 work.height_m과 대응 가로결합하였으며, height의 학과 평균과의 비율을 나타내는 변수 ratio_h와 weight의 학과 평균과의 차이를 나타내는 변수 diff_wf를 생성하였다.

7.2 순위의 계산

RANK 프로시저

RANK 프로시저는 하나 또는 그 이상의 숫자변수에 대한 순위(rank)를 얻거나, 원래변수의 값들 대신 이들 순위를 포함하는 새로운 SAS 데이터셋을 생성하고자 할 때 사용된다.

RANK Procedure의 일반적 사용형식

PROC RANK DATA=*SAS-data-set options;*
    BY *variables;*
    VAR *variables;*
    RANKS *new-variables;*
RUN;

예 7.4 RANK 프로시저의 사용

```
PROC RANK DATA=mysas.htwt OUT=rank_hw TIES=LOW;
   VAR age height weight;
RUN;
```

예 7.4 RANK 프로시저의 사용(계속)

	name	gender	dept	age	height	weight
1	박지수	F	Econ	7	2	5
2	이상호	M	Econ	3	7	10
3	박흥식	M	Econ	5	4	2
4	이영희	F	Math	3	2	4
5	최병호	M	Math	10	10	7
6	김미숙	F	Math	1	1	1
7	김철수	M	Stat	9	7	8
8	강민호	M	Stat	5	5	9
9	장순미	F	Stat	8	9	6
10	유은영	F	Stat	1	5	3

<예 7.4>에서 **OUT= 옵션**은 계산된 순위들을 저장할 새로운 데이터셋 이름을 지정하는 것으로, 만약 이 옵션을 생략하면 기존의 데이터셋이 이 프로시저의 수행결과로 얻어지는 데이터셋으로 대체되게 된다.

여기서 **TIES= 옵션**은 둘 이상의 개체가 같은 순위를 가질 때 그 개체들에 순위를 주는 기준을 지정하는 것인데, MEAN(순위들의 평균), HIGH(순위들 중 높은 값), LOW(순위들 중 낮은 값) 중에서 어느 하나를 선택하여 사용할 수 있다. 또한 RANK 프로시저에 다음과 같이 **DESCENDING 옵션**을 사용하면 가장 큰 값을 가지는 개체로부터 시작하여 순위 1, 2, …를 가지도록 할 수 있다.

```
PROC RANK DATA=mysas.htwt OUT=rank_hw DESCENDING;
```

예 7.5 RANKS 명령문에 의한 새로운 변수 이름의 지정

```
PROC RANK DATA=mysas.htwt OUT=rank_hw TIES=LOW;
   VAR age height weight;
   RANKS r_age r_height r_weight;
RUN;
```

	name	gender	dept	age	height	weight	r_age	r_height	r_weight
1	박지수	F	Econ	21	160	59	7	2	5
2	이상호	M	Econ	19	170	71	3	7	10
3	박흥식	M	Econ	20	165	53	5	4	2
4	이영희	F	Math	19	160	58	3	2	4
5	최병호	M	Math	28	177	62	10	10	7
6	김미숙	F	Math	16	150	48	1	1	1
7	김철수	M	Stat	25	170	67	9	7	8
8	강민호	M	Stat	20	169	70	5	5	9
9	장순미	F	Stat	22	173	60	8	9	6
10	유은영	F	Stat	16	169	57	1	5	3

한편 RANK 프로시저를 사용할 때 기존의 변수를 그대로 유지한 상태에서 새로운 순위변수들을 생성하고자 할 때는 <예 7.5>에서와 같이 **RANKS 명령문**을 사용하여 새로운 변수 이름을 지정해 주면 된다. 이 예에서는 VAR 명령문에 있는 기존의 변수 age, height, weight에는 원래의 자룟값이, RANKS 명령문에 있는 r_age, r_height, r_weight에는 각각 age, height, weight의 순윗값이 저장된다.

순위 대신 백분위수, 십분위수, 사분위수 등과 같이 전체 자료를 g등분하였을 때의 등윗값을 구하고자 하는 경우가 있는데, 이 때는 다음과 같이 **GROUP=*g* 옵션**을 사용하여 그룹의 개수를 지정하면 된다.

```
PROC RANK DATA=mysas.htwt OUT=rank_hw GROUP=4;
```

7.3 표준화

STANDARD 프로시저

STANDARD 프로시저는 숫자변수들의 전부 또는 일부를 주어진 평균값과 표준편차를 이용하여 표준화시키고, 그 표준화된 값들을 포함하는 새로운 데이터셋을 생성할 때 사용된다. 이때 원 자룟값(x)과 표준화 자룟값(z)의 관계는 다음과 같다.

$$z = \frac{(x - \bar{x})}{s_x} \times b + a$$

여기서 $\bar{x}$와 s_x는 원 자룟값의 평균과 표준편차이다. 또한 a와 b는 표준화 자룟값의 평균과 표준편차로서 PROC STANDARD 명령문에 **MEAN=**과 **STD= 옵션**으로 지정해 주면 된다.

STANDARD Procedure의 일반적 사용형식

PROC STANDARD DATA=*SAS-data-set options*;
  BY *variables*;
  FREQ *variable*;
  VAR *variables*;
  WEIGHT *variable*;
RUN;

<예 7.6>에서 MEAN=0과 STD=1은 새로운 변수들의 평균이 0, 표준편차가 1이 되도록 표준화할 것을 지정한 것이다(즉, $z=(x-\overline{x})/s_x$).

예 7.6 STANDARD 프로시저의 사용

```
PROC STANDARD DATA=mysas.htwt OUT=stand_hw MEAN=0 STD=1;
   VAR height weight;
RUN;
```

	name	gender	dept	age	height	weight
1	박지수	F	Econ	21	-0.807294332	-0.205717644
2	이상호	M	Econ	19	0.4741252424	1.4400235108
3	박홍식	M	Econ	20	-0.166584545	-1.028588222
4	이영희	F	Math	19	-0.807294332	-0.342862741
5	최병호	M	Math	28	1.3711189442	0.2057176444
6	김미숙	F	Math	16	-2.088713906	-1.714313703
7	김철수	M	Stat	25	0.4741252424	0.8914431257
8	강민호	M	Stat	20	0.345983285	1.3028784145
9	장순미	F	Stat	22	0.8585511146	-0.068572548
10	유은영	F	Stat	16	0.345983285	-0.480007837

RANK, STANDARD 등의 프로시저를 사용할 때 주의해야 할 사항은 **OUT= 옵션**을 사용하지 않으면 새로운 자룟값으로 기존의 데이터셋을 대체한다는 점이다.

한편 다음과 같이 **REPLACE 옵션**을 사용하면 결측값에 대해서 그 변수의 평균값으로 대치된다. 만약 REPLACE 옵션과 MEAN= 옵션을 함께 사용하면 결측값은 이 옵션에 주어진 값으로 대치된다.

예 7.7 REPLACE 옵션의 사용

```
PROC STANDARD DATA=mysas.htwt OUT=stand_hw REPLACE;
   VAR height weight;
RUN;
```

7.4 데이터셋의 정렬
SORT 프로시저

앞에서 설명한 바와 같이 데이터 단계나 프로시저 단계에서 **BY 명령문**을 사용하기 위해서는 사용할 데이터셋들이 BY 변수에 의해서 정렬(sort)되어 있어야 한다. 이와 같은 경우 이외에도 특정 변수들이 가지는 값의 순서에 따라 데이터를 정렬해야 할 필요가 종종 있게 되는데, **SORT 프로시저**는 하나 또는 그 이상의 BY 변수에 의해서 데이터셋을 정렬하기 위해서 사용된다.

SORT Procedure의 일반적 사용형식

PROC SORT DATA=*SAS-data-set* OUT=*SAS-data-set* *options*;
BY *variables*;
RUN;

예 7.8 SORT 프로시저의 사용

```
PROC SORT DATA=mysas.htwt OUT=new_htwt;
   BY age;
RUN;
```

	name	gender	dept	age	height	weight
1	김미숙	F	Math	16	150	48
2	유은영	F	Stat	16	169	57
3	이상호	M	Econ	19	170	71
4	이영희	F	Math	19	160	58
5	박흥식	M	Econ	20	165	53
6	강민호	M	Stat	20	169	70
7	박지수	F	Econ	21	160	59
8	장순미	F	Stat	22	173	60
9	김철수	M	Stat	25	170	67
10	최병호	M	Math	28	177	62

예를 들어, <예 7.8>과 같이 프로그램을 작성하면 나이(age)가 작은 값에서부터 큰 값순(올림차순)으로 데이터셋 htwt에 있는 개체들을 정렬한다. 이때 **OUT= 옵션**은 정렬한 데이터를 새로운 이름의 데이터셋으로 저장하고자 할 때 사용되는데, 이 경우 기존의 데이터셋은 변화되지 않고 유지된다. 만약 OUT= 옵션이 사용되지 않으면 기존의 데이터셋을 정렬된 데이터셋으로 대체한다.

예 7.9 DESCENDING 옵션의 사용

```
PROC SORT DATA=mysas.htwt OUT=new_htwt;
   BY dept DESCENDING height;
RUN;
```

---

	name	gender	dept	age	height	weight
1	이상호	M	Econ	19	170	71
2	박흥식	M	Econ	20	165	53
3	박지수	F	Econ	21	160	59
4	최병호	M	Math	28	177	62
5	이영희	F	Math	19	160	58
6	김미숙	F	Math	16	150	48
7	장순미	F	Stat	22	173	60
8	김철수	M	Stat	25	170	67
9	강민호	M	Stat	20	169	70
10	유은영	F	Stat	16	169	57

<예 7.9>에서와 같이 특정 변수에 **DESCENDING 옵션**을 사용할 수도 있는데, 이 옵션을 사용하면 해당 변수(height)에 대해서는 통상적인 올림차순 대신 내림차순으로 정렬한다. 이 예에서는 결과에서 볼 수 있듯이 먼저 변수 dept의 자룟값에 대해서 올림차순으로 정렬한 후에 동일한 dept 내에서 변수 height의 내림차순으로 정렬된다. 이와 같이 정렬된 데이터셋은 OUT= 옵션에 따라 new_htwt라는 SAS 데이터셋에 저장된다.

SORT 프로시저는 데이터를 정렬하여 데이터셋에 저장할 뿐이므로 정렬상태를 확인하기 위해서는 PRINT 프로시저나 VIEWTABLE 윈도우를 이용해야 한다.

한편 다음과 같이 **NODUPKEY 옵션**을 사용하면 데이터를 정렬한 후에 데이터셋 내의 BY 변수들에 대해서 자룟값이 동일한 개체가 있을 경우 중복되는 개체를 제거하고(no duplicate key) 저장할 수 있다(즉, BY 변수들의 값이 모두 같은 경우 하나의 개체만을 남긴다).

```
PROC SORT DATA=data-set OUT=data-set NODUPKEY;
   BY variables;
RUN;
```

또한, **NODUPRECS 옵션**을 사용하면 데이터셋 내의 모든 변수들에 대해서 자룟값이 동일한 개체가 있을 경우 이런 중복되는 개체를 제거하고(no duplicate records) 저장할 수 있다(즉, 모든 변수들의 값이 동일한 경우 하나의 개체만을 남긴다).

7.5 데이터셋의 출력
PRINT 프로시저

지금까지 여러 번 사용된 바 있는 **PRINT 프로시저**는 특정 데이터셋을 출력(Results Viewer) 윈도우에 출력할 때 사용된다.

PRINT Procedure의 일반적 사용형식

PROC PRINT DATA=*SAS-data-set options*;
  BY *variables*;
  PAGEBY *variables*;
  SUM *variables*;
  SUMBY *variables*;
  VAR *variables*;
RUN;

- **BY**: BY 변수의 각 수준별로 데이터셋의 내용을 나누어 출력한다.
- **PAGEBY**: 지정된 PAGEBY 변수나 앞에서 지정된 BY 변수의 값이 변화할 때마다 새로운 페이지에 출력할 것을 지정한다.
- **SUM**: 지정된 변수들의 합을 출력한다.
- **SUMBY**: 지정된 SUMBY 변수나 앞에서 지정된 BY 변수의 값이 변화할 때마다 그 변수의 합을 출력한다.
- **VAR**: 지정된 변수들만 출력한다.

예 7.10 PRINT 프로시저의 사용

```
PROC SORT data=mysas.htwt;
   BY dept;
RUN;

PROC PRINT DATA=mysas.htwt LABEL;
   LABEL name='이름' gender='성별' age='나이'
         height='키(cm)' weight='몸무게(kg)';
   BY dept;
```

예 7.10 PRINT 프로시저의 사용(계속)

```
   SUM height weight;
RUN;
```

학과=Econ

OBS	이름	성별	나이	키(cm)	몸무게(kg)
1	박지수	F	21	160	59
2	이상호	M	19	170	71
3	박흥식	M	20	165	53
dept				495	183

학과=Math

OBS	이름	성별	나이	키(cm)	몸무게(kg)
4	이영희	F	19	160	58
5	김미숙	F	16	150	48
6	최병호	M	28	177	62
dept				487	168

학과=Stat

OBS	이름	성별	나이	키(cm)	몸무게(kg)
7	장순미	F	22	173	60
8	유은영	F	16	169	57
9	김철수	M	25	170	67
10	강민호	M	20	169	70
dept				681	254
				1663	605

한편 <예 7.10>에서 사용된 LABEL과 같이 PRINT 프로시저에는 여러 가지 옵션을 추가로 사용할 수 있는데, 주요 옵션 몇 가지를 설명하면 다음과 같다.

- N: 개체의 수를 출력한다. BY 명령문이 있을 경우에는 BY 변수의 각 수준별 개체의 수도 출력된다.
- UNIFORM: 각 변수의 값들을 모든 페이지에서 동일한 열(column)에 출력한다. 만약 이 옵션을 사용하지 않으면 각 페이지에 가능한 많은 변수와 개체들을 출력하기 때문에

각 페이지에 출력되는 변수의 열이 다를 수 있다.

- **ROUND**: FORMAT 명령문에서 지정된 소수점 자릿수까지 반올림된다. 만약 FORMAT 문이 없는 경우 디폴트로서 소수점 이하 두 자리까지 인쇄된다. 이 옵션을 사용하면 SUM 또는 SUMBY 명령문에 지정된 변수들의 합을 계산하기 전에 반올림된다.
- **LABEL**: 레이블이 붙여져 있는 변수들은 변수 이름 대신에 레이블을 출력한다. 이때 BY 변수에 대한 각 수준별 레이블은 출력되지만, SUM 명령문에 대한 것은 출력되지 않는다.

7.6 사용자 출력포맷의 작성

FORMAT 프로시저

앞의 3.5절과 4.4절 등에서 SAS에 내장되어 있는 **출력포맷**을 사용하는 것에 대해서 설명한 바 있다. 한편 사용자가 특별한 출력포맷을 스스로 작성하여 사용하면 이 후 프로시저들의 수행에 의한 출력결과를 보다 보기 좋게 만들 수가 있다. 이 절에서는 **FORMAT 프로시저**를 이용하여 사용자 출력포맷을 작성하고, 데이터 단계나 프로시저 단계에서 이를 이용하는 방법에 대해서 설명할 것이다.

FORMAT Procedure의 일반적 사용형식

```
PROC FORMAT options;
    VALUE <$>name <(format-options)> value-range-sets;
RUN;
```

예 7.11 FORMAT 프로시저의 사용

```
PROC FORMAT;
   VALUE $jobname 'A' = '전문직'
                  'B' = '사무직'
                  'C' = '일용직';
```

예 7.11 FORMAT 프로시저의 사용(계속)

```
   VALUE agegroup low -< 30   = '30미만'
                  30  -< 40   = '30<=,<40'
                  40  -  high = '40이상';
   VALUE prefer   1 = '매우좋아함'
                  2 = '좋아함'
                  3 = '싫어함'
                  4 = '매우싫어함';
RUN;

DATA mysas.prefer;
   INPUT job $ age coffee drink @@;
   LABEL job='직업';
   FORMAT job $jobname. age agegroup.;
CARDS;
A 45 1 4 A 39 1 3 A 56 1 3 B 33 2 3 B 42 3 2
B 28 3 3 B 37 2 2 C 52 4 1 C 21 3 1 C 37 4 2
;
RUN;

PROC FREQ DATA=mysas.prefer;
   FORMAT coffee drink prefer.;
   TABLES job*coffee / NOROW NOCOL NOPERCENT;
RUN;
```

FREQ 프로시저

빈도

테이블 job * coffee					
	coffee				
job(직업)	매우좋아함	좋아함	싫어함	매우싫어함	합계
전문직	3	0	0	0	3
사무직	0	2	2	0	4
일용직	0	0	1	2	3
합계	3	2	3	2	10

<예 7.11>은 FORMAT 프로시저의 **VALUE 명령문**을 사용하여 세 개의 사용자 출력포맷을 생성하는 프로그램의 예이다. 예를 들어, 포맷 $jobname.은 어떤 문자형 변수의 값이 A이면 '관리직', B이면 '사무직', C이면 '일용직'으로 각각 표현하도록 지정한 것으로, 이와 같이 **문자형 포맷**에는 $ 기호를 붙여주어야 한다. 사실 이와 같은 사용자 포맷은 특정 데이터셋과는 아무런 관계가 없는 것으로, 생성된 포맷들은 어떤 데이터셋의 어떤 변수에도 사용할 수가 있다.

포맷을 생성한 다음에 특정 변수에 대해서 이를 이용하기 위해서는 SAS 내장 포맷과 마찬가지로 데이터 단계나 프로시저 단계에서 해당 변수에 포맷을 지정해 주면 된다. <예 7.11>에서 변수 job과 age에는 데이터 단계에서 포맷을 지정하였는데, 이와 같이 지정하면 이들 변수에는 각각의 사용자 포맷이 계속 붙어 있게 되기 때문에 이 데이터셋을 사용하는 모든 작업에 영향을 준다. 그러나 3.5절에서 설명한 바와 같이 프로시저 단계에서 지정된 포맷은 해당 프로시저를 수행하는 동안에만 영향을 준다.

이와 같은 사용자 포맷을 이용하면 자룟값 자체를 변경시키지 않고도 각 변수의 자룟값을 적절히 바꾸어 표현할 수 있기 때문에 분석결과의 출력이나 보고서 작성 등에 매우 효율적으로 사용할 수 있다.

한편 <예 7.11>에서와 같이 FORMAT 프로시저를 사용할 때 라이브러리와 카탈로그 이름을 지정하지 않으면, 생성된 포맷들은 임시 라이브러리인 WORK 라이브러리에 FORMATS 라는 **카탈로그**(catalog) 파일로 저장되기 때문에 SAS를 종료하면 이 포맷들이 모두 제거되어 버린다. 따라서 추후에 SAS를 구동하여 사용자 포맷이 지정되어 있는 emysas.prefer 데이터셋을 사용하기 위해서는 <예 7.11>의 FORMAT 프로시저 프로그램을 매번 다시 수행해 주어야 한다. 이와 같은 임시 포맷 카탈로그의 문제를 해결하기 위해서는 다음과 같이 FORMAT 프로시저에서 라이브러리와 카탈로그 이름을 명시하여 영구(permanent) 포맷 카탈로그 파일을 만들어 사용하면 된다.[1)] 이때 라이브러리만 지정하고 카탈로그 이름을 지정하지 않으면 카탈로그 이름은 자동적으로 FORMATS가 된다.

예 7.12 포맷 카탈로그 생성

```
PROC FORMAT LIBRARY=mysas.prefer_format;
...
RUN;
```

1) SAS 카탈로그 파일은 Version에 따라 .sas7bcat, .SC2와 같은 확장자를 갖는다.

이와 같이 하면 mysas 라이브러리 내에 prefer_format이라는 카탈로그 파일이 생성되므로 언제든지 이 카탈로그 파일 안의 사용자 포맷들을 연결하여 사용할 수 있다. 물론 SAS 데이터셋 파일과 마찬가지로 이러한 카탈로그 파일도 물리적인 파일이므로 디스크 상에서 복사, 이동, 제거 등이 가능하다(SAS 데이터셋과 그에 대응하는 포맷 카탈로그 파일은 같은 라이브러리(폴더) 내에 두는 것이 좋다).

이와 같은 영구 카탈로그 파일을 이용하기 위해서는 포맷이 지정되어 있는 데이터셋을 사용하기 전에 다음과 같이 **OPTIONS 명령문**의 **FMTSEARCH 옵션**에 의해서 사용할 카탈로그 파일을 지정해 주어야 한다.

```
OPTIONS FMTSEARCH=(mysas.prefer_format);
```

여기서 FMTSEARCH는 사용할 포맷 카탈로그 파일의 위치를 지정하는 옵션으로, 디폴트는 FMTSEARCH=(WORK.FORMATS SASUSER.FORMATS)로 지정되어 있다. 이 FMTSEARCH 옵션을 사용할 때 다음과 같이 여러 개의 카탈로그 파일을 함께 지정하여 사용하는 것도 가능하다.

```
OPTIONS FMTSEARCH=(WORK SASUSER mysas.prefer_format);
```

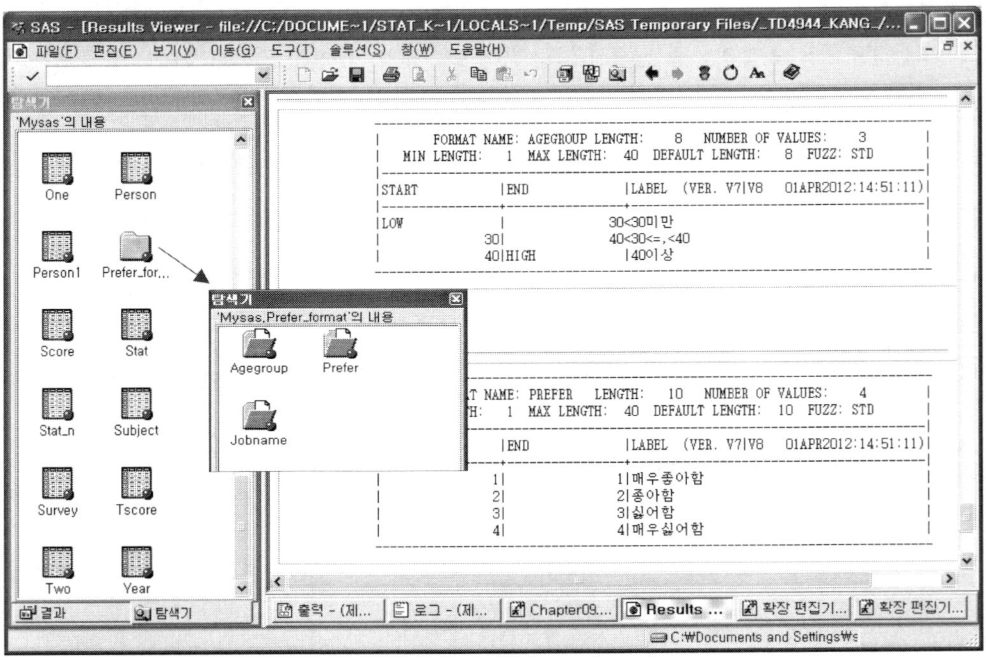

〈그림 7.1〉 포맷 카탈로그의 탐색

7.7 개체와 변수의 자리바꿈
TRANSPOSE 프로시저

TRANSPOSE 프로시저는 한 데이터셋에 있는 개체를 변수로 그리고 변수를 개체로 바꾸어 놓은 새로운 SAS 데이터셋을 생성하기 위해서 사용된다.

TRANSPOSE Procedure의 일반적 사용형식

PROC TRANSPOSE DATA=*SAS-data-set options*;
  BY *variables*;
  COPY *variables*;
  ID *variable*;
  IDLABEL *variable*;
  VAR *variables*;
RUN;

예 7.13 TRANSPOSE 프로시저의 사용

```
DATA mysas.trans;
   INPUT a1-a3 b $;
CARDS;
1 2 3 a
4 5 6 b
7 8 9 c
;
RUN;

PROC TRANSPOSE DATA=mysas.trans OUT=mysas.pose;
   ID b;
   VAR a1-a3;
RUN;
```

	a1	a2	a3	b
1	1	2	3	a
2	4	5	6	b
3	7	8	9	c

→

	NAME	a	b	c
1	a1	1	4	7
2	a2	2	5	8
3	a3	3	6	9

<예 7.13>은 TRANSPOSE 프로시저의 간단한 사용 예를 보여주고 있는데, 이때 **ID 명령문**은 새로운 데이터셋에서 변수 이름으로 사용될 변수를 지정하는 것이다. 이 결과에서와 같이 기존 데이터셋의 변수 이름들은 새로운 데이터셋에 **_NAME_**이라는 자동변수의 자룟값으로 저장된다.

한편 <예 7.14>에서와 같이 **BY 명령문**을 사용하면 BY 변수들의 각 수준을 한 그룹으로 하여 개체와 변수의 위치를 바꾼다.

예 7.14 BY 명령문의 사용

```
DATA mysas.response;
   INPUT subject educat $ occup $ response;
CARDS;
1 high a 10
1 high b 20
1 high c 30
1 coll a 40
1 coll c 50
2 high a 11
2 high b 21
2 high c 31
2 coll a 12
2 coll b 22
;
RUN;

PROC SORT DATA=mysas.response;
   BY subject educat;
RUN;

PROC TRANSPOSE DATA=mysas.response OUT=mysas.res_new(DROP=_NAME_);
   ID occup;
   VAR response;
   BY subject educat;
RUN;
--------------------------------------------------------------------------------
```

예 7.14 BY 명령문의 사용(계속)

	subject	educat	occup	response
1	1	coll	a	40
2	1	coll	c	50
3	1	high	a	10
4	1	high	b	20
5	1	high	c	30
6	2	coll	a	12
7	2	coll	b	22
8	2	high	a	11
9	2	high	b	21
10	2	high	c	31

→

	subject	educat	a	c	b
1	1	coll	40	50	.
2	1	high	10	30	20
3	2	coll	12	.	22
4	2	high	11	31	21

7.8 데이터셋의 관리

DATASETS 프로시저

DATASETS 프로시저는 APPEND(데이터의 추가), CONTENTS(데이터셋의 내용보기), COPY(데이터셋의 복사) 등 기존에 있던 몇 가지 프로시저의 기능을 포함하고 있을 뿐 아니라(이들 프로시저는 독립적인 프로시저로 여전히 사용 가능하다), SAS 데이터셋나 카탈로그 파일의 이름을 바꾸거나 제거하고, 라이브러리의 내용을 보는 등과 같이 SAS 파일에 대한 전반적인 관리를 해 주는 프로시저이다. 이 절에서는 DATASETS 프로시저의 몇 가지 중요한 기능에 대해서 간단히 살펴볼 것이다.

(1) APPEND 명령문

이 명령문은 기본(base) 데이터셋에 새로운 데이터셋의 개체들을 추가하고자 할 때 사용된다. <예 7.15>는 라이브러리 examdat의 female 데이터셋에 male 데이터셋의 개체를 추가하는(append) 예를 보여주고 있다. 여기서 **NOLIST 옵션**은 라이브러리의 구조를 따로 출력하지 않도록 지정하는 것이며, 이에 반해 <예 7.16>의 **DETAILS 옵션**은 라이브러리에 관한 상세 내용을 LOG 윈도우에 출력하도록 하는 것이다. 한편 <예 7.15>의 APPEND 명령문에 사용된 **FORCE 옵션**은 기본 데이터셋(examdat.female)에 존재하는 변수들에 대해서만 개체를 추가하도록 지정하는 것이다.

예 7.15 APPEND 명령문의 사용

```
PROC DATASETS LIBRARY=mysas NOLIST;
   APPEND BASE=mysas.female DATA=mysas.male FORCE;
RUN;
```

	name	sex	mid	final
1	이영희	F	15	10
2	박지수	F	20	.

\+

	name	sex	mid	final	pre
1	김철수	M	10	40	30
2	강민호	M	50	15	45

→

	name	sex	mid	final
1	이영희	F	15	10
2	박지수	F	20	.
3	김철수	M	10	40
4	강민호	M	50	15

(2) CONTENTS 명령문

이 명령문은 데이터셋이 생성된 날짜와 시간, 개체와 변수의 개수, 변수의 이름 및 형태 등과 같이 데이터셋에 관한 전반적인 내용을 출력하는 기능을 가지고 있다. APPEND나 CONTENTS 명령문은 <예 7.16>에서와 같이 프로시저 형태로 사용할 수도 있다.

<예 7.16>의 결과는 데이터셋이 생성되거나 수정된 날짜, 개체 및 변수의 수, 변수의 이름 및 형태(type) 등 데이터셋에 관한 전반적인 사항을 보여주고 있다. 이와 같은 사항은 **OUT= 옵션**에 의해 SAS 데이터셋으로 저장하여 사용할 수도 있다.

예 7.16 CONTENTS 명령문의 사용

```
PROC DATASETS LIBRARY=mysas NOLIST;
   CONTENTS DATA=mysas.htwt OUT=contout;
RUN;

PROC CONTENTS DATA=mysas.htwt OUT=contout;
RUN;
```

예 7.16 CONTENTS 명령문의 사용(계속)

DATASETS 프로시저

데이터셋 이름	MYSAS.HTWT	관측값	10
멤버 유형	DATA	변수	6
엔진	V9	인덱스	0
생성일	2023.07.22 16:26:27	관측값 길이	48
마지막 수정일	2023.07.22 16:26:27	삭제된 관측값	0
보호		압축여부	아니요
데이터셋 유형		정렬	예
레이블			
데이터 표현	WINDOWS_64		
인코딩	euc-kr Korean (EUC)		

엔진/호스트 관련 정보	
데이터셋 페이지 크기	4096
데이터셋 페이지 번호	1
첫 번째 데이터 페이지	1
페이지 당 최대 관측값 수	84
첫 번째 데이터 페이지의 관측값 수	10
데이터셋 수리의 번호	0
ExtendObsCounter	YES
파일 이름	H:₩Temp₩htwt.sas7bdat
생성된 릴리즈	9.0401M6
생성된 호스트	X64_10PRO
소유자 이름	₩Everyone
파일 크기	8KB
파일 크기 (바이트)	8192

변수와 속성 리스트(오름차순)

#	변수	유형	길이	레이블
4	age	숫자	8	나이
3	dept	문자	8	학과
2	gender	문자	8	성별
5	height	숫자	8	키
1	name	문자	8	이름
6	weight	숫자	8	몸무게

정렬 정보	
정렬 기준	dept
검증됨	예
문자 집합	ANSI

(3) COPY 명령문

이 명령문은 데이터셋 또는 카탈로그 파일 등을 복사하는 기능을 가지고 있다. 이 명령문은 <예 7.17>에서와 같이 보통 **SELECT 명령문** 또는 **EXCLUDE 명령문**과 함께 사용되며, **MEMTYPE= 옵션**에 의해 복사할 SAS 파일의 형태를 지정할 수 있다(예를 들어, MEMTYPE=DATA는 데이터셋, MEMTYPE=CATALOG는 카탈로그만을 복사하도록 지정한다). COPY 명령문에서 MEMTYPE=의 디폴트는 MEMTYPE=ALL이다(즉, 모든 형태의 SAS 파일을 복사한다). 또한 COPY 명령문에 **MOVE 옵션**을 사용하면 해당 파일들을 새로운 라이브러리로 이동하게 할 수 있다.

예 7.17 COPY 명령문의 사용

```
OPTIONS PAGESIZE=40 LINESIZE=132 NODATE PAGENO=1 SOURCE;

PROC DATASETS LIBRARY=health DETAILS;
   COPY OUT=dest1 MOVE MEMTYPE=CATALOG;
      SELECT etest1-etest5;
   COPY OUT=dest2;
      EXCLUDE d: mlscl oxygen source test2 vision weight;
   DELETE tension a2(MT=catalog);
   CHANGE a1=postdrug;
   EXCHANGE weight=bodyfat;
RUN;
```

<예 7.17>의 첫 번째 COPY 명령문은 health 라이브러리에 있는 SAS 파일들 중에서 **SELECT 명령문**에 의해서 지정된 다섯 개의 카탈로그 파일 etest1, etest2, …, etest5를 dest1 라이브러리로 이동하도록 하는 것이다. 또한 두 번째 COPY 명령문은 health 라이브러리에 있는 SAS 파일들 중에서 d로 시작하는 이름을 가지고 있지 않거나 **EXCLUDE 명령문**에 의해서 지정되어 있지 않은 모든 SAS 파일을 dest2 라이브러리에 복사하도록 하는 것이다. 한편 <예 7.17>에서 OPTIONS 명령문의 **SOURCE 옵션**은 LOG 윈도우에 프로그램의 수행과정을 출력하도록 지정하는 것이다.

APPEND, CONTENTS, COPY 명령문은 프로시저의 형태로도 사용할 수가 있는데, 예를 들어 다음과 같은 프로그램은 health 라이브러리의 SAS-데이터셋 중 bonus, budget, salary 데이터셋을 xptout이라는 라이브러리에 복사하도록 하는 것이다.

예 7.18 COPY 프로시저의 사용

```
PROC COPY IN=health OUT=xptout MEMTYPE=DATA;
   SELECT bonus budget salary;
RUN;
```

(4) DELETE 명령문

이 명령문은 데이터셋 또는 카탈로그 파일 등을 제거하는 기능을 가지고 있다(DELETE 명령문에서 MEMTYPE=의 디폴트는 MEMTYPE=DATA이다). <예 7.17>에서 DELETE 명령문은 health 라이브러리의 데이터셋 tension과 카탈로그 a2를 제거하도록 하는 것이다.

(5) CHANGE와 EXCHANGE 명령문

CHANGE와 EXCHANGE 명령문은 각각 데이터셋 또는 카탈로그 파일의 이름을 변경하거나(change) 서로 바꾸는(exchange) 기능을 가지고 있다.

(6) MODIFY 명령문

이 명령문은 앞에서 다룬 바 있는 RENAME, LABEL, FORMAT 명령문 등을 이용하여 SAS 파일의 속성을 바꾸는 기능을 가지고 있다. <예 7.19>는 데이터셋 oxygen의 변수 oxygen을 intake라는 이름으로 변경하고, 변수 intake에 'Intake Measurement'라는 레이블을 붙여주도록 프로그램을 작성한 것이다.

예 7.19 MODIFY 명령문의 사용

```
PROC DATASETS LIBRARY=health NOLIST;
   MODIFY oxygen;
      RENAME oxygen=intake;
      LABEL intake='Intake Measurement';
RUN;
```

7.9 출력결과 및 로그의 저장

PRINTTO 프로시저

제1장에서 설명한 바와 같이 일반적으로 SAS의 출력결과는 **출력 윈도우**에, 여러 가지 로그는 **로그 윈도우**에 출력된다. 그러나 연속적인 반복작업 등으로 인해 출력해야 할 결과가 매우 많거나 다른 이유로 인해 출력결과나 로그를 별도의 외부 파일로 저장하는 것이 좋을 때가 종종 있다. **PRINTTO 프로시저**는 출력 윈도우 또는 로그 윈도우의 내용을 외부 파일로 저장하고자 할 때 사용되며, 일반적인 사용형식은 다음과 같다.

PRINTTO Procedure의 일반적 사용형식

PROC PRINTTO *options*;
RUN;

- PRINT='*filename*' : 출력결과가 저장될 경로(폴더)와 파일 이름을 지정한다.
- LOG='*filename*' : 로그가 저장될 경로(폴더)와 파일 이름을 지정한다.
- NEW : 출력결과나 로그가 저장될 때 기존의 내용을 삭제하고 새로 저장되도록 지정한다. 이 옵션을 생략하면 기존의 내용에 새로운 내용이 추가된다.

예 7.20 PRINTTO 프로시저의 사용

```
PROC PRINTTO PRINT='c:\SAS_Programming\output.txt'
             LOG='c:\SAS_Programming\log.txt' NEW;
RUN;

PROC FREQ DATA=mysas.htwt;
   TABLES sex dept;
RUN;

PROC PRINTTO;
RUN;
```

<예 7.20>에서는 첫 번째 PRINTTO 프로시저에 의해서 지금부터 출력되는 출력결과 및 로그가 외부 파일로 저장되도록 하고 있다(즉, 출력결과는 'c:\SAS_Programming\output.txt'에, 로그는 'c:\SAS_Programming\log.txt'에 저장된다). 한편 PRINTTO 프로시저의 설정을 해제하여 출력 윈도우나 로그 윈도우에 정상적으로 출력되도록 하고자 한다면 <예 7.20>의 두 번째 PRINTTO 프로시저와 같이 아무런 옵션을 지정하지 않고 수행하면 된다.

7.10 ODS의 이용

HTML Output 작성

SAS에서는 **ODS(Output Delivery System)**라는 기능을 이용하여 출력결과를 HTML(Hypertext Markup Language) 등의 여러 가지 형식으로 저장할 수 있다.[2)]

예 7.21 ODS 명령문의 사용

```
ODS HTML BODY='c:\SAS_Programming\uni_body.html'
         CONTENTS='c:\SAS_Programming\uni_toc.html'
         PAGE='c:\SAS_Programming\uni_page.html'
         FRAME='c:\SAS_Programming\uni_all.html';

PROC UNIVARIATE DATA=mysas.htwt NORMAL PLOTS;
   VAR age height weight;
   HISTOGRAM age/NORMAL;
   PROBPLOT height weight/NORMAL;
   QQPLOT age/EXPONENTIAL;
   TITLE;
RUN;

ODS HTML CLOSE;
```

2) ODS의 일부 기능은 도구 메뉴를 이용해서 적용할 수도 있다. 제1장 <그림 1.3>의 "우선 설정" 대화상자에서 'HTML 생성(H)', 'ODS 그래프 사용(G)' 등에 체크되어 있음을 보아라.

<예 7.21>은 **ODS 명령문**을 이용하여 HTML 파일을 생성하는 프로그램의 예를 보여주고 있는데, 이와 같이 먼저 HTML 파일(BODY file)의 이름 및 기타 링크(link) 파일의 이름을 지정하고 프로시저를 수행하면 된다. 이와 같이 ODS 명령문에서는 HTML 파일의 이름을 경로를 포함하여 직접 지정할 수 있으므로 매우 유용하다. 한편 ODS에 의하여 HTML 파일을 생성하는 기능을 중지시키고 싶다면 <예 7.21>의 두 번째 ODS 명령문에서와 같이 **CLOSE 옵션**을 사용하면 된다.[3)]

제1장에서도 설명한 바와 같이 ODS 명령문을 이용하여 생성된 HTML 문서는 다른 워드프로세서에서 불러다 편집할 수도 있기 때문에 보고서 작성 등에 매우 편리하게 이용할 수 있다. 또한 ODS와 HTML의 구조 및 문법에 익숙한 사용자는 TEMPLATE 프로시저를 이용하여 특별한 HTML 템플릿(template) 또는 유형(style)을 만들어 사용할 수도 있으며, 풀다운 메뉴의 '**도구(T) → ODS Graphics Designer(D)**' 메뉴를 이용하여 ODS 그래프의 설정을 변경할 수도 있다(이러한 내용에 대하여는 SAS 도움말과 문서를 참조하기 바란다).

7.11 프로그램의 자동실행

AUTOEXEC 파일

SAS를 구동할 때마다 항상 동일한 작업을 반복해서 수행해 주어야 할 필요가 종종 있다. 이러한 경우에 **AUTOEXEC 파일**을 이용하면 매우 편리한데, AUTOEXEC 파일은 SAS가 구동될 때 제일 먼저 수행되어야 할 명령문 또는 프로시저 등을 저장해 두는 파일이다. 여기에는 편집기 윈도우에서 사용할 수 있는 모든 종류의 프로그램이 사용될 수 있는데, AUTOEXEC 파일은 특별한 지정이 없는 경우 SAS의 실행파일인 **SAS.EXE**가 설치되어 있는 폴더[4)] 안에 AUTOEXEC.SAS라는 이름으로 저장해 두면 된다.

3) 이것은 제1장 <그림 1.3>의 "우선 설정" 대화상자에서 'HTML 생성(H)'의 체크를 해제하는 것과 같다.

4) SAS 9.4의 경우 'c:\Program Files\SASHome\SASFoundation\9.4'.

예 7.22 AUTOEXEC.SAS 파일의 예

```
LIBNAME mysas 'c:\SAS_Programming\SAS_Data';

OPTIONS LINESIZE=80 PAGESIZE=55 NODATE
        FMTSEARCH=(WORK SASUSER mysas.myformat )
        FORMCHAR="|----|+|---+=|-/\<>*";
```

일반적으로 제2장의 LIBNAME 명령문에 의한 라이브러리 설정이나 3.5절과 7.6절에서 다룬 바 있는 OPTIONS 명령문에 의한 출력 및 시스템 설정에 관한 옵션들이 주로 이 AUTOEXEC 파일에 지정되어 사용되며, <예 7.22>는 이와 같은 명령문을 사용하여 작성된 AUTOEXEC.SAS 파일의 예이다. 즉, SAS를 구동할 때마다 제일 먼저 mysas라는 라이브러리를 생성하고, 특정한 몇 개의 시스템 옵션을 변경하도록 지정한 것이다.

7.12 연습문제

7-1 다음 데이터는 5명의 사람으로부터 설문문항들을 조사한 것으로, 첫 세 개의 열은 응답자의 id, 네 번째 열은 성별, 다섯 번째 열은 연령대, 나머지 열들에는 세 개의 설문문항이 각각 하나의 열로 기록되어 있는 데이터이다. 각각의 변수명은 id, gender, agegrp, item1, item2, item3라고 하자. 이때 item1, item2, item3 변수들의 합을 구한 다음 그 합이 큰 값에서부터 작은 값의 순으로 정렬한 결과를 저장한 새로운 데이터셋을 생성하여라.

```
001m1123
002f3452
003m2421
004f4531
005f4321
```

7-2 문제 7-1에서 만든 데이터셋에서 성별이 m인 경우만 출력하여라.

7-3 문제 7-1의 데이터에 대해서 다음 표와 같이 재표현하는 프로그램을 작성하여라.

a. 변수 gender에 대해 m=Male, f=Female.

b. 변수 agegrp에 대해 1=20세 이하, 2=21세 이상 40세 이하, 3=41세 이상 60세 이하, 4=60세 이상.

c. 변수 item1-item3에 대해 1=강한 부정, 2=부정, 3=그저 그러함, 4=긍정, 5=강한 긍정.

<힌트> FORMAT 프로시저를 사용하여 각 변수에 대해 사용자 출력포맷을 작성하고 데이터-단계에서 FORMAT 명령문으로 포맷을 지정할 것.

ID	GENDER	AGEGRP	ITEM1	ITEM2	ITEM3
1	남자	20세 이하	강한 부정	부정	그저 그러함
2	여자	41세 이상 60세 이하	긍정	강한 긍정	부정
3	남자	21세 이상 40세 이하	긍정	부정	강한 부정
4	여자	60세 이상	강한 긍정	그저 그러함	강한 부정
5	여자	60세 이상	그저 그러함	부정	강한 부정

7-4 4개의 변수(Company, Debt, AccountNumber, Town)에 대한 자룟값들이 다음과 같을 때, 이를 SAS 데이터셋으로 생성하고 마을(Town)과 회사(Company)에 따라 정렬하여라.

열 번호	————1————2————3————4————5—— 12345678901234567890123456789012345678901234567890123			
데이터	Paul's Pizza	83.00	1019	Apex
	World Wide Electronics	119.95	1122	Garner
	Strickland Industries	657.22	1675	Morrisville
	Ice Cream Delight	299.98	2310	Holly Springs
	Watson Tabor Travel	37.95	3131	Apex
	Boyd & Sons Accounting	312.49	4762	Garner
	Bob's Beds	119.95	4998	Morrisville
	Tina's Pet Shop	37.95	5108	Apex
	Elway Piano and Organ	65.79	5217	Garner
	Tim's Burger Stand	119.95	6335	Holly Springs
	Peter's Auto Parts	65.79	7288	Apex
	Deluxe Hardware	467.12	8941	Garner
	Pauline's Antiques	302.05	9112	Morrisville
	Apex Catering	37.95	9923	Apex

7-5 문제 7-4번에서 정렬한 데이터셋을 PRINT 프로시저를 이용하여 마을(Town)별로 부채(Debt)의 합을 출력하여라.

7-6 4개의 변수(Company, Date, Time, Price)에 대한 자룟값들이 다음과 같을 때, 이를 SAS 데이터셋으로 생성하고, Transpose 프로시저를 이용하여 회사(Company)의 각 수준을 그룹으로 하여 개체와 변수의 위치를 바꾸어라. 이때 날짜(Date)변수의 항목을 새로운 변수로 지정하여라.

열 번호	---------1---------2---------3 123456789012345678901234567890
데이터	Horizon Kites jun11 opening 29 Horizon Kites jun11 noon 27 Horizon Kites jun11 closing 27 Horizon Kites jun12 opening 27 Horizon Kites jun12 noon 28 Horizon Kites jun12 closing 30 SkyHi Kites jun11 opening 43 SkyHi Kites jun11 noon 43 SkyHi Kites jun11 closing 44 SkyHi Kites jun12 opening 44 SkyHi Kites jun12 noon 45 SkyHi Kites jun12 closing 45

7-7 DATASETS 프로시저를 이용하여 기존 데이터셋에 새로운 데이터셋의 개체를 추가하여라. 이때 기존 데이터셋에 존재하는 변수들에 대해서만 개체를 추가하여라.

기존 데이터셋

ID	TREAT	INITWT	WT3MOS	AGE
1	Other	166.28	146.98	35
2	Other	214.42	210.22	54
3	Other	172.46	159.42	33
5	Other	175.41	160.66	37
6	Other	173.13	169.40	20
7	Other	181.25	170.94	30
10	Other	239.83	214.48	48
11	Other	175.32	162.66	51
12	Other	227.01	211.06	29
13	Other	274.82	251.82	31

새로운 데이터셋

ID	treat	initwt	wt3mos	wt6mos	age
14	surgery	203.60	169.78	143.88	38
17	surgery	171.52	150.33	123.18	42
18	surgery	207.46	155.22	.	41

7-8 세 개의 변수(Name, Present, Taste)에 대한 자룟값들이 다음과 같을 때, 이를 SAS 데이터셋으로 생성하고, RANKS 명령문을 이용하여 변수 Present와 Taste에 대해서 순윗값을 출력하여라.

열 번호	———1——— 1234567890123456
데이터	Davis 77 84 Orlando 93 80 Ramey 68 72 Roe 68 75 Sanders 56 79 Simms 68 77 Strickland 82 79

7-9 sashelp.shoes 데이터를 이용하여 Product를 Boot에 한정하여 지역(Region)별로 판매액(Sales)의 기초통계량을 출력하고 비교하여라.

7-10 다음 프로그램은 어떤 작업을 수행하는가? 이 프로그램을 실행시켜 출력되는 결과를 살펴보아라.

```
DATA drink;
   INPUT age drink count @@;
CARDS;
18  1  10  19  1  13  20  1  12
18  2  14  19  2   7  20  2   4
18  3   2  19  3  10  20  3   6
18  4  12  19  4   8  20  4  10
;
RUN;
PROC PRIN DATA=drink;
TITLE 'original dataset';
RUN;
PROC FORMAT;
   VALUE p 1= 'coke'  2= 'pepsi'  3= 'fanta'   4= 'others';
RUN;
PROC FREQ DATA=drink;
   TABLES age drink age*drink /OUT=outdata ALL;
   WEIGHT count;
   FORMAT drink p.;
TITLE 'frequency analysis';
```

```
RUN;
PROC PRINT DATA=outdata;
TITLE 'outdata from PROC FREQ';
RUN;
```

7-11 다음 프로그램은 어떤 작업을 수행하는가? 이 프로그램을 실행시켜 출력되는 결과를 살펴보아라.

```
DATA worker;
   INPUT job $ sex $ score day @@;
CARDS;
a m 76 29  b m 82 26 b f 69 24 a f 82 28
a m 77 30  b m 66 25 b f 50 20 a f 71 20
a m 88 30  b m 65 22 b f 53 19 a f 69 22
;
RUN;
PROC MEANS DATA=worker;
TITLE 'from PROC MEANS';
RUN;
PROC MEANS DATA=worker N MAXDEC=3 NMISS RANGE USS CSS
                       CV STDERR T PRT;
   VAR score day;
TITLE 'requested statistics';
RUN;
PROC SORT DATA=worker; BY job sex; RUN;
PROC MEANS DATA=worker MAXDEC=3;
   BY job sex;
   VAR score day;
   OUTPUT OUT=new MEAN=smean dmean STDERR=sstderr dstderr;
TITLE 'statistics by job and sex';
RUN;
PROC PRINT DATA=new;
TITLE 'output dataset new';
RUN;
```

7-12 다음 프로그램은 어떤 작업을 수행하는가? 이 프로그램을 실행시켜 출력되는 결과를 살펴보아라.

```
DATA student;
   INPUT name $ sex $ test1-test3;
   stest1=test1; stest2=test2; stest3=test3;
CARDS;
kim      m 94 91 87
choi     f 96 95 98
lee      m 91 85 92
lim      m 86 77 90
huh      f 76 86 69
cho      m 88 66 85
yoo      m 88 71 59
rho      f 66 81 79
joh      m 81 79 90
rha      f 77 92 82
;
RUN;
PROC SORT DATA=student; BY sex; RUN;
PROC STANDARD DATA=student MEAN=85 STD=5 OUT=new;
   BY sex;
   VAR stest1-stest3;
RUN;
PROC PRINT DATA=new; BY sex;
TITLE 'standardized test scores';
RUN;
PROC MEANS DATA=new MAXDEC=3 N MEAN STD;
   BY sex;
RUN;
```

7-13 다음 프로그램은 어떤 작업을 수행하는가? 이 프로그램을 실행시켜 출력되는 결과를 살펴보아라.

```
DATA score;
   INPUT name $ sex $ age score;
CARDS;
kim      m 10 94
choi     f 10 96
lee      m 15 91
```

```
lim     m  15  86
huh     f  10  76
cho     m  20  88
yoo     m  20  71
rho     f  20  66
john    m  15  81
rha     f  10  77
john    f  15  55
ron     f  20  78
;
RUN;
PROC SUMMARY DATA=score;
   CLASS sex; VAR age score;
   OUTPUT OUT=new SUM=age_sum scor_sum STD(score)=scor_std;
PROC PRINT DATA=new; RUN;
PROC UNIVARIATE DATA=score FREQ PLOT NORMAL;
   VAR score;
   ID name;
RUN;
```

제 8 장

테이블 작성: TABULATE 프로시저

TABULATE는 여러 가지 요약통계량들을 다양한 테이블의 형태로 출력시키는 프로시저이다. 이 장에서는 **TABULATE 프로시저**의 기본적인 사용법을 설명하고, 응용 예들을 통해 여러 형태의 테이블을 작성하는 방법을 다룰 것이다. 여기서 사용할 예제 데이터셋은 지역(region), 성(sex), 직업(job), 나이(age) 및 3개의 문항(item1-item3)에 대해서 30명의 사람에게 응답을 받은 것으로, 데이터셋과 사용자 출력포맷을 생성하는 프로그램은 다음과 같다(FORMAT 프로시저를 이용하여 사용자 출력포맷을 생성하고 그것을 이용하는 방법에 대해서는 7.6절을 참조하여라).

예 8.1 데이터셋 item의 생성

```
DATA mysas.item;
   INPUT region $ sex $ job $ age item1-item3 @@;
   LABEL region='지역' sex='성'
         job='직업' age='나이'
         item1='문항1' item2='문항2' item3='문항3';
CARDS;
1 F A 25 1 1 1    2 M B 26 2 1 1    3 F C 31 1 3 1
1 M A 35 1 2 3    2 F C 29 1 1 2    3 F A 28 1 1 1
1 M C 33 2 1 2    2 M A 25 3 2 2    3 M B 24 1 3 2
1 F B 33 2 3 2    2 F A 27 2 1 1    3 F A 29 2 1 3
1 F A 35 1 3 1    2 M B 28 1 1 2    3 M B 34 2 1 1
1 F C 25 1 1 3    2 M C 33 1 1 1    3 F C 37 1 2 1
1 F A 31 2 2 1    2 F C 29 2 1 2    3 F B 32 1 1 2
1 M A 21 1 1 3    2 M C 23 1 2 2    3 M C 25 1 3 2
1 M B 35 2 1 1    2 M A 39 1 2 3    3 F A 26 3 2 3
1 F B 33 2 3 2    2 M C 27 2 1 2    3 M C 23 2 1 1
1 F . 29 2 3 2    2 F . 35 1 1 2    3 M . 32 2 2 1
;
RUN;

PROC FORMAT LIBRARY=mysas.item_format;
   VALUE $f_region '1'='서울' '2'='부산' '3'='광주';
   VALUE $f_sex 'F'='여자' 'M'='남자';
   VALUE $f_job 'A'='전문직' 'B'='사무직' 'C'='일반직';
   VALUE f_age 21-<30='20대' 30-<40='30대';
   VALUE f_item 1='①싫어함' 2='②보통' 3='③좋아함';
RUN;
```

예 8.1 데이터셋 item의 생성(계속)

```
OPTIONS FMTSEARCH=(WORK SASUSER mysas.item_format);

DATA mysas.item;
   SET mysas.item;
   FORMAT region $f_region. sex $f_sex. job $f_job. age f_age.
          item1 item2 item3 f_item.;
RUN;
```

8.1 TABULATE 프로시저의 일반적 사용형식

<예 8.2>는 TABULATE 프로시저를 이용하여 일차원 빈도표를 생성하는 간단한 프로그램이다. 이 예에서와 같이 TABULATE 프로시저에 의해서 생성되는 빈도표의 출력형태는 주로 CLASS와 TABLE 명령문에 의해서 결정되는데, 이 절에서는 두 명령문의 기본적인 사용법 및 옵션들에 대해서 설명할 것이다.

예 8.2 일차원 빈도표

```
OPTIONS NODATE PAGENO=1 FMTSEARCH=(WORK SASUSER mysas.item_format); ①

TITLE '1-차원 빈도표';

PROC TABULATE DATA=mysas.item; ②
   CLASS sex job age; ③
   TABLE job sex age; ④
RUN;
--------------------------------------------------------------------------------
```

예 8.2 일차원 빈도표(계속)

① FMTSEARCH= 옵션을 이용하여 출력포맷을 탐색할 라이브러리들을 지정한다. mysas.item 데이터셋을 사용하기 위해서는 SAS를 구동한 후 이 OPTIONS 명령문을 가장 먼저 수행해야 한다.
② 데이터셋 item을 이용하여 TABULATE 프로시저를 수행할 것을 지정한다.
③ 테이블 작성에 사용될 분류변수를 지정한다.
④ 테이블의 형식을 지정한다.

1-차원 빈도표

직업			성		나이	
전문직	사무직	일반직	여자	남자	20대	30대
N	N	N	N	N	N	N
11	8	11	15	15	17	13

8.1.1 CLASS 명령문: 분류변수의 지정

CLASS 명령문은 테이블 작성에 사용될 분류변수들을 지정하는 것으로, TABLUATE 프로시저가 분류변수를 처리하는 방법을 지정하는 옵션들을 지정할 수 있다. 여기서는 주로 사용되는 ASCENDING, DESCENDING, MISSING, MLF, ORDER= 옵션에 대해서 설명할 것이다.

(1) 결측값의 출력: MISSING 옵션

TABULATE 프로시저는 분류변수들 중 어느 한 변수에 대해서라도 결측값을 가지는 개체들은 빈도표를 구성할 때 제외시켜 버리므로, 테이블 작성 시 이를 주의해야 한다. 예를 들어, <예 8.1>의 자료에서 변수 job에 결측값(missing value)을 가지는 개체가 3개 존재하는데, 따라서 앞의 <예 8.2>에서는 이들 개체를 제외하고 나머지 30개의 자료에 대한 빈도표를 출력시키고 있다.

이와 같이 분류변수들에 결측값이 존재하는 경우 <예 8.3>에서와 같이 CLASS 명령문에 MISSING 옵션을 사용하면 결측값을 하나의 범주로 고려하여 모든 개체를 빈도표의 구성에 사용할 수 있다. MISSING 옵션은 다음과 같이 PROC TABULATE 명령문에 사용할 수도 있다.

```
PROC TABULATE DATA=mysas.item MISSING;
```

예 8.3 MISSING 옵션의 사용

```
PROC TABULATE DATA=mysas.item;
    CLASS sex job age / MISSING;
    TABLE job sex age;
RUN;
```

	직업			성		나이	
	전문직	사무직	일반직	여자	남자	20대	30대
N	N	N	N	N	N	N	N
3	11	8	11	17	16	18	15

(2) 출력되는 범주의 순서 지정

ASCENDING 또는 DESCENDING과 ORDER=DATA|FORMATED|FREQ|UNFORMATTED 옵션은 분류변수의 범주들이 출력되는 순서를 지정하는 기능을 가지고 있으며, ORDER=은 ASCENDING 또는 DESCENDING과 함께 사용할 수 있다. 예를 들어, <예 8.4>는 이들 옵션의 사용에 따른 몇 가지 출력결과를 보여주고 있다. 특히, ASCENDING과 ORDER= UNFORMATTED 옵션을 사용하는 것은 디폴트에 해당하므로 옵션을 전혀 사용하지 않은 <예 8.2>와 같게 된다.

예 8.4 CLASS 명령문에 의한 출력순서의 지정

```
① CLASS sex job age / ASCENDING ORDER=UNFORMATTED;
② CLASS sex job age / DESCENDING ORDER=FORMATED;
③ CLASS sex job age / ORDER=FREQ;
```

① 출력포맷이 아닌 원래 변수의 값, 즉 변수 job에 대해서는 A(전문직), B(사무직), C (일반직) 그리고 변수 sex에 대해서는 F(여자), M(남자)의 순서에 의해서 올림차순으로 출력된다.
② 출력포맷에 의해 내림차순으로 출력된다. 예를 들어, 변수 job에 대해서는 전문직, 일반직, 사무직의 순서로 출력된다.
③ 빈도(frequency)의 수에 의해서 내림차순으로 출력된다.

예 8.4 CLASS 명령문에 의한 출력순서의 지정(계속)

<ASCENDING ORDER=UNFORMATTED>

직업			성		나이	
전문직	사무직	일반직	여자	남자	20대	30대
N	N	N	N	N	N	N
11	8	11	15	15	17	13

<DESCENDING ORDER=FORMATED>

직업			성		나이	
전문직	일반직	사무직	여자	남자	30대	20대
N	N	N	N	N	N	N
11	11	8	15	15	13	17

<DESCENDING ORDER=FREQ>

직업			성		나이	
전문직	일반직	사무직	여자	남자	20대	30대
N	N	N	N	N	N	N
11	11	8	15	15	17	13

(3) 겹치는 범위에 대한 출력포맷 사용: MLF 옵션

일반적으로 사용자 출력포맷은 범위가 서로 겹치지 않도록 규정되어야 한다. 그러나 <예 8.5>의 f_mage 포맷과 같이 일부 포맷의 범위가 서로 겹치도록 만들 수도 있는데, 이를 **다중레이블 포맷**(multilabel format)이라고 하며, 포맷을 작성할 때 이와 같이 포맷이름에 **MULTILABEL 옵션**을 지정해 주어야 한다. 또한, TABULATE 프로시저에 다중레이블 포맷을 사용하기 위해서는 이 예에서와 같이 **MLF 옵션**을 추가로 지정해 주어야 한다.

예 8.5 다중레이블 포맷의 사용

```
PROC FORMAT LIBRARY=mysas.item_format;
   VALUE $f_region '1'='서울' '2'='부산' '3'='광주';
   VALUE $f_sex 'F'='여자' 'M'='남자';
   VALUE $f_job 'A'='전문직' 'B'='사무직' 'C'='일반직';
   VALUE f_age 21-<30='20대' 30-<40='30대'
   VALUE f_item 1='①싫어함' 2='②보통' 3='③좋아함';
```

예 8.5 다중레이블 포맷의 사용(계속)

```
    VALUE f_mage(MULTILABEL)
            21-<30='(20대)' 30-<40='(30대)'
            low-25='25세이하' 26-30='26~30'
            31-35='31~35' 36-high='36세이상';
RUN;

OPTIONS NODATE PAGENO=1 FMTSEARCH=(WORK SASUSER mysas.item_format);

PROC TABULATE DATA=mysas.item;
    FORMAT age f_mage.;
    CLASS sex job age / MLF ORDER=FORMATTED;
    TABLE age;
RUN;
-----------------------------------------------------------------------
```

나이					
(20대)	(30대)	25세 이하	26~30세	31~35세	36세 이상
N	N	N	N	N	N
17	13	8	9	11	2

8.1.2 TABLE 명령문: 출력형식의 지정

TABLE 명령문에서는 출력형식을 다양하게 지정할 수 있는데, 하나의 TABULATE 프로시저 안에서 여러 개의 TABLE 명령문을 사용할 수 있다. 여기서는 통계량에 대한 출력포맷을 지정하는 것과 계층적(hierachical) 구조를 가지는 테이블을 생성하는 방법에 대해서 살펴보도록 하자.

예 8.6 통계량에 대한 출력포맷 지정

```
PROC TABULATE DATA=mysas.item;
    CLASS sex job age;
    TABLE job*F=8.2 (sex age)*F=5.0; ①
RUN;
-----------------------------------------------------------------------
```

예 8.6 통계량에 대한 출력포맷 지정(계속)

① 빈도에 대한 출력포맷을 지정한다.

직업			성		나이	
전문직	사무직	일반직	여자	남자	20대	30대
N	N	N	N	N	N	N
11.00	8.00	11.00	15	15	17	13

(1) 통계량에 대한 출력포맷 지정

TABULATE 프로시저에서는 빈도뿐만 아니라 다양한 통계량들을 출력할 수가 있다. 출력할 수 있는 통계량들에 대해서는 다음 8.3절에서 자세히 설명할 것이며, 여기서는 이러한 통계량들에 출력포맷을 지정하는 방법에 대해서 다룰 것이다. <예 8.6>은 출력포맷을 지정하는 간단한 예인데, 이와 같이 변수 또는 통계량에 *F=Format의 형식을 이용하여 출력포맷을 지정할 수 있다. 예를 들어, <예 8.6>은 변수 job에 대해서는 전체 자릿수를 8자리, 소수점 이하의 자릿수를 2자리, 변수 sex와 age에 대해서는 전체 자릿수를 5자리, 소수점 이하의 자릿수를 0자리로 하도록 지정한 것이다. 이와 같은 출력포맷의 지정은 각 칸(cell)의 넓이에도 영향을 준다.

(2) 계층적 구조를 가지는 테이블의 작성

TABLE 명령문에서는 단순히 변수들을 나열하는 것 이외에 앞의 <예 8.7>에서와 같이 ( ) 또는 *를 사용하여 다양한 출력형식을 사용할 수 있다. 예를 들어, <예 8.7>에서 job*sex*age는 변수 job, sex, age의 순서로 계층적 구조를 가지는 테이블을 출력하도록 지정하는 것이고, job*(sex age)는 변수 job 아래에 변수 sex와 age가 나열식 구조를 가지는 복합적인 테이블을 출력하도록 지정한 것이다.

예 8.7 계층적 구조를 가지는 테이블 작성

```
PROC TABULATE DATA=mysas.item;
   CLASS sex job age;
   TABLE (job sex age)*F=7.1; ①
```

예 8.7 계층적 구조를 가지는 테이블 작성(계속)

```
    TABLE job*sex*age*F=4.1; ②
    TABLE job*sex*age*F=4.1 / PRINTMISS; ③
    TABLE job*(sex age)*F=4.1; ④
RUN;
```

---

① 단순한 나열식 구조의 테이블을 출력한다.
② 계층적 구조를 가지는 테이블을 출력한다.
③ PRINTMISS 옵션을 사용하여 빈도가 0인 범주도 출력하게 한다.
④ 계층적 구조 안에 나열식 구조를 가지는 테이블을 출력한다.

(job sex age)*F=7.1;

직업			성		나이	
전문직	사무직	일반직	여자	남자	20대	30대
N	N	N	N	N	N	N
11.0	8.0	11.0	15.0	15.0	17.0	13.0

job*sex*age*F=4.1;

직업										
전문직				사무직			일반직			
성				성			성			
여자		남자		여자	남자		여자		남자	
나이		나이		나이	나이		나이		나이	
20대	30대	20대	30대	30대	20대	30대	20대	30대	20대	30대
N	N	N	N	N	N	N	N	N	N	N
5.0	2.0	2.0	2.0	3.0	3.0	2.0	3.0	2.0	4.0	2.0

job*sex*age*F=4.1 / PRINTMISS;

직업											
전문직				사무직				일반직			
성				성				성			
여자		남자		여자		남자		여자		남자	
나이		나이		나이		나이		나이		나이	
20대	30대	20대	30대	20대	30대	20대	30대	20대	30대	20대	30대
N	N	N	N	N	N	N	N	N	N	N	N
5.0	2.0	2.0	2.0	.	3.0	3.0	2.0	3.0	2.0	4.0	2.0

예 8.7 계층적 구조를 가지는 테이블 작성(계속)

```
job*(sex age)*F=4.1;
```

직업											
전문직				사무직				일반직			
성		나이		성		나이		성		나이	
여자	남자	20대	30대	여자	남자	20대	30대	여자	남자	20대	30대
N	N	N	N	N	N	N	N	N	N	N	N
7.0	4.0	7.0	4.0	3.0	5.0	3.0	5.0	5.0	6.0	7.0	4.0

(3) 빈도의 수가 0인 범주의 출력 : PRINTMISS 옵션

TABULATE 프로시저는 각 변수에 대해서 빈도의 수가 0인 범주는 테이블에 출력하지 않는다. 이런 경우 <예 8.7>의 ③에서와 같이 PRINTMISS 옵션을 사용하면 빈도의 수가 0인 범주도 테이블에 출력시킬 수 있다.

(4) 변수와 통계량에 대한 레이블 변경

변수나 통계량에 대한 이름을 변경하여 테이블에 출력하고자 할 때는 **변수(또는 통계량)='출력될 레이블'**의 형식으로 지정하면 된다. <예 8.8>은 변수 job에 대해서는 '직업분류'라는 레이블을 출력하고, 변수 sex와 age에 대해서는 레이블을 출력하지 않도록 지정한 것이다.

예 8.8 출력 레이블 변경

```
PROC TABULATE DATA=mysas.item;
   CLASS sex job age;
   TABLE job='직업분류'*sex=' '*age=' '*F=4.1 / PRINTMISS;
RUN;
```

직업분류											
전문직				사무직				일반직			
여자		남자		여자		남자		여자		남자	
20대	30대	20대	30대	20대	30대	20대	30대	20대	30대	20대	30대
N	N	N	N	N	N	N	N	N	N	N	N
5.0	2.0	2.0	2.0	.	3.0	3.0	2.0	3.0	2.0	4.0	2.0

(5) 전체 빈도의 출력: ALL 명령어

각 하위 범주 전체에 대한 빈도(또는 통계량)를 출력하고자 하는 경우에는 ALL 명령어를 사용하면 된다. 예를 들어, 다음 <예 8.9>는 변수 sex의 각 하위 범주와 전체에 대한 빈도를 출력하도록 지정한 것이다.

예 8.9 전체 빈도의 출력

```
PROC TABULATE DATA=mysas.item;
   CLASS sex age;
   TABLE (sex=' '*(age=' ' ALL) ALL='전체')*F=7.0;
RUN;
```

여자			남자			전체
20대	30대	All	20대	30대	All	
N	N	N	N	N	N	N
9	8	17	9	7	16	33

8.2 다차원 테이블 작성

앞에서는 TABLE 명령문의 기본적인 기능을 이용하여 일차원 빈도표를 작성하는 방법에 대해서 설명하였다. 여기서는 차원이 확장된 경우로 행(row)과 열(column)로 이루어진 다차원 테이블을 작성하는 방법에 대해서 살펴보도록 하자.

8.2.1 행과 열의 지정

<예 8.10>은 2-차원 빈도표를 작성하는 프로그램의 예인데, 이와 같이 행과 열에 대한 테이블 구조는 콤마(,)로 구분하여 지정하면 된다. 이때 각 행과 열 내에서의 지정방법은 앞 절에서 설명한 바와 동일하다.

예 8.10 행과 열의 지정

```
PROC TABULATE DATA=mysas.item;
   CLASS sex job age item1;
   TABLE job='직업분류'*(sex=' ' age=' '),
         (item1 ALL='전체빈도')*F=8.0 / RTS=20 PRINTMISS;
RUN;
```

		문항1			전체빈도
		①싫어함	②보통	③좋아함	
		N	N	N	N
직업분류					
전문직	여자	3	3	1	7
	남자	3	.	1	4
	20대	3	2	2	7
	30대	3	1	.	4
사무직	여자	1	2	.	3
	남자	2	3	.	5
	20대	2	1	.	3
	30대	1	4	.	5
일반직	여자	4	1	.	5
	남자	3	3	.	6
	20대	4	3	.	7
	30대	3	1	.	4

8.2.2 행 레이블의 출력 공간 지정: RTS 옵션

다차원 테이블을 작성할 때 자주 사용되는 옵션으로 RTS= 옵션이 있는데, 이는 행 레이블이 출력되는 전체 공간의 길이를 지정하는 것이다. 예를 들어, <예 8.10>의 RTS=20은 행 레이블이 출력되는 전체 공간의 길이가 20칸이 되도록 지정한 것이다(RTS 옵션은 텍스트 형식의 출력결과에만 영향을 주며, Results Viewer 윈도우의 출력결과에는 영향을 주지 않는다. 예 8.12 참조).

8.2.3 빈도가 0인 칸에 대한 레이블 지정: MISSTEXT 옵션

<예 8.10>에서 빈도가 0인 각 칸(cell)에 대해서는 마침표(.)로 출력되어 있는 것을 볼

수 있을 것이다. 이때 마침표를 다른 레이블로 변경하고자 하는 경우 MISSTEXT= 옵션을 사용할 수 있다. 이 MISSTEXT 옵션은 유사한 이름을 가지고 있는 MISSING이나 PRINTMISS 옵션과는 기능이 다르므로 혼동하지 않기 바란다.

예 8.11 빈도가 0인 칸에 대한 레이블 지정

```
PROC TABULATE DATA=mysas.item MISSING;
   CLASS sex job item1;
   TABLE job*sex,
         (item1 ALL='전체빈도')*F=8.0 / MISSTEXT='없음';
RUN;
```

		문항1			전체빈도
		①싫어함	②보통	③좋아함	
		N	N	N	N
직업	성				
	여자	1	1	없음	2
	남자	없음	1	없음	1
전문직	여자	3	3	1	7
	남자	3	없음	1	4
사무직	여자	1	2	없음	3
	남자	2	3	없음	5
일반직	여자	4	1	없음	5
	남자	3	3	없음	6

8.2.4 수평선의 삭제 및 들여쓰기: NOSEP와 INDENT 옵션

<예 8.12>에서 NOSEP 옵션은 테이블의 수평선을 출력하지 않기 위해서 지정한 것이고, INDENT=4 옵션은 하위 차원의 변수인 sex의 레이블을 4칸 들여 쓰도록 지정한 것이다. RTS 옵션과 마찬가지로 이 옵션들은 텍스트 형식의 출력결과에만 영향을 주며, Results Viewer 윈도우의 출력결과에는 영향을 주지 않는다.

예 8.12 수평선의 삭제 및 들여쓰기

```
PROC TABULATE DATA=mysas.item NOSEPS;
   CLASS sex job item1;
   TABLE job*sex ALL='전체',
         (item1 ALL='전체빈도')*F=8.0 / RTS=20 INDENT=4 MISSTEXT='0';
RUN;
```

	문항1			
	①싫어함	②보통	③좋아함	전체빈도
	N	N	N	N
전문직				
여자	3	3	1	7
남자	3	0	1	4
사무직				
여자	1	2	0	3
남자	2	3	0	5
일반직				
여자	4	1	0	5
남자	3	3	0	6
전체	16	12	2	30

8.2.5 3-차원 테이블 작성

<예 8.13>에서와 같이 콤마(,)를 여러 개 사용하면 다차원 테이블을 작성할 수 있다. 이 예에서는 변수 job의 각 범주별로 독립적인 2-차원 테이블이 출력된다.

예 8.13 3-차원 테이블 작성

```
PROC TABULATE DATA=mysas.item;
   CLASS sex job age item1;
   TABLE job='직업분류: ',
         sex*(age ALL='전체'),
         (item1 ALL='전체빈도')*F=8.0 / PRINTMISS;
RUN;
```

예 8.13 3-차원 테이블 작성(계속)

직업분류: 전문직

		문항1			전체빈도
		①싫어함	②보통	③좋아함	
		N	N	N	N
성	나이				
여자	20대	2	2	1	5
	30대	1	1	.	2
	전체	3	3	1	7
남자	나이				
	20대	1	.	1	2
	30대	2	.	.	2
	전체	3	.	1	4

직업분류: 사무직

		문항1			전체빈도
		①싫어함	②보통	③좋아함	
		N	N	N	N
성	나이				
여자	20대	.	.	.	.
	30대	1	2	.	3
	전체	1	2	.	3
남자	나이				
	20대	2	1	.	3
	30대	.	2	.	2
	전체	2	3	.	5

8.3 통계량의 출력

VAR 명령문

VAR 명령문은 분석하고자 하는 변수들을 지정하는 것으로, VAR 명령문에 지정된 변수들에 대해서는 다양한 통계량들을 출력할 수 있다(제3장에서 설명한 UNIVARIATE 프로시저와 MEANS 프로시저에서 사용할 수 있는 대부분의 통계량들을 TABULATE 프로시저에서도 출력할 수 있다). 한편 VAR 명령문에 분석대상의 변수를 지정할 때 CLASS 명령문에서 지정된 변수들은 동시에 지정할 수 없으므로 주의하기 바란다. 통계량을 TABLE 명령문에 지정할 때에는 변수 이름을 지정하는 경우와 유사하게 **'통계량 이름'='출력될 레이블'***F =w.d와 같은 형식으로 사용하면 된다.

<예 8.14>는 변수 job과 sex에 대해서 빈도(N)와 나이별 문항 1, 2, 3의 평균(MEAN)을 출력하는 프로그램이다. 또한, <예 8.15>는 통계량의 레이블을 변경하여 보다 보기 좋게 테이블을 출력한 예이다.

예 8.14 통계량의 출력

```
PROC TABULATE DATA=mysas.item;
   CLASS sex job age;
```

예 8.14 통계량의 출력(계속)

```
   VAR item1 item2 item3;
   TABLE job*sex,
         N*F=3.0 age=' '*(item1 item2 item3)*MEAN*F=6.2;
RUN;
```

		N	20대			30대		
			문항1	문항2	문항3	문항1	문항2	문항3
			Mean	Mean	Mean	Mean	Mean	Mean
직업	성							
전문직	여자	7	1.80	1.20	1.80	1.50	2.50	1.00
	남자	4	2.00	1.50	2.50	1.00	2.00	3.00
사무직	여자	3	.	.	.	1.67	2.33	2.00
	남자	5	1.33	1.67	1.67	2.00	1.00	1.00
일반직	여자	5	1.33	1.00	2.33	1.00	2.50	1.00
	남자	6	1.50	1.75	1.75	1.50	1.00	1.50

예 8.15 통계량에 대한 레이블 변경

```
PROC TABULATE DATA=mysas.item;
   CLASS sex job;
   VAR age item1 item2 item3;
   TABLE job*sex,
         N='빈도'*F=4.0 age*MEAN='평균'*F=8.2
         (item1 item2 item3)*SUM='합계'*F=6.2;
RUN;
```

		빈도	나이	문항1	문항2	문항3
			평균	합계	합계	합계
직업	성					
전문직	여자	7	28.71	12.00	11.00	11.00
	남자	4	30.00	6.00	7.00	11.00
사무직	여자	3	32.67	5.00	7.00	6.00
	남자	5	29.40	8.00	7.00	7.00
일반직	여자	5	30.20	6.00	8.00	9.00
	남자	6	27.33	9.00	9.00	10.00

8.4 백분율의 계산

TABULATE 프로시저를 이용하여 테이블을 작성할 때 가장 빈번하게 출력되는 통계량 중의 하나는 백분율(percent, %)이라고 할 수 있다. 이 절에서는 백분율을 계산하는 다양한 방법에 대해서 설명할 것이다.

8.4.1 단순 백분율의 출력: PCTN, PCTSUM

PCTN은 전체 빈도에 대한 각 칸 빈도의 백분율을 계산한다. 예를 들어, 다음 <예 8.16>에서 전문직 여자의 빈도는 5이고, 따라서 이 칸에 해당하는 백분율은 5/30=16.67%로 계산되어 있다.

예 8.16 빈도에 대한 단순 백분율의 계산

```
PROC TABULATE DATA=mysas.item;
   CLASS sex job age;
   TABLE job*sex ALL,
         (age=' ' ALL)*(N*F=4.0 PCTN='백분율'*F=8.2);
RUN;
```

		20대		30대		All	
		N	백분율	N	백분율	N	백분율
직업	성						
전문직	여자	5	16.67	2	6.67	7	23.33
	남자	2	6.67	2	6.67	4	13.33
사무직	여자	.	.	3	10.00	3	10.00
	남자	3	10.00	2	6.67	5	16.67
일반직	여자	3	10.00	2	6.67	5	16.67
	남자	4	13.33	2	6.67	6	20.00
All		17	56.67	13	43.33	30	100.00

한편 PCTSUM은 자주 사용되지는 않으나 전체 합계에 대한 각 칸 합계의 백분율을 계산한다. 예를 들어, 다음 <예 8.17>에서 전문직 여자의 문항 1의 합계는 12이고, 따라서 이 칸에 해당하는 백분율은 12/46=26.09%로 계산되어 있다.

예 8.17 합계에 대한 단순 백분율의 계산

```
PROC TABULATE DATA=mysas.item;
   CLASS sex job age;
   VAR item1 item2 item3;
   TABLE job*sex ALL,
         (item1 item2 item3)*(SUM*F=4.0 PCTSUM='백분율'*F=8.2);
RUN;
```

		문항1		문항2		문항3	
		Sum	백분율	Sum	백분율	Sum	백분율
직업	성						
전문직	여자	12	26.09	11	22.45	11	20.37
	남자	6	13.04	7	14.29	11	20.37
사무직	여자	5	10.87	7	14.29	6	11.11
	남자	8	17.39	7	14.29	7	12.96
일반직	여자	6	13.04	8	16.33	9	16.67
	남자	9	19.57	9	18.37	10	18.52
All		46	100.00	49	100.00	54	100.00

8.4.2 다양한 백분율의 계산

COLPCTN(COLPCTSUM), ROWPCTN(ROWPCTSUM), REPPECTN(REPPECTSUM), PAGEPCTN(PAGEPCTSUM)은 각각 열 합계, 행 합계, 전체 합계, 페이지 합계 대한 각 칸의 빈도를 계산한다. 예를 들어, <예 8.18>에서 전문직 여자의 빈도는 7이므로 COLPCTN= 7/15=46.67, ROWPCTN=7/11=63.64, REPPECTN= 7/30=23.33으로 출력되어 있다.

예 8.18 다양한 백분율의 계산

```
PROC TABULATE DATA=mysas.item;
   CLASS sex job age;
   VAR item1 item2 item3;
```

예 8.18 다양한 백분율의 계산(계속)

```
    TABLE job=' ' ALL,
          sex=' '*(N*F=3.0 COLPCTN='Col'*F=6.2
          ROWPCTN='Row'*F=6.2 REPPCTN='Rep'*F=6.2) ALL*F=3.0;
    TABLE (job=' ' ALL)*item1=' ',
          sex=' '*(SUM*F=3.0 COLPCTSUM='Col'*F=6.2
          ROWPCTSUM='Row'*F=6.2 REPPCTSUM='Rep'*F=6.2) ALL*F=3.0;
RUN;
```

	여자				남자				All
	N	Col	Row	Rep	N	Col	Row	Rep	N
전문직	7	46.67	63.64	23.33	4	26.67	36.36	13.33	11
사무직	3	20.00	37.50	10.00	5	33.33	62.50	16.67	8
일반직	5	33.33	45.45	16.67	6	40.00	54.55	20.00	11
All	15	100.00	50.00	50.00	15	100.00	50.00	50.00	30

		여자				남자				All
		Sum	Col	Row	Rep	Sum	Col	Row	Rep	Sum
전문직		12	52.17	66.67	26.09	6	26.09	33.33	13.04	18
사무직		5	21.74	38.46	10.87	8	34.78	61.54	17.39	13
일반직		6	26.09	40.00	13.04	9	39.13	60.00	19.57	15
All		23	100.00	50.00	50.00	23	100.00	50.00	50.00	46

8.4.3 백분율에 대한 분모의 변경

각 칸에 대한 백분율을 계산할 때 분모를 바꾸고자 하는 경우가 자주 있는데, 이 때는 <예 8.19>에서와 같이 **PCTN<변수 이름 ALL>**의 형식으로 분모를 지정해 주면 된다. 예를 들어, <예 8.19>에서 20대의 전문직 남자의 수는 2명이고, 각 백분율들은 다음과 같이 계산되어 출력된 것이다.

- Ptot=2/전체=2/30=6.7%
- Page=2/(전문직 남자 20대 + 전문직 남자 30대)=2/(2+2)=50%
- Pjob=2/(전문직 남자 + 사무직 남자 + 일반직 남자)=2/(2+3+4)=22.2%
- Psex=2/(전문직 여자 + 전문직 남자)=2/(5+2)=28.6%

예 8.19 백분율에 대한 분모의 변경

```
PROC TABULATE DATA=mysas.item;
   FORMAT sex $f_sex. job $f_job. age f_age.;
   CLASS sex job age;
   VAR item1 item2 item3;
   TABLE (job=' ' ALL)*(sex=' ' ALL),
         (age=' ')*('N'*F=2.0
         PCTN='Ptot'*F=4.1 PCTN<age>='Page'*F=4.1
         PCTN<job ALL>='Pjob'*F=4.1
         PCTN<sex All>='Psex'*F=4.1) ALL=' '*F=2.0;
RUN;
```

		20대					30대					
		N	Ptot	Page	Pjob	Psex	N	Ptot	Page	Pjob	Psex	N
전문직	여자	5	16.7	71.4	62.5	71.4	2	6.7	28.6	28.6	50.0	7
	남자	2	6.7	50.0	22.2	28.6	2	6.7	50.0	33.3	50.0	4
	All	7	23.3	63.6	41.2	100	4	13.3	36.4	30.8	100	11
사무직	여자	.	.	.	.	.	3	10.0	100	42.9	60.0	3
	남자	3	10.0	60.0	33.3	100	2	6.7	40.0	33.3	40.0	5
	All	3	10.0	37.5	17.6	100	5	16.7	62.5	38.5	100	8
일반직	여자	3	10.0	60.0	37.5	42.9	2	6.7	40.0	28.6	50.0	5
	남자	4	13.3	66.7	44.4	57.1	2	6.7	33.3	33.3	50.0	6
	All	7	23.3	63.6	41.2	100	4	13.3	36.4	30.8	100	11
All	여자	8	26.7	53.3	100	47.1	7	23.3	46.7	100	53.8	15
	남자	9	30.0	60.0	100	52.9	6	20.0	40.0	100	46.2	15
	All	17	56.7	56.7	100	100	13	43.3	43.3	100	100	30

8.5 연습문제

8-1 다음과 같이 지역, 성, 나이별로 각각 문항 1, 2, 3의 범주별 빈도를 출력하는 프로그램을 작성하여라.

	문항1			문항2			문항2		
	①싫어함	②보통	③좋아함	①싫어함	②보통	③좋아함	①싫어함	②보통	③좋아함
	N	N	N	N	N	N	N	N	N
지역									
서울	5	6	-	5	2	4	5	2	4
부산	6	4	1	8	3	-	8	3	-
광주	6	4	1	5	3	3	5	3	3
성									
여자	9	7	1	9	3	5	9	3	5
남자	8	7	1	9	5	2	9	5	2
나이									
20대	9	7	2	12	3	3	12	3	3
30대	8	7	-	6	5	4	6	5	4

8-2 다음과 같이 성과 나이의 조합별로 문항 1, 2의 최솟값, 최댓값, 평균, 표준편차를 출력하는 프로그램을 작성하여라.

		빈도	문항1				문항2			
			최소값	최대값	평균	표준편차	최소값	최대값	평균	표준편차
여자	20대	9	1.0	3.0	1.7	0.7	1.0	3.0	1.3	0.7
	30대	8	1.0	2.0	1.4	0.5	1.0	3.0	2.3	0.9
남자	20대	9	1.0	3.0	1.6	0.7	1.0	3.0	1.7	0.9
	30대	7	1.0	2.0	1.6	0.5	1.0	2.0	1.4	0.5

8-3 다음과 같이 성과 직업의 조합별로 문항 1, 2의 범주별 빈도와 백분율을 출력하는 프로그램을 작성하여라(행 백분율과 열 백분율을 적절하게 지정할 것).

		계		문항1						문항2					
				①싫어함		②보통		③좋아함		①싫어함		②보통		③좋아함	
		N	%	N	%	N	%	N	%	N	%	N	%	N	%
전체		33	100.0	17	51.5	14	42.4	2	6.1	18	54.5	8	24.2	7	21.2
성	**직업**														
여자		2	6.1	1	50.0	1	50.0	.	.	1	50.0	.	.	1	50.0
	전문직	7	21.2	3	42.9	3	42.9	1	14.3	4	57.1	2	28.6	1	14.3
	사무직	3	9.1	1	33.3	2	66.7	.	.	1	33.3	.	.	2	66.7
	일반직	5	15.2	4	80.0	1	20.0	.	.	3	60.0	1	20.0	1	20.0
남자		1	3.0	.	.	1	100.0	.	.	.	.	1	100.0	.	.
	전문직	4	12.1	3	75.0	.	.	1	25.0	1	25.0	3	75.0	.	.
	사무직	5	15.2	2	40.0	3	60.0	.	.	4	80.0	.	.	1	20.0
	일반직	6	18.2	3	50.0	3	50.0	.	.	4	66.7	1	16.7	1	16.7

제 9 장

그래프 작성: SAS/GRAPH

데이터에 대한 적합한 통계분석을 하기 위해서는 데이터의 특성을 알 필요가 있다. 몇 가지 요약통계량들을 통해서 데이터의 전반적인 특성을 파악할 수도 있지만, 여러 가지 그래프들을 그려보는 것이 훨씬 유용한 경우가 많다. SAS/GRAPH는 SAS 시스템을 구성하는 독자적인 단위 모듈로 여러 가지 형태의 고해상도 그래프들을 출력시켜 주는 소프트웨어이다. 이 장에서는 SAS/GRAPH의 프로시저들 중 자주 사용되는 프로시저를 중심으로 사용방법을 설명하고자 한다.

9.1 SAS/GRAPH의 기능과 구성

수집된 데이터에 타당한 통계분석방법을 선택하기 위해서는 데이터의 전반적인 분포형태나 특이점의 존재 여부 등과 같이 데이터의 특성을 사전에 파악해 보는 것이 중요하다. 이를 위해서 몇 가지 요약통계량들을 구해 볼 수도 있지만, 다양한 형태의 그래프를 통해 데이터를 시각적으로 표현해보는 것이 훨씬 많은 정보를 얻을 수가 있다.

SAS/GRAPH는 SAS 시스템의 독자적인 모듈로서 막대 그래프, 파이그림과 같은 단순 그래프, 복잡한 형태의 통계적인 그래프뿐만 아니라 다양한 분야에서 사용이 가능한 고해상도 그래프들을 생성하는 데 사용되는 통계 그래픽스 시스템이다. SAS/GRAPH가 가지는 기능을 살펴보면 (1) 데이터를 분석하여 도표, 플롯 등을 포함한 2차원과 3차원 그래프로 데이터 값들 간의 관계를 시각적으로 표현할 수 있고, (2) 글자체, 색상, 그릴 선의 종류 선택뿐만 아니라 그래프의 크기와 위치의 제어가 가능하기 때문에 향상된 형태의 그래프 출력이 가능하고, (3) 슬라이드의 생성과 한 번에 여러 개의 그래프 전시는 물론 여러 그래프를 하나의 그래프로 병합할 수 있고, (4) 화면상이나 웹 브로우저에서 전시할 수 있는 다양한 형태로의 그래프 출력물의 생성과 저장 및 다양한 장치를 통한 그래프의 외부 출력을 할 수 있다.

SAS/GRAPH는 여러 종류의 그래프를 직접 그리기 위한 프로시저와 그래프를 출력할 때 전반적인 모양새를 보기 좋게 다듬어 주기 위해 사용되는 제어문들로 구성되어 있다. SAS/GRAPH에서 제공하는 프로시저들은 기능에 따라 다음과 같이 크게 여섯 부분으로 나누어진다.

■ 기본적인 도표와 플롯을 그리기 위한 GCHART, GPLOT 프로시저

■ 특수한 형식의 도표를 그리기 위한 GAREABAR, GBARLINE, GKPI, GRADAR, GTILE 프로시저

■ 통계적 그래프를 그리기 위한 SGPLOT, SGPANEL, SGSCATTER, SGRENDER 프로시저

■ 다차원 그래프를 그리기 위한 G3D, G3GRID, GCONTOUR 프로시저

■ 지도를 작성하기 위한 GMAP, GPROJECT, GREDUCE, GREMOVE 프로시저

■ 그래픽 장치와 관련된 GDEVICE, GFONTS, GOPTIONS, GTESTIT 프로시저

■ 그래프의 출력과 관련된 GANNO, GPRINT, GREPLAY, GSLIDE 프로시저

이 중 주로 많이 사용하는 프로시저들을 설명하면 다음과 같다(통계적 그래프들은 9.5절에서 자세히 설명할 것이다).

■ **GCHART**: 수평막대도표, 수직막대도표, 블록도표, 파이도표, 별도표 등과 같이 여러 가지 형태의 도표를 생성할 때 사용된다.

■ **GPLOT**: 두 변수 간 산점도를 포함한 다양한 형태의 2차원 그래프를 그리는 데 사용된다.

■ **G3D**: 3차원도(3-dimensional plot)를 그리는 데 사용된다.

■ **G3GRID**: 3차원 표면도를 그리는 데 사용된다.

■ **GCONTOUR**: 등고선도를 그리는 데 사용되는 프로시저이다.

또한 SAS/GRAPH에는 그래프를 출력할 때 전반적인 모양새를 보기 좋게 다듬어 주기 위해 사용할 수 있는 여러 가지 제어문들이 있는데, 담당하는 기능에 따라 다음과 같이 세 종류로 구성되어 있다.

■ 텍스트 조절을 위한 TITLE, NOTE, FOOTNOTE 명령문

■ 출력형태 조절을 위한 AXIS, LEGEND, SYMBOL 명령문

■ 시스템 환경설정을 제어하기 위한 GOPTIONS 명령문

이들 각 제어문이 담당하는 역할과 사용방법은 다음 9.2절에서 상세히 설명할 것이다.

SAS/GRAPH를 사용하기 위해서는 다른 프로시저와 마찬가지로 정해진 사용형식에 따라 프로그램을 작성하면 된다. 즉, SAS/GRAPH의 사용형식은 기본적으로 특정 프로시저를 지정하는 PROC 명령문 및 지정한 프로시저의 작업을 수행하는 하위 명령문들로

이루어진다. 또한 출력되는 그래프의 모양새를 다듬기 위한 여러 가지 제어문들과 BY 및 WHERE 명령문 등이 사용자의 목적에 따라 부가적으로 사용되기도 한다.

<그림 9.1>은 SAS 도움말과 문서에 있는 각 프로시저의 예제들에 의하여 생성되는 그래프들을 제시한 것이다. 독자들은 이러한 그래프들을 생성하는 데이터셋과 프로그램을 살펴보기 바란다.

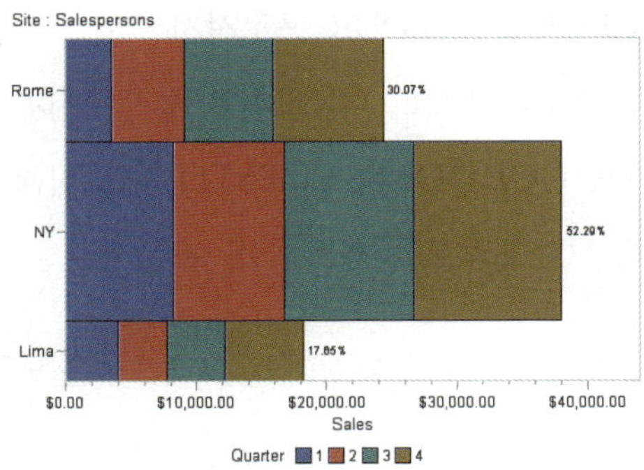

a. GAREABAR

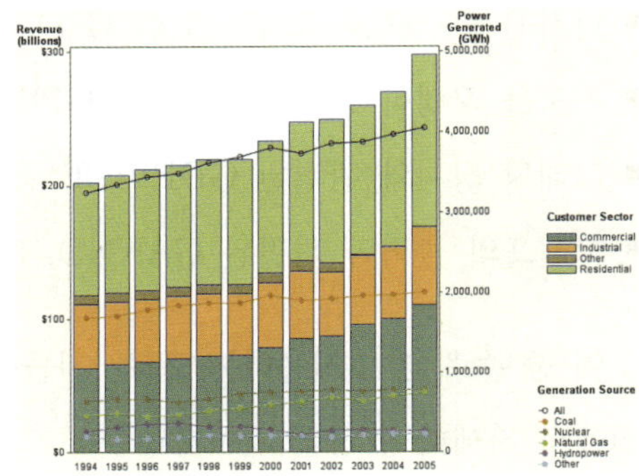

b. GBARLINE

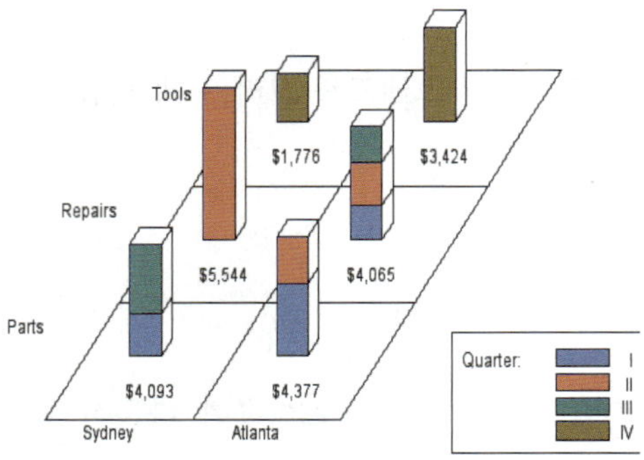

c. GCHART(Bar Chart)

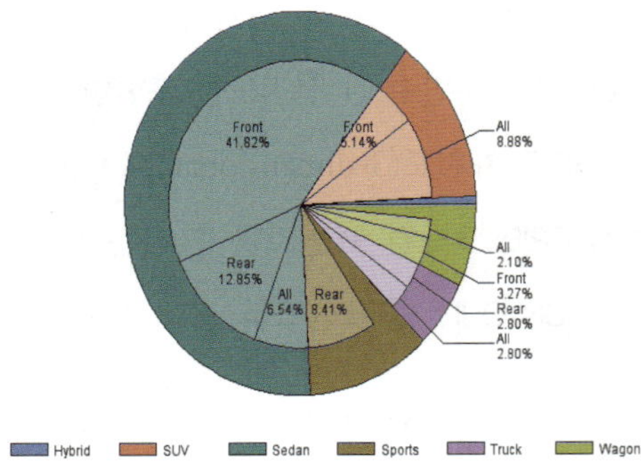

c. GCHART(Pie Chart)

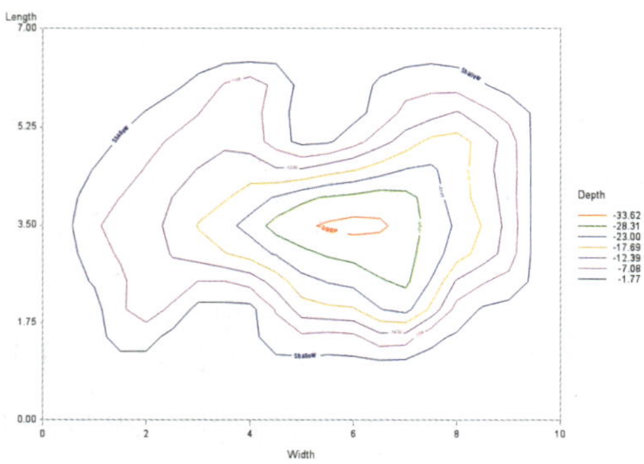

e. GCONTOUR

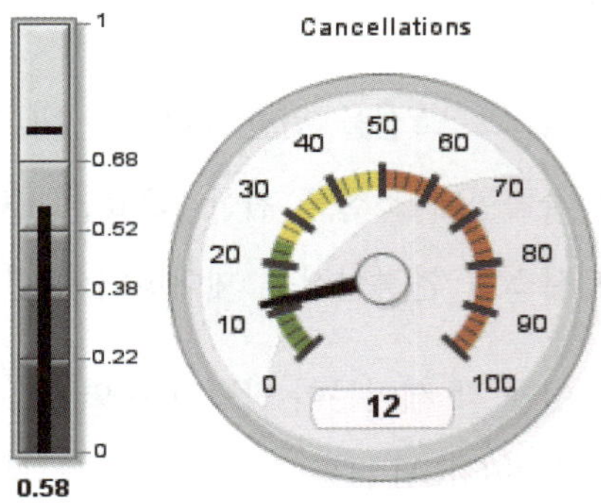

f. GKPI

<그림 9.1> SAS/GRAPH 프로시저의 사용 예

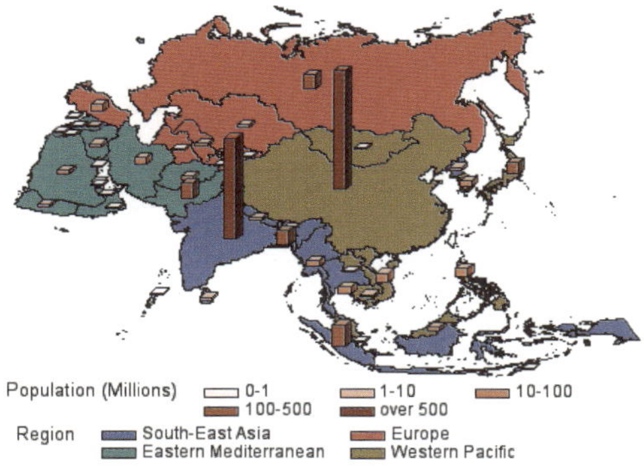

g. GMAP

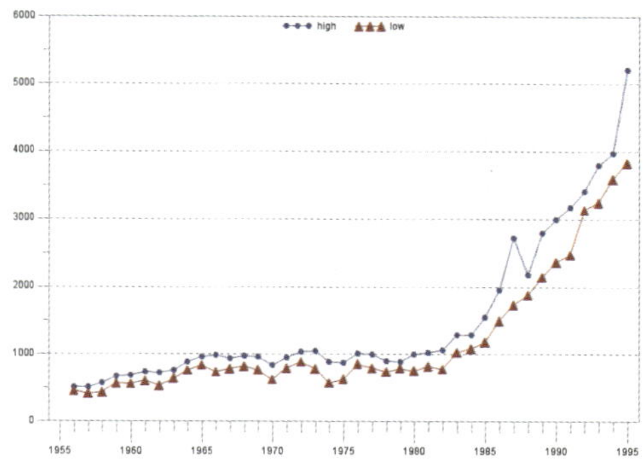

h. GPLOT

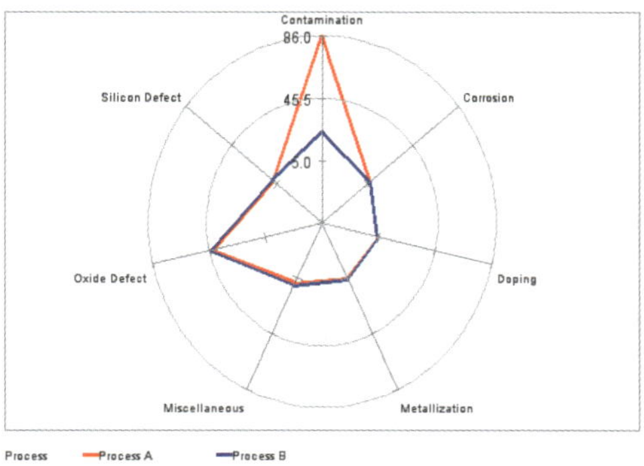

i. GRADAR

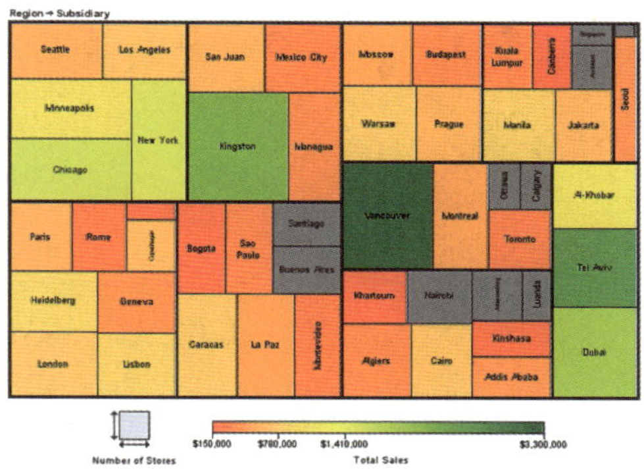

j. GTILE

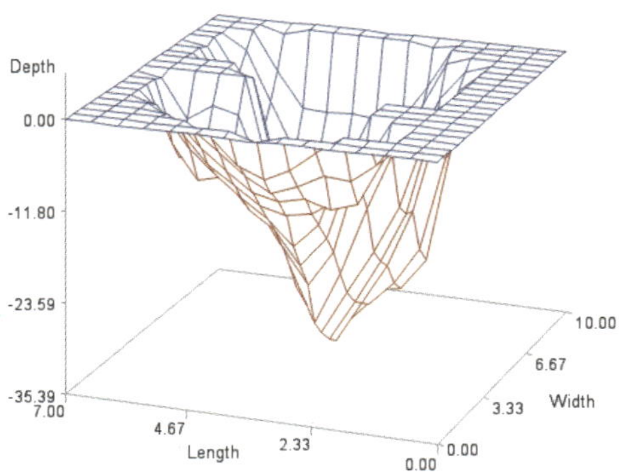

k. G3D

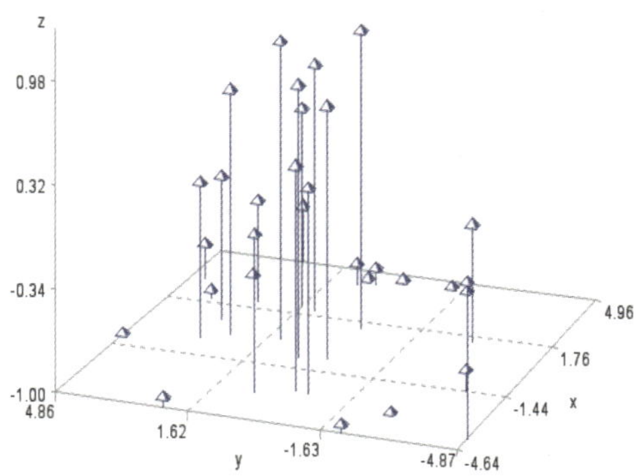

l. G3GRID

〈그림 9.1〉 SAS/GRAPH 프로시저의 사용 예(계속)

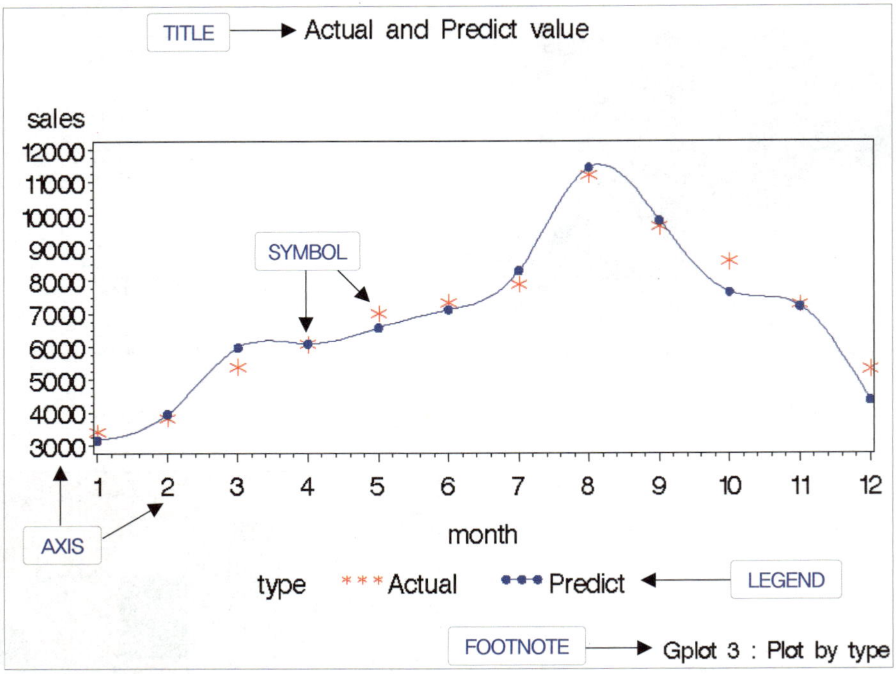

〈그림 9.2〉 SAS/GRAPH의 구성요소

9.2 SAS/GRAPH의 제어문

SAS/GRAPH에는 출력되는 그래프의 모양을 보기 좋게 만들기 위한 여러 종류의 제어문들이 있는데, 이 장에서는 각 제어문들이 가지는 기능과 용법을 설명할 것이다.

9.2.1 텍스트 조절을 위한 제어문

TITLE, FOOTNOTE, NOTE 명령문은 SAS/GRAPH에서 생성되는 도표, 플롯, 슬라이드에 제목, 각주, 주해를 첨가하고자 할 때 사용하는 제어문으로, 각 명령문의 사용형식은 아래와 같다.

```
TITLEn <text-argument(s)>;
FOOTNOTEn <text-argument(s)>;
NOTE <text-argument(s)>;
```

여기서 TITLE 및 FOOTNOTE 명령문 뒤의 *n*은 일련번호로, 한 번에 여러 개의 제목, 각주를 정의하여 출력하고자 할 때 사용한다. TITLE과 FOOTNOTE 명령문이 PROC 명령문 밖에서 사용되는 것과는 달리 NOTE 명령문은 반드시 PROC 명령문 안에서만 사용이 가능하다. 한편 "text-argument(s)"에서는 텍스트의 지정은 물론 텍스트의 글자체, 색상, 크기 등을 지정하기 위해 다양한 옵션을 사용할 수가 있는데, 그 내용을 보면 다음과 같다.

- FONT|F=: 텍스트의 글자체를 지정할 때 사용하며, 제공되는 글자체는 brush, centb, simplex 등이 있다. SAS/GRAPH에서 기본적으로 사용할 수 있는 한글 글자체로는 KGOTHB1(고딕체)이 있다.
- HEIGHT|H=글자의 크기<단위>: 텍스트의 글자크기를 지정하는 것으로 크기는 0보다 큰 값이고, 단위로는 CELLS(1cell=4mm), CM(센티미터), IN(인치) 등을 사용한다. 단위를 생략하면 CELLS를 기본값으로 사용한다.
- JUSTIFY|J=LEFT|CENTER|RIGHT: 텍스트의 위치(왼쪽, 중앙, 오른쪽)를 지정한다.
- BOX|BO=: 텍스트에 상자를 두를 때 사용하며, 선의 두께를 1, 2, 3, 4로 지정할 수 있다. 지정된 값이 1일 때 선의 두께가 가장 얇고, 지정된 값이 클수록 선의 두께는 굵어진다.
- ROTATE|R=각도: 텍스트에서 각 글자별로 회전각도를 지정할 때 사용하며, 양의 값을 지정하면 수평선을 기준으로 시계반대방향, 음의 값을 지정하면 시계방향으로 움직이며, 기본값은 0이다.
- ANGLE|A=각도: 텍스트 전체를 회전할 때 사용한다.
- COLOR|C=: 텍스트의 색깔을 지정할 때 사용한다.
- UNDERLIN|U=: 텍스트에 밑줄을 그을 때 사용하며, 밑줄선의 두께를 0, 1, 2, 3으로 지정할 수 있다. 큰 값을 지정할수록 두께가 굵어진다.

이 외에도 상자 안의 배경색을 지정하는 BCOLOR 옵션, 상자 속의 텍스트와 상자선 사이의 상하좌우의 공통간격을 지정하는 BSPACE 옵션, 제목과 주해 및 각주 아래의 간격을 조절하는 LSPACE 옵션 등이 있는데, 자세한 내용은 SAS 도움말 및 Online Document를 참조하기 바란다.

9.2.2 출력형태 조절을 위한 제어문

출력되는 그래프의 전반적인 모양새를 보기 좋게 하기 위해서 AXIS, LEGEND, SYMBOL 명령문을 사용할 수가 있다.

(1) AXIS 명령문

AXIS 명령문은 도표나 플롯에서 축의 형태, 위치, 값의 범위를 지정하여 축을 디자인하고자 할 때 사용하는 명령문으로, 다음의 형식을 가진다.

AXIS*n* <options>;

여기서 *n*은 축의 종류를 구별하는 데 사용되는 번호로, 최대 99개의 축을 정의할 수가 있다. AXIS 명령문에서는 축의 척도(axis scale), 형태, 눈금(tick mark), 텍스트(text)에 관한 옵션을 제공하고 있는데, 종류가 다양하고 사용방법이 복잡하다. 자주 많이 쓰이는 옵션들을 소개하면 다음과 같다.

- COLOR|C=: 축의 색깔을 지정한다. 사용할 수 있는 색깔은 BLACK, RED, GREEN, BLUE, ORANGE, PINK, BROWN, GRAY, MAGENTA, CYAN, YELLOW, WHITE 등이 있다.
- LABEL=(ANGLE=각도 COLOR=색상 FONT=글자체 HEIGHT=글자의 크기<단위> JUSTIFY= LEFT |CENTER|RIGHT ROTATE=각도 '이름'): 좌표축의 이름을 지정한다. 부가적으로 이름의 정렬방법, 글자체, 글자체의 크기와 색깔, 각도와 회전각도들을 '이름' 앞에 지정한다.
- MAJOR=(COLOR=색상 HEIGHT=눈금크기<단위> NUMBER=눈금의 수 WIDTH=눈금의 두께): 주눈금의 색깔, 크기, 두께와 눈금의 수를 지정한다.
- MINOR=(COLOR=색상 HEIGHT=눈금크기<단위> NUMBER=눈금의 수 WIDTH=눈금의 두께): 보조눈금의 색깔, 크기, 두께와 눈금의 수를 지정한다.
- OFFSET(시작위치<단위>, 끝위치<단위>): 수평축과 수직축에서 주눈금의 시작과 끝 위치를 지정한다.
- ORDER=(시작값 TO 종룟값 BY 증가분): 축의 시작값, 종룟값, 증가분을 지정하며, 주눈금으로 표시된다.

■ **WIDTH|W=**: 축의 두께를 지정하며, 1 이상의 값을 가진다. 지정된 값이 1일 때 축의 두께가 가장 얇고, 그보다 커지면 두께가 굵어진다.

<예 9.1>은 AXIS 명령문에서 축의 색상, 눈금의 크기와 두께, 글자체와 정렬방법 등을 지정한 것으로, 각 옵션의 사용방법을 눈여겨 보기 바란다.

예 9.1 AXIS 명령문의 사용 예

```
AXIS1  ORDER=(80 to 90 by 2) ①
       COLOR=BLACK ②
       LABEL=(JUSTIFY=C FONT=SWISSB HEIGHT=2 'year') ③
       MAJOR=(HEIGHT=0.75CM WIDTH=2) ④
       MINOR=(NUMBER=1 HEIGHT=0.5CM WIDTH=2) ⑤
       OFFSET(0,0) ⑥
       WIDTH=3; ⑦
```

① ORDER 옵션을 사용하여 주눈금의 값을 지정한 것으로, 시작값은 80, 종룟값은 90, 증가분은 2로 하였다.
② 축의 색상을 검정색으로 지정한 것이다.
③ LABEL 옵션을 이용하여 축의 이름은 year, 오른쪽 정렬, SWISSB 글자체, 크기는 2로 지정한 것을 알 수 있다.
④ 주눈금의 크기를 0.75 센티미터, 두께는 2로 지정한 것이다.
⑤ 보조눈금의 개수를 1, 크기는 0.5 센티미터, 두께는 2로 지정한 것이다.
⑥ 축의 시작과 끝을 주눈금으로 사용하라는 의미이다.
⑦ 축의 두께를 3으로 지정한 것이다.

축의 주눈금값으로 숫자가 아닌 특정한 문자나 이름을 이용하고자 한다면 어떻게 해야 할까? 이 경우 ORDER 옵션을 사용하여 'ORDER=('1st' '2nd')'와 같이 지정할 수도 있지만, VALUE 옵션을 사용하는 것이 일반적으로 더 유용하다. **VALUE 옵션**의 사용방법은 'VALUE=( )'로 괄호 안에 주눈금으로 사용할 문자나 이름을 'VALUE=('First' 'M' 'Third')'처럼 지정해 주면 된다. 또한 LABEL 옵션에서와 같이 정렬방법, 글자체, 글자체의 크기와 색상, 정렬방법, 각도와 회전각도를 부가적으로 지정할 수 있다.

<예 9.2>는 월의 이름과 연도를 주눈금으로 표시하고, 정렬방법을 지정한 것이다. 여기에서 눈여겨 볼 것은 'TICK=*n*'으로, *n*번째 주눈금값, 색깔, 크기 등을 정의하고자

할 때 사용한다는 것이다. 예를 들어, ①은 첫 번째 주눈금을 정의한 것으로, 눈금값은 1998, 눈금값의 색깔은 빨간색, 눈금값의 정렬은 중앙으로 지정한 것이다.

예 9.2 VALUE 옵션의 사용 예

```
AXIS1 LABEL=('Current' JUSTIFY=C 'Sales Projections')
     VALUE=(TICK=1 COLOR=RED  JUSTIFY=C '1998' ①
            TICK=2 COLOR=BLUE JUSTIFY=C '1999'
            TICK=3            JUSTIFY=C '2000'
            TICK=4            JUSTIFY=C '2001'
            TICK=5            JUSTIFY=C '2002')
     WIDTH=2;
```

(2) LEGEND 명령문

그래프에서 사용된 패턴이나 기호가 여러 가지인 경우에 각각의 사항들을 정의하기 위해서는 LEGEND 명령문을 사용하면 된다. AXIS 명령문과 마찬가지로 LEGEND 명령문은 최대 99까지 지정할 수 있고, 사용형식은 다음과 같다.

LEGEND*n* <options>;

여기서 *n*은 범례번호로 축의 종류를 구별하는 데 사용된다. LEGEND 명령문에서 사용할 수 있는 옵션들은 그 종류가 다양하고, 사용방법 또한 복잡하다. 주로 자주 사용되는 옵션들을 간략히 살펴보면 다음과 같다.

- ACROSS=: 한 줄에 표시되는 범례의 개수를 지정한다.
- CBORDER=: 범례를 둘러싸는 테두리의 색깔을 지정한다.
- FRAME: 범례를 상자 안에 출력할 때 사용한다.
- LABEL=(COLOR=색상 FONT=글자체 HEIGHT=글자의 크기<단위> JUSTIFY=L|C|R POSITION=(<BOTTOM|MIDDLE|TOP><LEFT|CENTER|RIGHT>) '이름'): 범례의 이름, 색깔, 글자체, 글자의 크기, 정렬방법, 위치를 지정한다.
- POSITION=(<BOTTOM|MIDDLE|TOP><LEFT|CENTER|RIGHT><OUTSIDE|INSIDE>): 그래프 위에 범례가 놓일 위치를 지정한다. 기본값은 POSITION=(TOP LEFT OUTSIDE)로, 수직위치는 위쪽, 수평위치는 왼쪽이고, 축의 바깥에 범례를 표시한다.

이 외에도 범례에 자세한 설명을 부여할 때 사용되는 VALUE 옵션, 범례를 그래프 내부에 정의하고자 할 때 사용되는 MODE 옵션 등이 있다.

(3) SYMBOL 명령문

SYMBOL 명령문은 주로 GPLOT 프로시저와 GCONTOUR 프로시저에서 관찰값들을 나타내는 기호, 색상, 기호의 크기, 관찰값을 연결하는 선의 종류, 연결선의 색상, 연결 방법 등을 정의하는 데 사용된다. SYMBOL 명령문을 사용하는 형식은 다음과 같다.

SYMBOL*n* <options>;

여기서 기호번호 *n*은 1에서 99까지 사용할 수 있다. 그래프의 구체적인 표현형태는 여러 가지 옵션을 통해 지정하게 되는데, 그 내용을 간략히 살펴보면 아래와 같다.

- COLOR|C=: 관찰값과 연결선의 색깔을 지정한다.
- CI=: 연결선의 색깔을 지정한다.
- CV=: 관찰값을 나타내는 기호의 색깔을 지정한다.
- HEIGHT|H=기호의 크기<단위>: 관찰값을 표현한 기호의 크기를 지정한다.
- INTERPOL|I=: 관찰값들을 연결하고 표현하는 방법을 지정한다. 주로 사용되는 옵션은 다음과 같은 것들이 있으며, 이 외에도 BOX, HILO, L, MAP, R, SM, STD, STEP과 같은 옵션을 사용할 수 있다.
  - INTERPOL=JOIN: 관찰값들을 직선으로 연결한다.
  - INTERPOL=NEEDLE: 관찰값으로부터 수평축에 수직선을 내린다.
  - INTERPOL=SPLINE: 운형곡선방법으로 관찰값들을 연결한다.
  - INTERPOL=NONE: 관찰값들을 서로 연결하지 않는다.
- LINE|L=: 관찰값을 연결하는 선의 종류를 지정하는 것으로, 1부터 46까지 사용할 수가 있다. 각 번호에 대한 선의 형태는 SAS 도움말이나 Online Document를 참고하기 바란다.
- VALUE|V=: 관찰값을 나타내는 기호를 지정한다. 기홋값으로는 모든 영문자와 숫자 및 특수기호의 이름을 사용할 수 있다.
- WIDTH|W=: 연결선의 두께를 지정한다.

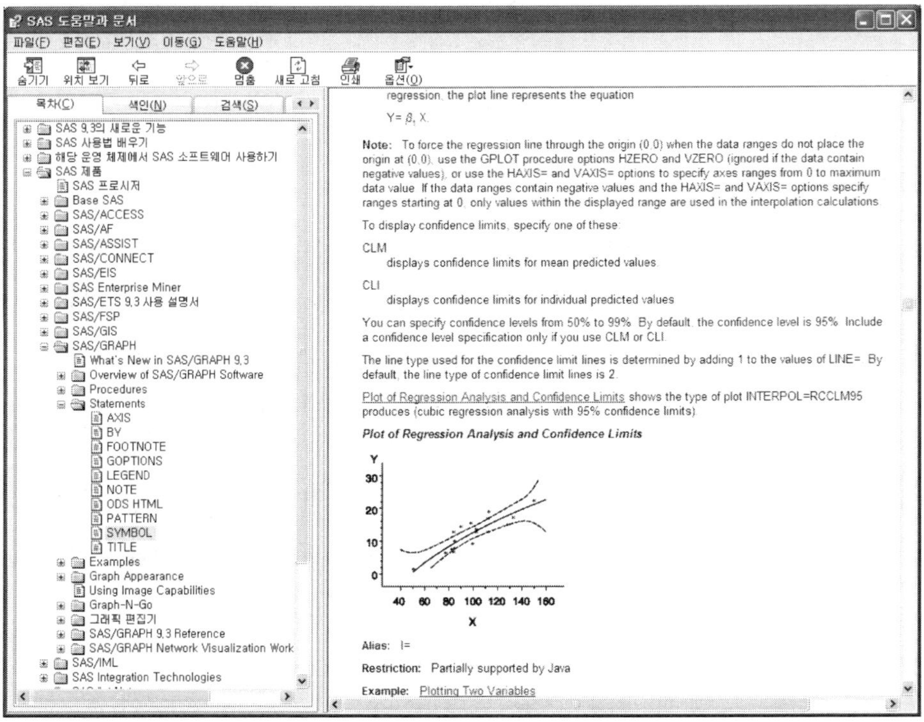

〈그림 9.3〉 INTERPOL=R 옵션에 대한 SAS 도움말

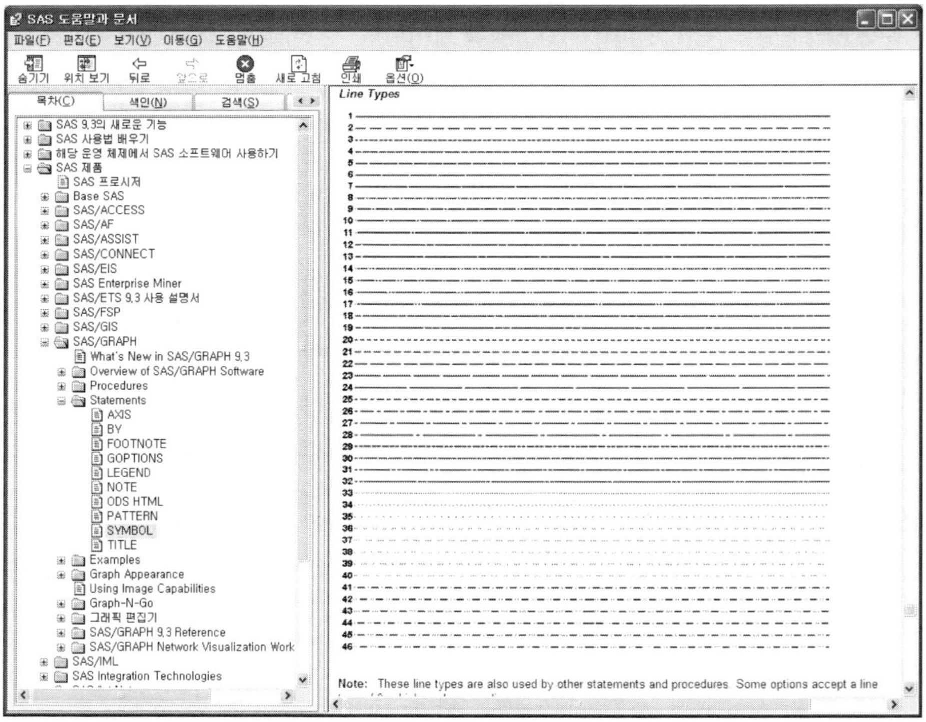

〈그림 9.4〉 LINE 옵션에 대한 SAS 도움말

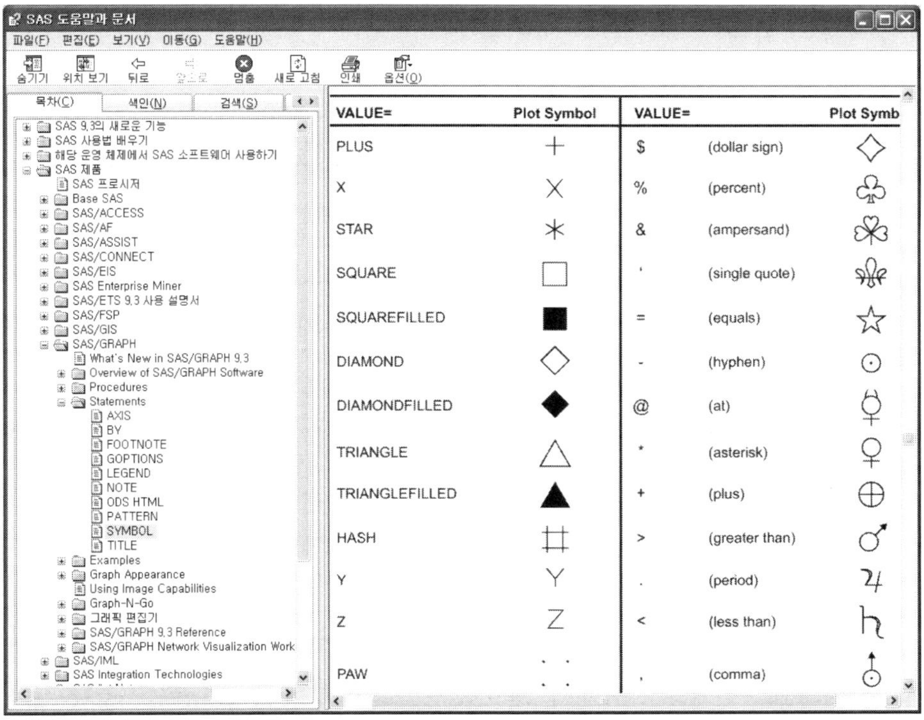

〈그림 9.5〉 VALUE 옵션에 대한 SAS 도움말

예 9.3 SYMBOL 명령문의 사용 예

```
SYMBOL1 V=CIRCLE CV=BLUE I=JOIN CI=BLUE W=2;
SYMBOL2 V=DOT CV=RED I=SPLINE CI=RED W=2;


PROC GPLOT DATA=sample;
    PLOT x_value* z_value=1 y_value*x_value=2 / OVERLAY;
RUN;
```

위의 <예 9.3>은 GPLOT 프로시저에서 SYMBOL 명령문을 사용한 것으로, 용법과 사용형식을 생각하며 주의 깊게 살펴보기 바란다. GPLOT 프로시저에 관해서는 다음 9.3절에서 자세히 설명하기로 한다.

9.2.3 시스템 환경설정을 위한 제어문

GOPTIONS 명령문은 시스템 환경설정과 관련한 명령문으로 SAS 프로그램에서 OPTIONS 명령문을 이용하여 제어하는 것처럼 SAS/GRAPH 프로시저에 의해 사용되는 그래프 속성과 출력장치 등 특정부분들을 제어하는 데 사용된다.

이 명령문은 SAS/GRAPH 프로그램의 어디에서나 사용이 가능하고, 한번 지정되고 나면 중간에 다른 GOPTIONS 명령문에 의해 변경이 되지 않은 한 SAS를 종료하기 전까지는 바뀌지 않는다. GOPTIONS 명령문에 의해 지정된 사항들은 프로시저 내에서 옵션을 이용하여 지정한 것들과 중복이 될 경우에는 유효하지 않게 된다. GOPTIONS 명령문을 사용하는 형식은 다음과 같고,

GOPTIONS <options>;

그래프의 출력물, 색상, 글자체, 프로그램의 실행, 출력장치 등을 제어하는 다양한 기능의 옵션들을 선택해서 지정할 수가 있다. 많은 옵션들 중에서 주로 유용하게 사용할 수 있는 것들을 간략하게 설명하면 다음과 같다.

- **ROTATE=**: 그래프를 출력할 방향을 지정한다. ROTATE=LANDSCAPE로 하면 가로방향으로 출력하고, ROTATE=PORTRAIT로 하면 그래프는 90도 회전하여 세로방향으로 출력한다.
- **FTEXT=**: 출력되는 모든 글자의 글자체를 지정한다. 부분적으로 다른 글자체를 사용하고 싶을 경우에는 TITLE 명령문이나 AXIS 명령문 등에서 다시 지정하면 된다.
- **RESET=**: 그래프과 관련해서 지정한 옵션들의 내용을 초기화한다. 이전에 지정한 모든 그래픽 옵션들을 초기화하려면 RESET=ALL로 하면 되고, 제어문(TITLE, FOOTNOTE, AXIS, LEGEND 명령문)에 의해 지정한 모든 내용들을 초기화하려면 RESET=GLOBAL로 하면 된다. 또한 특정한 제어문들의 효과를 없애려면 RESET=TITLE 또는 RESET=(TITLE AXIS)로 지정하면 된다.

9.3 도표 그리기
GCHART 프로시저

GCHART 프로시저는 여러 가지 형태의 도표를 그리는 기능을 가지고 있으며, 제공하는 도표의 종류를 보면 다음과 같다.

- **수직막대도표**: 주어진 중간점을 기준으로 해당구간의 도수나 백분율을 수직막대로 표현한 도표이다.
- **수평막대도표**: 수직막대도표를 수평으로 눕힌 도표이다.
- **블록도표**: 수평막대도표를 입체화시킨 형태로 3차원 기둥으로 표현한 도표이다.
- **파이도표**: 전체를 원으로 생각하여 변수의 수준에 따라 조각으로 표현한 도표이다.
- **별도표**: 파이도표를 변형한 것으로, 변수의 수준에 해당하는 비율 등의 값을 별조각으로 표현한 도표이다.

GCHART 프로시저는 기본적으로 텍스트 형태의 도표를 제공하는 Base SAS의 CHART 프로시저와 사용방법이 유사하며, 그래픽 모드에서 적용되는 별도의 옵션을 사용할 수가 있다.

일반적인 GCHART 프로시저의 사용형식은 다음과 같고, 그리고자 하는 도표의 종류에 따라 GCHART 프로시저 아래에 있는 명령문들을 선택해서 사용하면 된다.

GCHART Procedure의 일반적 사용형식

```
PROC GCHART DATA=SAS-data-set;
    HBAR chart-variable(s) / option(s);
    VBAR chart-variable(s) / option(s);
    BLOCK chart-variable(s) / option(s);
    PIE chart-variable(s) / option(s);
    STAR chart-variable(s) / option(s);
RUN;
```

한편 GCHART 프로시저에서는 PATTERN 명령문을 이용하여 막대나 파이의 모양과 색상 등을 지정하여 도표의 형태를 바꿀 수가 있다. **PATTERN 명령문**의 사용형식 및 주요 옵션들은 다음과 같다.

PATTERN <options>;

- COLOR=: 막대나 파이의 색깔을 지정한다.
- VALUE=: 막대나 파이의 내부 모양을 정의하며, 다음과 같은 모양들을 지정할 수 있다.
  - EMPTY: 막대나 파이의 내부를 빈 공간으로 한다.
  - SOLID: 막대나 파이의 내부를 COLOR 옵션에서 지정한 색깔로 채운다.
  - L〈음영값〉|R〈음영값〉|X〈음영값〉: 막대의 무늬를 지정한다. 음영값은 음영의 정도를 지정하며, 1이 가장 엷고 5가 가장 진하다.
  - P〈음영값〉N〈각도〉|P〈음영값〉X〈각도〉: 파이의 무늬를 지정한다. 각도는 수직축으로부터 무늬의 각도를 지정하며, 기본값은 0이다.

9.3.1 수직막대도표

수직막대도표를 그리기 위해서는 VBAR 명령문을 사용하면 된다. **VBAR 명령문**에서 제공되는 옵션들은 여러 가지가 있는데, 자주 이용되는 옵션들을 살펴보면 아래와 같다.

- TYPE=: 막대도표들이 표시할 값을 지정하며, FREQ(도수), CFREQ(누적도수), PERCENT (백분율), CPERCENT(누적백분율), SUM(합계), MEAN(평균) 등이 사용가능하다.
- CAXIS|COUTLINE|CTEXT=: 축, 테두리, 글자의 색깔을 지정한다.
- GROUP=변수: 지정된 변수별로 다른 도표를 그린다.
- SUBGROUP=변수: 지정된 변수별로 막대를 나누어서 그린다.
- SUMVAR=변수: 도수 대신에 지정된 변수의 합계를 표시한다.
- DISCRETE: 숫자변수의 각 값에 대해 막대나 파이로 표시하고자 할 때 지정한다.
- WIDTH=: 막대의 너비를 지정한다.
- SPACE=: 막대 간의 간격을 지정한다.
- MIDPOINT=시작값 TO 종룟값 BY 증가분|시작값, ...,종룟값: 수평축의 크기를 조절하는 것으로, MIDPOINT=10 TO 70 BY 20 또는 MIDPOINT=10,20,30으로 지정하면 된다.
- RAXIS=시작값 TO 종룟값 BY 증가분|시작값, ...,종룟값: 수직축의 크기를 조절한다.

<예 9.4>는 연령별로 선호하는 청량음료를 알아보기 위해 20대, 30대, 40대 각 40명씩을 조사하여 얻은 데이터인데, 이 데이터를 이용하여 직접 수직막대도표를 그려 보도록 하자.

예 9.4 VBAR 명령문의 사용 예

```
DATA mysas.beverage;
   INPUT age $ drink $ count @@;
CARDS;
20 Coke 10 20 Pepsi 14 20 Fanta  4 20 Others 12
30 Coke 13 30 Pepsi  9 30 Fanta 10 30 Others  8
40 Coke 12 40 Pepsi  8 40 Fanta 10 40 Others 10
;
RUN;

GOPTIONS BORDER; ①
TITLE F=CENTB H=3 'Beverage Preference'; ②
FOOTNOTE F=SWISSB H=1.5 J=R 'Gchart 1: Vertical Bar Chart'; ③
PATTERN C=BLUE VALUE=X1; ④

PROC GCHART DATA=mysas.beverage;
   VBAR drink / FREQ=count TYPE=PERCENT CTEXT=RED; ⑤
RUN;

FOOTNOTE F=SWISSB H=1.5 J=R 'Gchart 2: Vertical Bar Chart';

PROC GCHART DATA=mysas.beverage;
   VBAR age / FREQ=count TYPE=PERCENT GROUP=drink CTEXT=RED; ⑥
RUN;
```

---

① 그래프의 출력물 주위에 테두리를 두르기 위해 GOPTIONS 명령문에서 BORDER 옵션을 지정한 것이다.

②와 ③은 출력되는 그래프에 제목과 각주를 첨가하기 위해 지정한 것으로, 제목에 대한 글자체는 CENTB, 크기는 3cells로 하였고, 각주인 경우는 글자체로 SWISSB, 크기는 1.5cells, 오른쪽 정렬방식으로 한 것을 볼 수 있다.

④ 막대의 모양과 색깔을 각각 격자무늬와 파란색으로 하라고 지정한 것이다.

⑤ 청량음료에 대한 수직막대도표를 그리기 위해 VBAR 명령문을 사용한 것이다.

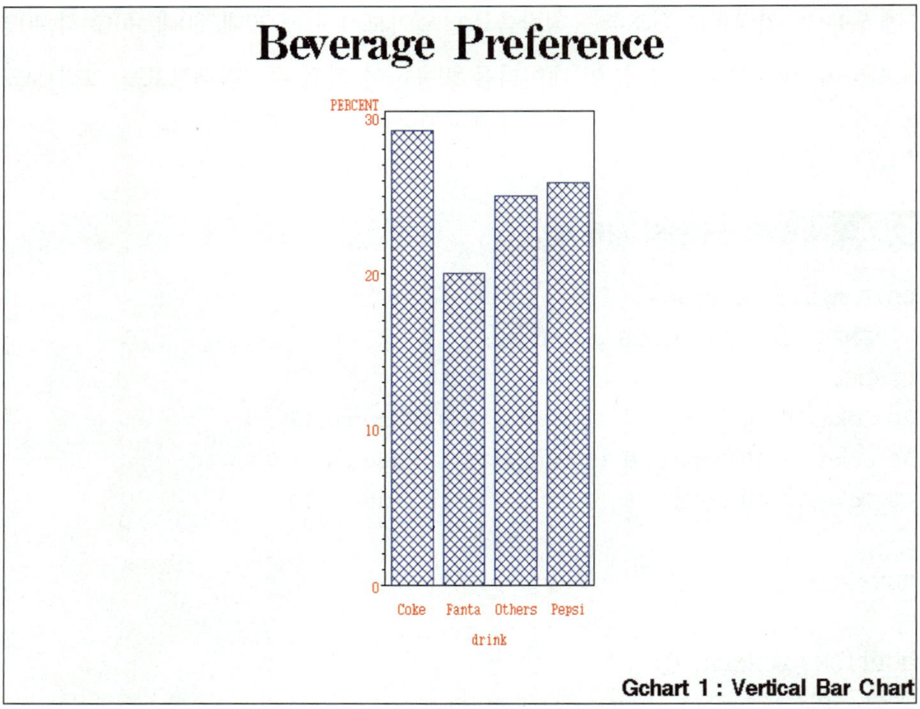

〈그림 9.6〉 수직막대도표

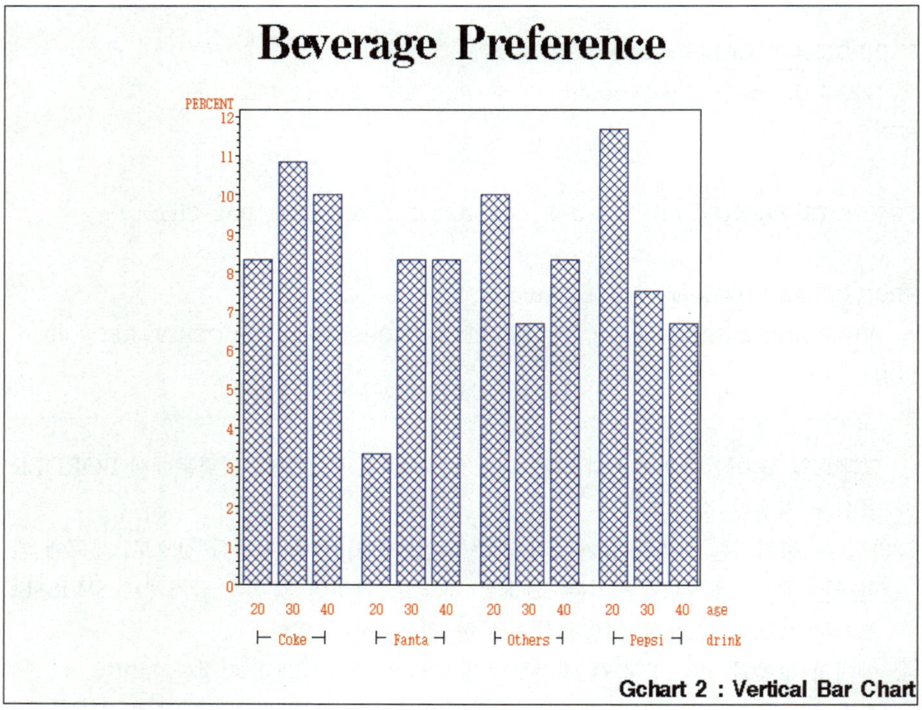

〈그림 9.7〉 수직막대도표: GROUP 옵션의 사용

<예 9.4>에서 ⑤에 지정된 옵션들을 보면 **FREQ=**count로 지정하여 도수로 변수 count를 사용하고 있다. 생략하면 Coke에 해당하는 도수는 실제는 35이지만 연령별 각각의 도수 10, 13, 12를 수자로 생각하여 3으로 처리하므로 각 범주에 해당하는 값이 도수인 경우에는 반드시 지정해 주어야 한다.

또한 백분율을 기준으로 수직막대도표를 그리기 위해 **TYPE 옵션**에서 PERCENT를 지정하였고, 도표에 나타난 글자들의 색깔을 파란색으로 하기 위해 **CTEXT 옵션**에서 RED로 지정하였다. 연령에 대한 수직막대도표를 청량음료별로 각각 따로 그리기 위해서는 ⑥에서 보는 바와 같이 **GROUP 옵션**을 지정해 주면 된다.

<예 9.4>의 프로그램을 실행시키면 <그림 9.6> 및 <그림 9.7>과 같은 수직막대도표가 그려진다.

9.3.2 수평막대도표

HBAR 명령문은 수평막대도표를 그리기 위해 사용되는 명령문으로, VBAR 명령문의 용법과 유사하며, VBAR 명령문에서 사용할 수 있는 옵션을 HBAR 명령문에도 그대로 적용하면 된다. 청량음료 데이터를 이용하여 수평막대도표를 그려보도록 하자. <예 9.5>는 앞의 <예 9.4>에 대한 수평막대도표를 그리는 프로그램으로, VBAR 명령문 대신에 HBAR 명령문을 사용한 것을 알 수 있다.

예 9.5 HBAR 명령문의 사용 예

```
GOPTIONS BORDER;
TITLE F=CENTB H=3 'Beverage Preference';
FOOTNOTE F=SWISSB H=1.5 J=R 'Gchart 3: Horizontal Bar Chart';
PATTERN C=BLUE;

PROC GCHART DATA=mysas.beverage;
   HBAR drink / FREQ=count TYPE=PERCENT;
RUN;
```

다음 <그림 9.8>은 <예 9.5>의 프로그램을 실행하면 출력되는 도표로, 청량음료별로 각각 도수, 누적도수, 백분율, 누적백분율이 자동적으로 출력이 된 것을 볼 수 있다.

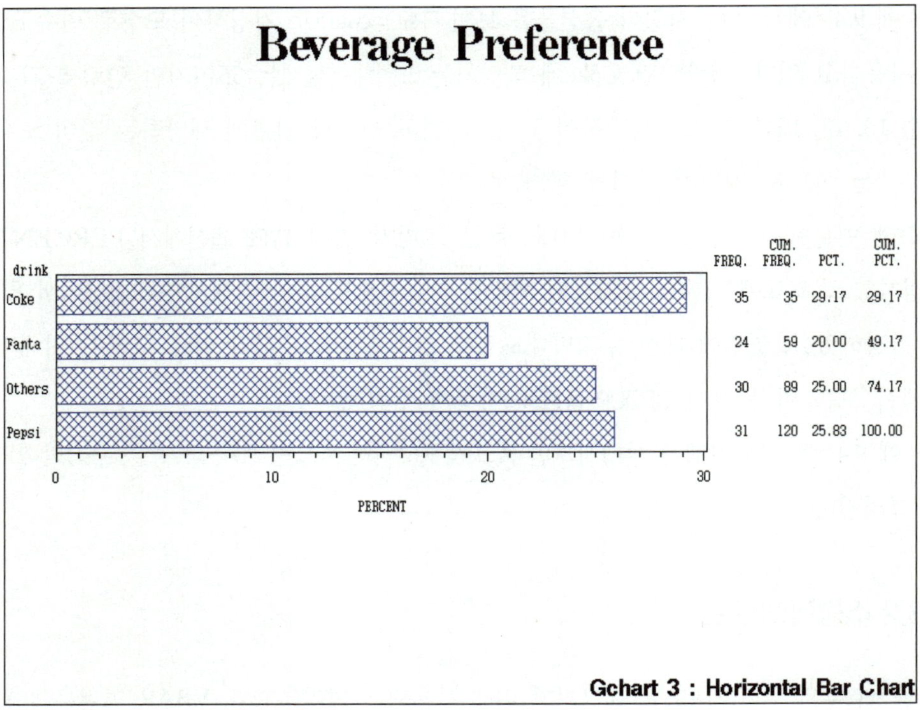

〈그림 9.8〉 수평막대도표

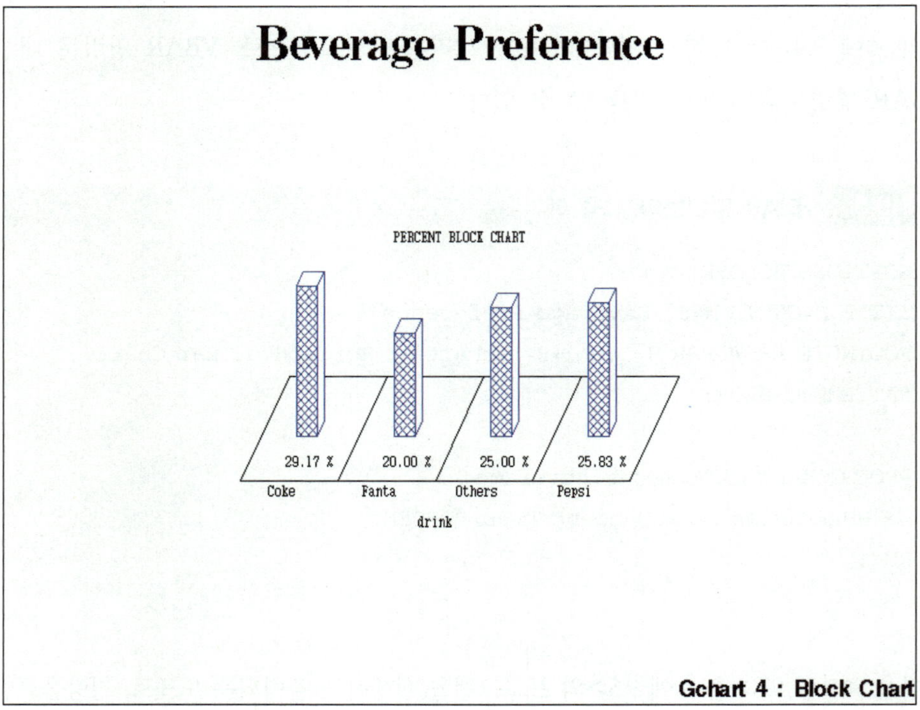

〈그림 9.9〉 블록도표

9.3.3 블록도표

수직막대도표를 입체화시킨 형태로, 3차원 기둥으로 표현한 블록도표를 그리기 위해서는 **BLOCK 명령문**을 이용하면 되고, 사용방법은 VBAR 명령문의 경우와 크게 다를 바 없다. <예 9.6>은 <예 9.4>의 수직막대도표를 입체화한 블록도표를 그리는 프로그램으로, 출력되는 도표는 <그림 9.9>와 같다.

예 9.6 BLOCK 명령문의 사용 예

```
GOPTIONS BORDER; TITLE F=CENTB H=3 'Beverage Preference';
FOOTNOTE F=SWISSB H=1.5 J=R 'Gchart 4: Horizontal Bar Chart';
PATTERN C=BLUE;

PROC GCHART DATA=mysas.beverage;
   BLOCK drink / FREQ=count TYPE=PERCENT;
RUN;
```

9.3.4 파이도표

PIE 명령문은 파이도표를 그리기 위해 사용되고, 지정 가능한 옵션을 소개하면 아래와 같다.

- **ANGLE=**: 파이조각의 초기 각도를 지정한다. 기본값은 0이다.
- **FILL=SOLID|X**: 파이조각을 격자무늬로 표시한다.
- **SLICE=**: 파이조각의 이름표 위치를 지정하며, 사용할 수 있는 값들로는 NONE, ARROW, INSIDE, OUTSIDE가 있다.
- **PERCENT=**: 파이조각이 차지하는 백분율의 위치를 지정하며, 사용할 수 있는 값은 SLICE 옵션의 경우와 동일하다.
- **VALUE=**: 파이조각에 대한 통계량의 위치를 지정한다. 사용할 수 있는 값은 SLICE 옵션의 경우와 동일하다.
- **OTHER=**: 아주 작은 조각을 합칠 때 하나로 합쳐지는 작은 조각의 수를 지정한다.

<예 9.7>은 PIE 명령문을 선택하여 파이도표를 그리는 프로그램으로, 옵션을 이용하여 파이조각에 대한 도수, 백분율과 이름표의 출력위치를 지정한 것이 VBAR 명령문, HBAR 명령문, BLOCK 명령문과는 다른 부분임을 볼 수 있다.

예 9.7 PIE 명령문의 사용 예

```
GOPTIONS BORDER;
TITLE F=CENTB H=3 'Beverage Preference';
FOOTNOTE F=SWISSB H=1.5 J=R 'Gchart 5 : Pie Chart';

PROC GCHART DATA=mysas.beverage;
   PIE drink / FREQ=count CFILL=WHITE SLICE=ARROW
               PERCENT=INSIDE VALUE=INSIDE;
RUN;
```

여기서 CFILL=WHITE는 파이조각들의 색깔을 흰색으로 하라는 것이고, SLICE=ARROW는 파이조각의 이름표를 파이밖에 화살표로 연결하여 출력하라는 의미이다. 또한 PERCENT=INSIDE는 전체에서 파이조각이 차지하는 백분율을 파이 안쪽에 출력하라고 지정한 것이고, 각 파이조각에 해당하는 도수를 파이 안쪽에 출력하기 위해 VALUE=INSIDE로 지정한 것을 알 수 있다. 그려지는 도표의 형태는 <그림 9.10>과 같게 된다.

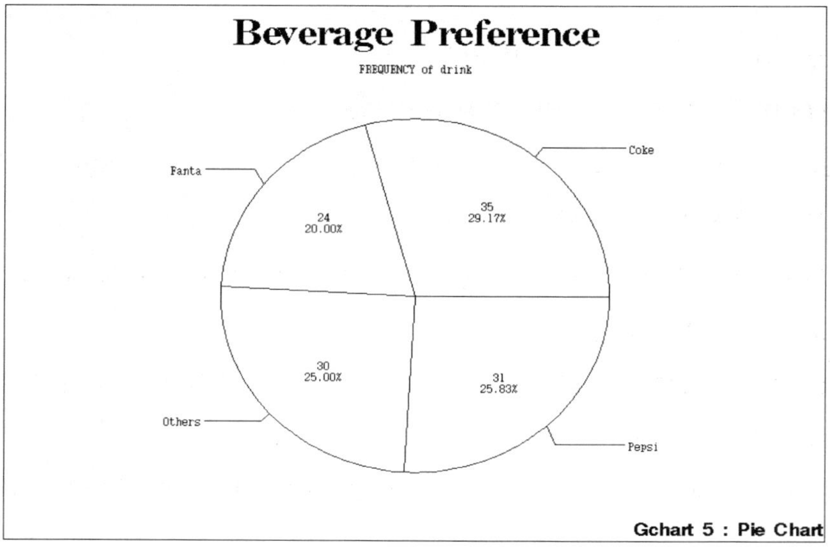

〈그림 9.10〉 파이도표

9.4 이차원 그래프 그리기
GPLOT 프로시저

두 변수 간의 산점도를 포함한 다양한 형태의 2차원 그래프를 고해상도 그래픽 모드로 그리려면 GPLOT 프로시저를 이용하면 된다. **GPLOT 프로시저**에서 제공하는 그래프의 종류는 산점도(scatter plot), 여러 개의 그래프를 겹쳐서 하나로 그린 오버레이 플롯(overlay plot), 거품도(bubble plot) 등이 있다. GPLOT 프로시저에서는 기본적으로 PLOT 프로시저에서 사용되는 모든 문법을 사용할 수 있고, 그래프의 표현과 관련된 여러 가지 옵션들을 추가적으로 제공하고 있다. 일반적으로 GPLOT 프로시저는 다음과 같은 사용형식을 가지고 있다.

GPLOT Procedure의 일반적 사용형식

```
PROC GPLOT DATA=SAS-dataset;
     PLOT yvariable*xvariable / option(s);
     PLOT2 yvariable*xvariable / option(s);
     BUBBLE yvariable*xvariable=zvariable / option(s);
      BUBBLE2 yvariable*xvariable=zvariable / option(s);
RUN;
```

프로시저 아래의 부속문은 그리고자 하는 그래프의 종류를 지정하는 명령문으로, 산점도를 그리려면 PLOT 명령문 혹은 PLOT2 명령문을, 거품도를 그리려면 BUBBLE 명령문이나 BUBBLE2 명령문을 선택해서 사용하면 된다. 또한 GPLOT 프로시저는 많은 경우 출력되는 그래프의 모양새를 다듬기 위해 SYMBOL 명령문, AXIS 명령문과 함께 사용된다.

PLOT 명령문에서는 PLOT 프로시저의 PLOT 명령문에서 사용되는 옵션 모두를 사용할 수 있고, 추가적으로 제공되는 옵션 일부를 살펴보면 다음과 같다.

- **FRAME|NOFRAME**: 그래프 주위에 상자를 그리거나 그리지 않게 한다.
- **GRID**: 그래프의 바탕에 눈금선을 그린다.
- **CFRAME=**: 그래프의 바탕색을 지정한다.
- **LEGEND|LEGEND=**LEGEND*n*: 그래프에서 관찰값들의 범례를 표시를 지정한다.

LEGEND를 사용하면 SAS/GRAPH 안에서 정의된 범례를 표시해 주며, LEGEND=LEGEND*n*으로 하면 LEGEND 명령문에서 *n*번째 정의된 범례를 표시해 준다.

- **HREF|VREF=:** 주어진 값에서 수평보조선, 수직보조선을 긋는다.
- **CAXIS|CVREF|CHREF|CTEXT=:** 축, 수직보조선, 수평보조선, 글자의 색깔을 지정한다.
- **NOAXIS:** 축뿐만 아니라 축의 이름, 주눈금, 보조눈금, 눈금값들을 보이지 않게 한다.
- **VRESERVE:** 수직축의 값을 역순으로 만든다.

한편 **PLOT2 명령문**은 두 개의 그래프를 하나의 그래프로 그리되 두 번째 그래프의 수직축을 오른쪽에 표시하고자 할 때 사용하는 명령문으로 반드시 PLOT 명령문과 함께 사용해야만 한다. PLOT2 명령문에서 지정 가능한 옵션은 몇 가지를 제외하고는 PLOT 명령문의 것과 동일하다.

거품도를 그릴 때에는 PLOT 명령문 대신에 BUBBLE 명령문을 사용하면 되고, 왼쪽에 지정한 두 개의 변수가 만나는 관찰값에 오른쪽에서 지정한 세 번째 변숫값의 크기에 비례하는 거품을 표시하게 된다. **BUBBLE 명령문**의 옵션들 중 자주 사용되는 것들을 살펴보면 다음과 같다.

- **BLABEL:** 세 번째 변숫값을 거품의 이름표로 표시한다.
- **BFONT:** 거품 이름표의 글자체를 지정한다.
- **BCOLOR=:** 거품의 색깔을 지정한다.
- **BSIZE=:** 거품의 크기를 지정하며, 기본값은 5이다.

BUBBLE2 명령문의 역할은 PLOT2 명령문과 경우와 동일하고, BUBBLE 명령문의 옵션을 그대로 사용하면 되므로 따로 설명을 하지 않는다.

9.4.1 산점도

GPLOT 프로시저를 이용하여 산점도를 그려보도록 하자. 여기서 사용된 데이터는 SAS/GRAPH 도움말에 수록되어 있는 박테리아 데이터이며, 원데이터와 산점도를 그리기 위한 프로그램은 <예 9.8>과 같다. 이 프로그램에서 사용된 제어문의 용법에 대해서는 이미 <9.2 절>에서 다루었으므로 별도의 설명을 하지 않을 것이다.

예 9.8 PLOT 명령문의 사용 예

```
DATA mysas.bacteria;
   INPUT temp div mass life @@;
CARDS;
10 3 10 1  20 22 46 0  30 23 20 9   40 42 16 16  50 33 20 6
10 1 11 2  20 01 44 2  30 21 31 10  40 41 14 12  50 31 21 7
10 4 14 3  20 13 32 4  30 24 34 9   40 43 22 14  50 34 24 2
10 2 09 2  20 12 40 6  30 26 29 8   40 42 20 16  50 26 29 4
10 3 08 3  20 09 33 8  30 24 38 11  40 39 23 18  50 34 38 2
10 2 09 1  20 08 38 1  30 25 47 14  40 38 18 12  50 43 44 1
10 4 10 3  20 15 42 3  30 29 30 14  40 35 22 14  50 39 20 8
10 3 11 2  20 20 36 5  30 28 31 9   40 40 26 15  50 28 31 0
10 2 15 3  20 19 35 7  30 26 25 11  40 39 25 17  50 26 15 4
10 4 12 3  20 14 33 2  30 27 22 8   40 36 23 12  50 27 22 3
10 4 13 3  20 12 37 4  30 26 33 9   40 42 27 14  50 26 33 5
10 2 17 1  20 10 39 6  30 25 43 13  40 40 29 16  50 35 43 7
10 3 14 1  20 08 38 4  30 28 34 8   40 38 28 14  50 28 34 4
10 1 12 1  20 06 41 2  30 26 32 14  40 36 21 12  50 21 22 2
10 1 11 4  20 09 32 2  30 27 31 8   40 39 22 12  50 37 31 2
10 1 20 2  20 11 32 5  30 25 32 16  40 41 22 15  50 35 22 5
10 4 09 2  20 13 39 1  30 28 29 12  40 43 19 15  50 28 29 1
10 3 02 2  20 09 32 5  30 26 32 9   40 39 22 15  50 36 22 5
10 2 05 3  20 07 35 4  30 24 35 15  40 37 25 14  50 24 35 4
10 3 08 1  20 05 38 6  30 23 28 9   40 35 28 16  50 33 28 6
;
RUN;

TITLE 'Effect of Temperature on the Number' J=C
      'and Size of Bacterial Divisions';
FOOTNOTE F=SWISSB H=1.5 J=R 'Gplot 1 : Scatter Plot';
SYMBOL I=NEEDLE H=1 VALUE=DOT;
AXIS1 LABEL=('Size (in Angstroms)');
AXIS2 LABEL=('Divisions');

PROC GPLOT DATA=mysas.bacteria;
   PLOT div*mass / HAXIS=AXIS1 VAXIS=AXIS2 FRAME;
RUN;
```

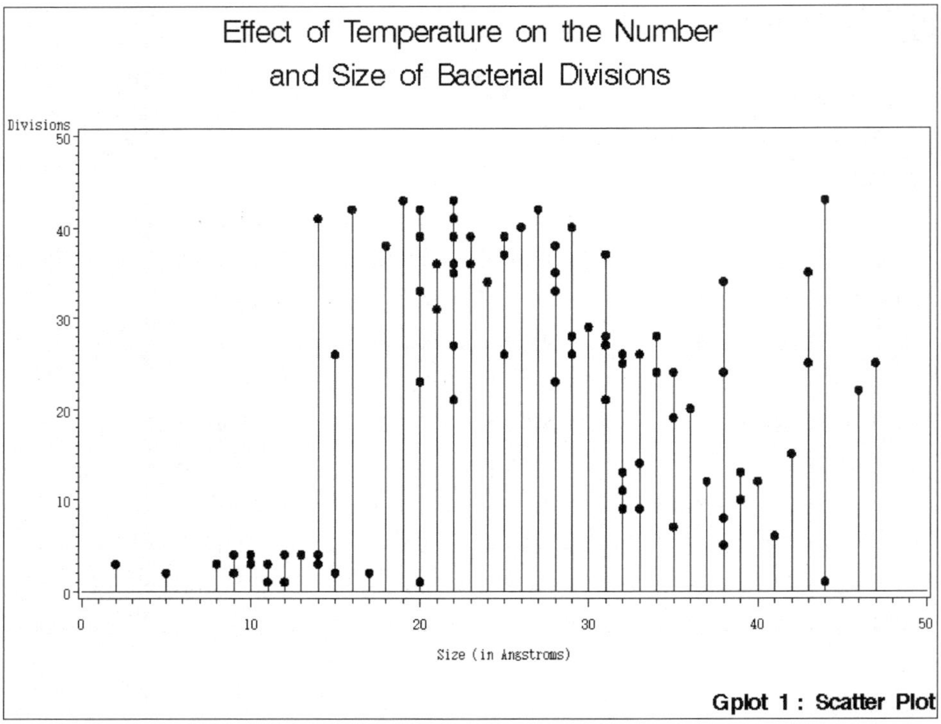

〈그림 9.11〉 산점도

앞의 프로그램에서 **TITLE 명령문**을 보면 J(JUSTIFY) 옵션 양쪽에 제목이 지정된 것을 볼 수 있는데, 그 의미는 먼저 'Effect of Temperature on the Number'를 중앙으로 정렬하고 줄을 바꾸어서 'and Size of Bacterial Divisions'를 중앙으로 정렬시켜 출력하라는 뜻이다.

두 변수 div와 mass에 대한 산점도를 그리기 위해 **PLOT 명령문**에서 div*mass로 하였고, 추가적으로 지정한 HAXIS 옵션과 VAXIS 옵션은 수평축과 수직축의 이름표와 주눈금값을 부여하는 것으로, 여기서는 AXIS 명령문에 의해 정의된 것을 사용하도록 지정했다. 각 제어문의 용법과 옵션으로 지정한 내용들의 의미를 상기하면서 <그림 9.11>에 제시된 산점도를 잘 살펴보기 바란다.

다음에는 여러 개의 산점도를 겹쳐서 하나의 산점도로 표현하는 방법을 생각해 보자. 산점도들을 겹쳐 그리기 위해서는 PLOT 명령문에서 **OVERLAY 옵션**을 지정하면 된다. <예 9.9>는 변수 div와 mass, 변수 life와 mass에 대한 두 개의 산점도를 겹쳐 그리는 프로그램이다. 프로그램을 살펴보면 두 개의 **SYMBOL 명령문**이 나타나고 있는데, 이는 각 산점도에서 표현될 관찰값들의 기호와 색깔을 다르게 정의하여 사용하기 위한 것이다.

예 9.9 OVERLAY 옵션의 사용 예

```
TITLE 'Effect of Temperature on the Number' J=C
     'and Size of Bacterial Divisions';
FOOTNOTE F=SWISSB H=1.5 J=R 'Gplot 2 : Overlay Plot';
SYMBOL1 I=NONE H=1 VALUE=DOT CV=BLUE;
SYMBOL2 I=NONE H=1 VALUE=CIRCLE CV=BLACK;

PROC GPLOT DATA=mysas.bacteria;
   PLOT div*mass=1 life*mass=2 / OVERLAY FRAME;
RUN;
```

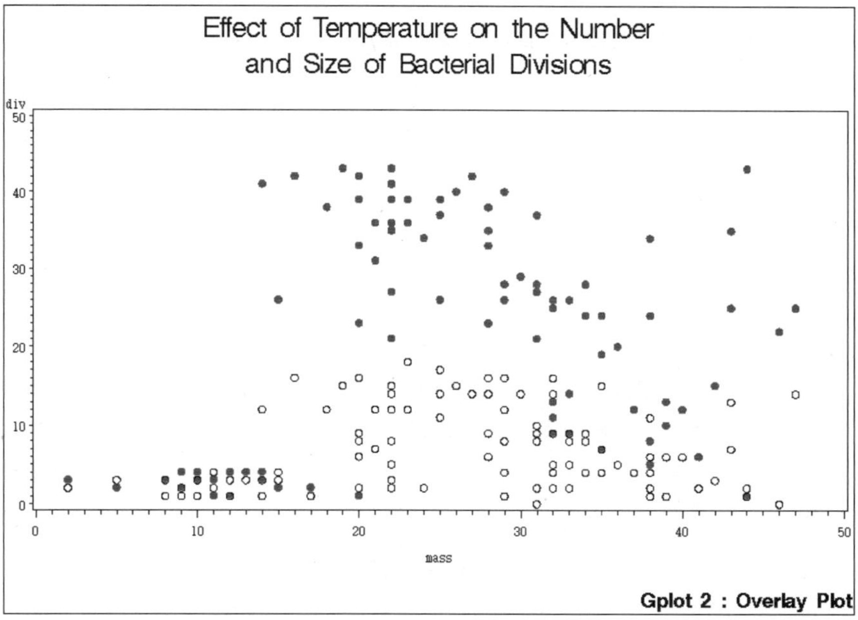

〈그림 9.12〉 오버레이 플롯

<예 9.9>의 **PLOT 명령문**에서는 변수 div와 mass 그리고 변수 life와 mass에 관한 개별적인 산점도를 그리고, SYMBOL 명령문에서 정의된 기호와 색깔을 사용하여 각 산의 관찰값들을 구분해서 표현하기 위해 'div*mass=1 life*mass=2'로 지정하였다. 그리고 OVERLAY 옵션을 지정하여 두 개의 산점도를 겹쳐 그릴 것을 지시하고 있다. <그림 9.12>는 <예 9.9>의 실행결과이다.

PLOT 명령문에서 OVERLAY 옵션을 지정하여 두 개의 산점도를 겹쳐 그릴 때 각 수직축들이 따로 표시되지 않는다. 구분해서 표시하고자 할 경우에는 **PLOT2 명령문**을 사용하면 된다. PLOT2 명령문은 두 개의 산점도를 하나의 산점도로 그리되 두 번째 산점도의 수직축을 오른쪽에 표시하고자 할 때 사용하는 명령문으로, 반드시 PLOT 명령문과 함께 사용해야만 한다. <예 9.10>은 <예 9.9>에서 OVERLAY 옵션 대신에 PLOT2 명령문을 적용한 것으로, 실행을 하면 <그림 9.13>의 산점도를 얻을 수 있다.

예 9.10 PLOT2 명령문의 사용 예

```
TITLE 'Effect of Temperature on the Number' J=C
      'and Size of Bacterial Divisions';
FOOTNOTE F=SWISSB H=1.5 J=R 'Gplot 3 : Plot using PLOT2';
SYMBOL1 I=NONE H=1 VALUE=DOT CV=BLUE;
SYMBOL2 I=NONE H=1 VALUE=CIRCLE CV=BLACK;

PROC GPLOT DATA=bacteria;
   PLOT div*mass=1;
   PLOT2 life*mass=2;
RUN;
```

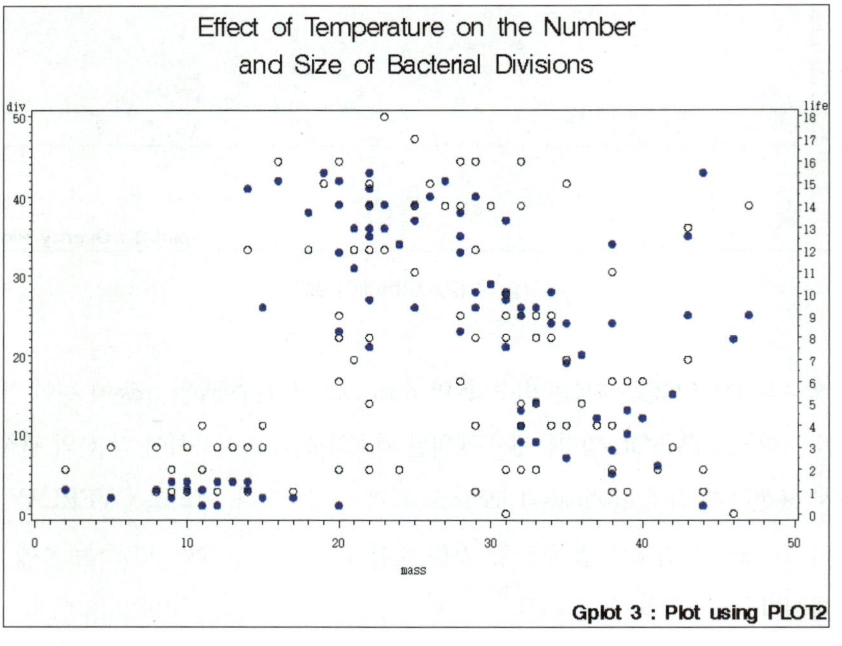

〈그림 9.13〉 PLOT2 명령문에 의한 오버레이 플롯

예 9.11 특정 변수의 범주별 플롯 그리기

```
DATA mysas.sales;
   INPUT month type $ sales @@;
   ymd=MDY(month,1,2002);
   FORMAT ymd YYMM8.;
CARDS;
 1 Actual   3405   1 Predict  3167
 2 Actual   3851   2 Predict  3967
 3 Actual   5404   3 Predict  5982
 4 Actual   6089   4 Predict  6103
 5 Actual   7012   5 Predict  6581
 6 Actual   7345   6 Predict  7127
 7 Actual   7894   7 Predict  8309
 8 Actual  11230   8 Predict 11451
 9 Actual   9656   9 Predict  9836
10 Actual   8596  10 Predict  7664
11 Actual   7294  11 Predict  7231
12 Actual   5335  12 Predict  4391
;
RUN;

GOPTIONS FTEXT=SWISS;
TITLE 'Actual and Predict value' J=C;
FOOTNOTE H=1.5 J=R 'Gplot 3 : Plot by type';
SYMBOL1 I=NONE H=2 VALUE=STAR CV=RED;
SYMBOL2 I=SPLINE H=1 VALUE=DOT CV=BLUE;

PROC GPLOT DATA=mysas.sales;
   PLOT sales*month = type / FRAME;
RUN;
```

GPLOT 프로시저에서는 특정 변수의 여러 범주별로 서로 다른 형태의 플롯을 함께 작성하는 것도 가능하다. <예 9.11>의 데이터를 살펴보면 변수 type에 의해 매출액(sales)이 구분되어 있다는 것을 알 수 있다. 이러한 경우에는 다음과 같은 형식으로

PLOT y_variable * x_variable = type_variable;

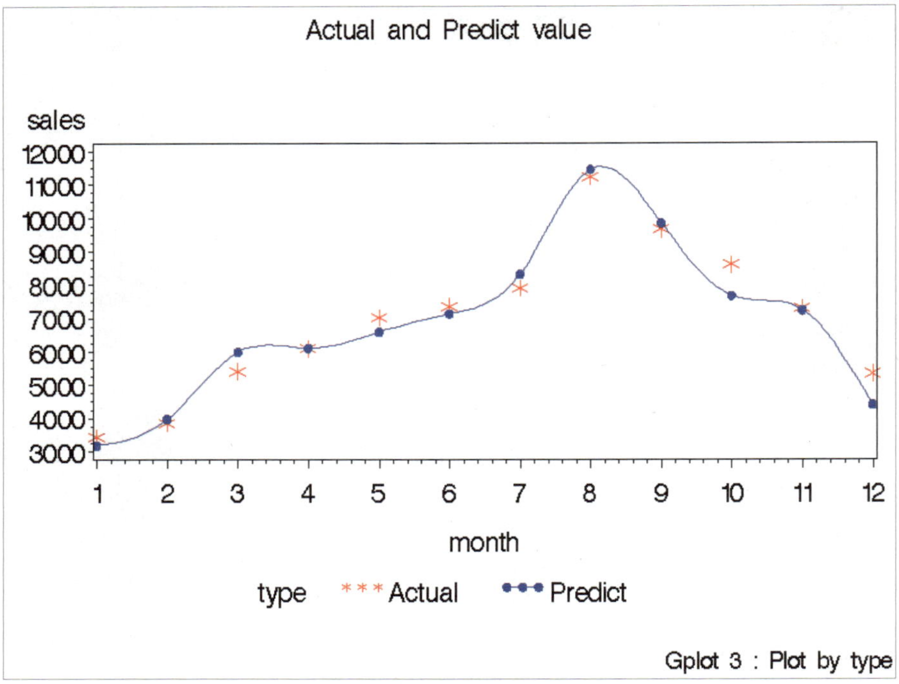

〈그림 9.14〉 범주별로 그려진 플롯

Type Variable을 지정하면 <그림 9.14>에서와 같이 지정된 SYMBOL 명령문의 설정에 따라 서로 다른 형태의 플롯이 함께 그려지게 된다.

한편 이 예에서는 관찰값을 연결하는 옵션으로 I=SPLINE을 사용하고 있는데, I=JOIN (관찰값을 직선으로 연결한다) 또는 I=SPLINE(관찰값을 운형보간곡선으로 연결한다) 옵션을 사용하는 경우에는 데이터가 미리 X-축 변수에 의해서 정렬되어 있도록 하는 것이 좋다(그렇지 않으면 연결선이 보기 좋게 출력되지 않는다). 따라서 필요한 경우 SORT 프로시저를 이용하여 데이터를 X-축 변수에 의해서 정렬한 후 플롯을 작성하는 것이 바람직하다.

9.4.2 거품도

거품도는 관찰값들을 거품으로 표시한 것으로, **BUBBLE 명령문**을 이용하여 작성된다. BUBBLE 명령문에서 왼쪽에 지정한 두 개의 변수가 만나는 관찰값에 오른쪽에 지정한 세 번째 변숫값의 크기에 비례하는 거품을 표시하게 된다. <예 9.12>는 거품도를 그리기 위한 프로그램으로, 실행을 하면 <그림 9.15>와 같은 거품도가 출력된다.

예 9.12 BUBBLE 명령문의 사용 예

```
TITLE 'Effect of Temperature on the Number' J=C
      'and Size of Bacterial Divisions';
FOOTNOTE F=SWISSB H=1.5 J=R 'Gplot 4 : Bubble Plot';
AXIS1 LABEL=('Size (in Angstroms)');
AXIS2 LABEL=('Divisions');

PROC GPLOT DATA=mysas.bacteria;
   BUBBLE div*mass=life / HAXIS=AXIS1 VAXIS=AXIS2 BSIZE=15
                          BCOLOR=BLUE BLABEL;
RUN;
```

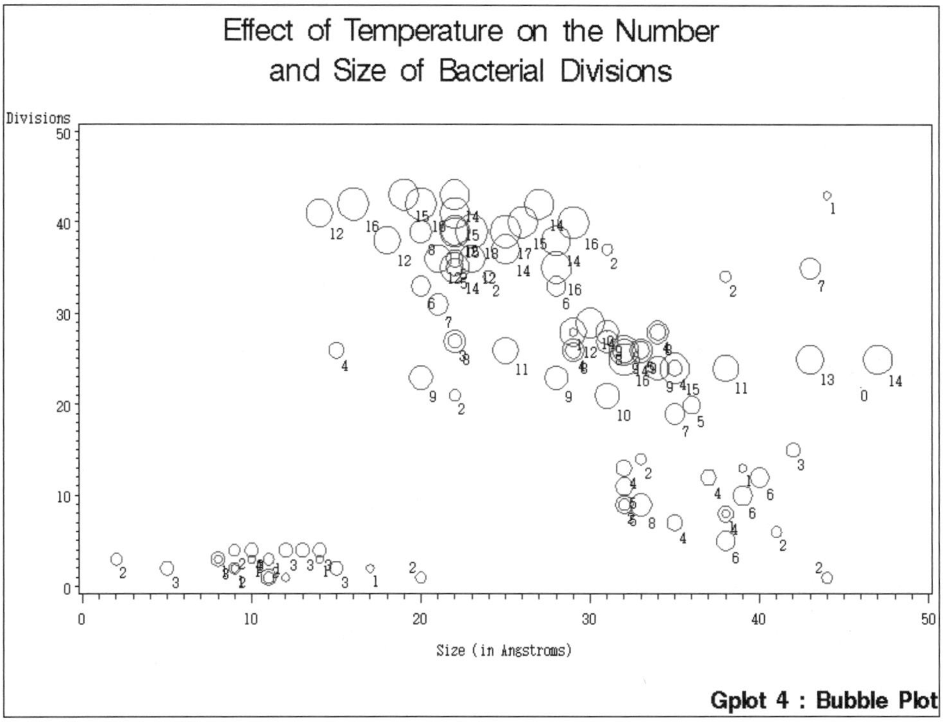

〈그림 9.15〉 거품도

9.5 통계적 그래프들

SAS/GRAPH statistical graphics procedure(SG procedure)는 복잡한 통계적인 그래프를 쉽게 생성하여 분석결과의 내용을 시각적으로 파악할 수 있는 프로시저이다. SG 프로시저는 그래프를 시각적으로 나타내기 위한 코딩을 최소화하고 통계적인 분석에 중점을 두고 있으며, SG 프로시저를 이용한 그래프는 정확한 정보 해석과 비교가 가능하도록 간결하게 생성된다. SAS 9.2부터는 아래와 같이 4개의 SG 프로시저가 제공되며, 이 결과들은 기본적으로 그림형식(.png)으로 제공된다.

- **SGPLOT**: 한 장의 도표에 하나의 축을 기준으로 다양한 그래프를 겹쳐서 나타낼 수 있다.
- **SGPANEL**: 하나 이상의 범주형 변수에 대한 패널을 생성하고, 각 셀에 여러 가지 형태의 도표를 겹쳐서 나타낼 수 있다.
- **SGSCATTER**: 산점도의 형태를 패널로 생성하며, 세 가지 형태의 레이아웃을 제공한다.
- **SGRENDER**: 유틸리티 프로시저로서 GTL(Graph Template Language)로 작성된 템플릿으로부터 그래프를 생성한다.

9.5.1 SGPLOT 프로시저

SGPLOT 프로시저는 다양한 형태의 그래프를 겹쳐서 하나의 도표(Single-cell)로 나타내며, 제공하는 그래프의 종류와 예시는 다음과 같다.

- **기본적인 도표**: 산점도, 추세선, 구간도표, 바늘도표, 벡터도표
- **적합 곡선과 신뢰구간을 나타내는 도표**: 국소 회귀곡선, 회귀곡선, Penalized B-Spline 곡선, 타원
- **분포를 나타내는 도표**: 히스토그램, 박스플롯, 분포곡선
- **범주를 나타내는 도표**: 막대도표, 점도표

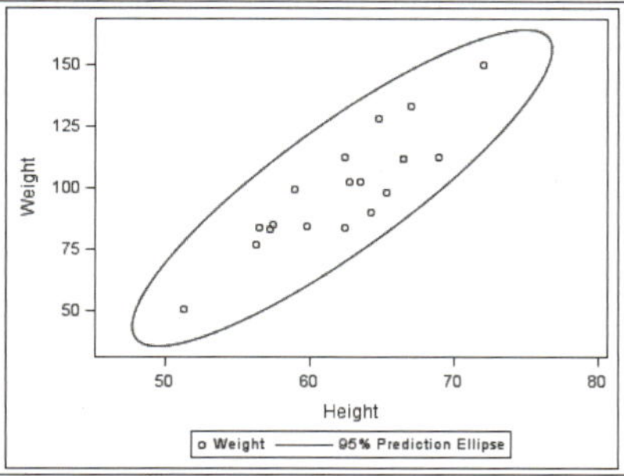


```
proc sgplot data=sashelp.class;
  scatter x=height y=weight;
  ellipse x=height y=weight;
run;
```

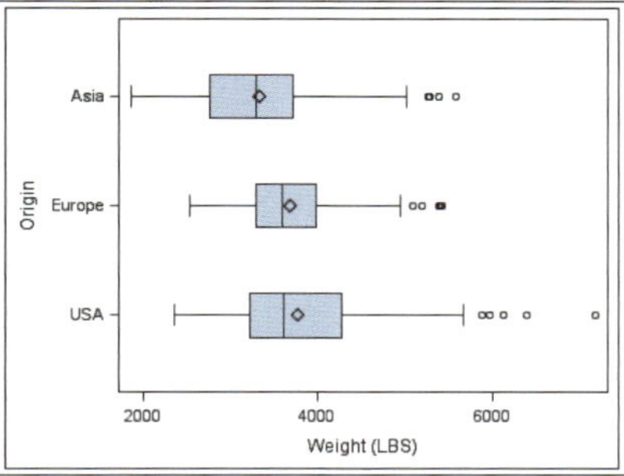


```
proc sgplot data=sashelp.cars;
  hbox weight / category=origin;
run;
```

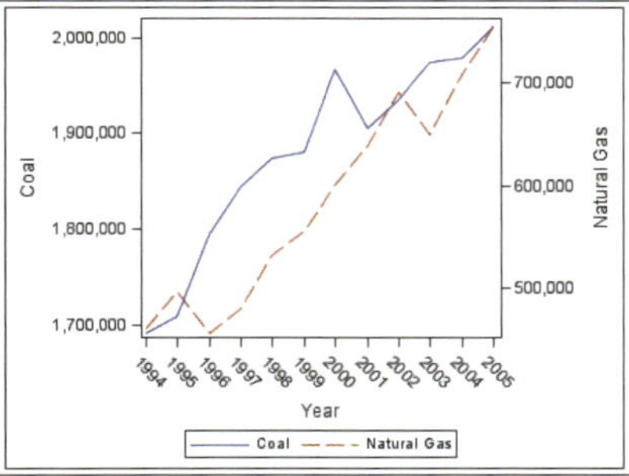


```
proc sgplot data=sashelp.electric(
  where=(customer="Residential"));
  xaxis type=discrete;
  series x=year y=coal;
  series x=year y=naturalgas / y2axis;
run;
```

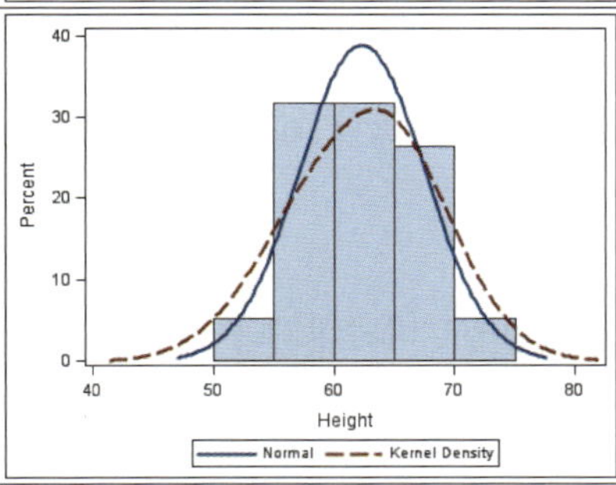


```
proc sgplot data=sashelp.class;
  histogram height;
  density height;
  density height / type=kernel;
run;
```

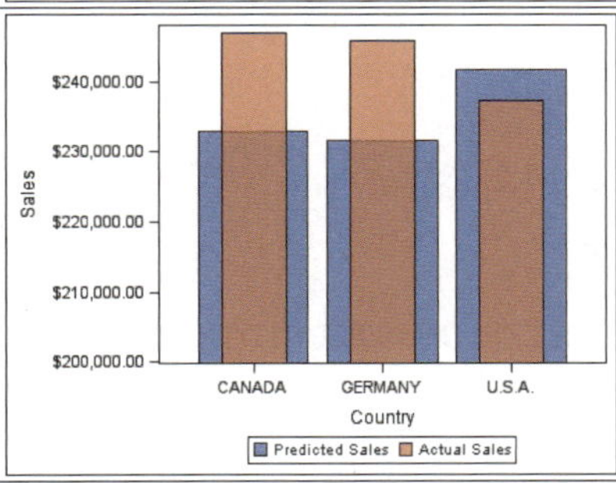


```
proc sgplot data=sashelp.prdsale;
  yaxis label="Sales" min=200000;
  vbar country / response=predict;
  vbar country / response=actual
                 barwidth=0.5
                 transparency=0.2;
run;
```

〈그림 9.16〉 SGPLOT 프로시저의 사용 예

일반적인 SGPLOT 프로시저의 사용형식은 다음과 같고, 그리고자 하는 도표의 종류에 따라 SGPLOT 프로시저 아래에 있는 명령문들을 선택해서 사용하면 된다. 그 외에도 ELLIPSE, HBAR, NLINE, NEEDLE, PBSPLINE, REG, VBOX, VECTOR 등의 명령문이 있다.

SGPLOT Procedure의 일반적 사용형식

```
PROC SGPLOT DATA=SAS-data-set < option(s)>;
      SCATTER X= variable Y= variable </option(s)>;
      HBOX response-variable </option(s)>;
      SERIES X= variable Y= variable </option(s)>;
      HISTOGRAM response-variable </option(s)>;
      DENSITY response-variable </option(s)>;
      KEYLEGEND <"name-1" ... "name-n"> </option(s)>;
      VBAR category-variable </option(s)>;
      VLINE category-variable </option(s)>;
      LOESS X= numeric-variable Y= numeric-variable </option(s)>;
RUN;
```

(1) 산점도: SCATTER 명령문

산점도를 그리기 위해서는 SCATTER 명령문을 사용하면 된다. SCATTER 명령문에서 제공되는 옵션들은 여러 가지가 있는데, 자주 이용되는 옵션들을 살펴보면 아래와 같다.

- GROUP=변수: 그룹별로 산점도를 나타낸다.
- GROUPDISPLAY=CLUSTER|OVERLAY: 그룹을 군집별로 나타내거나 겹쳐서 나타낸다.
- CLUSTERWIDTH=간격: 군집 사이의 간격을 나타낸다.

예 9.13 SCATTER 명령문의 사용 예

```
PROC SGPLOT DATA=sashelp.revhub2;
   SCATTER X=hub Y=revenue /
          GROUP=type GROUPDISPLAY=CLUSTER CLUSTERWIDTH=0.7;
   XAXIS TYPE=DISCRETE;
RUN;
```

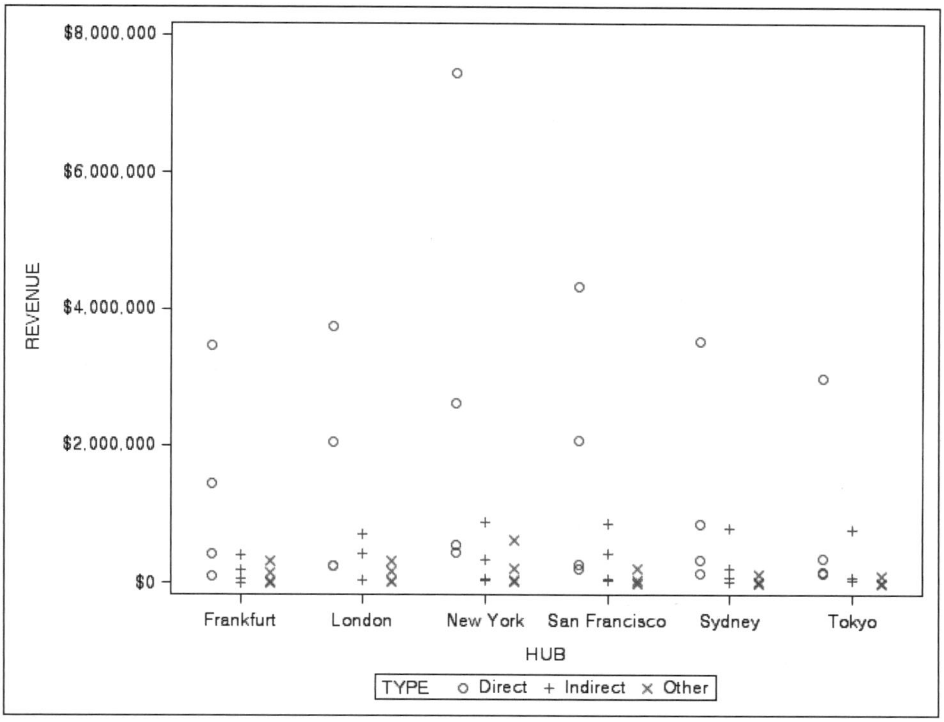

〈그림 9.17〉 집단별 산점도

<예 9.13>에서 GROUP=type으로 지정하였고, GROUPDISPLAY=CLUSTER는 산점도를 군집별로 나타내라는 것이고, CLUSTERWIDTH=0.7은 군집들의 간격을 0.7로 나타내라는 의미이다. 또한 X-축에 놓일 변수가 이산형인 경우에는 XAXIS TYPE=DISCRETE라고 지정한다. 축에 놓일 변수의 속성에 따라 TYPE=DISCRETE|LINEAR|LOG|TIME으로 지정할 수 있다.

(2) 수평박스플롯: HBOX 명령문

수평박스플롯은 데이터의 분포를 표현하며, 이는 HBOX 명령문를 이용한다.

예 9.14 HBOX 명령문의 사용 예

```
PROC SGPLOT DATA=sashelp.heart;
   TITLE "Cholesterol Distribution by Weight Class";
   HBOX cholesterol / CATEGORY=weight_status;
RUN;
```

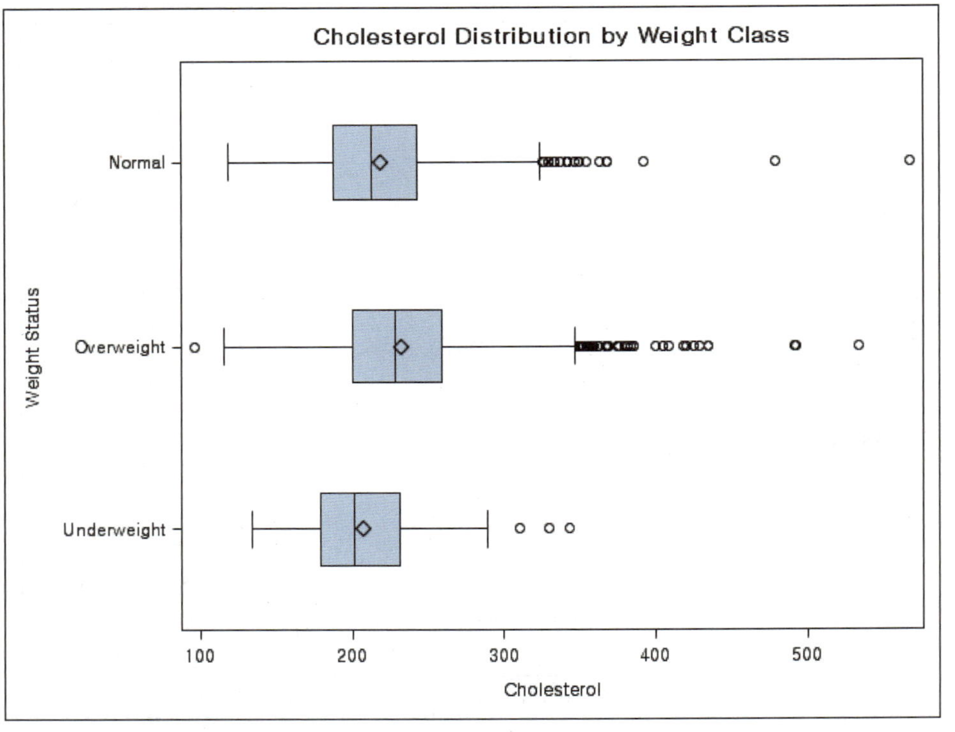

〈그림 9.18〉 범주별 수평박스플롯

<예 9.14>에서 TITLE 명령문을 지정하여 도표의 제목을 추가하였고, 그림은 콜레스테롤 변수에 대한 박스플롯을 나타낸다. CATEGORY=weight_status 옵션을 주어 몸무게의 상태에 따른 콜레스테롤의 분포를 그림을 통해 확인할 수 있다.

(3) 추세선: SERIES 명령문

데이터의 추세선을 파악하기 위해서는 SERIES 명령문을 사용한다.

예 9.15 SERIES 명령문의 사용 예

```
PROC SGPLOT DATA=sashelp.electric(WHERE=
            (year>=2001 and customer="Residential"));
   XAXIS TYPE=DISCRETE;
   SERIES X=year Y=coal / DATALABEL;
   SERIES X=year Y=naturalgas / DATALABEL Y2AXIS;
RUN;
```

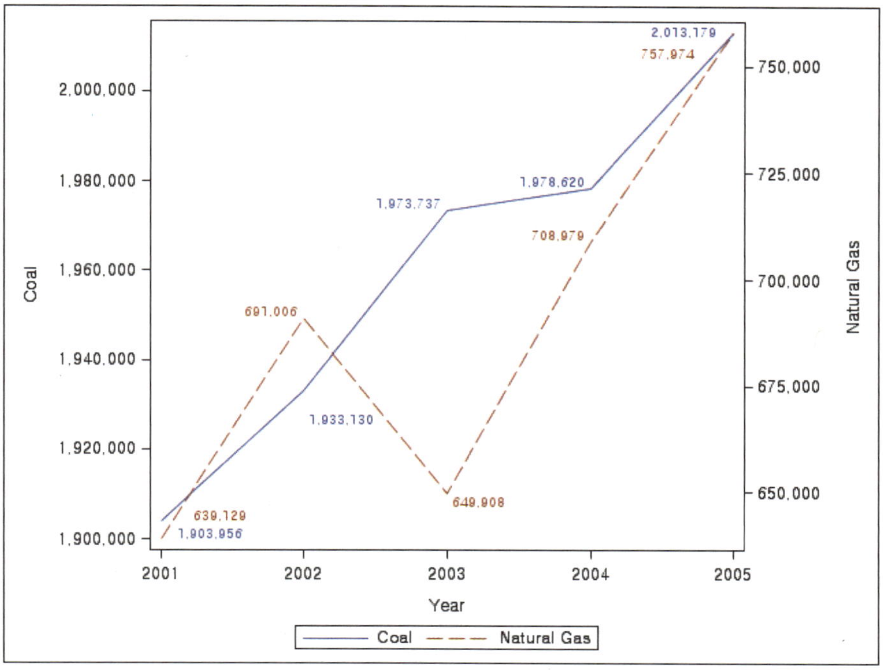

〈그림 9.19〉 추세선

<예 9.15>에서 데이터를 호출할 때 WHERE 명령문을 이용하여 2001년부터 customer= "Residential"에 대한 추세를 파악하도록 지정하였다. 또한 옵션으로 **DATALABEL**을 지정하면 각 변수에 대한 데이터 포인트마다 해당 값을 표시하며, **Y2AXIS**를 설정하면 보조축이 생성된다.

(4) 히스토그램: HISTOGRAM 명령문

연속형 변수의 분포는 히스토그램을 통해 알 수 있는데, HISTOGRAM 명령문을 사용한다.

예 9.16 HISTOGRAM 명령문의 사용 예

```
PROC SGPLOT DATA=sashelp.heart;
   TITLE "Cholesterol Distribution";
   HISTOGRAM cholesterol;
   DENSITY cholesterol;
   DENSITY cholesterol / TYPE=KERNEL;
   KEYLEGEND / LOCATION=INSIDE POSITION=TOPRIGHT;
RUN;
```

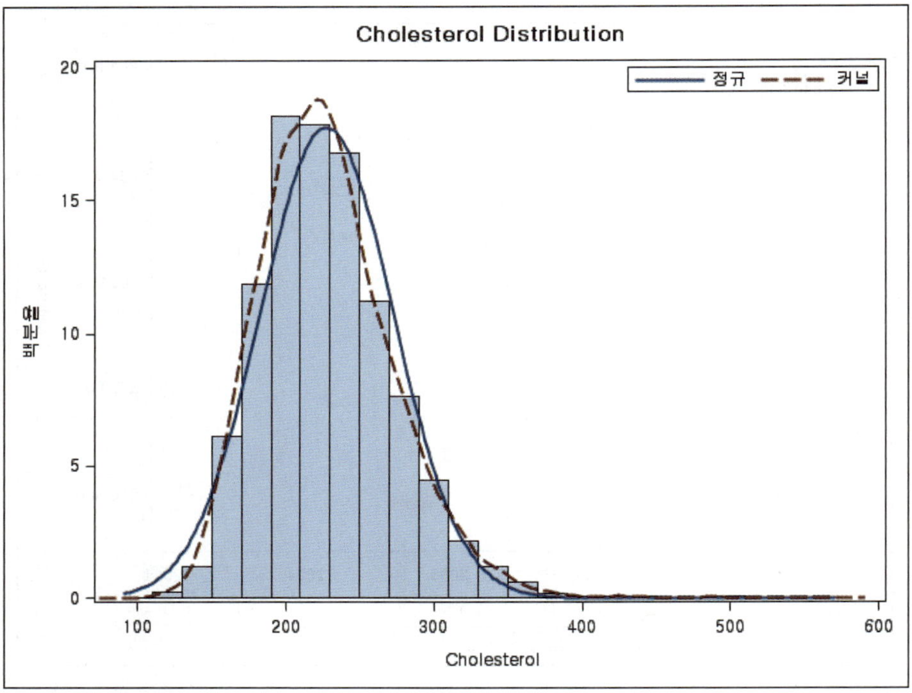

〈그림 9.20〉 히스토그램 및 분포도표

<예 9.16>에 의해서 생성된 <그림 9.20>에는 콜레스테롤의 히스토그램에 **DENSITY 명령문**을 사용하여 히스토그램과 분포함수가 결합된 형태로 나타났다. 또한 DENSITY 명령문에 **TYPE=KERNEL**의 옵션을 지정하면 커널함수(kernel function)까지 결합되어 나타난다. TYPE= NORMAL|KERNEL 옵션을 이용하여 분포함수의 형태를 두 가지로 지정할 수 있다. **KEYLEGEND 명령문**을 이용하면 범례에 대한 위치를 지정할 수 있다. 여기서는 **LOCATION=INSIDE**와 **POSITION=TOPRIGHT** 옵션을 지정하여 범례가 그래프의 안쪽이며, 오른쪽 상단에 위치하도록 설정하였다.

(5) 수직막대 그래프: VBAR 명령문

수직막대 그래프를 그리기 위해서는 VBAR 명령문을 사용한다.

예 9.17 VBAR 명령문의 사용 예

```
PROC SGPLOT DATA=sashelp.stocks (WHERE=(date >= "01jan2000"d
          AND date <= "01jan2001"d AND stock = "IBM"));
```

예 9.17 VBAR 명령문의 사용 예(계속)

```
    TITLE "Stock Volume vs. Close";
    VBAR date / RESPONSE=volume;
    VLINE date / RESPONSE=close Y2AXIS;
RUN;
```

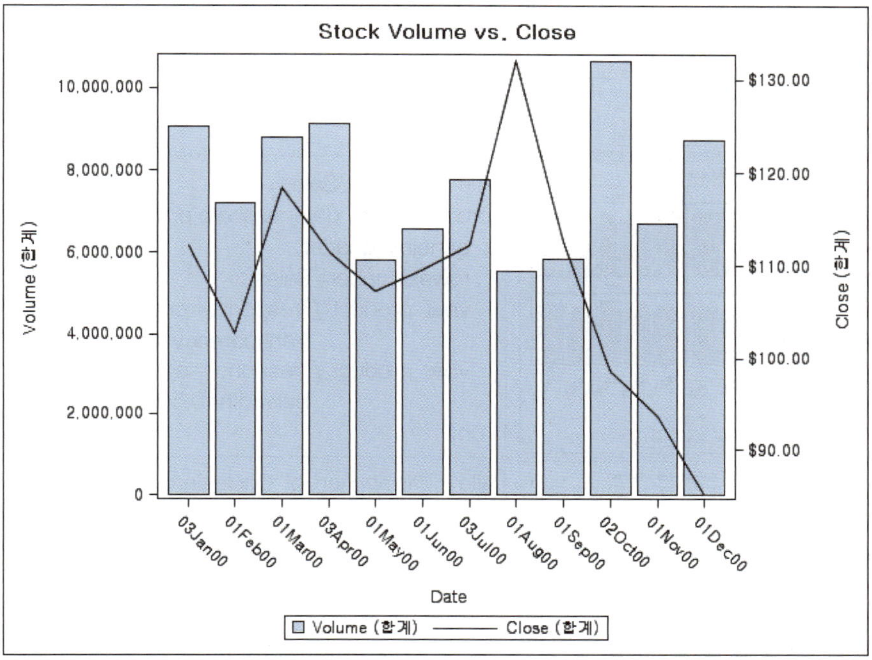

〈그림 9.21〉 막대 그래프 및 추세선

<예 9.17>에서는 WHERE 명령문을 이용하여 2000년 2월 한 달간, IBM 주식에 대해서 수직막대 그래프를 나타내었다. 여기서 **RESPONSE**=volumn 옵션을 지정하여 날짜에 따른 주식의 volume을 나타내었고, **VLINE 명령문**과 **RESPONSE**=close 옵션을 이용하여 날짜에 따른 주식의 종가(close)를 꺾은선 그래프로 수직막대 그래프와 겹쳐서 나타냈다. 또한 **Y2AXIS**를 지정하여 보조축을 설정하였다.

9.5.2 SGPANEL 프로시저

SGPANEL 프로시저는 PENELBY 명령문을 이용하여 범주별로 그래프를 생성하며, 여러 개의 도표(multi-cell)에 다양한 그래프를 겹쳐 그릴 수 있다.

일반적인 SGPANEL 프로시저의 사용형식 및 제공하는 도표의 종류는 SGPLOT 프로시저와 대부분 동일하며, **PANELBY 명령문**으로 PANEL을 정의한다.

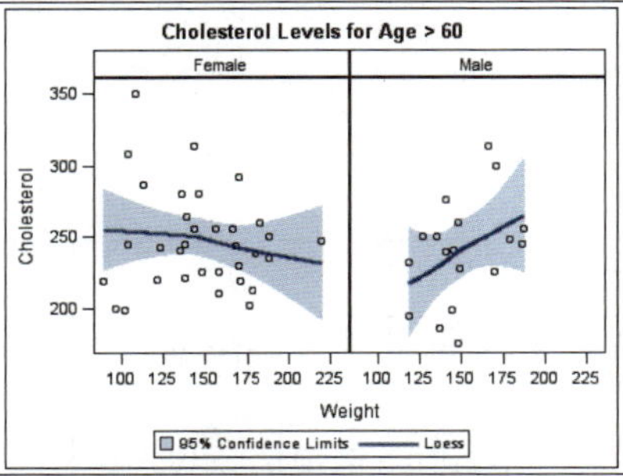


```
title1 "Cholesterol Levels for Age 〉 60";
proc sgpanel data=sashelp.heart(
    where=(AgeAtStart 〉 60)) ;
  panelby sex / novarname;
  loess x=weight y=cholesterol / clm;
run;
```

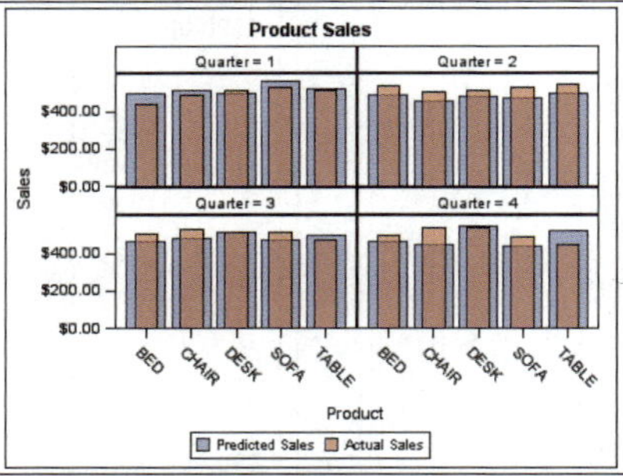


```
title1 "Product Sales";
proc sgpanel data=sashelp.prdsale;
  panelby quarter;
  rowaxis label="Sales";
  vbar product / response=predict stat=mean
                 transparency=0.3;
  vbar product / response=actual stat=mean
                 barwidth=0.5 transparency=0.3;
run;
```

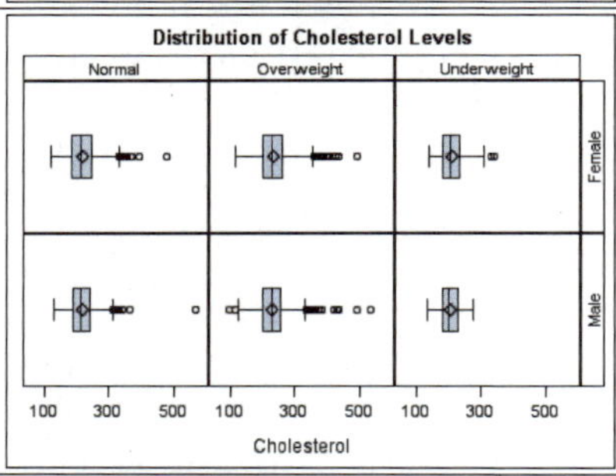


```
title1 "Distribution of Cholesterol Levels";
proc sgpanel data=sashelp.heart;
  panelby weight_status sex / layout=lattice
                              novarname;
  hbox cholesterol;
run;
```

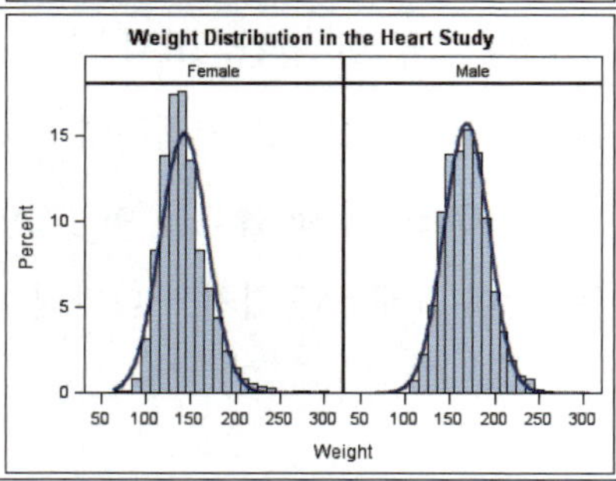


```
Title1 "Weight Distribution in the Heart Study";
proc sgpanel data=sashelp.heart noautolegend;
  panelby sex / novarname;
  histogram weight;
  density weight;
run;
```

〈그림 9.22〉 SGPANEL 프로시저의 사용 예

SGPANEL Procedure의 일반적 사용형식

```
PROC SGPANEL DATA=SAS-data-set < option(s)>;
    PANELBY variable(s)< /option(s)>;
    ...
```

(1) 국소 회귀곡선: LOESS 명령문

국소 회귀곡선(locally weighted scatterplot smoothing curve)을 그리기 위해서는 LOESS 명령문을 사용한다.

예 9.18 LOESS 명령문의 사용 예

```
TITLE "Cholesterol Levels for Age > 60";
PROC SGPANEL DATA=sashelp.heart(WHERE=(AgeAtStart>60));
   PANELBY sex / NOVARNAME;
   LOESS X=weight Y=cholesterol / CLM;
RUN;
```

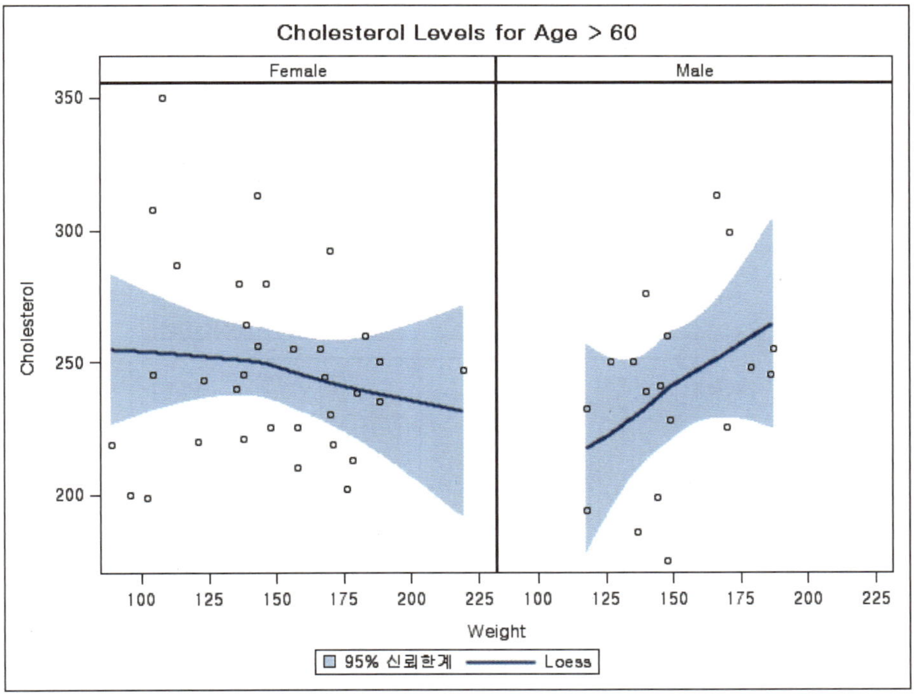

〈그림 9.23〉 국소 회귀곡선 및 신뢰구간

<예 9.18>에서는 WHERE 명령문을 이용하여 발병하는 나이가 60 초과인 경우로 대상을 제한하였으며, LOESS 명령문에 사용된 **CLM 옵션**은 회귀곡선에 대한 신뢰구간을 생성한다. PENELBY 명령문에서 **NOVARNAME 옵션**은 출력되는 그래프에 변수명을 제거하라는 것이다.

(2) 수직막대 그래프: VBAR 명령문

수직막대 그래프를 그리기 위해서는 VBAR 명령문을 사용한다.

예 9.19 VBAR 명령문의 사용 예

```
TITLE "Product Sales";
PROC SGPANEL DATA=sashelp.prdsale;
   PANELBY quarter;
   ROWAXIS LABEL="Sales";
   VBAR product / RESPONSE=predict STAT=MEAN TRANSPARENCY=0.3;
   VBAR product / RESPONSE=actual STAT=MEAN BARWIDTH=0.5 TRANSPARENCY=0.3;
 RUN;
```

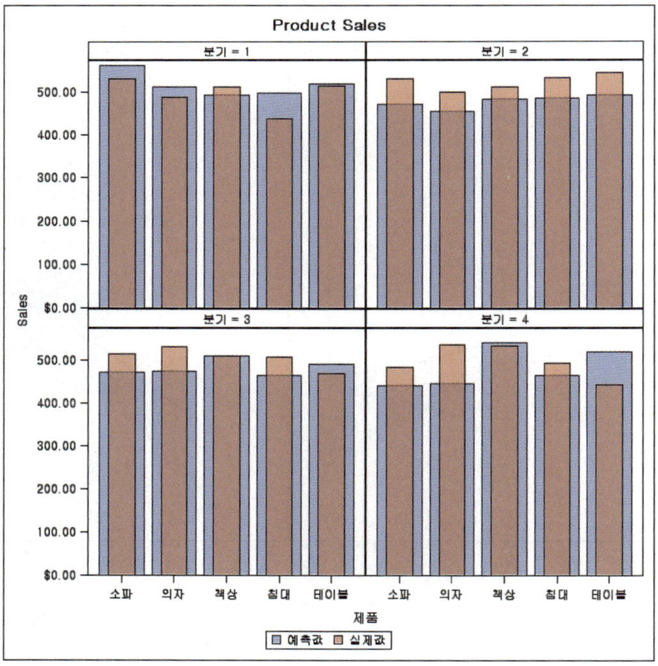

〈그림 9.24〉 수직막대 그래프

<예 9.19>에서는 SGPANEL 프로시저를 이용하여 분기별 평균 판매 금액을 파악하고 있다. VBAR 명령문에서 STAT=MEAN을 옵션으로 지정하면 X-축의 통계량이 평균으로 나타난다. STAT 옵션은 STAT=FREQ|MEAN|SUM을 지정할 수 있다. TRANSPARENCY는 막대 그래프의 투명도를 설정하는 옵션으로 0(불투명함)부터 1(투명함)까지 조절 가능하다.

(3) 수평박스플롯: HBOX 명령문

수평박스플롯을 그리기 위해서는 HBOX 명령문을 사용하면 된다.

예 9.20 HBOX 명령문의 사용 예

```
TITLE "Distribution of Cholesterol Levels";
PROC SGPANEL DATA=sashelp.heart;
   PANELBY weight_status sex / LAYOUT=LATTICE NOVARNAME;
   HBOX cholesterol;
RUN;
```

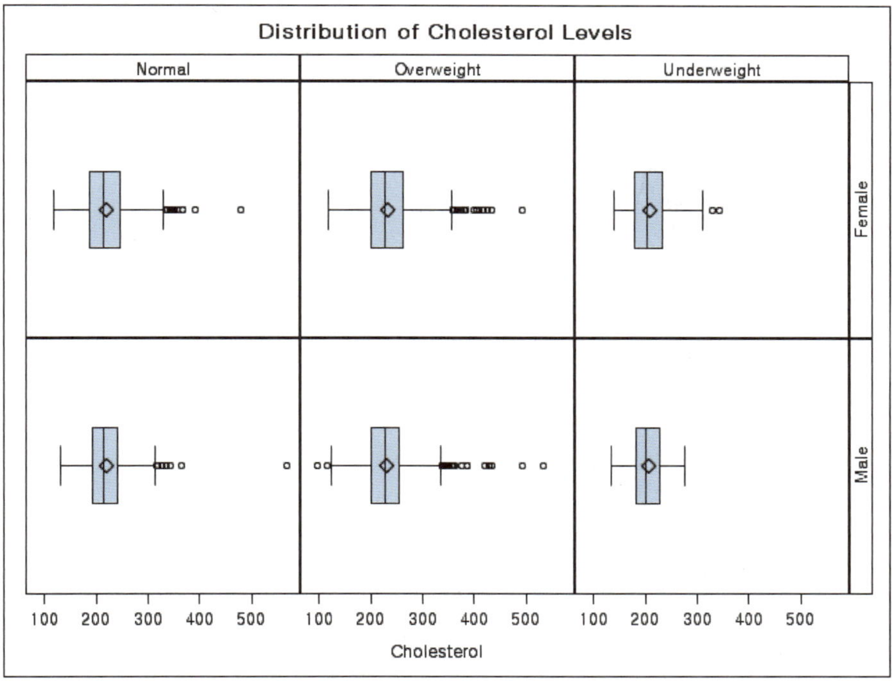

〈그림 9.25〉 몸무게의 상태별 성별에 대한 박스플롯

<예 9.20>에서는 PANALBY 명령문에 weight_status와 sex를 지정함으로써 몸무게의 상태별 성별에 대한 박스플롯이 나타나게 하였다. LAYOUT=LATTICE 옵션은 두 개의 범주형 변수일 때 첫 번째로 지정한 변수는 열(column)에 놓이고, 두 번째로 지정한 변수는 행(row)에 놓이게 된다. LAYOUT 옵션은 LAYOUT=LATTICE|PANEL|COLUMNLATTICE|ROWLATTICE를 이용할 수 있다.

(4) 히스토그램: HISTOGRAM 명령문

히스토그램을 그리기 위해서는 HISTOGRAM 명령문을 사용한다.

예 9.21 HISTOGRAM 명령문의 사용 예

```
TITLE "Weight Distribution in the Heart Study";
PROC SGPANEL DATA=sashelp.heart NOAUTOLEGEND;
   PANELBY sex / NOVARNAME;
   HISTOGRAM weight;
   DENSITY weight;
RUN;
```

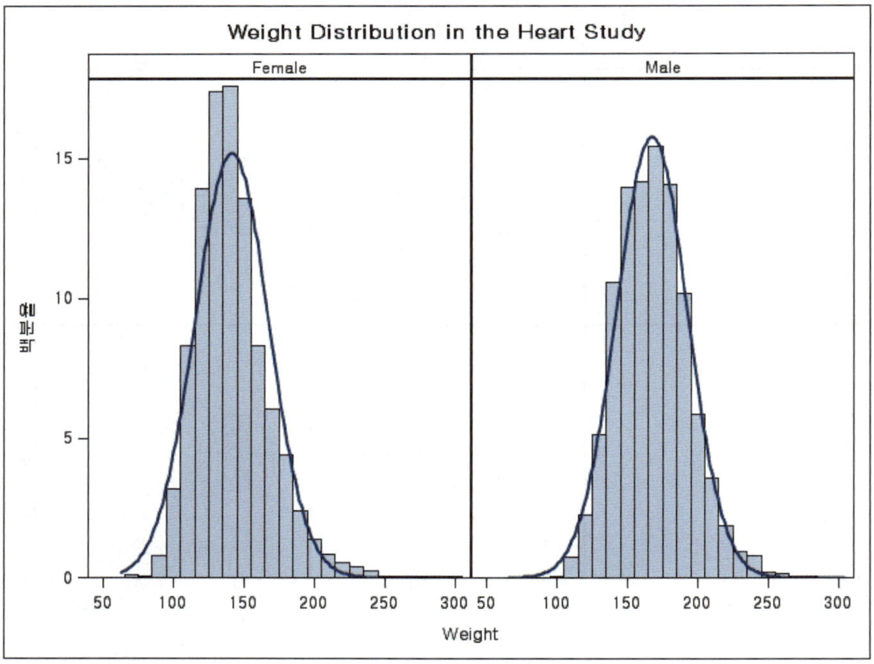

〈그림 9.26〉 범주별 히스토그램 및 분포도표

<예 9.21>에서와 같이 SGPANEL 프로시저에서 HISTOGRAM과 DENSITY 명령문을 함께 이용하면 각 범주별로 히스토그램 위에 분포함수가 겹쳐서 나타난다.

9.5.3 SGSCATTER 프로시저

SGSCATTER 프로시저는 범주에 따라 비교 가능한 산점도를 제공하며, 예시는 다음과 같다.

일반적인 SGSCATTER 프로시저의 사용형식은 다음과 같으며, 산점도의 형태에 따라 다음의 명령문을 이용한다.

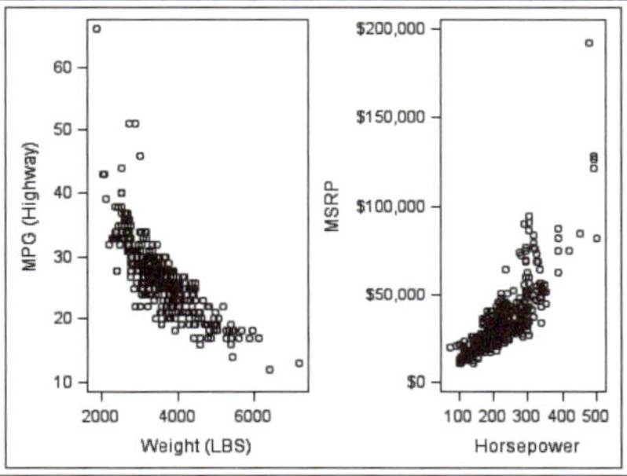


```
proc sgscatter data=sashelp.cars;
  plot mpg_highway*weight msrp*horsepower;
run;
```

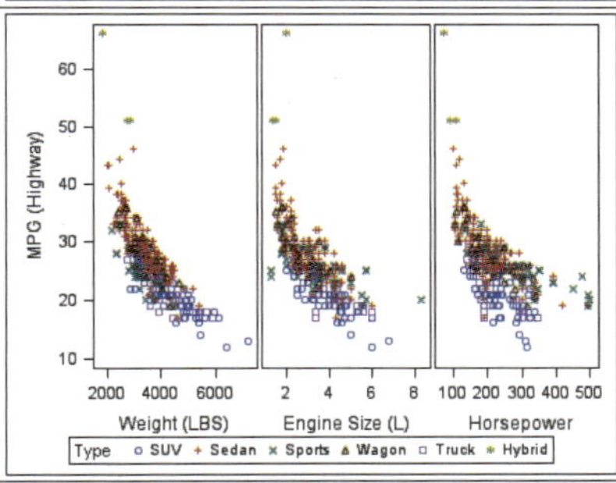


```
proc sgscatter data=sashelp.cars;
  compare y=mpg_highway
          x=(weight enginesize horsepower )
          / group=type;
run;
```

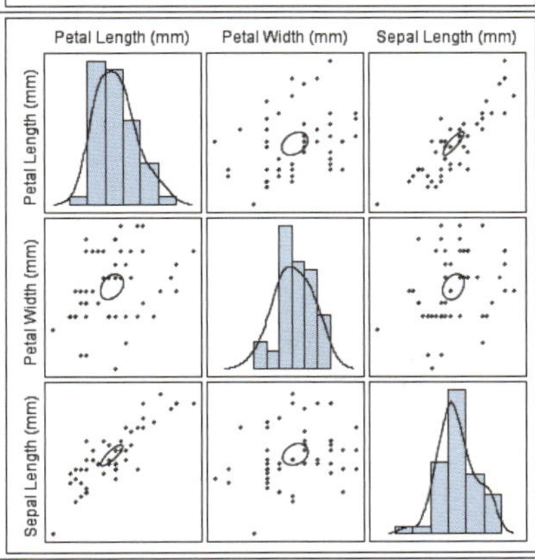


```
proc sgscatter data=sashelp.iris
               (where=(species eq "Virginica"));
matrix petallength petalwidth sepallength
       / ellipse=(type=mean)
         diagonal=(histogram kernel);
run;
```

〈그림 9.27〉 SGSCATTER 프로시저의 사용 예

SGSCATTER Procedure의 일반적 사용형식

```
PROC SGSCATTER < options>;
    COMPARE X= variable | (var-1 ... var-n) Y= variable | (var-1... var-n) </options>;
    MATRIX variable-1 variable-2 < ... variable-n > </options>;
    PLOT plot-request(s) </options>;
    ...
```

(1) 산점도: PLOT 명령문

일반적인 산점도를 그리기 위해서는 PLOT 명령문을 사용하면 된다.

예 9.22 PLOT 명령문의 사용 예

```
PROC SGSCATTER DATA=sashelp.cars;
   PLOT mpg_highway*weight msrp*horsepower / GROUP=type;
RUN;
```

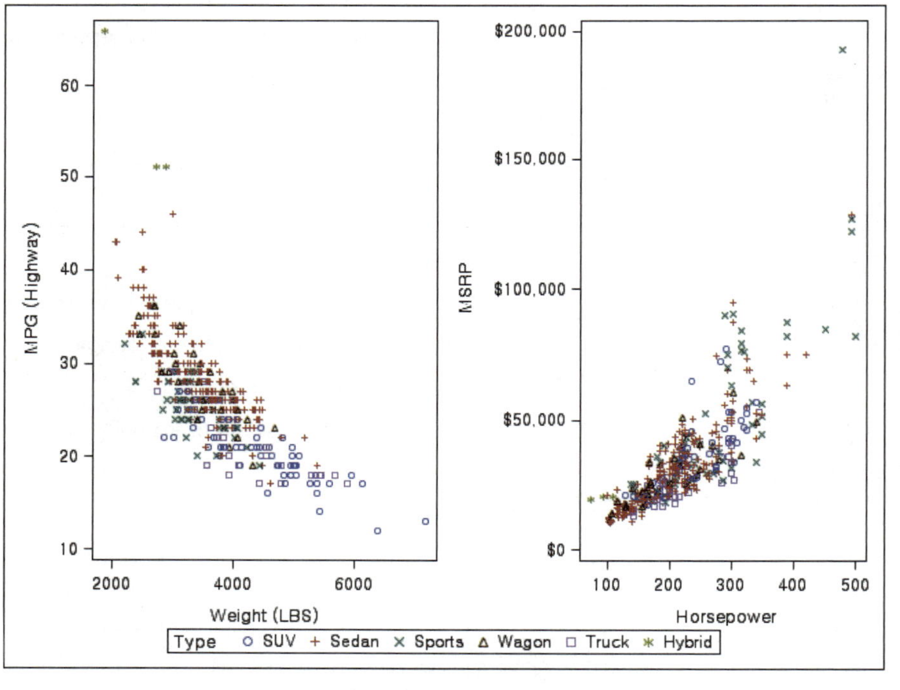

〈그림 9.28〉 산점도

<예 9.22>에서와 같이 SGSCATTER 프로시저에서 PLOT 명령문에 다양한 변수 조합을 나열하면 사용자가 정의한 산점도가 한 화면에 나타난다. 여기에 옵션으로 GROUP=type을 지정하면 산점도가 지정한 변수의 범주를 구분하여 나타나게 된다.

(2) 산점도 비교: COMPARE 명령문

고정된 하나의 변수에 대해 여러 개의 변수별 산점도를 비교하기 위해서는 COMPARE 명령문을 사용하면 된다.

예 9.23 COMPARE 명령문의 사용 예

```
PROC SGSCATTER DATA=sashelp.cars;
   COMPARE Y=mpg_highway
           X=(weight enginesize horsepower) / GROUP=type;
RUN;
```

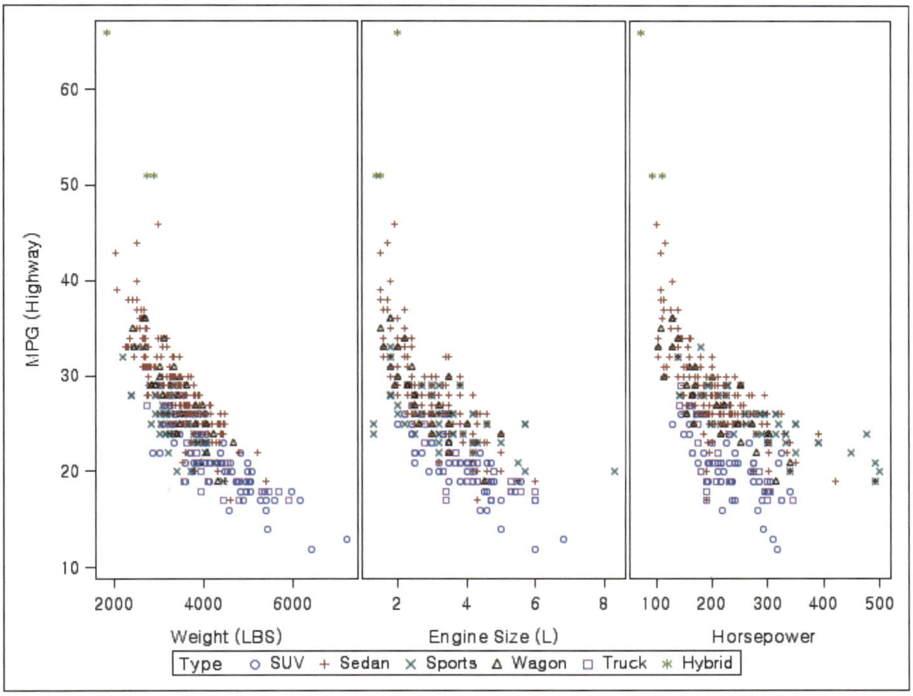

〈그림 9.29〉 MPG에 대한 각 변수의 산점도

<예 9.23>에서는 COMPARE 명령문을 이용하여 변수 mpg_highway에 대하여 변수 weight, enginesize, horsepower의 산점도를 비교하였다. 여기서 GROUP=type 옵션을 지정하면 각 산점도 내에 type변수의 범주에 따라 범례로 구분되어 나타난다.

(3) 행렬 산점도: MATRIX 명령문

행렬 산점도를 나타내기 위해서는 MATRIX 명령문을 사용한다.

예 9.24 MATRIX 명령문의 사용 예

```
PROC SGSCATTER DATA=sashelp.iris(WHERE=(species EQ "Virginica"));
   MATRIX petallength petalwidth sepallength
        / ELLIPSE=(TYPE=MEAN) DIAGONAL=(HISTOGRAM KERNEL);
RUN;
```

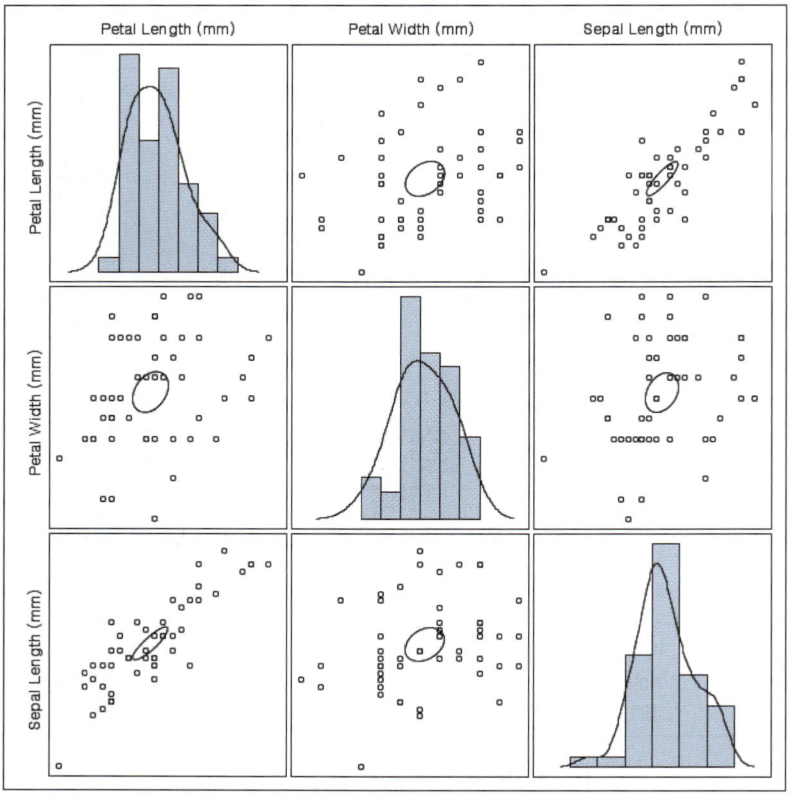

〈그림 9.30〉 행렬 산점도

<예 9.24>에서는 WHERE 명령문을 이용하여 'Virginica' 종에 한하여 산점도를 나타냈다. MATRIX 명령문에서 지정한 변수의 수(p)만큼 $p \times p$ 행렬 산점도가 나타나며, 옵션으로 DIAGONAL=(HISTOGRAM KERNEL)을 지정하면 대각행렬에는 해당 변수의 히스토그램과 분포함수가 겹쳐진 형태로 나타난다. 또한, 옵션으로 ELLIPSE=(TYPE=MEAN)을 지정하면 신뢰구간이 타원 형태로 제공되며, 이때 신뢰구간은 평균값에 의해 나타나게 된다. TYPE= MEAN| PREDICTED을 지정할 수 있다.

9.5.4 SGRENDER 프로시저

SGRENDER 프로시저는 GTL(Graph Template Language)을 이용한 템플릿을 통해 그래프를 생성한다. GTL은 사용자가 정의한 레이아웃의 형태로 통계적 그래프를 생성하는 포괄적인 언어이다.

예 9.25 SGRENDER 프로시저의 사용 예

```
PROC TEMPLATE;
   DEFINE STATGRAPH surface;
      BEGINGRAPH;
           LAYOUT OVERLAY3D;
            SURFACEPLOTPARM X=height Y=weight Z=density;
           ENDLAYOUT;
        ENDGRAPH;
   END;
RUN;

PROC SGRENDER DATA=sashelp.gridded TEMPLATE=surface;
RUN;
```

<예 9.25>에서는 PROC TEMPLATE를 이용하여 출력할 그래프의 형태를 지정하였다. 여기서는 DEFINE 명령문에서 STATGRAPH를 생성할 것이고, 이 템플릿을 surface라고 명명하였다. BEGINGRAPH ~ ENDGRAPH 사이에 원하는 형태의 레이아웃을 정의한다. 여기서는 LAYOUT 명령문에 OVERLAY3D를 지정하여 삼차원 도표로 정의하였고,

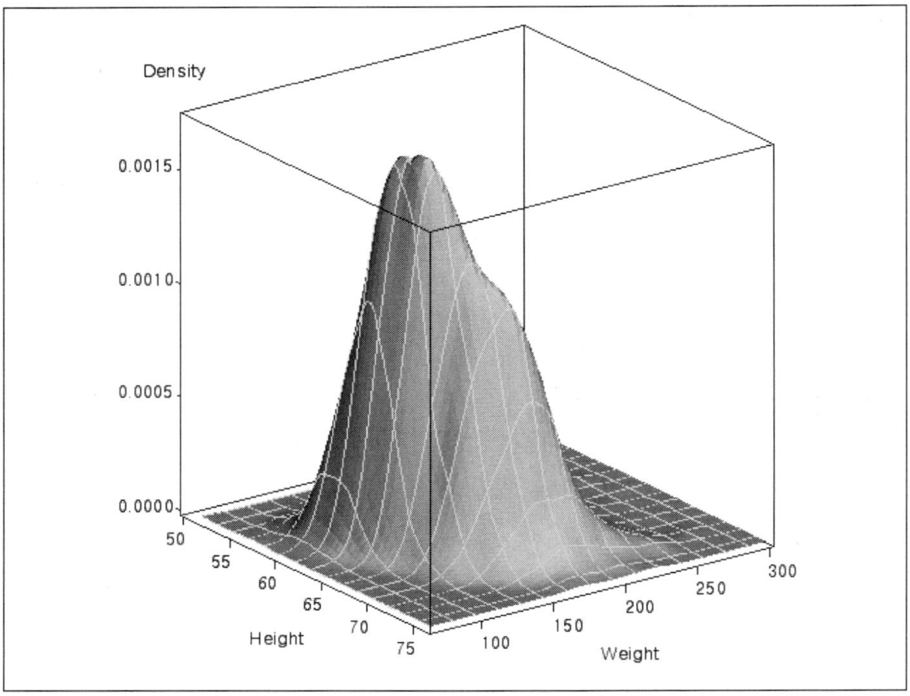

〈그림 9.31〉 SGRENDER 프로시저를 이용한 3차원 도표

SURFACEPLOTPARM 명령문을 이용하여 각 축의 변수를 지정한다. 이렇게 정의한 템플릿을 SGRENDER 프로시저를 이용하여 적용하면 <그림 9.31>과 같은 그림이 출력 된다. SAS 도움말 및 문서를 이용하면 다양한 템플릿을 적용할 수 있는 옵션을 확인할 수 있다.

9.6 그래프의 저장

SAS/GRAPH에 의해 만들어진 그래프는 작성된 종류와 순서에 따라 자동적으로 SAS의 Work 폴더 아래의 Gseg 폴더 안에 GPLOT, GPLOT1 등과 같은 이름을 가지는 GSEG 형식의 임시파일로 저장이 된다. 따라서 이들 파일들은 SAS를 종료하면 자동적으로 지워지게 되므로 문서작성이나 다른 작업에서 사용하려면 출력된 그래프를 영구파일로 저장하여 두는 것이 좋다.

생성된 그래프는 GSEG 형식 또는 이미지 형식으로 저장할 수가 있는데, 두 가지 방법을 사용할 수 있다. 하나는 SAS/GRAPH에서 GOUT 옵션을 이용하여 라이브러리와 카탈로그를 지정하고 각 프로시저의 명령문(예를 들면 PLOT 명령문이나 CHART 명령문)에서 NAME 옵션을 사용하여 저장할 그래프의 이름을 지정하는 방법으로 GSEG 형식의 파일로 저장하고자 할 때 이용되는 방법이다. 다른 하나는 그래프 윈도우에서 풀다운 메뉴나 빠른 메뉴(pop-up menu)를 이용하는 방법으로, GSEG 형식뿐만 아니라 이미지 형식의 파일로 저장할 수가 있다. 일반적으로 전자보다는 후자의 방법이 훨씬 쉽고 간편하기 때문에 빠른 메뉴를 이용하여 그래프를 이미지 형식의 파일로 저장하는 방법을 설명하기로 한다.

먼저 <그림 9.32>에서와 같이 **Result Viewer 윈도우**에서 **'보기(V) → 그래프(A)' 메뉴**를 클릭하여 그래프 윈도우로 이동한다. 그 다음 <그림 9.33>에서와 같이 **그래프 윈도우**에서 **'파일(F) → 이미지 내보내기(R)' 메뉴**를 클릭한 후, **내보내기 대화상자**에서 파일 형식(BMP, JPG, GIF 등)과 이름을 지정하여 저장한다.[1)]

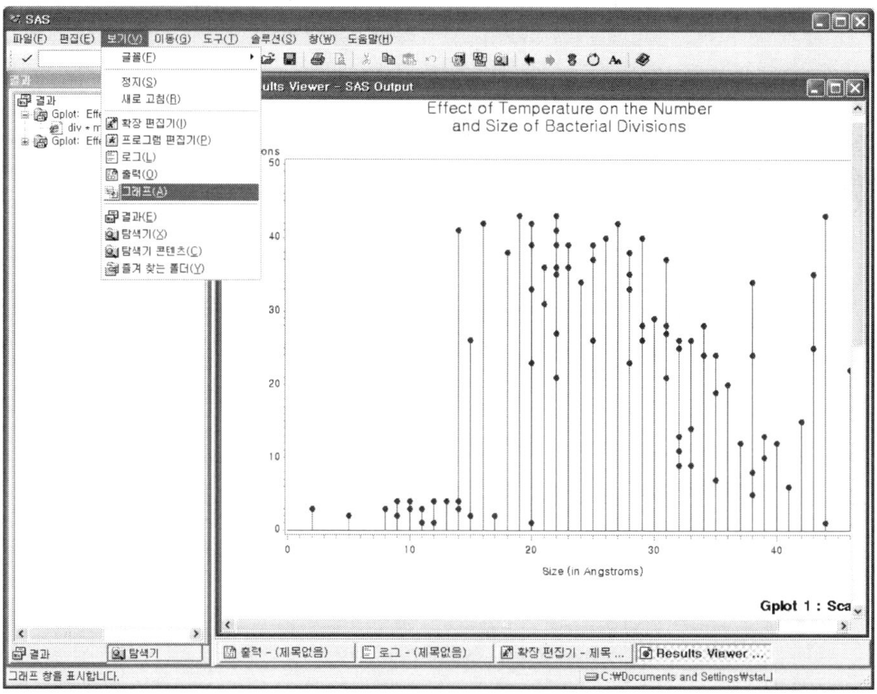

〈그림 9.32〉 '보기(V) → 그래프(A)' 메뉴

1) '편집' 메뉴를 이용하면 그래프를 클립보드에 복사할 수 있으며, 작성된 그래프를 SAS 그래프 편집 윈도우를 이용하여 편집할 수도 있다.

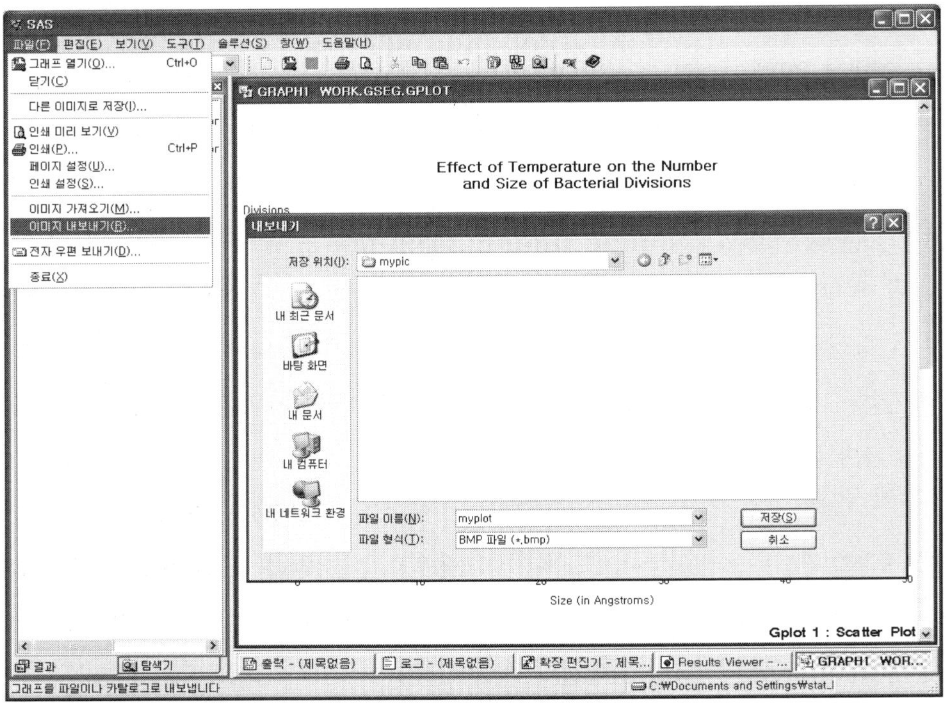

〈그림 9.33〉 '파일(F) → 이미지 내보내기(R)' 메뉴

9.7 연습문제

9-1 다음 데이터를 이용하여 도시(site)별 판매 총액의 수평막대도표를 출력하고 결과를 비교하여라.
<힌트> SUMVAR 옵션을 이용할 것.

```
DATA mysas.total1;
   LENGTH dept $ 7 site $ 8;
   INPUT dept site quarter sales;
DATALINES;
Parts Sydney 1 7043.97
Parts Atlanta 1 8225.26
Parts Paris 1 5543.97
Tools Sydney 4 1775.74
Tools Atlanta 4 3424.19
```

```
Tools Paris 4 6914.25
;
RUN;
```

9-2 다음 데이터를 수직막대도표를 이용하여 각 도시(site)의 판매 총액을 부문(department)별로 출력하고 결과를 비교하여라.

<힌트> OUTSIDE=SUM 옵션과 INSIDE=SUBPCT 옵션을 이용할 것.

```
DATA mysas.total2;
   LENGTH dept $ 7 site $ 8;
   INPUT dept site quarter sales;
DATALINES;
Parts Sydney 1 7043.97
Parts Atlanta 1 8225.26
Tools Paris 4 1775.74
Tools Atlanta 4 3424.19
Repairs Sydney 2 5543.97
Repairs Paris 3 6914.25
;
RUN;
```

9-3 sashelp.cars 데이터를 이용하여 차종(type)별 생산비율을 파이도표를 이용하여 출력하고 결과를 비교하여라.

9-4 다음 데이터를 거품도 이용하여 기술자(eng)별 급여(dollars)를 기술자의 수를 고려하여 출력하고 결과를 비교하여라. 이때 BLABEL 옵션을 이용하여 기술자의 수를 도표에 나타내어라.

```
DATA mysas.jobs;
   LENGTH eng $5;
   INPUT eng dollars num;
DATALINES;
Civil 27308 73273
Aero  29844 70192
```

```
Elec  22920 89382
Mech  32816 19601
Chem  28116 25541
Petro 18444 34833
;
RUN;
```

9-5 sashelp.class 데이터를 이용하여 키(height)와 몸무게(weight)의 산점도를 나타내고 결과를 해석하여라.

9-6 다음 데이터는 다우존스지수의 최댓값과 최솟값을 나타낸 자료이다. 다우존스지수의 최댓값과 최솟값이 시간이 지남에 따라 어떻게 변화하는지 하나의 도표에 출력하고 결과를 비교하여라.

```
DATA mysas.stocks;
   INPUT year high low @@;
DATALINES;
1956  521.05  462.35 1957  520.77  419.79
1958  583.65  436.89 1959  679.36  574.46
1960  685.47  568.05 1961  734.91  610.25
1962  726.01  535.76 1963  767.21  646.79
1964  891.71  768.08 1965  969.26  840.59
1966  995.15  744.32 1967  943.08  786.41
1968  985.21  825.13 1969  968.85  769.93
1970  842.00  631.16 1971  950.82  797.97
1972 1036.27 889.15 1973 1051.70  788.31
1974  891.66  577.60 1975  881.81  632.04
1976 1014.79  858.71 1977  999.75  800.85
1978  907.74  742.12 1979   897.61  796.67
1980 1000.17  759.13 1981 1024.05  824.01
1982 1070.55  776.92 1983 1287.20 1027.04
1984 1286.64 1086.57 1985 1553.10 1184.96
1986 1955.57 1502.29 1987 2722.42 1738.74
1988 2183.50 1879.14 1989 2791.41 2144.64
1990 2999.75 2365.10 1991 3168.83 2470.30
```

```
1992 3413.21 3136.58 1993 3794.33 3241.95
1994 3978.36 3593.35 1995 5216.47 3832.08
;
RUN;
```

9-7 다음 데이터를 이용하여 도시(city)별 월평균 기온을 출력하고 결과를 비교하여라.

```
DATA mysas.citytemp;
   INPUT month faren city $ @@;
DATALINES;
 1    40.5   Raleigh    1    12.2   Minn
 1    52.1   Phoenix    2    42.2   Raleigh
 2    16.5   Minn       2    55.1   Phoenix
 3    49.2   Raleigh    3    28.3   Minn
 3    59.7   Phoenix    4    59.5   Raleigh
 4    45.1   Minn       4    67.7   Phoenix
 5    67.4   Raleigh    5    57.1   Minn
 5    76.3   Phoenix    6    74.4   Raleigh
 6    66.9   Minn       6    84.6   Phoenix
 7    77.5   Raleigh    7    71.9   Minn
 7    91.2   Phoenix    8    76.5   Raleigh
 8    70.2   Minn       8    89.1   Phoenix
 9    70.6   Raleigh    9    60.0   Minn
 9    83.8   Phoenix   10    60.2   Raleigh
10    50.0   Minn      10    72.2   Phoenix
11    50.0   Raleigh   11    32.4   Minn
11    59.8   Phoenix   12    41.2   Raleigh
12    18.6   Minn      12    52.5   Phoenix
;
RUN;
```

9-8 다음 데이터를 이용하여 월별 평균 온도를 섭씨온도(C2)와 화씨온도(f2) 두 개의 축으로 출력하고 결과를 해석하여라(SYMBOL 옵션 중 I=NEEDLE을 지정하여 출력할 것).

```
DATA minntemp;
   INPUT @10 month
       @23 f2;       /* fahrenheit temperature for Minneapolis */
       c2=(f2-32)/1.8; /* calculate centigrade temperature */
   OUTPUT;
DATALINES;
01JAN83 1   1  40.5  12.2  52.1
01FEB83 2   1  42.2  16.5  55.1
01MAR83 3   2  49.2  28.3  59.7
01APR83 4   2  59.5  45.1  67.7
01MAY83 5   2  67.4  57.1  76.3
01JUN83 6   3  74.4  66.9  84.6
01JUL83 7   3  77.5  71.9  91.2
01AUG83 8   3  76.5  70.2  89.1
01SEP83 9   4  70.6  60.0  83.8
01OCT83 10  4  60.2  50.0  72.2
01NOV83 11  4  50.0  32.4  59.8
01DEC83 12  1  41.2  18.6  52.5
;
RUN;
```

9-9 sashelp.cars 데이터를 이용하여 원산지(origin)가 USA인 경우의 차종(type)별 연비(MPG_City)의 분포가 어떻게 다른지 박스플롯을 출력하고 결과를 비교하여라.

<힌트> SGPLOT 프로시저와 Where문을 이용할 것.

9-10 sashelp.prdsal3 데이터를 이용하여 1997년과 1998년의 실제 판매가에 대한 월별 추세를 제품별로 나타나도록 추세선을 출력하고 결과를 비교하여라.

<힌트> SGPANEL 프로시저를 이용할 것.

9-11 sashelp.iris 데이터를 이용하여 꽃받침의 길이(sepallength), 꽃잎의 길이(petallength), 꽃받침의 너비(sepalwidth), 꽃잎의 너비(petalwidth)에 대한 행렬산점도를 붓꽃의 종류(species)별로 출력하고 결과를 비교하여라.

<힌트> SGSCATTER 프로시저를 이용할 것.

제 10 장

SAS Enterprise Guide 소개

Enterprise Guide는 마우스를 활용하는 GUI 환경에서 프로그래밍없이도 SAS의 강력한 분석 기능을 손쉽게 활용할 수 있도록 해 주는 뛰어난 분석 툴이다.[1)] Enterprise Guide의 가장 큰 특징은 분석의 과정에서 요구되는 모든 기능들을 동일한 환경에서 사용할 수 있다는 점인데, 이러한 측면에서 Enterprise Guide는 SAS의 맥가이버 칼(The Swiss Army Knife of SAS)이라는 애칭을 가지고 있다.

10.1 Enterprise Guide

Enterprise Guide가 누구나 사용하기 쉬운 분석 툴임에는 틀림없지만, 처음 툴을 접하는 사용자로서는 새로운 분석환경이 낯설 수밖에 없다. 따라서 먼저 Enterprise Guide의 주요 구성요소 및 GUI 환경에 대하여 필수적인 사항들을 요약하여 설명할 것이다.[2)] 또한 SAS와 Enterprise Guide의 몇 가지 중요한 기본 개념들도 함께 설명할 것이다.

10.1.1 Enterprise Guide의 구성

SAS Enterprise Guide는 사용하기 쉬운 Windows 클라이언트 응용 프로그램으로, 다음과 같은 기능을 제공한다.

- 대부분의 SAS 기능에 액세스
- 직관적이고 시각적이며 사용자 정의가 가능한 인터페이스
- 손쉬운 데이터 액세스
- 언제든지 사용할 수 있는 분석 및 리포트 작업
- 손쉬운 방법으로 기타 응용 프로그램에 데이터 및 결과 내보내기
- 스크립트화 및 자동화
- 구문 완성 및 내장 함수 도움말이 포함된 프로그램 편집기

1) 이 책에서는 SAS Enterprise Guide 4.3을 기준으로 설명한다.

2) Enterprise Guide에 대하여 보다 자세한 설명을 원하는 독자들은 "SAS Enterprise Guide 도움말" 또는 "Enterprise guide 4.3: 손쉽게 따라 하는 SAS 가이드(SAS 에반젤리스트, 자유아카데미)"를 참조하기 바란다.

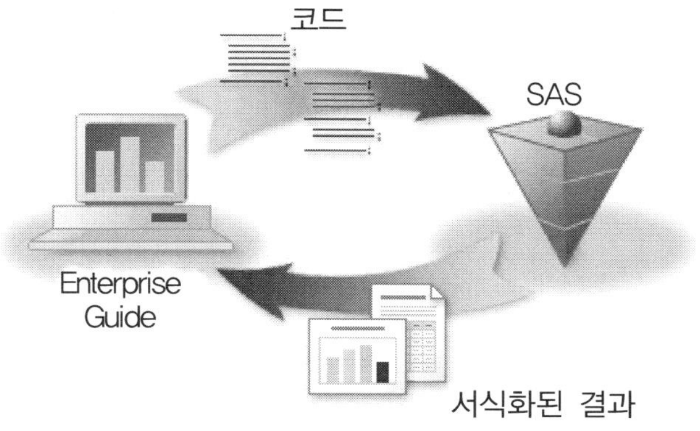

〈그림 10.1〉 Enterprise Guide vs SAS 엔진의 논리적 구조

SAS Enterprise Guide는 각 기능에 대응되는 SAS 소프트웨어를 사용한다. 또한, SAS Enterprise Guide는 로컬 컴퓨터 또는 SAS 서버로 불리는 다른 컴퓨터의 SAS에 연결할 수 있다. 데이터에 액세스하고 작업을 구성할 때 SAS Enterprise Guide에서는 SAS 코드를 생성한다. 그리고 작업을 실행하면 생성된 코드는 처리를 위해 SAS에 보내지며, 그 결과가 SAS Enterprise Guide로 반환된다.

SAS Enterprise Guide는 개체에 관한 정보가 저장된 SAS 메타데이터 레파지토리에도 연결된다. 위 그림은 원격 SAS 서버 및 SAS 메타데이터 레파지토리에 연결된 SAS Enterprise Guide를 보여준다.

SAS 프로그래머는 SAS Enterprise Guide를 사용하여 SAS 프로그램을 작성하고 실행할 수 있으며, SAS Enterprise Guide가 생성하는 코드를 수정할 수 있다.

(1) Enterprise Guide 창

Enterprise Guide는 분석 작업을 효과적으로 지원하기 위한 많은 창을 가지고 있다. 사용자는 각각의 창을 열고 닫거나 사이즈를 조절해서 자신에게 맞는 Enterprise Guide 화면 형태를 만들 수 있다. 일단 만들어진 화면 형태는 자동으로 기억되며, 다음에 Enterprise Guide를 실행할 때 동일한 모습의 인터페이스가 나타나게 된다.

처음으로 Enterprise Guide를 실행한 기본 설정 상태에서 어떤 창들은 열려 있지만, 어떤 창들은 닫혀 있거나 다른 창들 뒤에 숨어 있다. **보기(V)** 메뉴를 이용하면 주요 창들을 열거나 나타낼 수 있다.

〈그림 10.2〉 Enterprise Guide를 이용한 분석 프로세스

작업 공간

작업 공간은 Enterprise Guide의 분석 작업을 위한 기본적인 공간이다. 작업 공간을 통해 프로세스 플로우와 문서 창을 볼 수 있다. 작업 공간의 위치는 가변적이지만 닫히지 않는다. 그러나 작업 공간 안에 있는 세부 아이템들은 열고 닫을 수 있다.

프로세스 플로우

프로세스 플로우 창은 프로젝트 안의 아이템과 그들 간의 관계를 프로세스 플로우 다이어그램을 통해 나타낸다. Enterprise Guide에서는 한 번에 하나의 프로젝트만을 열 수 있지만 하나의 프로젝트 내에서 원하는 만큼 여러 개의 프로세스 플로우를 만들 수 있다. **보기(V)** 메뉴에서 고르거나, 작업 공간 윗 부분의 드롭다운 메뉴에서 프로세스 플로우를 선택하거나 F4를 누름으로써 프로세스 플로우 창을 열 수 있다.

문서 창

문서 창은 사용자의 데이터, 결과, 프로그램, 로그, 노트들을 보여준다. 각 종류의 문서마다 다른 타입의 아이콘들을 보여준다.

메뉴바와 도구바

메뉴바라고 불리는 Enterprise Guide 상단의 메뉴들은 항상 동일한 내용으로 구성되어 있다. 반면, 작업 공간 도구바라고도 불리는 작업 공간의 메뉴들과 도구들은 현재 활성화되어 있는 창의 내용에 따라 변한다. 예를 들어, 프로세스 플로우 위에 있는 도구바의 내용은 데이터 테이블 위에 나타나는 도구바와 다르다. 또한 특정 오브젝트를 마우스 오른쪽 버튼으로 클릭함으로써 관련된 팝업 메뉴를 열 수 있다. 이처럼 같은 작업을 수행하기 위해서 보통 여러 가지 방법이 존재한다.

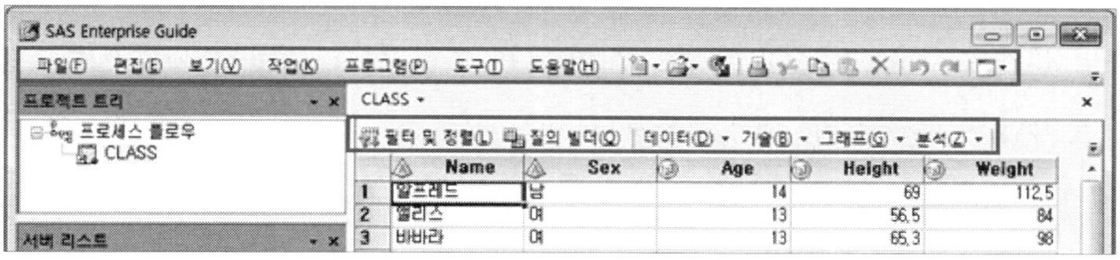

도킹된 창들

Enterprise Guide 에서 몇몇 창들은 서로 결합된 형태로 도킹되어 있으며, 작업 과정에서 선택적으로 볼 수 있다. 도킹된 창은 화면상에서 회색 바탕의 창 이름을 가지고 있다. 한 쪽에서 다른 쪽으로 창의 위치를 바꾸고 싶다면 창의 오른쪽 맨 위 구석에 있는 아래 화살표(▼)를 누르고 **왼쪽에 도킹(L)**이나 **오른쪽에 도킹(R)**을 선택하면 된다. 이 팝업 메뉴를 통해 **자동 숨기기(A)** 역시 선택할 수 있다. 만약 **자동 숨기기(A)**를 선택하여 창을 숨긴다면 창은 사이드의 탭으로 줄어들게 된다. 숨긴 창을 다시 보려 할 때는 탭에 커서를 올리면 되고, 커서가 벗어나면 창은 탭으로 다시 줄어들게 된다. 창을 다시 보이려 한다면 탭을 클릭하거나 **보기(V)** 메뉴에서 선택하면 된다.

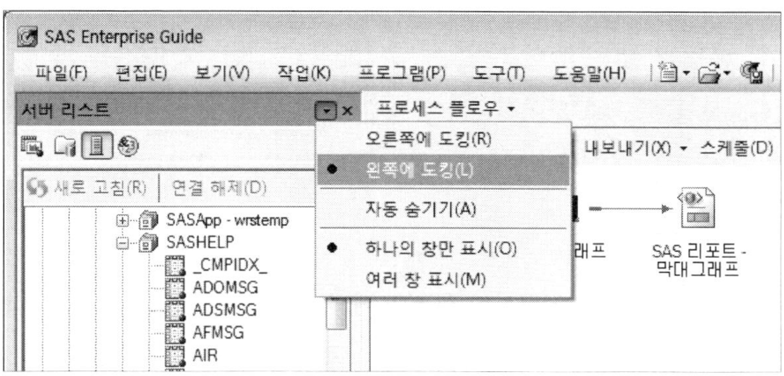

프로젝트 트리

프로젝트 트리 창에서는 프로젝트를 계층적인 형태로 관련된 분석 항목들을 보여준다.

서버 리스트

서버 리스트 창은 접근 가능한 SAS 서버들과 그 서버 속의 라이브러리와 파일들을 보여준다. 서버 리스트에는 원격 서버는 물론 PC에 설치되어 있는 로컬 SAS도 함께 나타나며, SAS 서버가 여러 개일 경우 특정 서버에만 선택적으로 들어갈 수 있다.

작업 리스트

작업 리스트는 가능한 모든 작업을 보여준다. 창 윗부분의 드롭다운 리스트를 통해 범주별 작업, 이름별 작업, 작업 템플릿 중 어느 방식으로 볼 것인지를 결정할 수 있다. 창 안에서 작업을 더블클릭하면 그 작업을 열 수 있다.

SAS 폴더

SAS 폴더는 메타데이터 영역에 정의된 폴더들을 보여준다. 사용자는 자신의 폴더 내에 원하는 서브 폴더를 만들고 분석결과물을 저장해 둘 수 있다.

프롬프트 관리자

프롬프트란 Enterprise Guide의 분석 플로우를 실행할 때, 조건값을 입력 받기 위해 미리 설정한 입력 변수를 말한다. 프롬프트 관리자는 현재 프로젝트를 위해 정의된 프롬프트들을 보여준다.

작업 상태

작업 상태 창은 지금 수행되고 있는 작업들의 정보를 보여준다. 작업 상태 창은 Enterprise Guide의 하단에 위치하며, 이 창은 다른 곳으로 옮기거나 탭으로 줄일 수 없다. 작업 상태 창을 열고자 할 경우에는 **보기(V)** 메뉴에서 선택할 수 있다.

창의 복원

Enterprise Guide에서 나타나는 창의 형태를 재조정한 이후, 설치 초기의 상태로 되돌리고 싶을 수도 있다. 창을 처음의 위치들로 복원시키려면 메뉴바의 **도구(T) 〉 옵션(O)**으로 가서 일반 페이지의 옵션 창의 일반 페이지에서 창 레이아웃 복원을 클릭하면 된다.

(2) Enterprise Guide 프로젝트

Enterprise Guide에서 진행하는 모든 작업은 프로젝트로 관리된다. 하나의 프로젝트는 관련된 데이터, 작업, 결과, 프로그램, 노트 또는 다수의 프로세스 플로우의 모음이라고 할 수 있다. 프로젝트는 데이터가 다수의 서버 또는 다양한 디렉토리에 흩어져 있어도 관련된 모든 작업을 추적할 수 있도록 해 준다. 즉, 6개월 후나 1년 후에 오래된 프로젝트를 열어보았을 때, 언제든지 어떤 데이터셋을 사용했었고, 어떤 리포트를 만들었는지도 확인할 수 있다.

사용자는 원하는 만큼 제한 없이 프로젝트를 만들 수 있으며, 하나의 데이터를 서로 다른 프로젝트에서 사용할 수 있기 때문에 매우 유연하게 분석 및 데이터 작업을 할 수 있다. 그리고 새로운 프로젝트를 생성하기 위해서는 메뉴바에서 **파일(F) 〉 새로만들기(N) 〉 프로젝트(P)**를 선택하고, 이미 생성된 프로젝트를 열고자 할 경우에는 **파일(F) 〉 열기(O) 〉 프로젝트(P)**를 선택한다.

프로젝트 트리와 프로세스 플로우(Project Tree and Process Flow)

프로젝트 트리 창은 계층적인 트리 다이어그램을 통해 프로젝트를 보여주고, 프로세스 플로우 창은 프로세스 플로우 다이어그램을 통해 프로젝트를 보여준다. 두 가지 창 모두에서 프로젝트 속 아이템들은 아이콘으로 표시되며, 아이템끼리의 관계를 보여주기 위해 연결되어 있다.

<그림 10.3>은 어떤 분석을 위한 프로젝트 트리와 프로세스 플로우이다. 이것은 데이터, 작업, 결과, 프로그램, 노트 같은 몇 가지 종류의 아이템을 포함하고 있다.

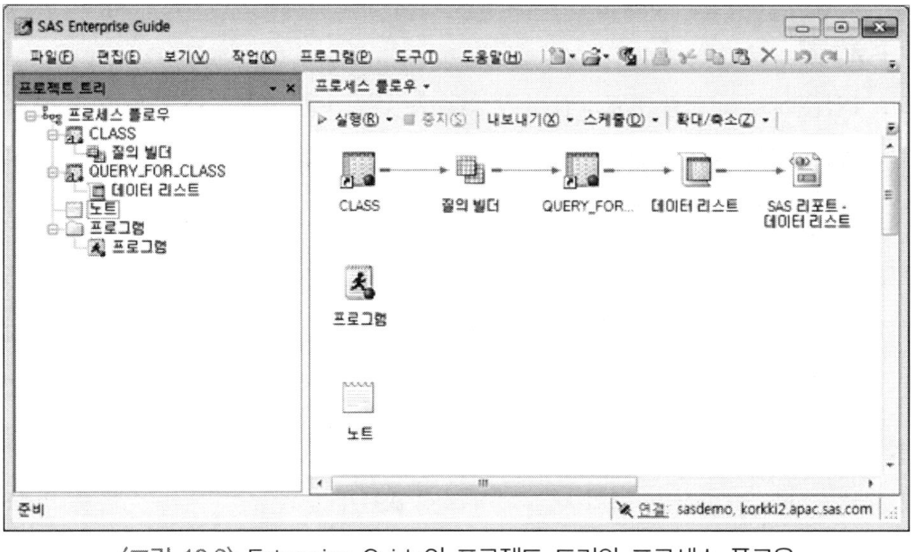

〈그림 10.3〉 Enterprise Guide의 프로젝트 트리와 프로세스 플로우

데이터

하나의 프로젝트 안에 있는 데이터 파일은 SAS 데이터 테이블, 가공되지 않은 텍스트 형태의 데이터, 또한 데이터베이스나 애플리케이션에서 나온 파일(예: 엑셀 데이터) 등과 같은 여러 형태가 존재할 수 있다. 프로젝트는 데이터 파일 자체를 가지는 것은 아니고, 논리적인 링크만을 가지고 있기 때문에 프로젝트를 지운다고 해서 데이터 파일 자체가 지워지는 것은 아니다.

작업

작업은 데이터 리스트나 막대 그래프 같이, 사용자가 실행하는 특정한 분석이나 리포트를 말한다. 작업을 실행할 때마다 SAS Enterprise Guide는 그 작업을 의미하는 아이콘을 프로젝트에 더하게 된다. 예를 들어, 위의 아이콘( )은 막대 그래프 작업을 의미한다.

결과

결과는 사용자가 실행한 작업으로 인해 나온 리포트나 그래프를 뜻한다. 결과는 산출물의 종류(SAS 리포트, HTML, PDF, RTF, 텍스트)에 따라 서로 다른 아이콘으로 표시된다. 좌측 아이콘( )은 SAS 리포트 형식의 출력결과를 의미한다.

노트

노트는 분석과 관련된 내용을 자유롭게 기록하기 위한 텍스트 파일이며, 생성한 노트는 프로세스 플로우에서 다른 노드들과 관계없이 독립적인 노드로 관리된다. 노트를 만들려면 메뉴바에서 **파일(F) 〉 새로만들기(N) 〉 노트(N)**를 선택한다.

프로그램

프로그램은 SAS 코드로 프로그램을 작성할 수 있는 노드이다. SAS Enterprise Guide에 이미 존재하는 프로그램을 열거나 직접 새로운 프로그램을 작성할 수 있다.

속성 보기와 아이템 열기

프로젝트 트리나 프로세스 플로우 안의 어떤 항목이든 아이콘을 선택하고 마우스 오른쪽 버튼을 클릭하여 **속성(I)**을 선택하면 해당 아이콘의 속성을 볼 수 있다. 물론 아이콘을 더블클릭하거나 마우스 팝업창에서 **열기(O)**를 선택하면 해당 항목을 열어볼 수 있다.

아이템 이름 바꾸기와 지우기

대부분의 항목은 마우스 팝업 메뉴에서 **이름 바꾸기(M)** 메뉴를 통해 이름을 바꿀 수 있으며, **삭제(D)** 메뉴를 통해 지울 수 있다.

프로젝트 저장하기

프로젝트를 저장하고자 할 경우에는 **파일(F) 〉 프로젝트 저장(S)** 또는 **파일(F) 〉 다른 이름으로 프로젝트 저장(A)**을 선택한다. 각 프로젝트 파일은 하나의 파일로 저장되며, **.egp**라는 확장자를 가진다. 그리고 특정한 항목에서 마우스 오른쪽 버튼을 클릭하고 **내보내기(X)** 메뉴를 선택하면 데이터, 프로그램, 결과 모두를 각각 분리된 파일로 저장할 수 있다.

(3) 데이터의 위치

Enterprise Guide가 다룰 수 있는 데이터는 매우 다양하며, 사용자는 각 파일을 다양한 경로를 통해서 가져올 수 있다.

서버 리스트 창 대부분의 파일 타입은 서버 리스트 창을 통해 Enterprise Guide 프로젝트로 가져올 수 있다. 서버 리스트를 보려면 메뉴바에서 **보기(V) 〉 서버 리스트(S)**를 선택하거나 리소스 영역에서 서버 리스트 아이콘을 클릭한다.

SAS 서버란 SAS 소프트를 실행할 수 있는 모든 컴퓨터를 뜻한다. 서버 리스트 창은 사용자가 이용 가능한 모든 SAS 서버들을 리스트로 보여주며, 파일들과 SAS 데이터 라이브러리들이 그 안에 들어 있다. 라이브러리나 파일과 같은 리스트의 해당 부분을 자세히 보고 싶을 때는 **플러스(+)** 버튼을 클릭한다.

라이브러리

라이브러리란 사용자들이 분석할 데이터를 체계적으로 관리해 둔 것을 말하며, 특정

위치에 들어 있는 SAS 또는 DBMS 데이터들의 집합이기도 하다. 단, 라이브러리는 데이터에 대한 논리적인 정보만 가지고 있으며, 물리적인 데이터를 직접 가지고 있지는 않다.

Enterprise Guide를 SAS 서버에 접속해서 사용하는 환경에서는 관리자가 미리 서버에서 라이브러리를 설정해 주는 경우가 많으며, PC에서 로컬 SAS와 함께 사용하는 경우에는 Enterprise Guide 사용자가 필요한 추가 라이브러리를 직접 생성하게 된다. 사용자가 자주 접하게 되는 라이브러리는 다음과 같다.

WORK 라이브러리

이것은 Enterprise Guide로 작업하는 동안 생성되는 임시 데이터 테이블을 위한 라이브러리이다. WORK 라이브러리는 서버에 접속한 사용자별로 독립적으로 할당되며, Enterprise Guide를 종료하면 모든 내용이 모두 삭제된다.

SASUSER 라이브러리

이것은 결과 데이터 테이블을 위한 기본적인 라이브러리이고, 많은 시스템에서 영구적이므로 데이터 테이블들이 Enterprise Guide가 종료되는 것에 의해 지워지지 않는다. 그러나 z/OS(메인프레임)와 일부 UNIX 시스템에서는 SASUSER 역시 임시폴더일 수 있고, 일부 환경에서는 SASUSER가 읽기 전용인 경우도 있다. 만약 SAS 서버가 여러 개인 경우 SASUSER 라이브러리 역시 각 서버마다 존재하게 된다.

사용자는 필요에 따라 여러 가지 사용자 정의 라이브러리를 생성하게 된다. 아래의

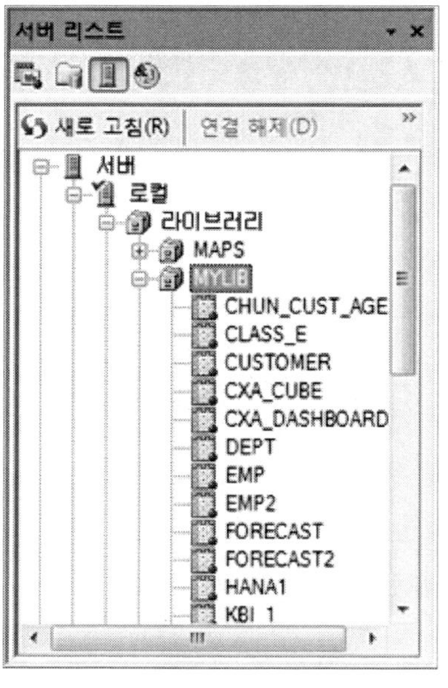

서버 리스트 창은 MYLIB라는 이름의 라이브러리가 정의되어 있음을 확인할 수 있는데, 메뉴바의 **도구(T) 〉 프로젝트 라이브러리 할당(A)** 기능을 통해 사용자가 SAS 라이브러리를 직접 정의할 수 있는 기능을 제공하고 있다.

SAS 데이터 라이브러리에서 안에 저장된 데이터셋을 보기 위해서는 라이브러리 이름 옆의 플러스 기호(+)를 클릭하면 된다. 마우스로 데이터를 클릭 후 Enterprise Guide의 프로세스 플로우 창으로 끌어오면 해당 데이터가 프로젝트에 추가된다.

파일(File)

서버 리스트 창에서 파일을 클릭하면 Enterprise Guide는 해당 SAS 서버에 있는 폴더와 디렉토리 목록을 보여준다. 그리고 서버의 디렉토리 시스템을 통해 찾고자 하는 파일을 탐색할 수 있다. 이런 파일들은 SAS 데이터 테이블일 수도 있고, 엑셀 스프레드시트 같은 다른 종류의 파일일 수도 있다. Windows에서 표준 SAS 데이터 테이블의 파일 확장자는 .sas7bdat이다. 파일 역시 클릭 후 프로세스 플로우로 드래그하거나 마우스의 오른쪽 버튼을 클릭한 후 프로젝트에 추가 버튼을 선택함으로써 프로젝트에 추가할 수 있다.

프로젝트로 데이터를 가져오는 다른 방법들

대부분의 파일 타입들은 메뉴바의 **파일(F) 〉 열기(O) 〉 데이터(D)** 또는 **파일(F) 〉 데이터 가져오기(I)**를 통해 프로젝트로 옮겨 올 수 있다. SAS 또는 DBMS 데이터가 아닌 JMP, SPSS 데이터 파일들을 프로젝트로 옮기기 위해서는 반드시 가져오기를 통해서 옮겨야 한다.

(4) SAS 데이터 테이블

Enterprise Guide는 매우 다양한 종류의 데이터 파일들을 읽을 수 있는데, 많은 분석과정에서 서로 다른 다양한 데이터들이 SAS 데이터 테이블 포맷으로 생성된다. Enterprise Guide에서 테이블은 데이터셋(data-set)으로, 칼럼(column)은 변수(variable)로, 행(row)은 관측치(observation)라고 부른다(2.1절 참조).

Enterprise Guide에는 두 가지 기본적인 종류의 데이터가 있는데, 이는 문자형과 수치형 데이터이다. 또한 수치형 데이터는 보여지는 형태에 따라 숫자, 통화, 시간, 날짜라는 네 가지 타입으로 구분된다. Enterprise Guide는 각각의 데이터 타입을 다루기 위한 개념을 가지고 있는데, 특정 타입의 데이터를 읽기 위한 인포맷(informat), 특정 타입의 데이터를 조작하기 위한 함수(function), 특정 타입의 데이터를 표시하기 위한 포맷(format) 등이 그것이다(이러한 내용은 제4장과 제5장에서 자세히 다룬다).

Enterprise Guide는 데이터의 타입을 구분하기 위해 다음과 같이 다른 종류의 아이콘들을 사용한다.

문자형 데이터

이것은 숫자, 글자, "$"나 "!"와 같은 특수문자를 포함하며, 32,767자까지 표현할 수 있다. 문자형 데이터는 A 대문자가 쓰여져 있는 빨간색 피라미드의 형태로 표시된다.

	Name	Sex	Age	Height	Weight
1	알프레드	남	14	69	112.5
2	앨리스	여	13	56.5	84
3	바바라	여	13	65.3	98
4	캐롤	여	14	62.8	102.5
5	헨리	남	14	63.5	102.5
6	제임스	남	12	57.3	83
7	제인	여	12	59.8	84.5
8	자넷	여	15	62.5	112.5
9	제프리	남	13	62.5	84
10	존	남	12	59	99.5

〈그림 10.4〉 SAS 데이터 테이블(데이터셋)

통화 데이터

이것은 화폐에 관련된 수치를 가지고 있으며, 지폐 그림으로 표시된다.

날짜 데이터

날짜 데이터는 달력 모양의 아이콘으로 표시되는데, 이것은 1960년 1월 1일을 기준으로 계산된 일 단위 숫자를 가진다. 아래 표에서는 4개의 날짜와 그것에 해당하는 SAS의 날짜와 포맷으로 지정된 값을 나타낸다.

날짜	SAS의 내부 저장 데이터	YYMMDD10. 포맷이 적용된 결과
1959년 1월 1일	-365	1959-01-01
1960년 1월 1일	0	1960-01-01
1961년 1월 1일	366	1961-01-01
2011년 1월 1일	18628	2011-01-01

포맷이 지정되지 않은 SAS 날짜(date)값들은 숫자로 보여지는 것에 주의해야 한다. 그리고 날짜시간(datetime)은 1960년 1월 1일부터 계산된 초단위 숫자이다.

 시간 데이터

자정부터 초단위로 계산된 값을 가진 수치이다. 시간 데이터는 시계 모양으로 표시된다.

 수치형 데이터

날짜, 시간, 통화가 아닌 일반 수치형 데이터는 수치형이라고 불리며 숫자, 소수자리, 양수 부호, 음수 부호 등을 가질 수 있다. 수치형 데이터는 숫자 1, 2, 3을 가진 파란색 동그라미로 표시된다.

수치형과 문자형 변수

만약 열들의 값이 문자나 특수문자를 지니고 있으면 그들은 무조건 문자형 데이터(변수)이다. 그러나 값들이 숫자만 지니고 있다면 수치형과 문자형 데이터가 모두 될 수 있으며, 이는 사용자가 데이터를 어떻게 이용하는가에 달려 있다.

칼럼(열, 변수) 이름

Enterprise Guide에서 칼럼(열)의 이름은 영문자 기준으로 32글자(한글 16글자)까지 허용된다. SAS의 VALIDVARNAME=ANY 옵션을 이용하면 한글 칼럼명을 사용할 수도 있다.

결측값(missing value)

특정 필드에 값이 존재하지 않는 상태를 결측값이라고 부르는데, DBMS에서는 널(null)이라는 용어를 사용한다. Enterprise Guide에서는 결측값이 문자형 변수는 공백으로, 수치형 변수는 점(.)으로 표현된다.

데이터 테이블 속성 정보

SAS 데이터 테이블은 테이블의 이름, 만든 날짜, 만들 때 사용한 SAS의 버전 등과 같은 데이터 테이블에 대한 각종 정보를 담고 있다. SAS는 데이터 테이블에서 열의 이름, 타입, 길이와 같은 각각의 칼럼에 대한 정보도 저장한다. 이러한 정보들을 보기 위해서는 데이터 테이블과 칼럼을 선택하고 마우스 오른쪽 버튼을 클릭(팝업 메뉴)하여 속성을 선택하면 된다.

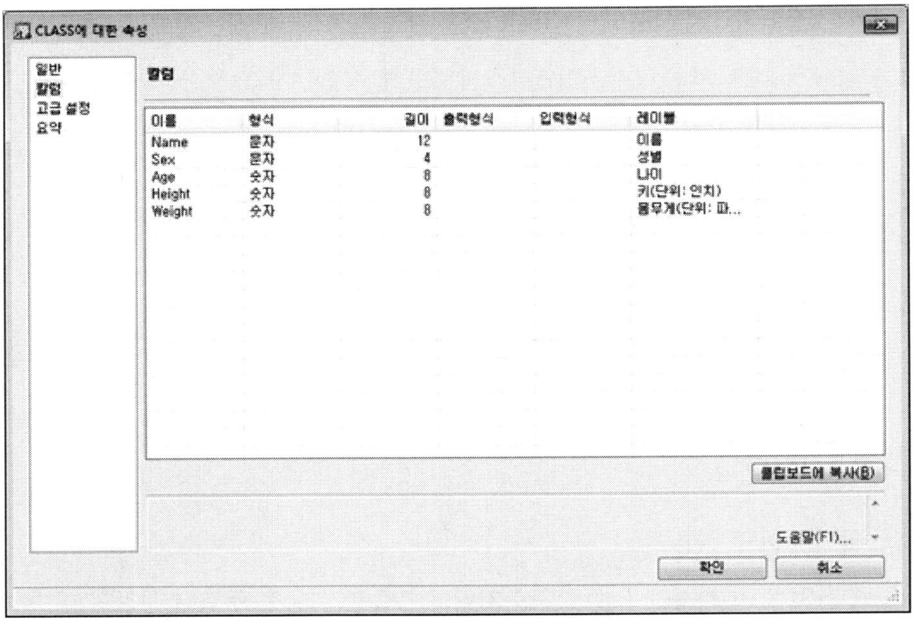

10.1.2 데이터 가져오기

(1) 라이브러리 할당하기

앞에서 설명한 바와 같이 SAS의 모든 시스템들은 데이터를 저장하거나 관리하기 위하여 라이브러리를 이용한다. 따라서 Enterprise Guide에서도 데이터를 이용한 작업을 수행하기 위하여 가장 먼저 수행해야 할 작업 중 하나는 라이브러리를 할당(생성)하는 것이다.

예 10.1 라이브러리 할당하기

'c:\SAS_Progranmming\E_Guide' 폴더를 EDU 라이브러리로 할당한다.

① 메뉴바의 **도구(T) 〉 프로젝트 라이브러리 할당(A)**을 선택한다.

② 라이브러리 **이름(A)**을 EDU로 지정한다. **서버(S)**는 **Local**을 선택한다.

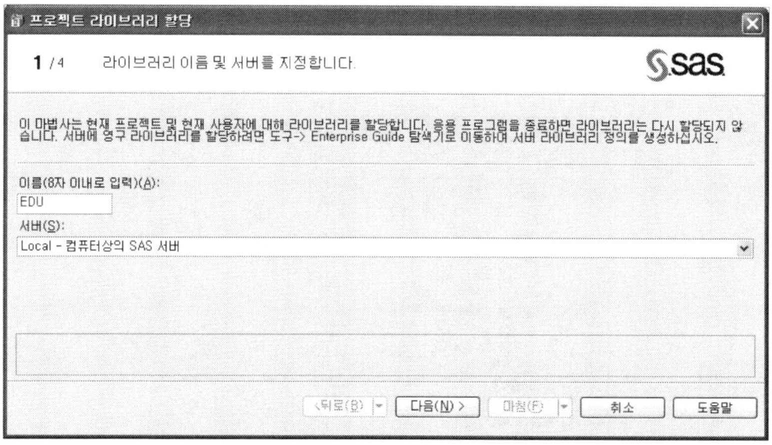

③ **경로(P)**는 'c:\SAS_Progranmming\E_Guide'를 직접 입력하거나 **찾아보기(R)**를 통해 선택한다.

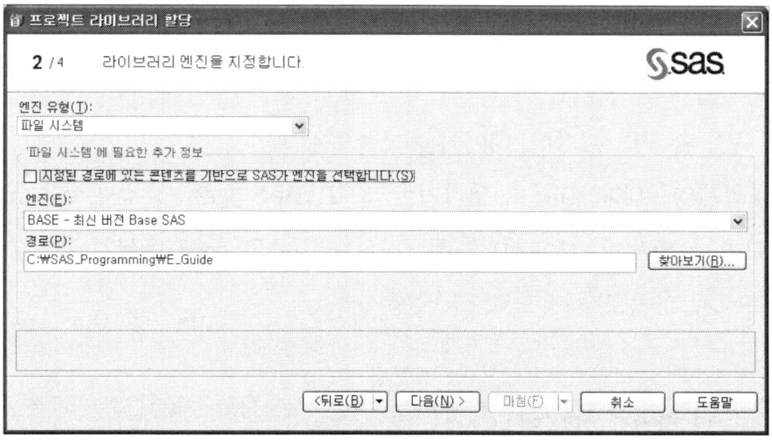

④ **옵션**은 별도로 선택하지 않으며, **다음(N)**을 클릭하고 화면에 표시되는 정보가 입력된 정보가 맞는지 확인한다. **라이브러리 테스트(T)**를 선택하여 오류가 없는지 검증한 후 **마침(F)**을 클릭하여 라이브러리를 생성한다.

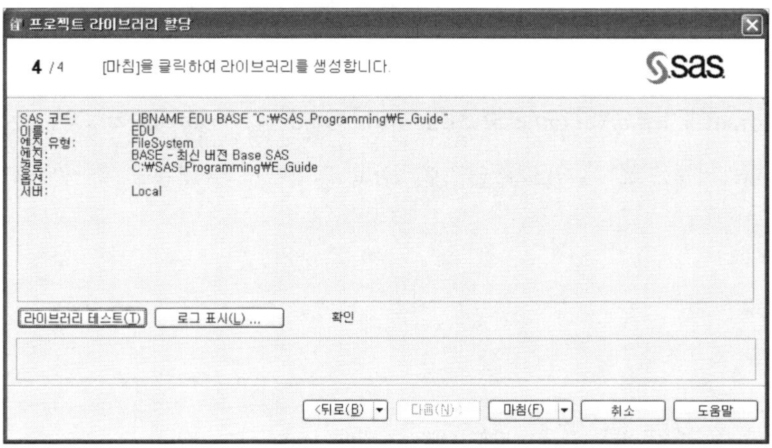

⑤ 프로젝트 라이브러리 할당이 실행된 후 **서버 리스트** 아래 **라이브러리**의 **새로 고침(R)**을 클릭하여 EDU 라이브러리가 잘 생성되었는지 확인한다.

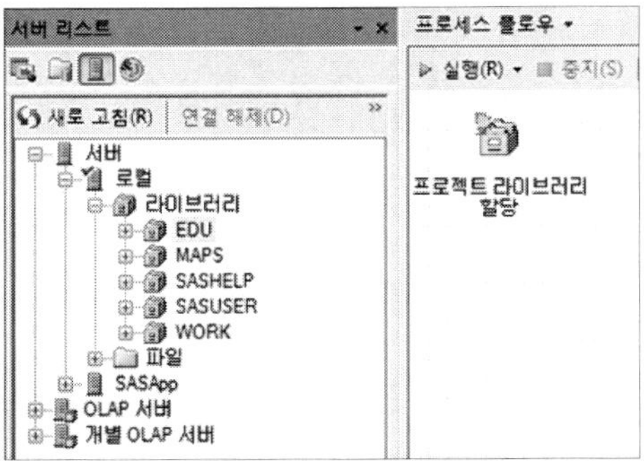

(2) SAS 데이터 가져오기

다른 PC 또는 SAS 서버에서 만들어진 SAS 데이터(테이블 또는 데이터셋)를 Enterprise Guide에서 즉시 활용할 수 있다. 데이터를 가져오는 방법은 세 가지가 있는데, ① 메뉴바의 **파일(F) 〉 열기(O) 〉 데이터(D)**를 선택하거나, ② **프로세스 플로우** 창에서 마우스의 오른쪽 버튼을 클릭한 후 **열기(O) 〉 데이터(D)**를 선택하거나, ③ Windows 탐색기에서 끌어다 놓기 방식으로 프로세스 플로우 창으로 끌어온다.

예 10.2 SAS 데이터 가져오기

'C:\Program Files\SASHome\SASEnterpriseGuide\4.3\Sample\Data'의 SAS 데이터 Products.sas7bdat와 Orders.sd2 파일을 불러온다.[3)]

① 앞에서 설명한 세 가지 방식 중 한 가지를 선택하여 데이터를 가져온다. 여기서는 **프로세스 플로우** 창에서 마우스의 오른쪽 버튼을 클릭하여 **열기(O) 〉 데이터(D)**를 선택한다.

② 'C:\Program Files\SASHome\SASEnterpriseGuide\4.3\Sample\Data'의 Orders.sd2를 선택한다. 자동으로 데이터가 열리면 Orders 데이터의 내용을 확인하고 데이터를 닫는다.

---

3) 경로는 사용자의 SAS 설치 환경에 따라 다를 수 있다.

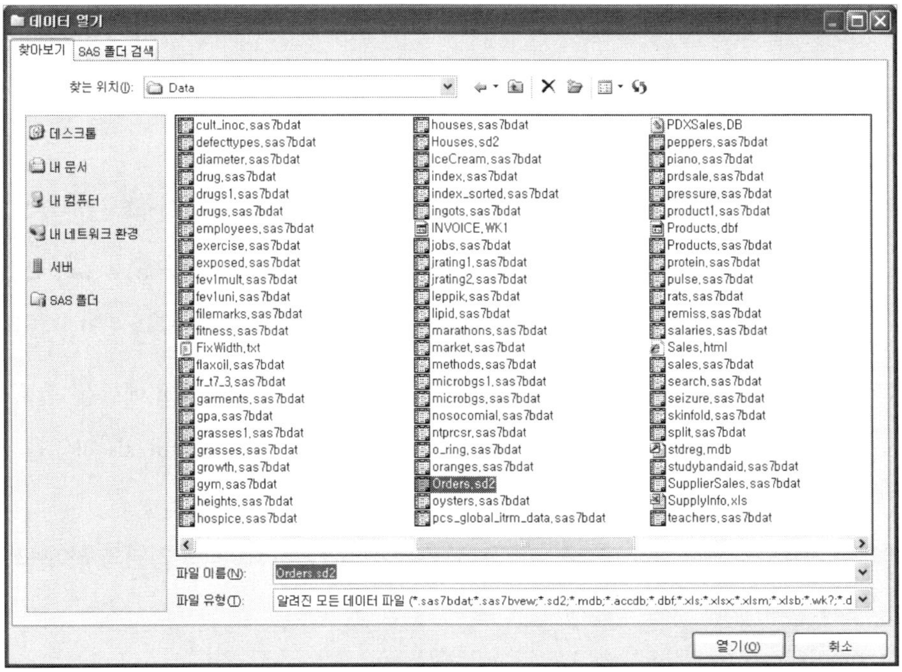

③ 동일한 방법으로 'C:\Program Files\SASHome\SASEnterpriseGuide\4.3\Sample\Data'의Products.sas7bdat를 선택한다.

④ 프로세스 플로우 창으로 돌아와 Orders 데이터와 Products 데이터가 프로세스 플로우에 생성되었는지 확인한다.

TIP 데이터를 가져올 때 자동으로 데이터가 열리지 않게 하는 방법

데이터가 자동으로 열리지 않고 가져오기만 하기 위해서는 메뉴바에 있는 **도구(T) 〉 옵션(O)**의 옵션 창에서 **데이터 〉 일반** 탭을 선택하여 **프로젝트에 데이터 추가할 때 자동으로 데이터 열기(O)**의 체크를 해제한다.

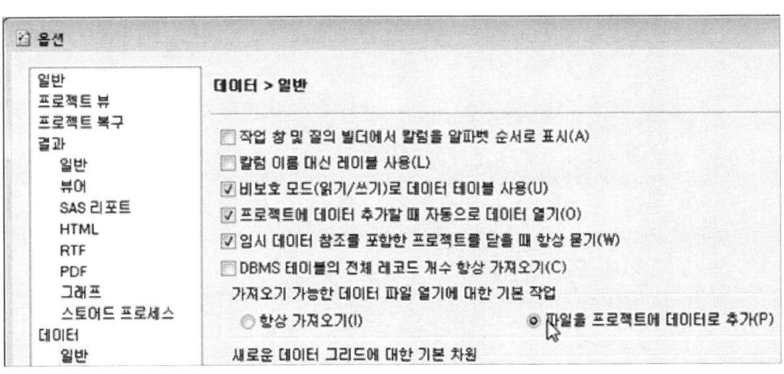

(3) Excel 데이터 가져오기

Excel 데이터를 가져오기 위해서 SAS 데이터셋 가져오기와 동일한 방법을 사용할 수 있다.

예 10.3 Excel 데이터 가져오기

'C:\Program Files\SASHome\SASEnterpriseGuide\4.3\Sample\Data'의 SupplyInfo.xls 파일을 불러온다.

① <예 10.2>와는 달리 여기서는 메뉴바의 **파일(F) 〉 열기(O) 〉 데이터(D)** 메뉴를 선택하여 SupplyInfo.xls 파일을 열어보자. **데이터 열기** 대화상자에서 SupplyInfo.xls 파일을 선택한 후 **열기(O)**를 클릭한다.

② **'데이터 지정'** 단계에서 **찾아보기(W)** 버튼을 이용하여 **결과 SAS 데이터셋** 영역의 **라이브러리(R)**를 EDU로 설정한 후 **다음(N)〉** 버튼을 클릭한다.

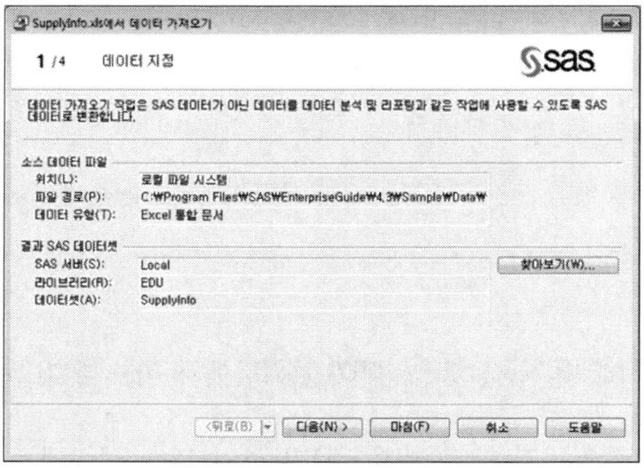

③ **'데이터 소스 선택'** 단계에서 데이터로 가져올 워크시트(Suppliers)나 Excel에서 사전 정의된 범위 등의 옵션을 지정한 후 **다음(N)〉** 버튼을 클릭한다.

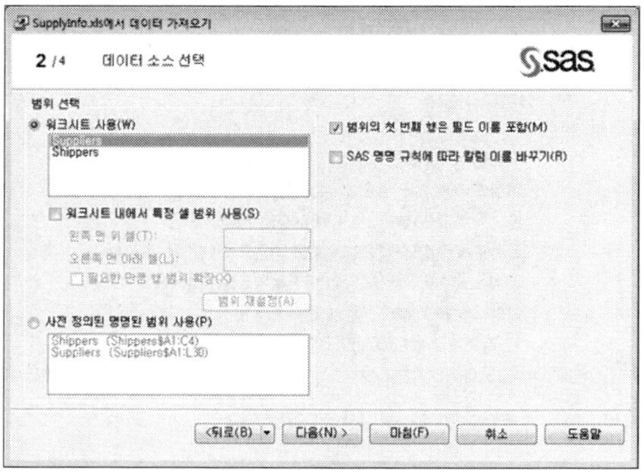

④ **'필등 속성 정의'** 단계에서 칼럼의 속성이나 이름, 레이블 이름 등을 바꾸기 위해서는 **수정(M)** 버튼을 클릭한다. 여기서는 **마침(F)** 버튼을 클릭하여 Excel 데이터를 SAS 데이터셋으로 가져온다.

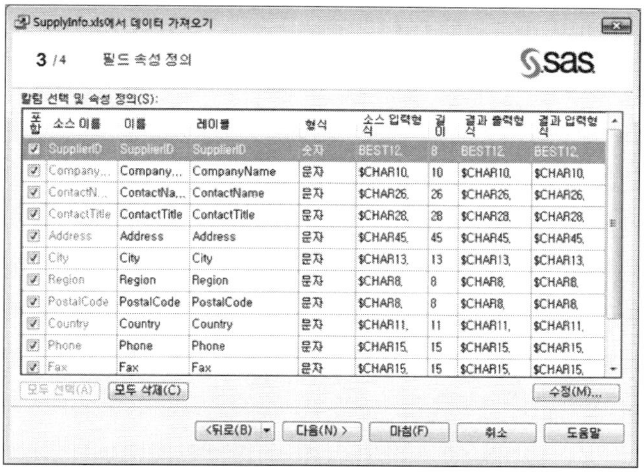

⑤ 필요한 경우 **'고급 옵션'** 단계에서 여러 가지 옵션을 선택할 수 있다.

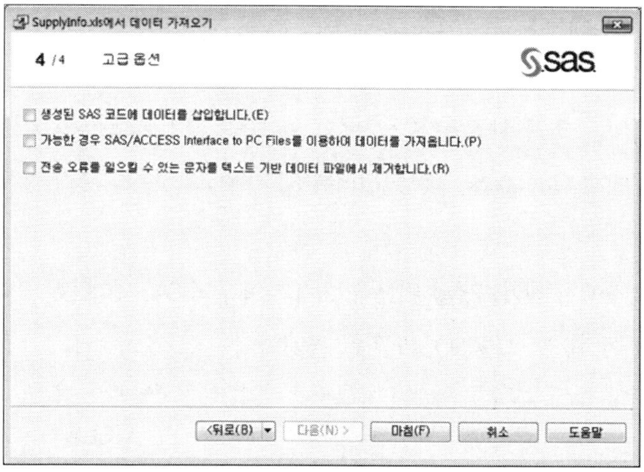

⑥ 가져온 데이터의 내용을 확인하고 데이터를 닫는다. 라이브러리에 저장되었는지 **새로고침(R)**을 클릭하여 확인한다.

(4) 텍스트 데이터 가져오기

텍스트 데이터를 가져올 때도 SAS 데이터 가져오기에서 설명된 세 가지 방법을 이용한다.

예 10.4.A 콤마로 분리된 텍스트 파일 가져오기

'C:\Program Files\SASHome\SASEnterpriseGuide\4.3\Sample\Data'의 CommaSep.txt 파일을 불러온다.

① 윈도우 탐색기에서 끌어다 놓기 방식을 이용하여 CommaSep.txt 파일을 프로세스 플로우 창으로 끌어온다.

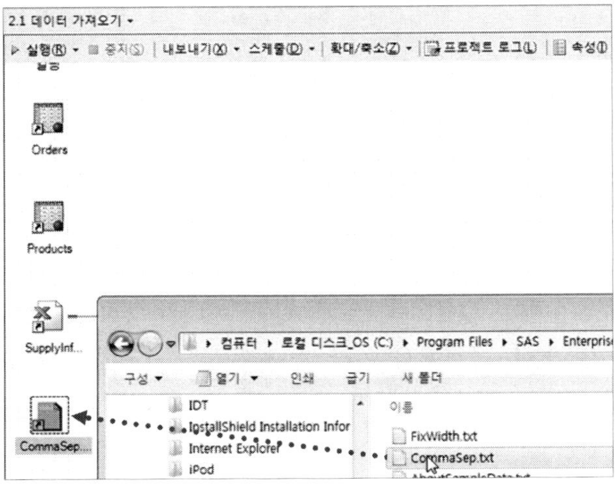

② 텍스트 데이터의 구조를 확인한다(프로세스 플로우에서 CommaSep.txt를 더블클릭한다).

③ **프로세스 플로우**에서 CommaSep.txt를 선택하고, 마우스 오른쪽 클릭 후 **데이터 가져오기(T)**를 선택한다.

④ **'데이터 지정'** 단계에서 **찾아보기(W)** 버튼을 이용하여 **결과 SAS 데이터셋** 영역의 **라이브러리(R)**를 EDU로 설정한 후 **다음(N)〉** 버튼을 클릭한다.

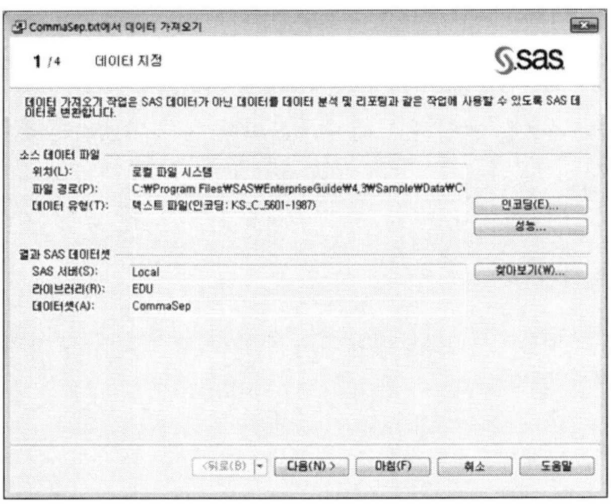

⑤ **'데이터 소스 선택'** 단계에서 **텍스트 형식** 영역의 **구분자 필드(D)**를 **쉼표**로 선택한 후 **다음(N)>** 버튼을 클릭한다.

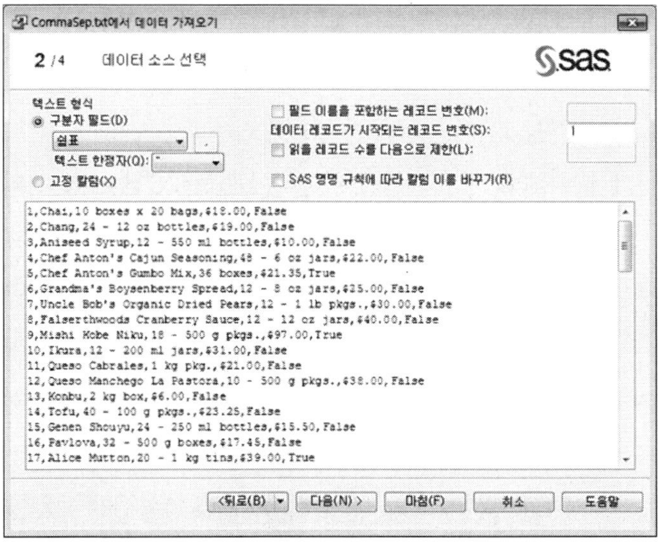

⑥ **'필등 속성 정의'** 단계에서 각 칼럼마다 **수정(M)** 버튼을 이용하여 칼럼의 속성을 다음 그림과 같이 정의한 후 **마침(F)** 버튼을 클릭한다.

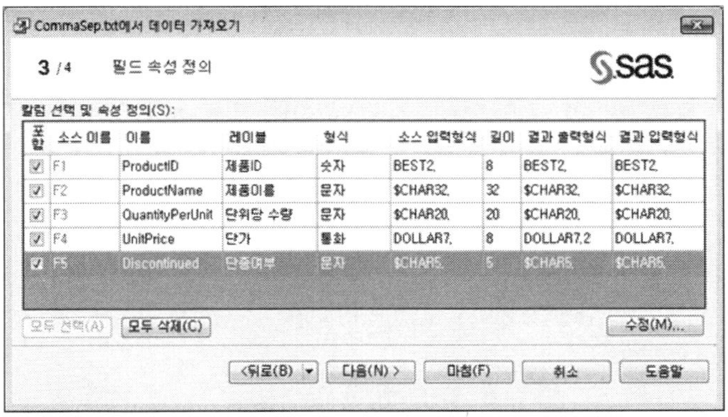

⑦ 가져온 데이터의 내용을 확인하고 데이터를 닫는다. 라이브러리에 저장되었는지 **새로 고침(R)**을 클릭하여 확인한다.

예 10.4.B 넓이가 고정된 텍스트 파일 가져오기

'C:\Program Files\SASHome\SASEnterpriseGuide\4.3\Sample\Data'의 FixWidth.txt 파일을 불러온다.

① 윈도우 탐색기에서 끌어다 놓기 방식을 이용하여 FixWidth.txt 파일을 프로세스 플로우 창으로 끌어온다.

② 텍스트 데이터의 구조를 확인한다(프로세스 플로우에서 FixWidth.txt를 더블클릭한다).

③ **프로세스 플로우**에서 FixWidth.txt를 선택하고, 마우스 오른쪽 버튼을 클릭한 후 **데이터 가져오기(T)**를 선택한다.

④ **'데이터 지정'** 단계에서 **찾아보기(W)** 버튼을 이용하여 **결과 SAS 데이터셋** 영역의 **라이브러리(R)**를 EDU로 설정하고 **데이터셋(A)**을 Categories로 설정한 후 **다음(N)〉** 버튼을 클릭한다.

⑤ **'데이터 소스 선택'** 단계에서 **텍스트 형식** 영역을 의 **고정 칼럼(X)**으로 선택한 후 칼럼의 구분선을 지정한다. 즉, 각 칼럼을 시작하는 위치에서 눈금선을 클릭하여 칼럼 구분선을 지정한다.

- 첫 번째와 두 번째 칼럼을 구분하기 위해 다섯 번째 눈금 표식을 클릭한다.
- 두 번째와 세 번째 칼럼을 구분하기 위해 스무 번째 눈금 표식을 클릭한다.

⑥ **'필등 속성 정의'** 단계에서 각 칼럼마다 **수정(M)** 버튼을 이용하여 칼럼의 속성을 정의하고 F3은 포함 칼럼에서 체크를 해제하여 칼럼을 제외시킨다.

- F1: 이름(CategoryID), 레이블(범주 ID)
- F2: 이름(CategoryName), 레이블(제품 범주)

⑦ 가져온 데이터의 내용을 확인하고 데이터를 닫는다. 라이브러리에 저장되었는지 **새로 고침(R)**을 클릭하여 확인한다.

(5) 새로운 출력형식(Format) 생성하기

SAS 데이터는 표현형식을 바꾸거나 일시적인 연산을 위하여 사용되는 임시 변수를 대체하기 위하여 출력형식(포맷)을 생성할 수 있다. 출력형식을 활용하면 새로운 데이터를 생성하지 않아도 마치 새로운 데이터를 생성한 것처럼 활용하거나, 동일한 데이터를 이용하여 다양한 형태로의 출력이 가능하므로 리포팅에 유용하다(4.4절 및 7.6절 참조).

예 10.5 출력형식 생성하기

출력형식 UnitPrice_format와 Discontinued_format을 생성한다.

변수	자룟값	적용 출력형식
UnitPrice	$30 이하	저가형
	$30 초과	고가형
Discontinued	False	생산
	True	단종

① 메뉴바의 **작업(K) 〉 데이터(D) 〉 출력형식 생성(C)**을 선택한다.

② **출력형식 이름(O)**을 UnitPrice_format으로 입력하고 UnitPrice가 통화 데이터(수치형)이므로 **출력형식 유형**을 **숫자(N)**로 지정한 후, 패널에서 **출력형식 정의** 항목을 클릭한다.

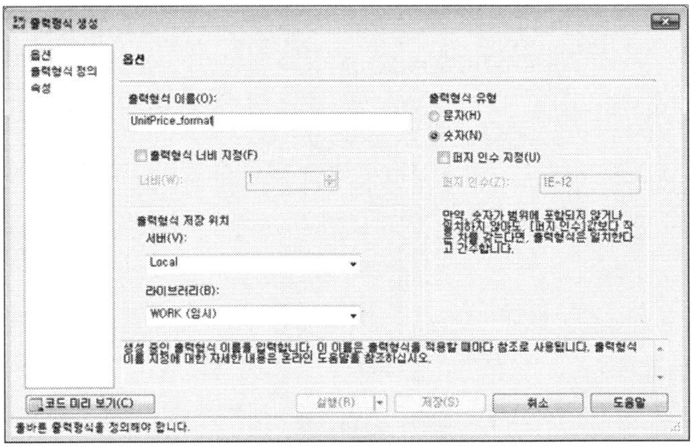

③ **새로운 레이블(N)** 버튼을 클릭한 후 **레이블 정의** 영역의 **레이블(L)**에 '저가형'을 입력한다.

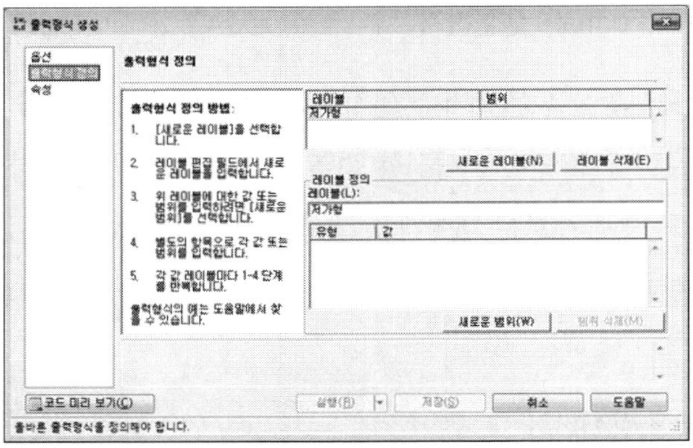

④ **새로운 범위(W)** 버튼을 클릭하여 **유형**을 **범위**로 변경하고, **값**을 '최솟값에서 30 포함 -•'으로 지정한다.

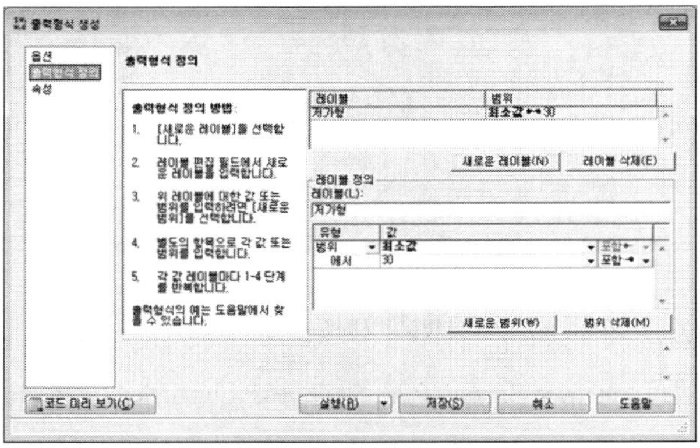

⑤ 위와 동일한 방식으로 **새로운 레이블(N)** 버튼을 클릭한 후 **레이블(L)**에 '고가형'을 입력하고, **새로운 범위(W)**를 클릭하여 범위를 '30 제외 o- 에서 최댓값'으로 지정한 후, **실행(R)** 버튼을 클릭하여 출력형식을 생성한다. 만약 고가형의 범위가 30을 포함하게 되면 저가형과 겹치게 되어 잘못된 포맷이 생성된다. 이를 피하기 위해, Enterprise Guide 에서는 범위가 겹치는 경우에는 범위에 X가 표기되어 정합성을 검증할 수 있도록 한다.

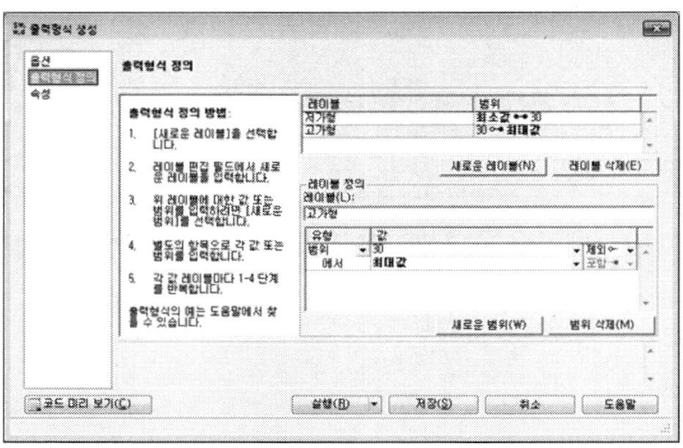

⑥ Discontinued에 적용할 출력형식을 생성하기 위해 **작업(K) 〉 데이터(D) 〉 출력형식 생성(C)** 메뉴를 선택한 뒤, 출력형식 이름에는 Discontinued_format을 입력하고, Discontinued가 문자형 데이터이므로 출력형식 유형은 **문자**를 선택한 후 **출력형식 정의** 항목을 클릭한다.

⑦ **새로운 레이블(N)**을 클릭한 후 레이블은 '생산'이라 입력하고, **새로운 범위(W)**를 클릭한 후 **유형**을 **이산형**으로 선택하고 값에 'False'라고 입력한다. 그리고 **새로운 레이블(N)**을 클릭한 후 레이블은 '단종'이라 입력하고, **새로운 범위(W)**를 클릭한 후 **유형**을 **이산형**으로 선택하고 값에 'True'라고 입력한다. 마지막으로 **실행(R)** 버튼을 클릭하여 출력형식을 생성한다.

예 10.6 출력형식 적용하기

앞에서 가져온 CommaSep 데이터에 <예 10.5>에서 생성한 사용자 출력형식을 적용한다.

① **프로세스 플로우** 창에 <예 10.4>에서 생성된 **데이터 가져오기**(CommaSep.txt) 아이콘을 선택하고 마우스 오른쪽 버튼을 클릭하여 **데이터 가져오기**(CommaSep.txt) **수정(Y)**을 선택한다.

② CommaSep.txt에서 데이터 가져오기 창이 뜨면 **다음(N) 〉** 버튼을 두 번 차례로 클릭하여 **'필등 속성 정의'** 단계로 이동한다.

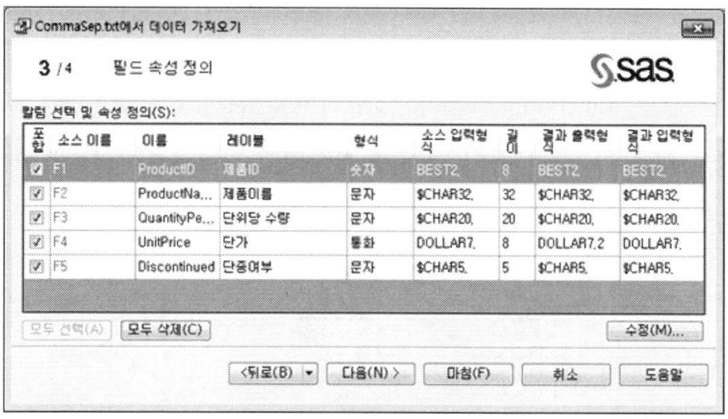

③ 출력형식을 변경할 UnitPrice의 DOLLAR7.이라고 표시되어 있는 **결과 출력형식** 셀을 클릭하고 잠시 기다렸다가 다시 클릭하면 표시되는 [...] 버튼을 클릭한다.

④ **결과 데이터셋 출력형식** 창에서 **범주(C)** 란의 **사용자 정의**를 선택한 후 출력형식에 포함되어 있는 UNITPRICE_FORMAT.을 선택하고, **확인** 버튼을 클릭한다.

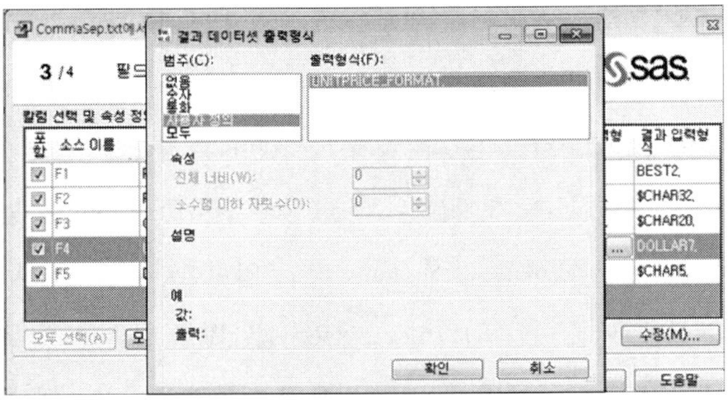

⑤ 위와 동일한 방식으로 출력형식을 변경할 Discontinued의 $CHAR5.이라고 표시되어 있는 **결과 출력형식** 셀을 클릭하고 잠시 기다렸다가 다시 클릭하면 표시되는 [...] 버튼을 클릭한다. **결과 데이터셋 출력형식** 창에서 **사용자 정의** 범주를 선택한 후 출력형식에 포함되어 있는 $DISCONTINUED_FORMAT.을 선택하고, **확인** 버튼을 클릭한다.

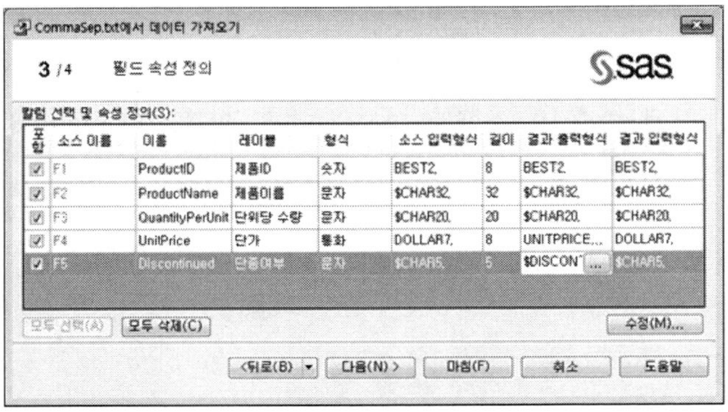

⑥ 출력형식 설정을 완료한 후 **마침(F)** 버튼을 클릭하여 출력되는 데이터에서 UnitPrice는 저가형/고가형으로, Discontinued는 생산/단종으로 표시되는 것을 확인한다(실제 데이터는 UnitPrice의 경우 각 상품의 단가가 저장되고 Discontinued는 True/False로 저장되지만 화면에는 출력형식이 적용되어 고가형/저가형, 단종/생산으로 표시된다).

	ProductID	ProductName	QuantityPerUnit	UnitPrice	Discontinued
1	1	Chai	10 boxes x 20 ba···	저가형	생산
2	2	Chang	24 - 12 oz bottles	저가형	생산
3	3	Aniseed Syrup	12 - 550 ml bottles	저가형	생산
4	4	Chef Anton's C···	48 - 6 oz jars	저가형	생산
5	5	Chef Anton's G···	36 boxes	저가형	단종
6	6	Grandma's Boy···	12 - 8 oz jars	저가형	생산
7	7	Uncle Bob's Or···	12 - 1 lb pkgs.	저가형	생산
8	8	Falserthwoods···	12 - 12 oz jars	고가형	생산
9	9	Mishi Kobe Niku	18 - 500 g pkgs.	고가형	단종
10	10	Ikura	12 - 200 ml jars	고가형	생산
11	11	Queso Cabrales	1 kg pkg.	저가형	생산
12	12	Queso Manche···	10 - 500 g pkgs.	고가형	생산
13	13	Konbu	2 kg box	저가형	생산
14	14	Tofu	40 - 100 g pkgs.	저가형	생산

Note 출력형식(Format)의 이름 지정 규칙

위의 예에서는 UNITPRICE_FORMAT과 DISCONTINUED_FORMAT 두 가지의 출력형식을 만들어 보았다. 단, 출력형식(포맷)의 이름을 정할 때는 아래와 같은 규칙을 따라야 한다.

- 출력형식의 이름은 32자를 넘을 수 없다.
- 출력형식의 이름은 반드시 문자나 언더스코어(_)로 시작해야 한다.
- 출력형식은 문자, 숫자 또는 언더스코어(_)만 포함할 수 있다.
- 출력형식의 이름은 숫자로 끝날 수 없다.
- 출력형식의 이름은 SAS에서 지정된 함수의 이름을 사용 할 수 없다.

10.2 리포트와 그래프

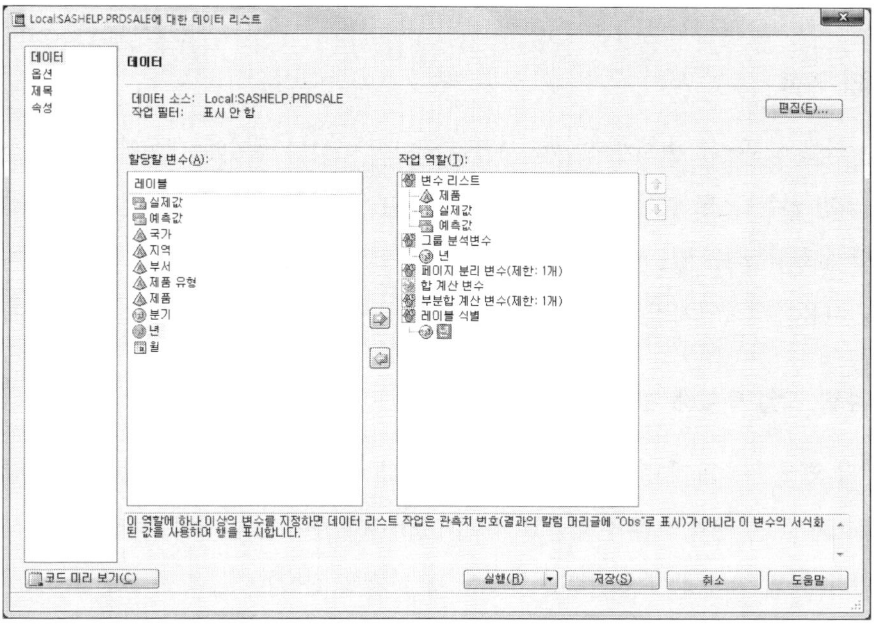

〈그림 10.5〉 작업 창: 데이터 리스트

프로젝트에 데이터가 있는 경우, 리포트를 생성하고 데이터를 분석할 수 있다. 이러한 작업을 하려면 작업 리스트 또는 작업 메뉴에서 SAS 작업을 선택한다. Enterprise Guide에서 작업 창은 공통적인 형식으로 되어 있기 때문에 특정 작업에 익숙하면 다른 작업들 또한 쉽게 사용할 수 있다.

10.2.1 SAS 작업 정보

선택 영역은 각 작업 창의 왼쪽에 있는데, 이 선택 영역을 사용하여 해당 작업에 대한 옵션 그룹을 선택한다. 모든 작업에는 데이터 영역이 있기 때문에 <그림 10.6>과 같이 작업 역할에 변수를 할당할 수 있는데, 할당할 변수 상자에 데이터셋의 변수(또는 칼럼)가 표시된다.

이제 PRINT 프로시저를 이용하는 데이터 리스트 작업(task)을 통해 Enterprise Guide의 작업에 대해 알아보자.

(1) 할당할 변수의 유형

할당할 변수 좌측의 아이콘은 변수 유형을 나타내는데, 국가(Country)는 문자 변수( ), 년(Year)은 숫자 변수( ), 월(Month)은 날짜/시간 형식으로 된 숫자 변수( ), 실제값(Actual) 및 예측값(Predict)은 통화 형식으로 된 숫자 변수( )이다.

(2) 작업 역할

작업 역할 상자에는 변수가 작업에 사용될 역할이 나열되어 있다. 데이터 리스트 작업을 실행하려면 **변수 리스트** 역할에 최소 한 개의 변수가 필요하다. 각 작업 역할 좌측의 아이콘은 역할에 할당할 수 있는 변수 유형을 나타내는데, **변수 리스트** 역할에는 모든 변수 유형( )을 사용할 수 있지만, **합 계산 변수** 역할에는 숫자 변수 유형( )만 사용한다.

(3) 변수를 작업 역할에 할당하는 방법

할당할 변수 리스트에서 변수를 작업 역할 리스트로 끌어 놓아 역할에 변수를 할당하는데, 왼쪽 화살표( )와 오른쪽 화살표( )를 사용하여 변수를 할당하고 역할에서 삭제할 수도 있다. 작업 역할에 여러 변수를 할당한 경우, 위쪽 화살표( )와 아래쪽 화살표( )를 이용하여 변수 순서를 바꿀 수 있다. 일부 역할은 해당 역할에 할당할 수 있는 변수 개수를 제한하는데, 변수 개수를 제한하면 항상 역할 이름 옆에 표시된다.

또한 모든 작업에는 설정 가능한 옵션이 있으며, 일부 작업의 경우 수많은 옵션이 선택 영역에 범주별로 그룹화되어 있다. 대부분의 작업에서 결과의 제목 및 주석을 할당할 수 있다.

(4) SAS 프로그램 확인 및 수정

역할에 변수를 할당하고 작업 창에서 옵션을 선택하면 Enterprise Guide에서 그에 따른 SAS 코드를 생성하며, 작업 창 하단에서 **코드 미리 보기(C)**를 클릭하여 코드를 볼 수 있다.

작업 옵션을 선택한 후 **실행(R)**을 클릭하여 코드 및 작업을 실행한다. 작업 공간의 탭을 클릭하여 입력 데이터와 작업의 모든 출력에 액세스할 수 있다. 작업을 실행할 때 작업 창이 닫혀도 선택 사항은 저장되고 작업 공간 도구 모음에서 작업 수정을 클릭하여 작업을 다시 열 수 있다. 작업 공간에서 작업이 열리지 않으면 프로젝트 트리에서 작업을 마우스 오른쪽 버튼으로 클릭하고 작업 이름 수정을 선택하여 다시 열 수 있다.

10.2.2 리스트 리포트 생성 및 수정

이 프로젝트에는 10.1.2절에서 가져온 Products 테이블(데이터셋)이 있는데, 이 테이블은 다음과 같은 10개의 칼럼으로 구성되어 있다.

칼럼	설명
ProductID	제품 ID
ProductName	제품 이름
SupplierID	공급자 ID
CategoryID	범주 ID
QuantityPerUnit	단위당 항목 수량
UnitPrice	각 단위의 소매 가격
UnitsInStock	재고가 있는 단위 수
UnitsOnOrder	주문 단위 수
ReorderLevel	재주문 요청이 들어온 재고가 있는 단위 수
Discontinued	제품 생산 중단 여부(1: 단종, 0: 생산)

예 10.7 리스트 리포트 생성하기

전문 식료품점이 판매를 하고 나서 범주별로 배열된 각 제품에 대한 재고 목록을 보여주는 리포트가 필요하다고 가정해 보자. 리포트에는 제품 이름, 범주 번호, 단위 가격 및 재고가 표시되어야 한다. 리스트 리포트 마법사를 이용하여 이러한 리포트를 생성해 보자.

(1) 데이터 선택 및 리스트 리포트 마법사 시작

작업 또는 마법사를 시작하려면 먼저 사용할 데이터가 프로젝트에서 활성화된 상태여야 한다. 이 마법사에서는 Products 테이블을 사용한다.

① 프로젝트 트리 또는 다이어그램에서 Products 테이블을 클릭하여 데이터를 활성화한다.

② **작업(K) 〉 기술(B) 〉 리스트 리포트 마법사(R)**를 선택한다. 리스트 리포트 마법사가 열리고 Products 테이블의 속성 정보를 확인할 수 있다. **다음(N)〉**을 클릭한다.

(2) 역할에 변수 할당

리스트 리포트 마법사의 리스트 정의 페이지에서 포함시키려는 칼럼과 결과에 표시되는 칼럼 순서를 지정한다. 칼럼에 대한 그룹화 방법과 요약 데이터 계산 여부를 지정하는 데 사용할 수 있다.

① **미리 보기** 영역에서 ProductID 칼럼을 선택한 다음, **삭제(D)**를 클릭한다. 이 단계를 반복하여 다음 칼럼들을 추가로 삭제한다: SupplierID, QuantityPerUnit, UnitsOnOrder, ReorderLevel, Discontinued.

② 리포트를 실행할 때 칼럼은 미리 보기에 표시된 순서대로 왼쪽에서 오른쪽으로 나열되기 때문에 리포트에 나타낼 순서대로 칼럼을 정렬한다. CategoryID를 선택한 다음, 왼쪽으로 이동 버튼( ) 을 클릭하면 CategoryID 칼럼이 리포트의 첫 번째 칼럼이 된다. 원하는 경우, **편집(E) 〉 칼럼 할당(A)**을 선택하면 칼럼 할당 대화상자를 통해 칼럼을 삭제하거나 이동하는 등과 같이 자유롭게 수정할 수 있다.

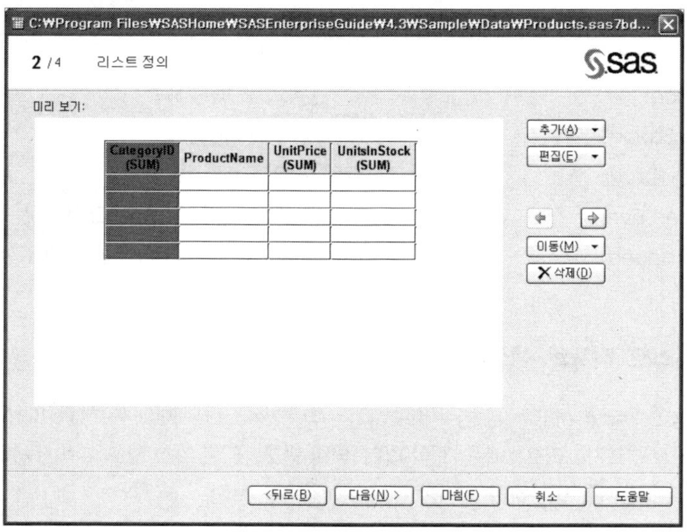

(3) 마법사 실행 및 결과 보기

사용하려는 칼럼을 지정한 후 마법사를 실행할 수 있는데, Enterprise Guide에는 여러 기본 옵션이 선택되어 있다.

① **마침(F)**을 클릭하여 마법사를 완료한다. 작업을 실행하면서 프로세스 플로우 창을 살펴보면 마법사 주변에 색깔 테두리( )가 생기는데, 이것은 작업이 실행 중이라는 것을 나타내며, 처리가 완료되면 그 결과가 작업 공간에 자동으로 열린다.

② 결과 리포트에는 선택한 칼럼이 지정한 순서대로 나타나며, 리포트마다 기본 제목과 주석이 표시된다.

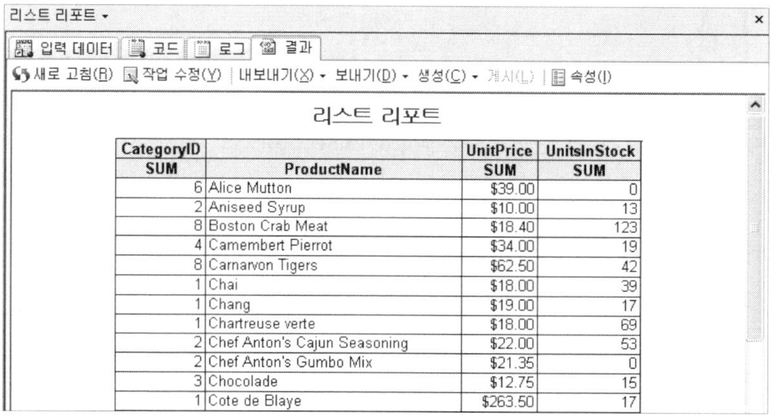

CategoryID SUM	ProductName	UnitPrice SUM	UnitsInStock SUM
6	Alice Mutton	$39.00	0
2	Aniseed Syrup	$10.00	13
8	Boston Crab Meat	$18.40	123
4	Camembert Pierrot	$34.00	19
8	Carnarvon Tigers	$62.50	42
1	Chai	$18.00	39
1	Chang	$19.00	17
1	Chartreuse verte	$18.00	69
2	Chef Anton's Cajun Seasoning	$22.00	53
2	Chef Anton's Gumbo Mix	$21.35	0
3	Chocolade	$12.75	15
1	Cote de Blaye	$263.50	17

(4) 리스트 리포트 마법사 수정

범주별로 제품을 그룹화하고 각 범주에 대한 총재고를 계산하며 특정 제목을 추가한다고 가정하고 방금 실행한 마법사를 수정해 보자. 결과 리포트가 생성된 후에도 옵션을 변경하고 작업에서의 변수 사용방법을 재정렬할 수 있는데, 이 단계에서는 리스트 리포트 마법사를 수정하여 CategoryID 변수별로 제품을 그룹화하고, 각 범주의 UnitsInStock의 총합을 계산한다.

① 작업 공간 도구 모음에서 **작업 수정(Y)**을 클릭하면 마지막으로 작업을 실행할 때 선택한 사항이 포함된 리스트 리포트 마법사 창이 열리는데, **다음(N)>**을 클릭하여 리스트 정의 페이지로 이동한다.

② CategoryID에서 마우스 오른쪽 버튼을 클릭하고 **통계량(S) > 반복되는 값 숨기기(H)**를 선택한다. 항목은 CategoryID별로 그룹화되지만 CategoryID 값은 해당 값과 연결된 데이터 그룹의 첫 번째 행에만 표시된다.

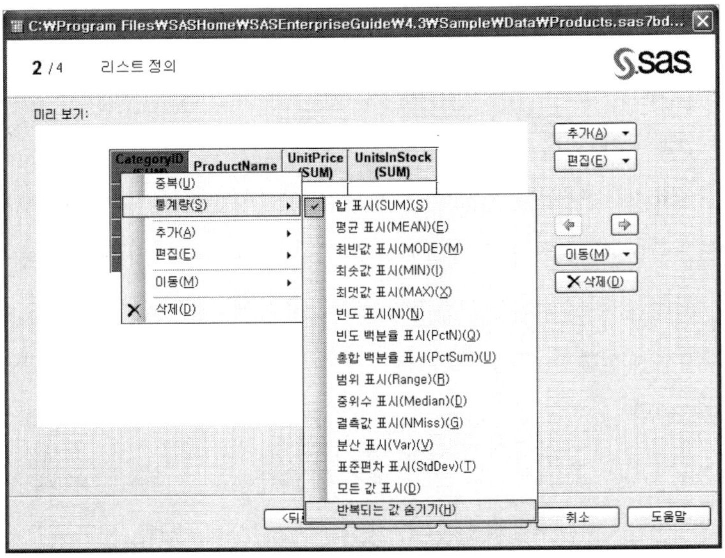

③ **다음(N)>**을 클릭하고 **총합 선택** 상자에서 UnitsInStock을 체크한다.

④ **편집(E)**을 클릭하면 **총합 유형** 상자에서 기본적으로 **총합**이 체크되어 있는데, '총합 기준: CategoryID'를 추가로 체크하고 나서 **확인**을 클릭한다.

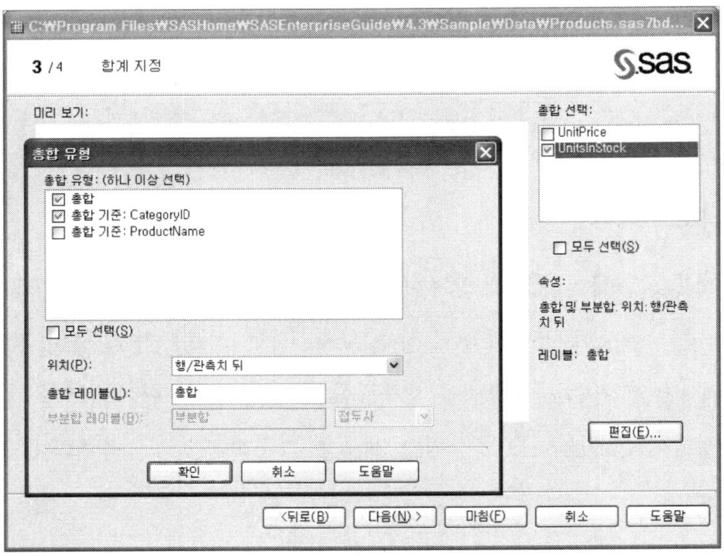

(5) 리포트 제목 지정

각 작업 또는 마법사의 기본 제목 및 주석을 변경할 수 있다. 개별 작업 또는 마법사의 기본 제목 및 주석을 변경하거나, 옵션 창을 이용하여 작업이나 마법사의 기본 제목과 주석을 변경할 수 있다.

① **다음(N) 〉**을 클릭하여 제목 및 각주 지정 페이지로 이동한다. **제목(T)** 상자에서 '리스트 리포트'라는 기본 제목을 삭제하고 '제품 범주별 재고'를 입력한다.

② **각주(O)** 상자에서 기본 주석은 SAS 매크로(%로 시작하는 이름)를 사용하는데, 이러한 매크로는 리포트를 작성한 날짜, 시간, 서버의 이름을 생성한다. 주석이 필요하지 않으므로 주석 상자에서 텍스트를 삭제한다.

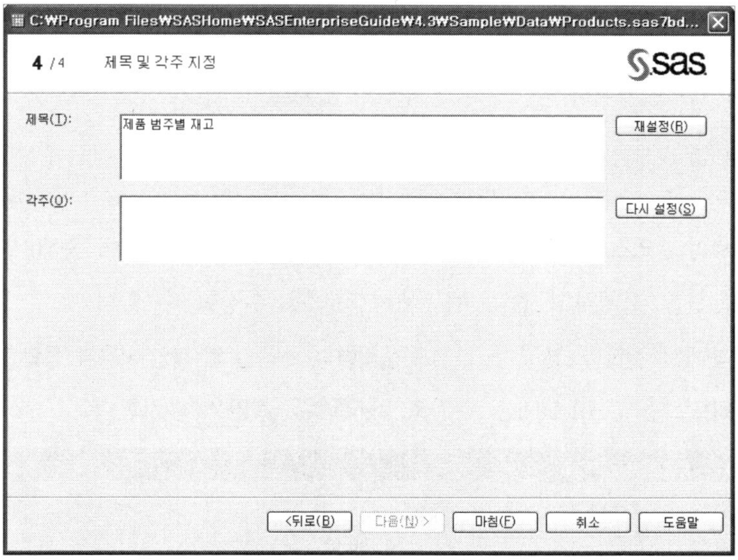

(6) 새로운 결과 보기

작업 또는 마법사를 편집한 후 실행하면 이전 결과를 대체할 것인지를 묻는 메시지가 나타나는데, '예'를 선택하면 이전 결과를 새로운 결과로 대체하고, '아니오'를 선택하면 해당 작업이 별도의 항목으로 저장된다.

① **마침(F)**을 클릭하고 나서 결과를 대체하기 위해 확인 창에서 **예(Y)**를 클릭한다. 결과가 나오면 결과를 스크롤하여 확인한다.

② 제품은 CategoryID별로 그룹화되고, CategoryID 값은 각 그룹의 첫 번째 행에서만 나타나며, 각 그룹의 UnitsInStock 합계가 나열되어 있다. 지정한 제목이 리포트 상단에 표시되고, 주석은 나타나지 않는다.

③ 리스트 리포트 결과를 닫는다.

Note 출력 유형 변경하기

위에서 확인한 것처럼 기본적으로 작업과 마법사는 SAS 리포트를 출력한다. 옵션 창을 사용하여 기본 출력 유형을 변경할 수도 있지만, 작업이나 마법사의 속성을 변경하여 결과로 생성된 출력 유형을 변경할 수도 있다.

예 10.8 마법사 속성을 변경하여 HTML 출력 생성하기

리스트 리포트 마법사의 속성을 변경하여 리포트에 대한 HTML 버전을 생성한다.

① **프로젝트 트리**의 **리스트 리포트**에서 마우스 오른쪽 버튼을 클릭하여 **속성(I)**을 선택한다. 실행할 옵션을 선택하고 팝업 메뉴에서 작업을 수정할 수 있다.

② 선택 영역에서 **결과**를 클릭하고 **결과 출력형식, 스타일 및 작업 사용자 정의(C)**를 선택한 후 **SAS 리포트(S)**에 **HTML(H)**을 추가로 체크한다. **확인**을 클릭한다.

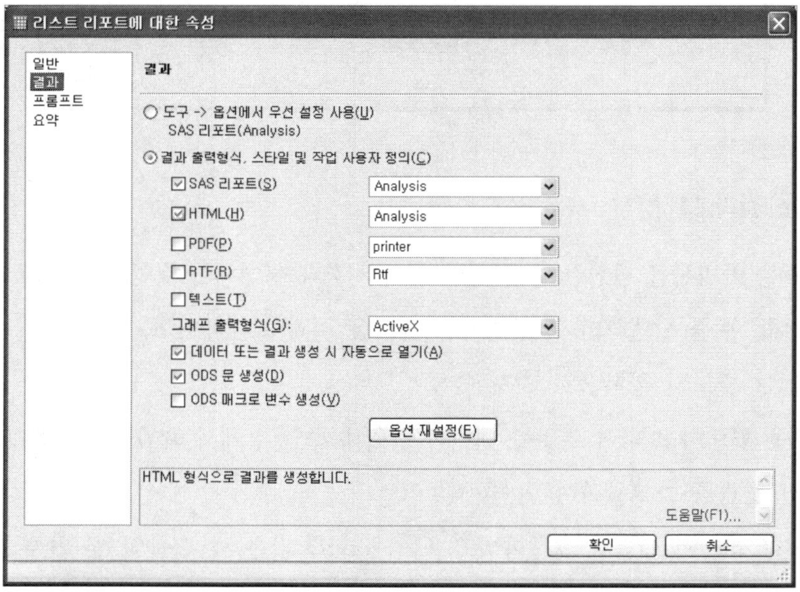

③ **프로젝트 트리**의 **리스트 리포트**에서 마우스 오른쪽 버튼을 클릭하여 **실행(R)**을 클릭한다. 이전 결과를 대체하려면 메시지 창에서 **예(Y)**를 선택한다.

④ 작업 공간에서 **결과 – HTML** 탭을 클릭하여 HTML 출력을 확인하고 창을 닫는다.

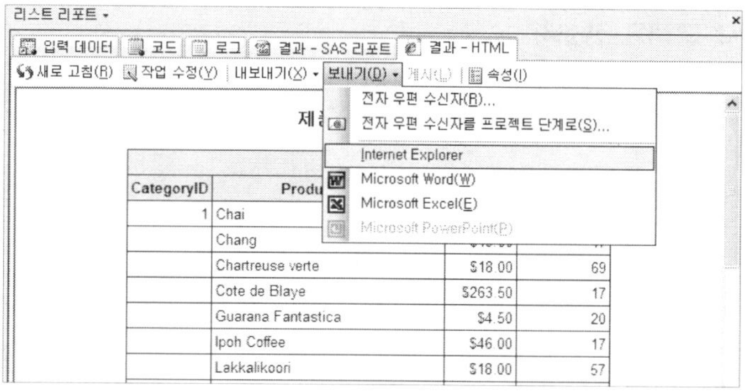

Note 외부 브라우저를 통해 결과 보기

외부 브라우저에서 HTML 결과를 보려면 **보내기(D) 〉 기본 브라우저**를 선택한다(기본 브라우저는 Default로 설정된 브라우저를 말하며, 일반적으로 Internet Explorer이다).

10.2.3 막대 그래프 생성

지금까지 각 제품 범주에 대한 개별 제품별 재고와 총재고가 나열된 리포트를 생성해 보았다. 이번에는 제품 범주 전반의 재고 분포를 시각적으로 보여주는 리포트를 생성해 보자.

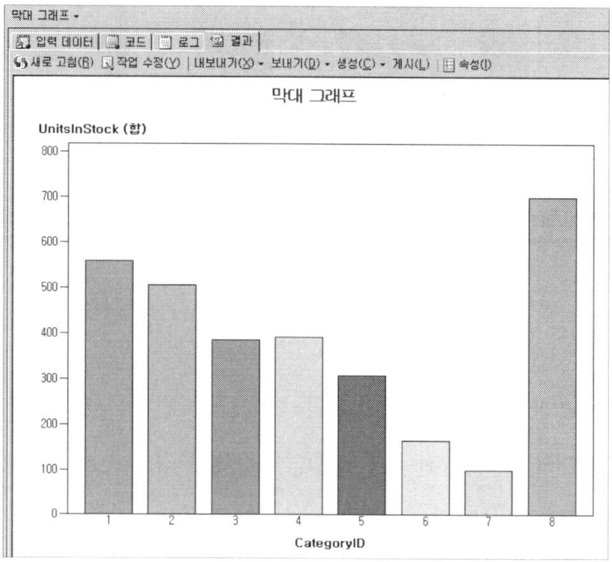

〈그림 10.6〉 막대 그래프 실행 결과

예 10.9 막대 그래프 생성하기

Products 테이블을 이용하여 제품 범주별(CategoryID) 재고 분포를 시각적으로 보여주는 막대 그래프를 그려보자.

(1) 작업 시작 및 그래프 유형 선택

그래프 작업을 사용하는 경우, 먼저 생성하려는 그래프 유형을 선택해야 한다.

① 프로젝트 트리에서 Products를 선택하여 데이터셋을 활성화한다.

② SAS Enterprise Guide 메뉴에서 **작업(K) 〉 그래프(G) 〉 막대 그래프(B)**를 선택한다(작업 리스트에서 막대 그래프를 클릭하여 막대 그래프 작업 창을 여는 방법도 있다).

③ **막대 그래프 갤러리**에서 **컬러 수직막대**를 선택한다.

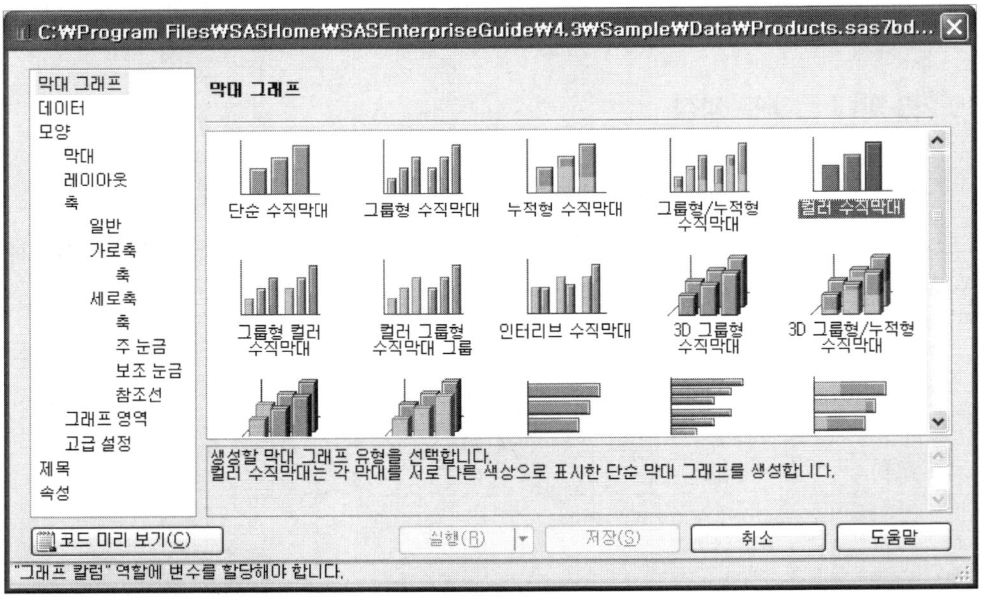

(2) 역할에 칼럼 할당

이 단계는 막대 그래프의 종류와 막대의 길이를 결정하는 칼럼을 할당한다.

① 선택 영역에서 **데이터** 항목을 선택한다. **할당할 칼럼(A)** 리스트에서 CategoryID를 클릭하여 **그래프 칼럼** 역할에 끌어다 놓는다.

② **할당할 칼럼(A)** 리스트에서 UnitsInStock을 클릭하여 **합계 칼럼** 역할에 끌어다 놓는다.

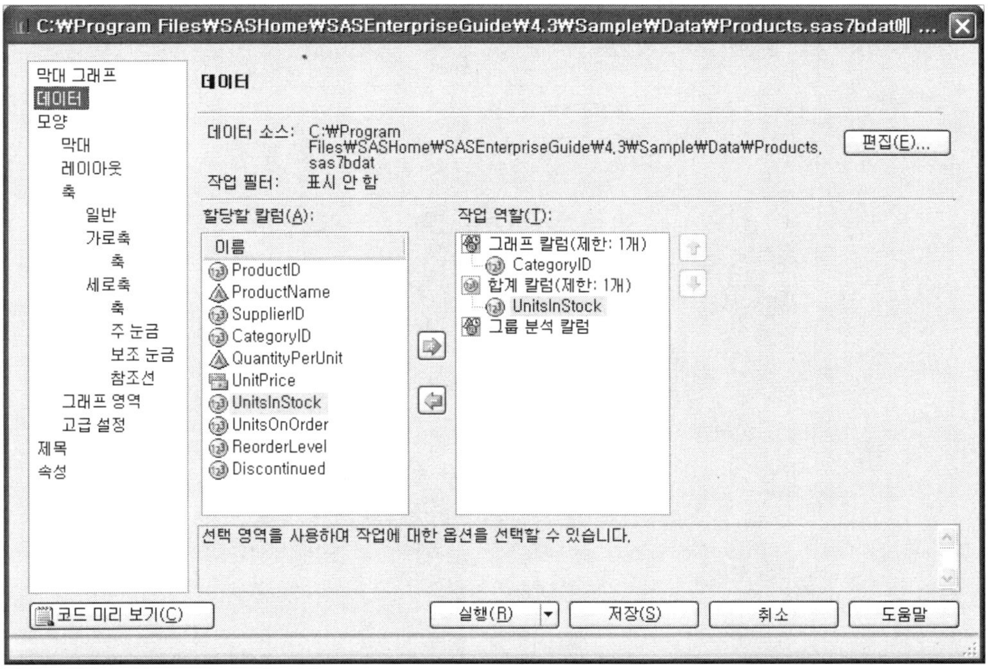

(3) 작업 실행 및 그래프 보기

① **실행(R)**을 클릭하여 그래프를 생성한다.

② 그래프를 살펴보면 범주 8에 가장 많은 재고가 있고, 범주 7에 가장 적은 재고가 있다는 것을 시각적으로 쉽게 알 수 있다(그림 10.7 참조).

③ 그래프 확인이 끝나면 막대 그래프를 닫는다.

10.2.4 원 그래프 생성

원 그래프 작업은 원 그래프의 조각으로 데이터를 표시하여 전체에 대한 부분의 상대 기여도를 나타내는데, 단순형, 그룹형 또는 누적형 그래프를 생성할 수 있다. 각 조각은 하나의 데이터 범주를 나타내고, 조각의 크기는 전체 그래프 통계량에 대해 해당 데이터가 차지하는 비율을 나타낸다.

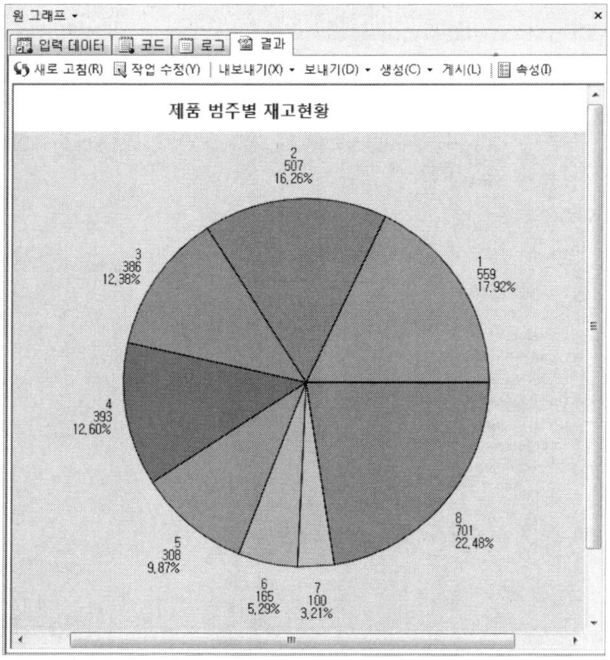

〈그림 10.7〉 원 그래프 실행 결과

예 10.10 원 그래프 생성하기

Products 테이블을 이용하여 식료품점의 전체 재고에서 각 제품 범주의 재고가 차지하는 비율을 표시하는 원 그래프를 생성해 보자.

(1) 원 그래프 유형 선택 및 역할에 변수 할당

① Products 테이블을 선택하여 활성화하고 **작업(K) 〉 그래프(G) 〉 원 그래프(P)**를 선택하고 원 그래프 갤러리에서 **단순 원**을 선택한다.

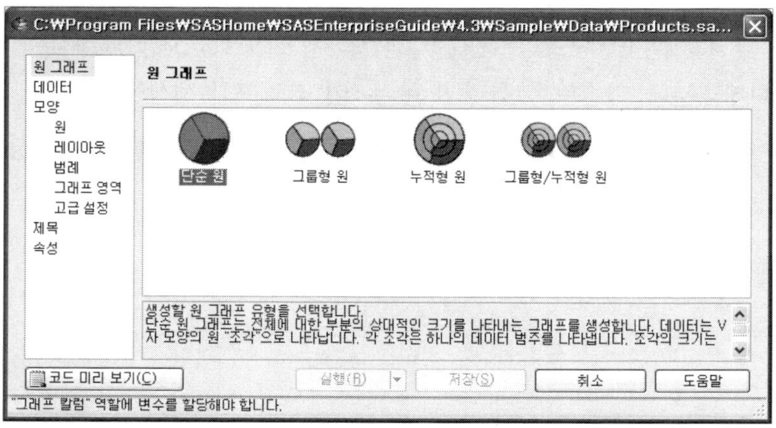

② 선택 영역에서 **데이터**를 클릭하고 **할당할 칼럼(A)**의 CategoryID를 **그래프 칼럼** 역할에 할당하여 원 그래프에 각 범주에 대한 조각을 표시한다. 그리고 UnitsInStock을 **합계 칼럼** 역할에 할당하여 각 조각의 크기가 전체 재고에 대한 각 범주의 상대 기여도를 나타내도록 설정한다.

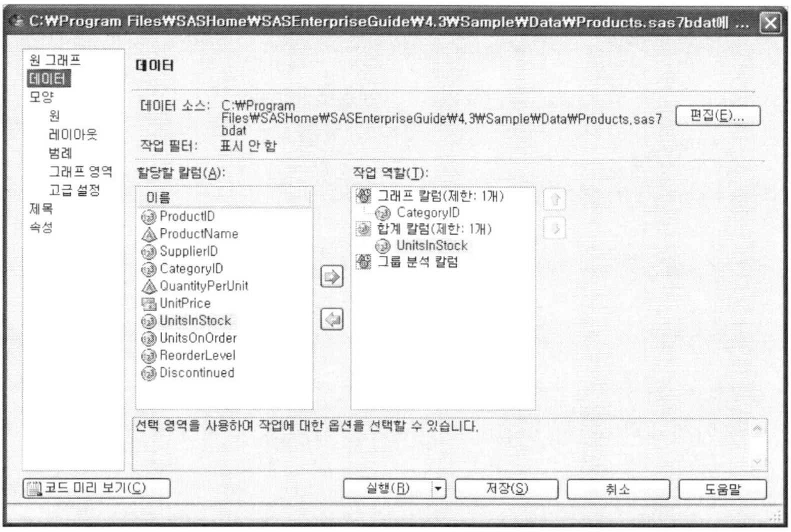

(2) 원 그래프 옵션 설정 및 제목 지정

원 그래프의 모양에 영향을 주는 여러 옵션을 설정할 수 있는데, 이 단계에서는 원 조각에 레이블을 추가하고 사용자 정의로 제목을 설정해 보자.

① 선택 영역에서 **레이아웃**을 클릭하고 **백분율(P)** 드롭다운 리스트를 클릭하여 **외부에 표시**를 선택한다.

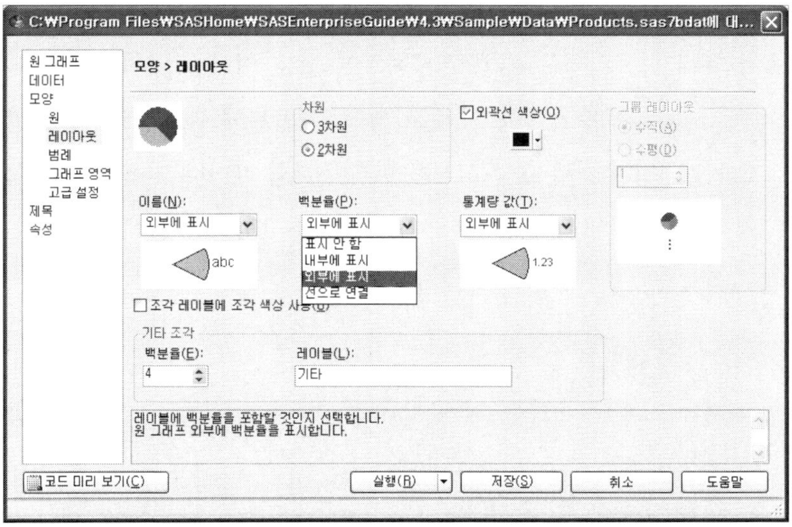

② 선택 영역에서 **제목**을 클릭하고 **섹션(E)** 상자에서 **그래프**를 선택한다. 그리고 나서 **기본 텍스트 사용(D)**의 체크를 해제하고, 기본 제목 대신 '제품 범주별 재고현황'을 입력한다.

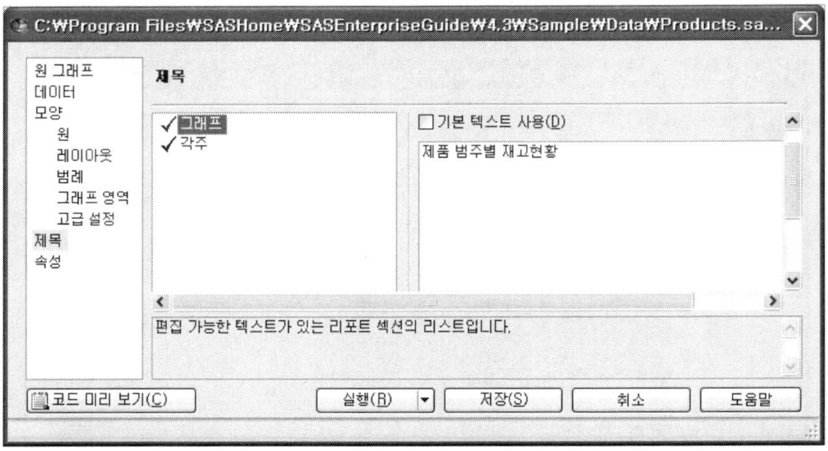

③ **섹션(E)** 상자에서 **각주**를 선택하고, **기본 텍스트 사용(D)**의 체크를 해제하고, 기본 주석 텍스트를 삭제한다.

(3) 원 그래프 작업 실행

① **실행(R)**을 클릭하여 작업을 실행하고, 결과가 출력되면 원 그래프를 확인한다. 원의 각 조각에 지정한 제품 이름, 총재고 및 백분율이 레이블로 표시된다(그림 10.8 참조).

② 결과확인을 마치면 원 그래프를 닫는다.

10.2.5 리포트를 하나의 문서로 통합하기

좀 더 효율적인 리포트 작성을 위해 프로젝트에 있는 여러 작업의 SAS 리포트 형식 결과를 하나의 SAS 리포트로 통합할 수도 있고, 리포트에 텍스트와 이미지를 삽입할 수도 있다. 결과를 생성한 작업 또는 코드를 다시 실행할 때마다 리포트의 결과는 자동으로 '새로 고침'된다. 이렇게 생성된 SAS 리포트를 레파지토리에 게시한 후 SAS Web Report Studio와 같은 응용 프로그램에서 사용할 수도 있다.

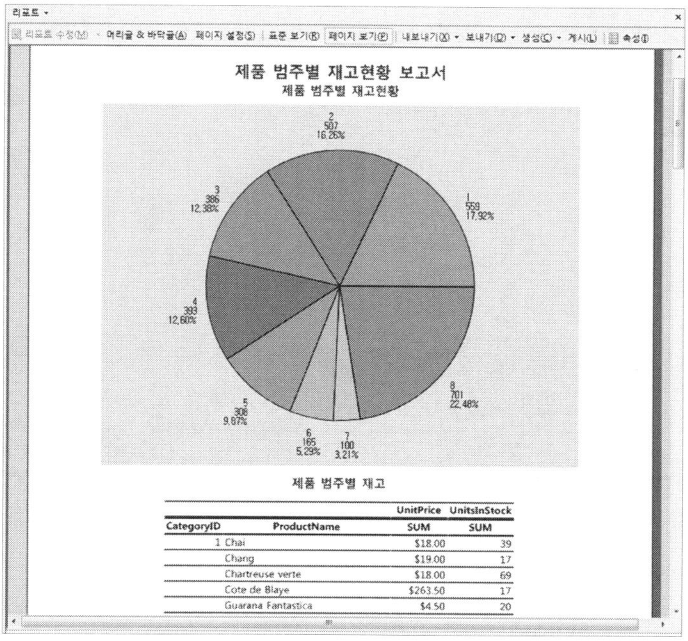

〈그림 10.8〉 통합 리포트 결과

예 10.11 여러 가지 리포트를 하나의 리포트로 통합하기

<예 10.7>과 <예 10.10>에서 생성한 리스트 리포트와 원 그래프를 통합한 리포트를 생성하고, 통한된 리포트에 '제품 범주별 재고현황 보고서'라는 머리글을 추가해 보자.

(1) HTML 문서 생성 및 여러 가지 결과 리포트 추가

① **파일(F) 〉 새로 만들기(N) 〉 리포트(R)**를 선택한다.

② SAS 항목 선택 리스트에서 **리스트 리포트**를 선택한 다음, CTRL을 누른 채 **원 그래프**를 선택하고 추가 버튼(➡)을 클릭한다.

③ **리포트 레이아웃(R)** 영역에서 원하는 형태로 드래그하여 수정한다. 여기서는 원 그래프 아래에 리스트 리포트를 놓는다(②의 과정을 거치지 않고 SAS 항목 선택 리스트에서 리포트를 하나씩 끌어다 사용자가 원하는 리포트 레이아웃에 맞게 놓아도 된다).

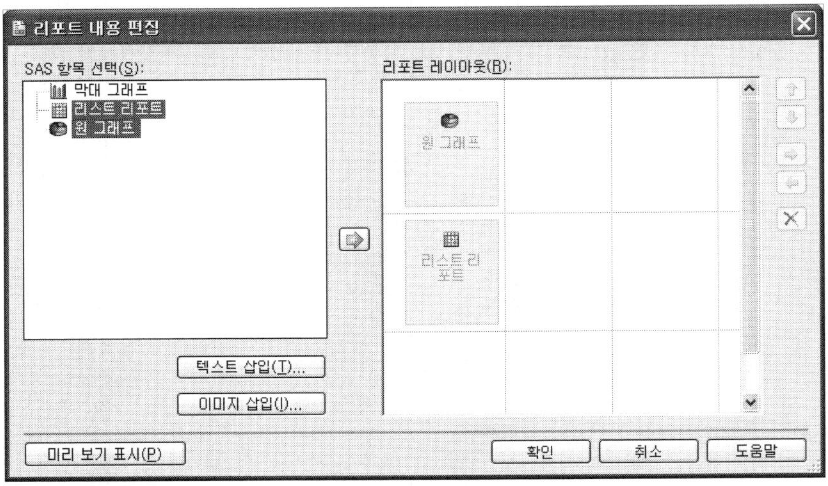

④ **확인**을 클릭하고 결과 리포트가 생성되면 아래로 이동하여 정의한 대로 원 그래프 아래에 요약 테이블이 생성되었는지 확인한다.

(2) 리포트에 머리글 추가하기

① 통합된 리포트의 도구바에서 **머리글 & 바닥글(A)**을 클릭한 후 **머리글** 탭의 텍스트 상자에 ‘제품 범주별 재고현황 보고서’라고 입력한다.

② 제목 텍스트를 블록으로 설정하여 강조(**B**)를 표시한 후 글꼴 크기를 12에서 16으로 변경한다. 가운데로 정렬 버튼(≡)을 클릭하여 텍스트를 가운데 정렬한다.

③ **확인**을 클릭하고 리포트를 생성하여 머리글이 리포트 상단에 표시되는 것을 확인한 후 리포트를 닫는다.

10.3 데이터 작업

데이터를 생성하는 방법에는 Data Step을 이용하는 방법과 SAS SQL(Structured Query Language)을 이용하는 방법이 있는데, Enterprise Guide에서의 데이터 작업은 주로 SAS SQL을 이용한다. 이 절에서는 질의 빌더를 이용하여 SQL을 사용하는 방법을 설명할 것이다.

10.3.1 질의 빌더에 대한 소개

질의는 하나 이상의 데이터 소스에서 데이터를 검색하도록 요청하는 것이다. 질의를 사용하여 데이터 작업을 할 수 있는 몇 가지 방법을 살펴보자.

(1) 칼럼 선택, 순서 지정 및 생성

결과 데이터에 포함시킬 칼럼과 칼럼 표시 순서를 지정할 수 있다. 새로운 칼럼을 계산하고 기존 칼럼의 값을 바꿀 수도 있다.

(2) 행 선택(필터링) 및 순서 지정

하나 이상의 조건을 통해 행을 선택할 수 있다. 예를 들어, 현재 판매되고 있는 제품만 선택할 수 있다. 질의를 실행할 때 동적[4]으로 행을 선택하려면 프롬프트를 사용하여 원하는 값을 선택하거나 입력하는 질의를 정의하면 된다. 또한 하나 이상의 칼럼을 기준으로 결과의 행을 정렬할 수도 있다(Order by).

(3) 테이블 조인

두 개 이상의 테이블에 분리되어 있는 정보를 결합하려면 공통 칼럼을 기준으로 테이블을 조인해야 한다.

(4) 데이터 그룹화 및 요약

특정 칼럼을 기준으로 데이터를 그룹화할 수 있으며, 질의 칼럼에 대해 다양한 통계량을 산출하는 요약 함수를 이용하여 데이터를 요약할 수 있다.

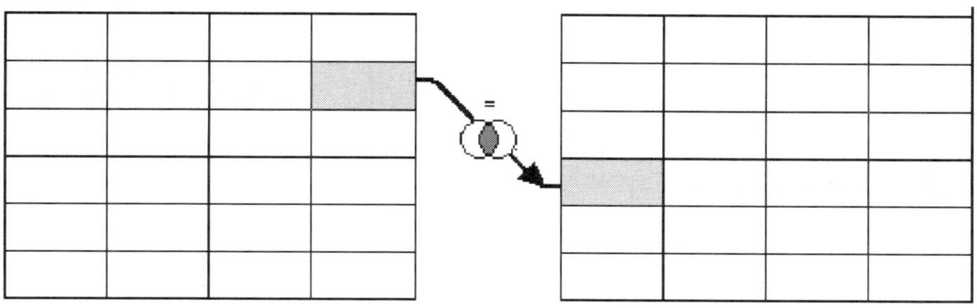

〈그림 10.9〉 테이블 조인(join)의 개념

4) 동적(Dynamic): 프롬프트를 이용하여 조건을 동적으로 변경하는 것을 의미하며, 질의를 실행할 때마다 조건을 입력받을 수 있다(매크로 변수를 이용하여 조건을 동적으로 변경하는 것과 동일한 개념이다).

(5) 일반적인 질의 빌더 사용방법

① **작업(K) 〉 데이터(D) 〉 질의 빌더(Q)**를 클릭하면 테이블 영역에 활성 데이터가 나열된 질의 빌더가 열린다.

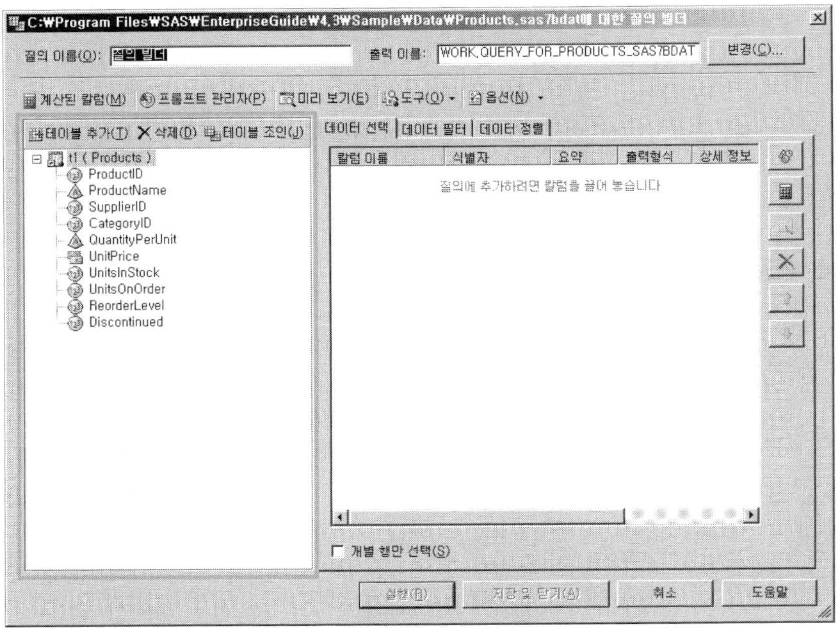

② **테이블 추가(T)**를 클릭하여 다른 테이블을 질의에 추가할 수 있다.

③ **테이블 조인(J)**을 클릭하여 여러 가지 조인을 시각적으로 보면서 정의할 수 있다.

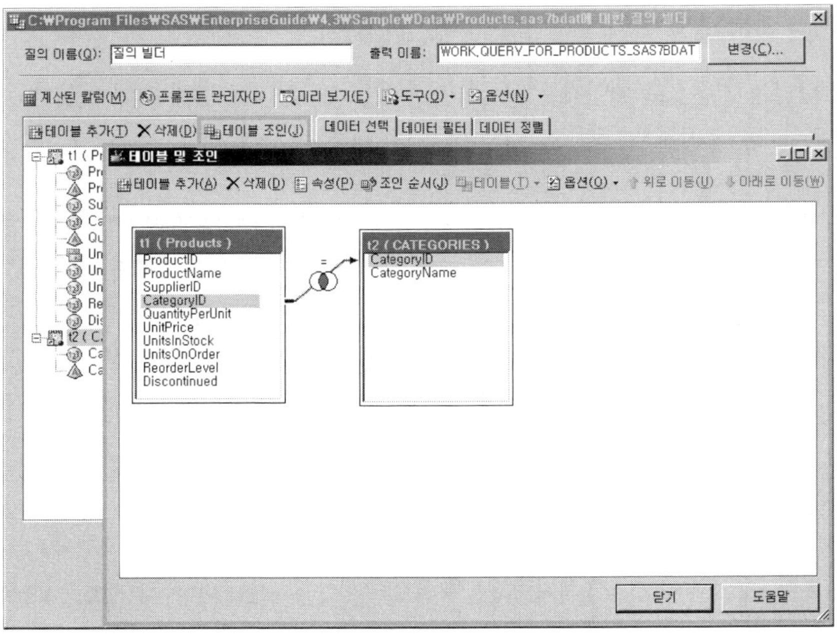

④ 기본적으로 칼럼은 질의에 포함되지 않는다. 칼럼을 추가하려면 칼럼을 선택하고 **데이터 선택** 탭으로 끌어다 놓거나 리스트에서 칼럼 이름을 더블클릭한다.

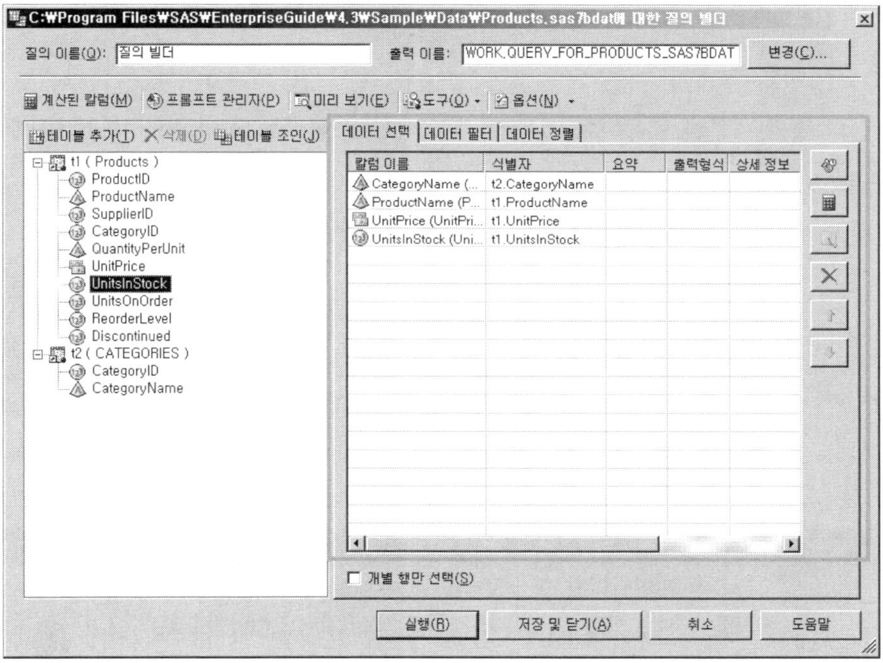

⑤ **데이터 선택** 탭에서 여러 가지 버튼을 사용하여 질의에 기존 칼럼과 계산된 칼럼 추가, 칼럼 속성 보기 및 변경, 칼럼 삭제, 칼럼 순서 변경을 수행할 수 있다.

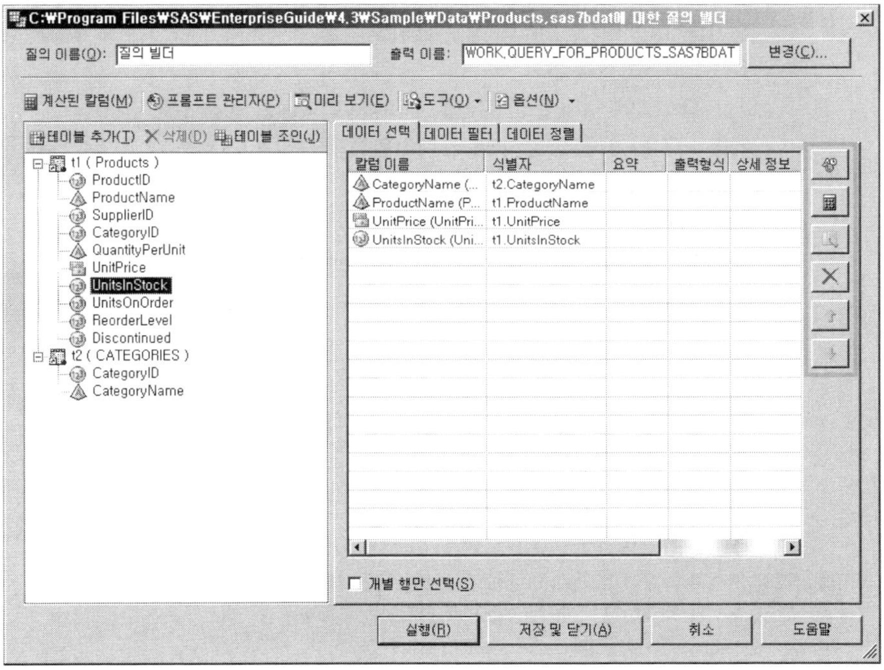

⑥ 필터를 정의/설정하려면 필터링하려는 칼럼을 **데이터 필터** 탭으로 끌어다 놓는다.

⑦ 하나 이상의 칼럼을 기준으로 데이터를 정렬하려면 칼럼을 **데이터 정렬** 탭에 추가한다. 오름차순 또는 내림차순으로 정렬하도록 선택할 수 있으며, 정렬 순서는 칼럼이 나열된 순서대로 정의된다.

⑧ 상단의 질의 버튼을 이용하여 계산된 칼럼 생성, 프롬프트 정의, 코드 또는 출력 미리 보기, 질의 코드 유효성 검사 또는 칼럼 대체, 질의 옵션 설정 등을 수행할 수 있다.

⑨ 질의가 완성되어 **실행(R)**을 클릭하면 결과가 표시되고, 질의 항목이 프로젝트에 추가된다. 작업 공간의 탭을 클릭하여 질의의 입력 데이터, 코드, 로그, 출력 데이터를 확인할 수 있다. 프로젝트 트리의 질의에서 마우스 오른쪽 버튼을 클릭하고 **질의 이름 수정**이나 작업 공간의 **작업 수정**을 클릭하면 질의를 다시 열 수 있다.

〈표 10.1〉 Enterprise Guide에서 제공되는 조인의 종류

Join 방법	설 명	다이어그램
Inner Join	A, B 테이블에 대해 조인 칼럼을 "="(equal) 비교를 통해 같은 키를 가지는 행을 연결하여 결과를 생성하는 조인방법으로, Equal Join이라고도 한다. A, B 테이블에 모두 존재하는 개체만 출력한다.	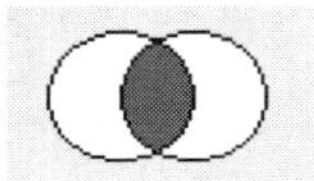
Left Join	A, B 테이블에 대해 조인 칼럼을 "="(equal) 비교를 통해 같은 키를 가지는 행을 연결하되, A 테이블에 존재하는 개체는 B 테이블의 존재에 상관없이 모두 출력하고, B 테이블에만 존재하는 개체는 삭제한다.	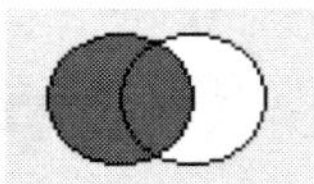
Right Join	A, B 테이블에 대해 조인 칼럼을 "="(equal) 비교를 통해 같은 키를 가지는 행을 연결하되, B 테이블에 존재하는 개체는 A 테이블의 존재에 상관없이 모두 출력하고, A 테이블에만 존재하는 개체는 삭제한다.	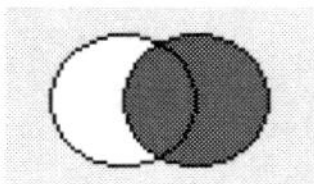
Full Outer Join	A, B 테이블에 대해 조인 칼럼을 "="(equal) 비교를 통해 같은 키를 가지는 행을 연결하되, A와 B 테이블 중 어느 한 곳에만 존재하더라도 모두 출력한다.	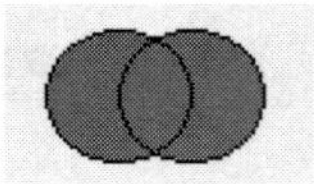
Cross Join	A, B 테이블에 대해 연결 가능한 행을 모두 결합하는 조인방법으로, 카테이션 곱(Cartesian Products)이라고도 부른다. 전체 N * M 개의 행이 출력된다.	
Natural Join	A, B 테이블에 같은 이름의 칼럼이 두 개 이상 나타나지 않도록 하는 조인이다.	

- A 테이블: 행의 개수가 N개이고, 왼쪽(Left)에 위치하는 테이블.
- B 테이블: 행의 개수가 M개이고, 오른쪽(Right)에 위치하는 테이블.
- 다른 테이블에 존재하지 않는 칼럼의 값은 Null로 처리한다.

10.3.2 질의 빌더를 사용하여 테이블 조인하기

<예 10.6>에서 범주 번호별로 각 제품 범주별 재고를 나타내는 리포트를 생성하였다. 좀 더 나아가 회사에 수익성이 가장 높은 제품(또는 제품 범주)와 가장 낮은 제품(또는 제품 범주)가 무엇인지 확인하여 회사가 계속 판매해야 하는 제품들에 대한 보고서를 작성한다고 가정해 보자. 그러면 다음 정보가 표시된 리포트가 필요할 것이다.

- 제품 범주 레이블(번호 대신)
- 각 제품 및 제품 범주의 판매에 따른 총수익
- 각 제품 및 제품 범주의 판매에 따른 평균 수익
- 제품 범주 및 제품별로 정렬된 데이터

이 리포트를 생성하기 위해 필요한 데이터는 여러 다른 테이블에 포함되어 있다. 질의 빌더를 사용하여 이 정보가 포함된 테이블을 조인한 다음에야 질의 출력에 대한 작업을 수행할 수 있을 것이다. 그러면 다음 테이블을 조인해야 한다.

- Products: 이름, 가격 및 재고량 같은 제품 정보가 포함된 테이블이며, 여기에는 범주 ID가 포함되어 있다.
- Orders: 고객 주문 데이터가 포함된 테이블이다.
- Categories: 범주 ID 번호의 레이블이 포함된 텍스트 파일에서 생성한 테이블이다.
- 수익 칼럼은 포함된 테이블이 없기 때문에 질의에서 수익 칼럼을 계산해야 한다.

예 10.12 여러 가지 테이블을 조인하기

`Products`, `Orders`, `Categories` 테이블을 이용하여 위에서 설명한 칼럼들이 포함된 테이블을 생성해 보자.

(1) 질의 시작 및 데이터 추가

① 프로젝트 트리나 다이어그램에서 Products를 클릭하여 데이터셋을 활성화한다. **작업(K) 〉 데이터(D) 〉 질의 빌더(Q)**를 선택한다.

② 질의 빌더 창에서 **테이블 추가(T)**를 클릭하고 데이터 열기 창에서 **프로젝트** 아이콘을 선택한다.

③ EDU.CATEGORIES를 더블클릭하거나, 데이터를 클릭하고 **열기(O)** 버튼을 클릭한다.

④ **테이블 조인(J)**을 클릭하면 자동으로 두 테이블의 공통 칼럼인 CategoryID를 기준으로 조인된다. 기본 조인 유형은 Matching rows only(inner join)로, 첫 번째와 두 번째 테이블에서 조인 기준과 일치하는 행만 출력 행에 포함된다.

⑤ **닫기**를 클릭하여 테이블 및 조인 창을 닫는다.

Note 테이블 조인에서 조인 유형 변경하기

테이블 조인(J)을 클릭했을 때 조인 순서가 창 하단에 표시되지 않으면 **조인 순서(U)**를 클릭하여 표시할 수 있다. 두 테이블이 테이블 및 조인 창에 표시되며, 테이블 사이의 조인 기호(◐)는 조인의 유형을 나타낸다. 조인 기호를 마우스 오른쪽 버튼을 클릭한 다음 **속성(P)**을 선택하여 조인 유형을 변경할 수 있다.

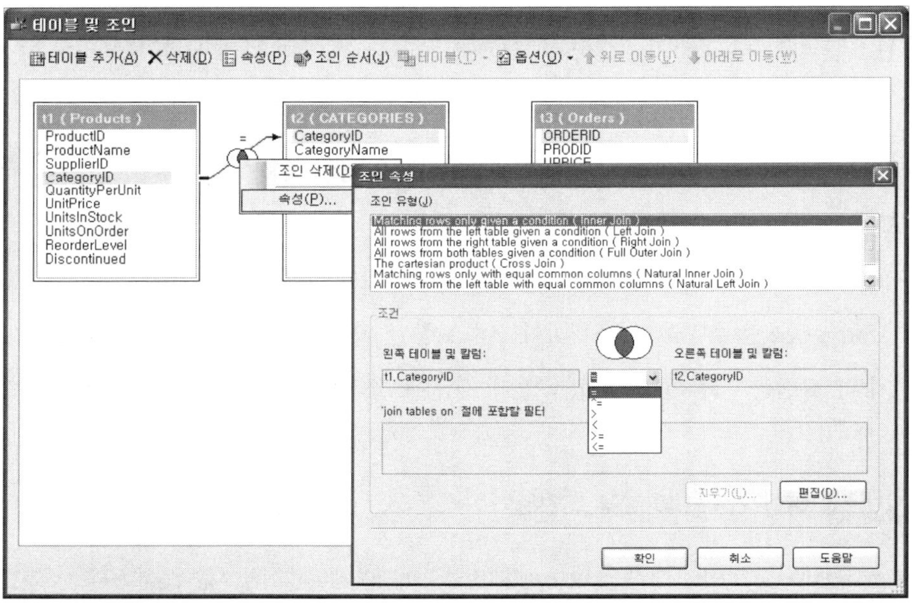

(2) 데이터 추가 및 조인에 대해 사용할 칼럼 지정

이 단계에서는 Orders 테이블을 기존 조인에 추가한다. Orders 테이블에는 질의 빌더를 사용하여 Products 또는 Categories 테이블 변수와 이름을 일치시킬 수 있는 변수가 없기 때문에 수동으로 조인을 수행해야 한다.

① 질의 빌더 창에서 **테이블 추가(T)**를 다시 클릭한다.

② 데이터 열기 창에서 **프로젝트** 아이콘을 클릭하고 Orders 테이블을 더블클릭한다.

③ 일치하는 칼럼 이름과 유형이 없기 때문에 테이블을 수동으로 조인해야 한다는 안내 메시지 창이 표시된다. 메시지 창에서 확인을 클릭하면 테이블 및 조인 창이 자동으로 열린다.

④ 칼럼 이름이 다르더라도 ProductID와 PRODID 칼럼값을 연관시켜 이 칼럼을 기준으로 Products 및 Orders 테이블을 조인할 수 있다. Products 칼럼 리스트에서 ProductID를 클릭하고 드래그하여 Orders 칼럼 리스트의 PRODID 칼럼으로 끌어온다. 조인 속성 창에서 기본 조인 유형을 그대로 두고 **확인**을 클릭하면 두 칼럼이 선으로 연결된다.

⑤ **닫기**를 클릭하여 테이블 및 조인 창을 닫는다.

(3) 질의 출력에 포함시킬 칼럼 선택

질의 빌더 창에서 데이터 선택 탭에서 질의 출력에 포함시킬 칼럼을 지정한다.

① Products 테이블의 칼럼 리스트에서 ProductName과 UnitsInStock을 끌어다 놓아 질의에 추가한다(칼럼을 한 개씩 추가하는 경우 더블클릭해도 된다).

② Categories 테이블의 칼럼 리스트에서 CategoryName을 더블클릭하여 질의에 추가한다.

③ 데이터 선택 탭에서 CategoryName을 선택한 후 위쪽 화살표를 두 번 클릭하여 리포트의 첫 번째 칼럼 위치로 이동한다.

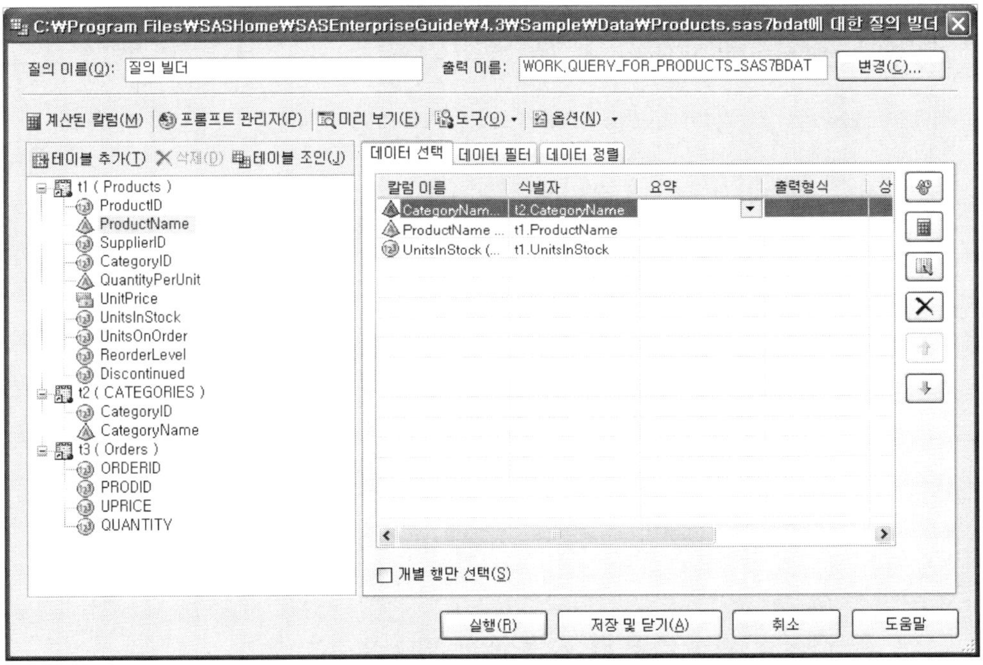

(4) 정렬 순서 지정

질의 출력 데이터를 CategoryName(제품 범주)과 ProductName(제품 이름)순으로 정렬하고자 하는 경우, 질의에서 정렬 순서를 지정한다.

① 데이터 정렬 탭에서 CategoryName와 ProductName을 차례로 끌어다 놓고 정렬방향을 오름차순으로 유지한다.

② 여기서 **미리 보기(E)**를 클릭하면 SQL 프로그램을 확인할 수 있다.

③ **실행(R)**을 클릭하고 생성된 WORK.QUERY_FOR_PRODUCTS_SAS7BDAT 테이블을 확인한다. 이것은 CategoryName, ProductName, UnitInStock의 세 칼럼으로 구성되어 있다.

10.3.3 계산된 칼럼 추가하기

질의 빌더를 이용하면 다른 칼럼이나 값에서 계산된 질의에 칼럼을 추가할 수 있다. 앞에서 설명한 것과 같이 각 주문에 대한 총수익을 생성해 보자. Products 테이블에는 제품의 소매가격을 나타내는 UnitPrice 칼럼이 있고, Orders 테이블에는 제조원가를 나타내는 UPRICE 칼럼과 판매량을 나타내는 QUANTITY 칼럼이 있다. 이러한 세 개의 칼럼으로 다음과 같이 각 주문에서 얻은 수익을 계산할 수 있다. 즉,

$$총수익 = (UnitPrice - UPrice) \times QUANTITY$$

예 10.13 총수익 칼럼 생성하기

<예 10.12>를 수정하여 UnitPrice, UPrice, QUANTITY를 이용한 총수익 칼럼을 생성해 보자.

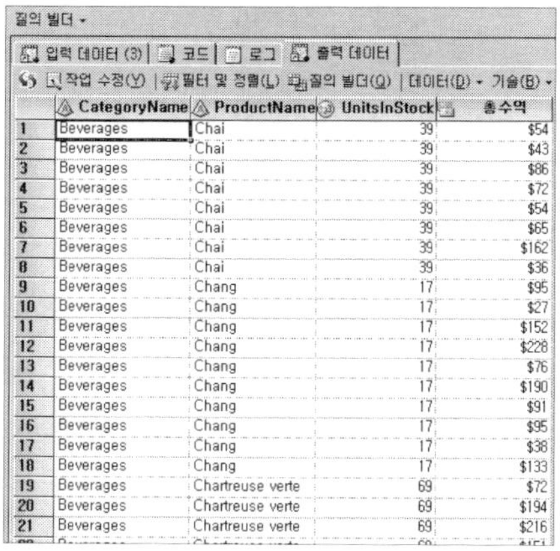

〈그림 10.10〉 총수익 칼럼 생성 결과

(1) 계산된 칼럼에 표현식 추가

① <예 10.12>에서 생성된 테이블에서 **작업 수정(Y)**을 클릭한다.

② 질의 빌더에서 **계산된 칼럼(M)**을 클릭한다.

③ 계산된 칼럼 창에서 **새로 만들기(N)**를 클릭한다.

④ 새로운 계산된 칼럼 마법사에서 **고급 표현식(A)**을 선택한 후 **다음(N)**을 클릭한다.

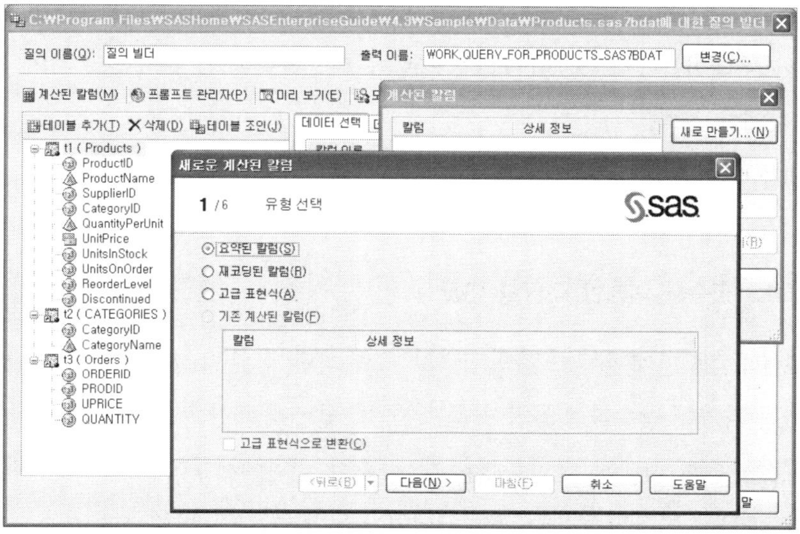

⑤ 앞에서 설명한 로직과 같이 총수익 칼럼을 계산한다. **표현식 입력(T)** 란에 아래 표현식을 입력하거나 다음 A~F 단계에 따라 표현식을 생성한다.

(t1.UnitPrice - t3.UPRICE) * t3.QUANTITY

A. 고급 표현식 생성 페이지 좌측 하단의 테이블 리스트에서 Products 테이블을 펼치고 UnitPrice 칼럼을 찾아 더블클릭하여 표현식 텍스트 상자에 추가한다.

B. 빼기 연산자(-)를 클릭한다.

C. Orders 테이블을 펼치고 UPRICE 칼럼을 찾아 더블클릭한다.

D. 마우스를 이용하여 표현식을 드래그(선택)하고 괄호 연산자((x))를 클릭한다.

E. 곱하기 연산자(*)를 클릭한다.

F. Orders 테이블에서 QUANTITY 칼럼을 더블클릭한다. 표현식은 위의 표현식과 일치해야 한다.

⑥ **다음(N)**을 클릭한다.

TIP SAS 함수를 이용한 다양한 변환

고급 표현식 생성 단계에서 표현식 입력창 좌측 하단에 왼쪽 그림과 같이 SAS에서 제공하는 다양한 함수를 이용하여 문자, 숫자, 날짜에 대한 변환이 가능하다. 이러한 기능을 통해 하나의 칼럼을 이용한 단순한 변환에서부터 여러 가지 칼럼을 이용한 복잡한 변환까지 SAS 프로그램이나 SQL을 잘 모르는 사용자들도 쉽게 분석하고자 하는 파생변수를 생성할 수 있다.

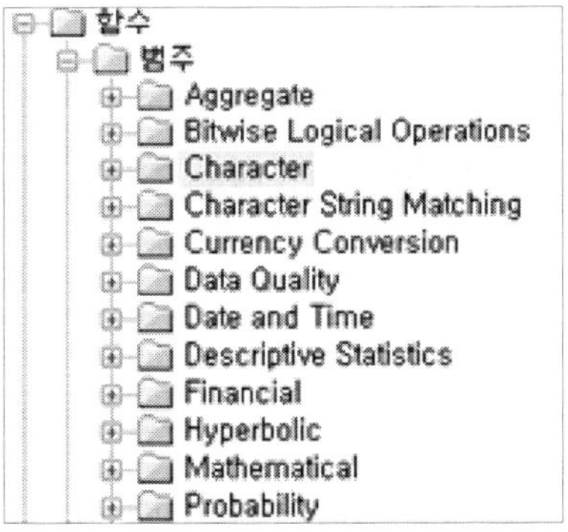

(2) 새로운 칼럼 이름 바꾸기 및 출력형식 지정

① **식별자(I)** 및 **칼럼 이름(A)**에 '총수익'을 입력한다.

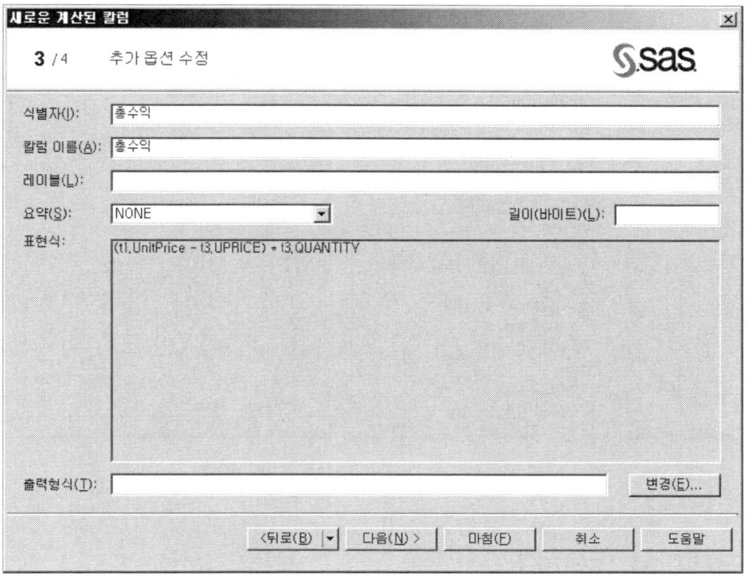

② 하단의 출력형식에서 **변경(E)**을 클릭한다.

③ **범주(C)**에서 스크롤을 내려 통화를 선택한다. **출력형식(F)**에서 DOLLARw.d를 선택한 후 **확인**을 클릭한다.

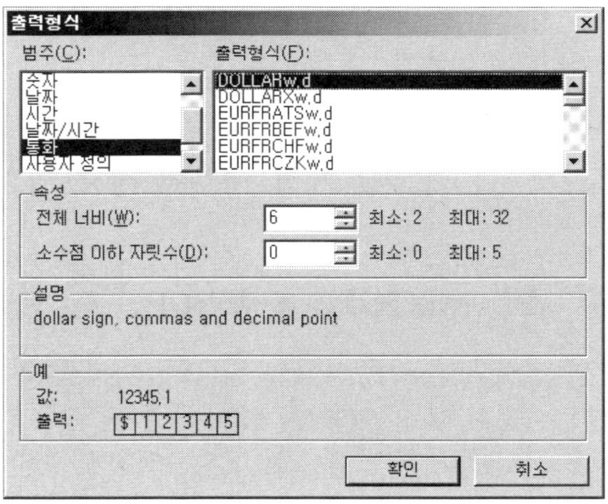

④ **다음(N)**을 클릭하여 계산된 칼럼 속성 요약을 확인한 후 **마침(F)**을 클릭한다.

⑤ **계산된 칼럼** 대화상자에서 **닫기**를 클릭한 후, **질의 빌더**의 **실행(R)** 버튼을 클릭한다. 질의 결과가 데이터 그리드에서 열리면 각 주문의 총수익 칼럼이 포함되어 있음을 확인한다.

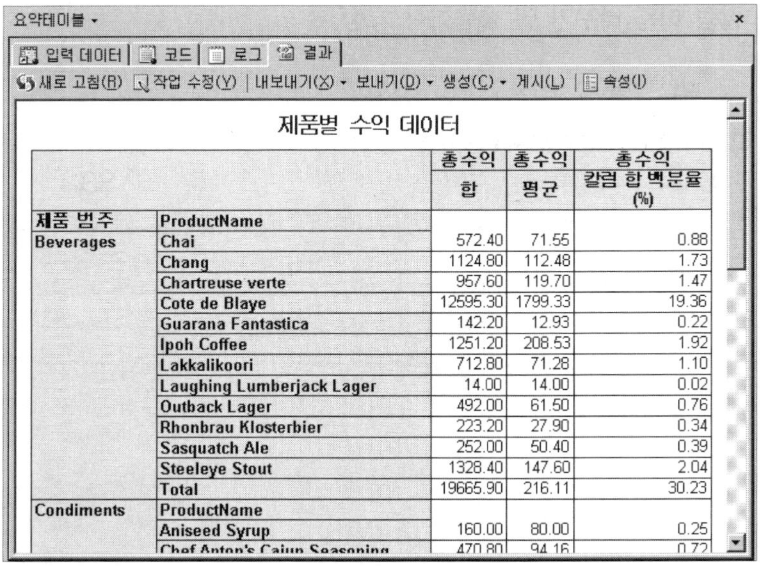

제품별 수익 데이터

		총수익	총수익	총수익
		합	평균	칼럼 합 백분율 (%)
제품 범주	ProductName			
Beverages	Chai	572.40	71.55	0.88
	Chang	1124.80	112.48	1.73
	Chartreuse verte	957.60	119.70	1.47
	Cote de Blaye	12595.30	1799.33	19.36
	Guarana Fantastica	142.20	12.93	0.22
	Ipoh Coffee	1251.20	208.53	1.92
	Lakkalikoori	712.80	71.28	1.10
	Laughing Lumberjack Lager	14.00	14.00	0.02
	Outback Lager	492.00	61.50	0.76
	Rhonbrau Klosterbier	223.20	27.90	0.34
	Sasquatch Ale	252.00	50.40	0.39
	Steeleye Stout	1328.40	147.60	2.04
	Total	19665.90	216.11	30.23
Condiments	ProductName			
	Aniseed Syrup	160.00	80.00	0.25
	Chef Anton's Cajun Seasoning	470.80	94.16	0.72

〈그림 10.11〉 요약테이블 실행 결과

10.3.4 요약테이블 생성하기

요약테이블 작업을 이용하면 리포트에 대한 레이아웃 및 요약통계량을 생성할 수 있다. 이 리포트의 경우, 각 제품의 총수익 및 평균 수익과 전체 수익에서 제품이 차지하는 비율을 확인할 수 있다. 또한 제품 범주에서 제품을 정렬하고, 범주 및 전체 합계를 표시할 수도 있다.

요약테이블은 TABULATE 프로시저를 이용하며, [요약테이블]과 [요약테이블 마법사]를 통해 이용할 수 있는데, 여기서는 마법사를 통한 생성방법을 알아보자.

예 10.14 제품 범주, 제품 이름별 요약테이블 생성하기

<예 10.13>에서 생성된 테이블에는 제품 이름마다 여러 번의 주문이 있었기 때문에 제품 이름별 여러 개의 행을 가지고 있다. 이것을 요약테이블 작업을 통해 요약해 보자.

(1) 요약테이블 마법사 열기 및 데이터 확인

① **프로젝트 트리**에서 **질의 빌더**를 선택하여 활성화한다.

② **작업(K) 〉 기술(B) 〉 요약테이블 마법사(B)**를 선택한다.

③ 요약테이블 마법사가 열리면 데이터의 속성을 확인한 후 **다음(N)**을 클릭한다.

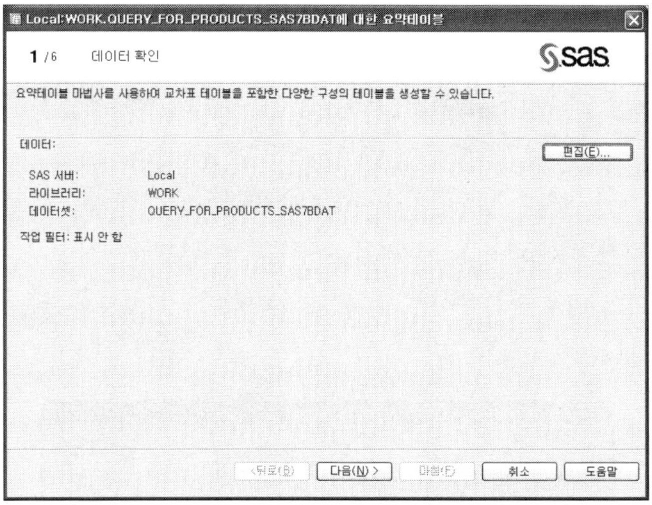

(2) 분석 변수 및 통계량 선택

여기서는 분석할 변수와 리포트에 포함시킬 통계량을 선택한다.

① 총수익에 대한 합(sum)을 추가하기 위해 **추가(A)**를 클릭하고, 총수익을 선택한다. 기본적으로 통계량은 **합**이 선택되는데, 이것은 필요한 통계량이므로 유지한다.

② 총수익에 대한 평균을 추가하기 위해 **추가(A)**를 클릭하고, 총수익을 선택한다. 통계량은 **평균**을 선택한다.

③ 총수익에 대한 총합 백분율을 추가하기 위해 **추가(A)**를 클릭하고, 총수익을 선택한다. 통계량은 **칼럼 합 백분율(%)**을 선택한다.

④ 선택이 끝나면 **다음(N)**을 클릭한다.

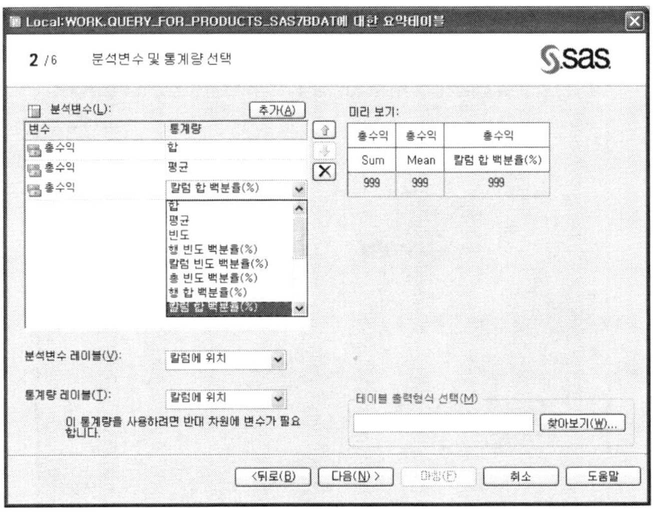

(3) 분류변수 선택

분류변수 선택 단계에서는 요약테이블의 차원(dimension)을 정의하며, 변수를 지정하기 위해 칼럼, 행, 페이지에 변수를 끌어다 놓는다.

① **행(R)** 영역에서 **추가(A)**를 클릭하고 CategoryName(제품 범주)을 선택하고 나서, 다시 **추가(A)**를 클릭하고 ProductName(제품 이름)을 선택한다.

② **미리 보기** 영역의 리포트 레이아웃이 사용자가 의도한 리포트와 동일한지 확인한 후 **다음(N)**을 클릭한다.

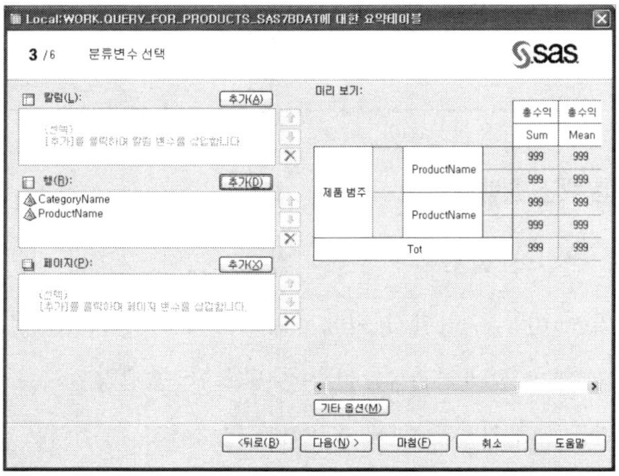

(4) 총합 지정(중간 합계와 총합계 지정)

① **행(R)**에 대한 드롭다운 리스트를 클릭하고, **각 레벨에서의 합계**를 선택한다. 이는 결과적으로 지정한 통계량의 각 범주에 대한 합계가 된다.

② **다음(N)**을 클릭한다.

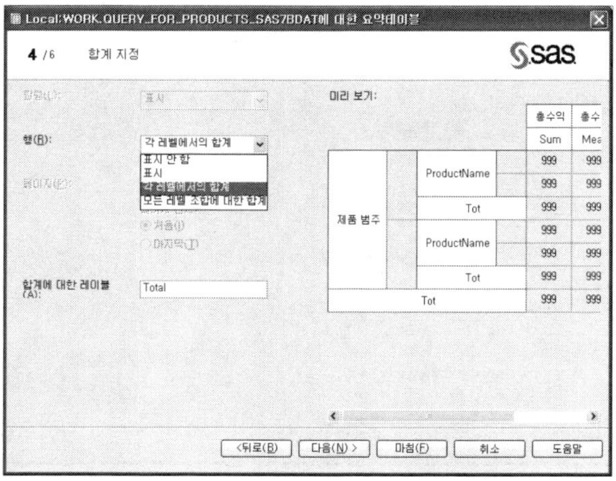

(5) 제목 지정 및 요약테이블 실행

5단계에서는 요약 결과를 데이터셋으로 저장할 것인지를 지정하고, 마지막 단계에서는 리포트에 대한 제목을 지정한다.

① 결과를 데이터로 저장할 필요가 없으므로 **다음(N)**을 클릭한다.

② **테이블 제목(T)** 상자에 '제품별 수익 현황 보고서'라고 입력한다. **각주(O)** 영역의 내용은 모두 지운다.

(6) 리포트 실행 및 결과 보기

① **마침(F)**을 클릭한다.

② 리포트를 스크롤하면 리포트 하단에 각 제품 범주의 합계와 전체 합계가 표시된다.

③ 결과 리포트를 확인하고, 요약테이블 작업을 닫는다.

10.4 데이터 탐색

데이터 분석에서 가장 기본적이고 중요한 단계는 데이터에 대한 탐색이다. 분석 작업에서의 탐색 과정은 각 변수들에 대한 요약과 시각화를 통해 자료에 대한 기본적인 이해가 가능하다. 그리고 이러한 과정을 통해 이상점이나 영향점 등을 발견할 수 있기 때문에 분석에 대한 잘못된 해석을 방지할 수 있다. 또한 각 변수들의 중요도를 비교하여 실제 분석모형을 설계할 때 데이터에 대한 통찰력(insight)을 가질 수 있다.

10.4.1 기술통계량

우리가 관심이 있는 데이터에 대해 통계적인 분석을 할 때, 가장 먼저 해야 할 일은 그것이 어떤 특성을 가지고 있는지를 파악하는 것이다. 데이터의 특성을 파악하는 가장 쉬운 방법은 수량화를 통해 데이터의 특성을 표현하는 것이다. 이러한 특성을 표현하는 것으로 다음과 같은 기술통계량들이 있다.

- **중심 위치 측도**: 평균, 중앙값, 최빈값
- **변이 측도(산포도)**: 분산, 표준편차, 범위, 사분위수, 변동계수

■ **상대적 위치 측도:** 사분위수, 백분위수, z-점수
■ **비대칭도, 첨예도:** 왜도, 첨도

위에서 열거한 중심 위치, 변이, 상대적 위치, 비대칭도 등의 통계량을 통칭하여 기술통계량이라고 한다. 중심 위치 측도는 자료 전체를 하나의 수치로 나타내는 것으로 자료의 분포를 대표하는 값이고, 변이 측도는 자료가 대푯값으로부터 얼마나 흩어져 있는가를 나타낸다. 비대칭도는 자료의 분포가 좌우로 얼마나 대칭적인지를 나타내는 통계량으로 비대칭의 방향과 그 정도를 나타내며, 첨예도는 자료의 분포에 대한 첨예의 정도를 나타내는 척도로 0에 가까울수록 정규분포와 비슷하며, 양의 값을 가지면 더 뾰족하고 음의 값을 가지면 더 편평하다는 의미이다.

이러한 통계량들은 어느 것이 더 좋고 나쁘다고 할 수는 없으며, 분석하고자 하는 목적과 자료에 대한 종합적인 판단을 통해 가장 적합한 측도를 이용하는 것이 최선이다.

Enterprise Guide에서는 연속형(continuous) 변수에 대한 기술통계량과 범주형(categorical) 변수에 대한 분포를 산출하기 위해서 요약통계량(PROC MEANS), 빈도분석(PROC FREQ), 분포분석(PROC UNIVARIATE) 등의 기능을 제공한다.

(1) 요약통계량

요약통계량은 숫자 변수에 대한 관측치 개수, 최댓값, 최솟값, 평균, 표준편차 등의 일변량 기초통계량을 산출하거나 모집단의 평균에 대한 t-검정 등을 수행할 수 있다. 요약통계량은 **MEANS 프로시저**를 사용한다.

예 10.15 요약통계량

'C:\SAS_Programming\SAS_Data' 폴더의 Fitness 데이터를 이용하여 Gender(성별)에 따라 Age(연령)와 Weight(몸무게)에 대한 요약통계량을 산출해 보자.

① 'C:\SAS_Programming\SAS_Data' 폴더의 Fitness 데이터를 불러온다.

② **작업(K) 〉 기술(B) 〉 요약통계량(S)**을 실행한다.

③ 요약통계량의 각 항목에서 분석에 필요한 옵션을 선택한다.

A. 데이터 항목에서는 성별로 분석하기 위해 분류변수로 Gender를 할당하고, 연령과 몸무게에 대한 기술통계량과 t-검정을 수행하기 위해 분석변수에 Age와 Weight 두 변수를 할당한다. 변수를 할당하는 방법은 할당하고자 하는 변수를 선택한 후 해당 작업 역할로 끌어다 놓기(drag & drop)한다.

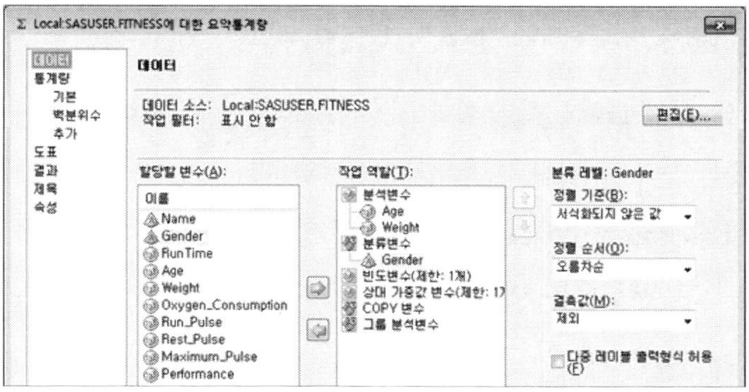

B. **통계량 〉 추가** 항목에서는 **평균의 신뢰한계**와 t **통계량과 P–값**의 체크박스에 체크한다.

C. **도표** 항목에서는 데이터에 대한 히스토그램과 상자수염도를 선택할 수 있는데, **상자수염도**를 선택한다.

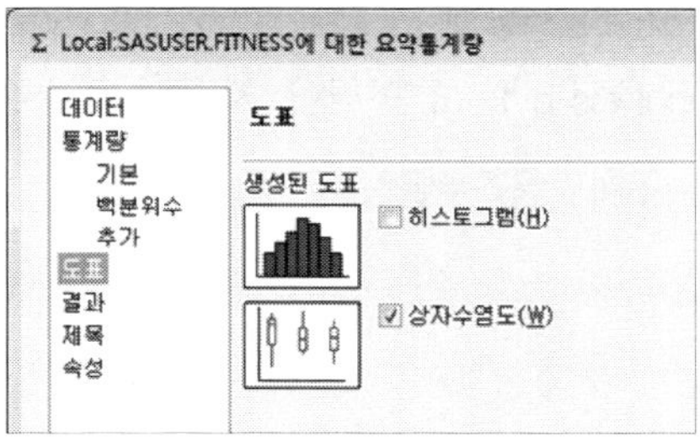

④ 선택을 모두 마치고 **실행(R)** 버튼을 클릭한다.

요약통계량 결과

Means 프로시저

Gender	관측치 수	변수	평균	표준편차	최솟값	최댓값	N	평균에 대한95% 신뢰하한	평균에 대한95% 신뢰상한	t 값	Pr > |t|
F	16	Age	47.3750000	5.0447993	38.0000000	57.0000000	16	44.6868162	50.0631838	37.56	<.0001
		Weight	72.9087500	7.1786506	59.0800000	85.8400000	16	69.0835171	76.7339829	40.63	<.0001
M	15	Age	48.0000000	5.6442132	38.0000000	57.0000000	15	44.8743389	51.1256611	32.94	<.0001
		Weight	82.2826667	6.6957849	69.6300000	91.6300000	15	78.5746646	85.9906687	47.59	<.0001

상자수염도

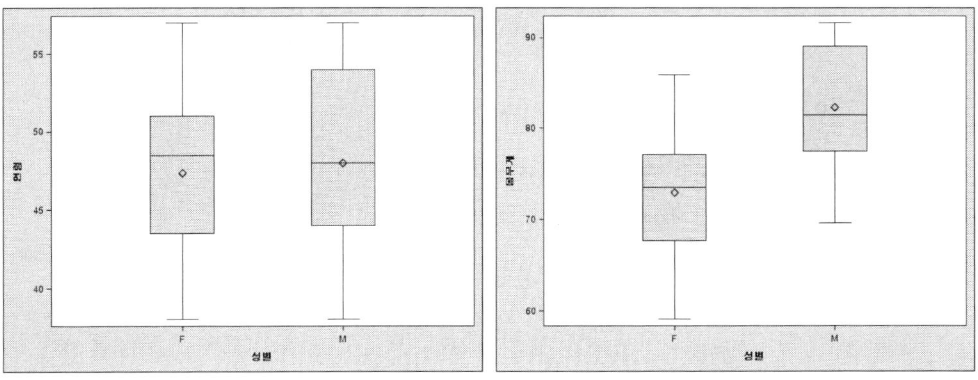

Note 요약통계량의 작업역할에 대한 각 변수의 의미

- **분석변수(Analysis Variables):** 이 역할에 지정하는 각 변수에 대해 통계량이 생성된다. 이 역할에는 변수를 하나 이상 할당해야 한다.
- **분류변수(Classification variables):** 이 역할에 할당된 변수는 데이터를 범주 또는 하위 그룹으로 분류하는 데 사용될 문자 또는 이산형 숫자 변수이다.
- **빈도변수(Frequency count):** 이 역할에 변수를 할당하면 테이블의 각 관측치가 개체수(빈도)를 나타낸다.
- **상대 가중값 변수(Relative weight):** 이 역할에 변수를 지정하면 각 관측치는 가중 평균, 가중 분산 및 가중합을 계산하는 데 사용된다.
- **COPY 변수(Copy variables):** 이 역할에 지정한 변수는 출력 데이터셋 변수로 추가된다.
- **그룹 분석변수(Group analysis by):** 이 역할에 지정된 변수는 그룹 분석변수의 값 조합에 대해 별도의 통계량을 계산하는 데 사용된다.

(2) 일원빈도분석

일원빈도분석은 범주형 변수에 대하여 빈도를 측정하는 것을 통해 빈도분석을 할 수 있을 뿐만 아니라 분할표(contingency table)에 대한 카이제곱 검정을 할 수 있다. 일원빈도분석은 **FREQ 프로시저**를 사용한다.

예 10.16 성별에 대한 일원빈도분석

Fitness 데이터를 이용하여 Gender(성별)에 대한 일원빈도분석을 수행하여 보자.

① Fitness 데이터를 클릭하여 활성화 한다.

② **작업(K) 〉 기술(B) 〉 일원빈도분석(O)**을 실행한다.

③ 일원빈도분석의 각 항목에서 분석에 필요한 옵션을 선택한다.

A. **데이터** 항목에서는 빈도분석에 사용될 Gender(성별)를 **분석변수**에 할당한다.

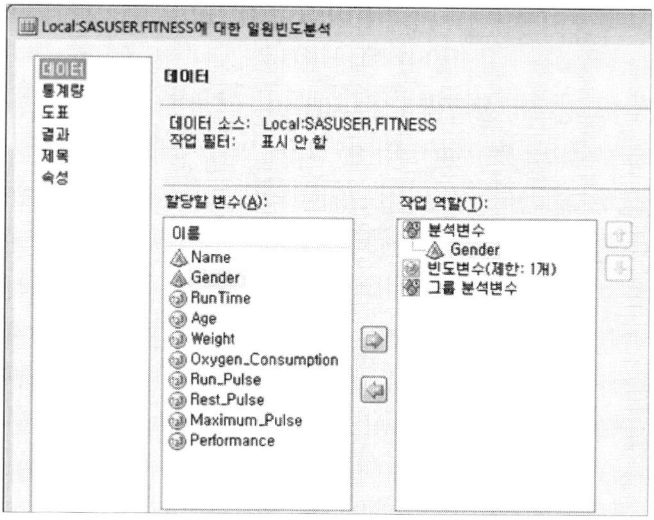

B. **통계량** 항목에의 **빈도테이블 옵션**에서 **빈도와 백분율(E)**을 선택한다.

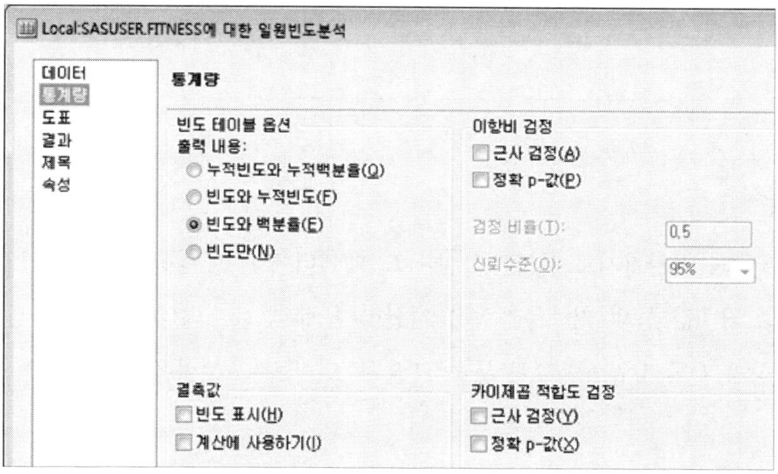

- **빈도 테이블 옵션**: 일원빈도 테이블에 포함할 통계량을 선택한다.
- **결측값**: 결측값을 빈도 테이블에 포함시키는 옵션이다. 그리고 결측값 빈도를 이항 또는 카이제곱 검정에 포함하려면 계산에 사용하기(I)에 체크한다.
- **카이제곱 적합도 검정**: 근사 검정(Y)이나 정확 p-값(X) 계산을 체크할 수 있다.
- **정확검정**: 정확 p-값을 계산하며, 이것은 시간과 메모리가 많이 소요될 수 있다.

C. **도표** 항목에서 출력값에 대한 막대 그래프의 모양을 선택하는데, **세로방향(V)**에 체크한다.

D. **결과** 항목에서는 결과값에 대해 새로운 데이터셋을 생성하거나 출력 데이터의 순서를 정할 수 있다. 데이터셋을 생성할 필요가 없으므로 그대로 유지한다.

④ **실행(R)** 버튼을 눌러 분석을 실행하면 다음과 같은 결과를 얻는다.

일원빈도분석 결과

FREQ 프로시저

Gender	빈도	백분율
F	16	51.61
M	15	48.39

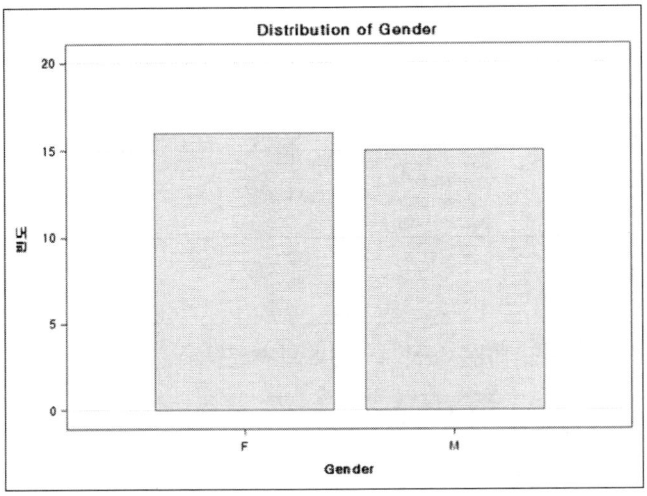

(3) 분포분석

요약통계량과 마찬가지로 분포분석 메뉴도 데이터에 대한 평균, 분산, 중앙값, 사분위수, 최솟값, 최댓값 등의 기초통계량을 계산하며, 분석 데이터의 정규성 검정과 줄기-잎 그림, 상자그림, 정규확률그림 등을 그릴 수 있다. 분포분석은 **UNIVARIATE 프로시저**를 사용한다.

예 10.17 몸무게에 대한 분포분석

`Fitness` 데이터의 `Weight`(몸무게)가 정규성을 만족하는지 분포분석을 수행하여 보자.

① Fitness 데이터를 클릭하여 활성화 한다.

② **작업(K) 〉 기술(B) 〉 분포분석(D)**을 실행한다.

③ 분포분석의 각 항목에서 분석에 필요한 옵션을 선택한다.

A. **데이터** 항목에서는 Weight(몸무게)를 **분석변수**에 할당한다.

B. **분포 〉 요약** 항목에서는 검정하고자 하는 분포를 다중으로 선택할 수 있다. 여기서는 정규분포를 따르는지 확인하기 위해 사용 가능한 분포에서 **정규(N)**에 체크한다.

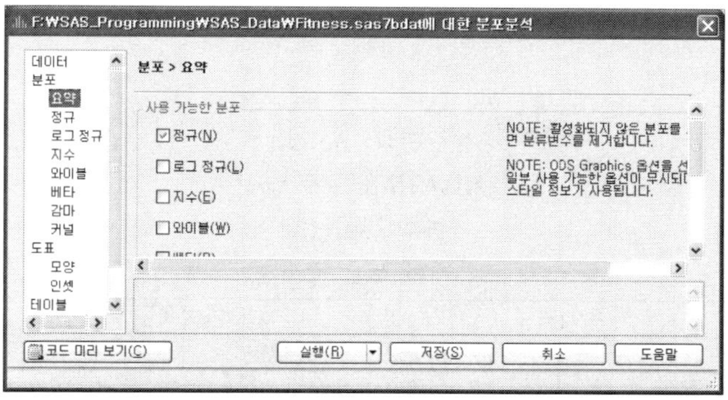

C. **도표 〉 모양** 항목에서는 데이터의 분포를 시각적으로 확인하기 위해 다양한 도표를 제공한다. 여기서는 데이터의 정규성을 확인하기 위해 **Q-Q 도표(Q)**를 체크한다.

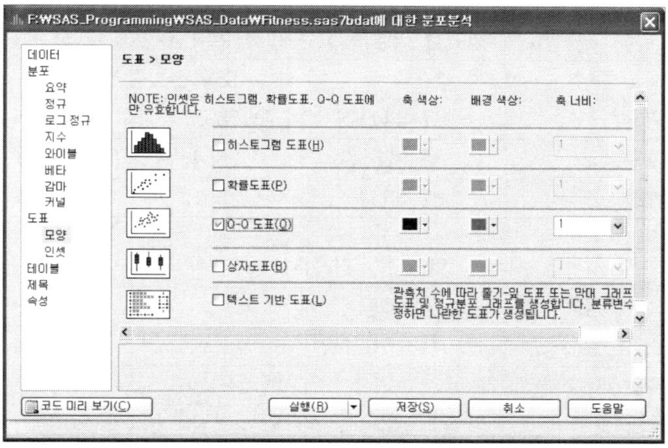

D. **테이블** 항목에서는 다양한 통계량을 얻을 수 있는데, 요약통계량에서 계산할 수 있는 기초 통계량뿐만 아니라 위치모수에 대한 검정이나 정규성 검정도 가능하다. 여기서는 목적에 따라 **정규성 검정**을 추가로 체크한다.

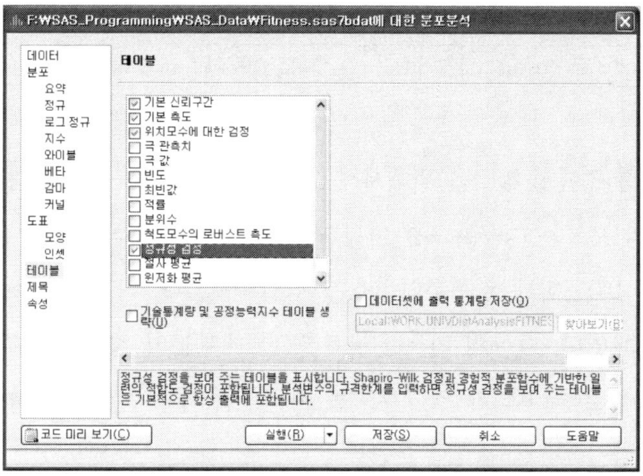

④ 선택을 모두 마치고 **실행(R)** 버튼을 누르면 다음과 같은 결과를 얻는다.

분포분석: Weight
UNIVARIATE 프로시저
변수: Weight

기본 통계 측도			
위치측도		변이측도	
평균	77.44452	표준편차	8.32857
중위수	77.45000	분산	69.36504
최빈값	73.37000	범위	32.55000
		사분위 범위	9.75000

Note: 표시된 최빈값은 4개의 최빈값(개수: 2) 중에 가장 작습니다.

정규성 가정하 기본 신뢰 한계			
모수	추정값	95% 신뢰한계	
평균	77.44452	74.38957	80.49946
표준편차	8.32857	6.65546	11.13257
분산	69.36504	44.29512	123.93421

위치모수 검정: Mu0=0				
검정	통계량		p-값	
스튜던트의 t	t	51.77275	Pr > |t|	<.0001
부호	M	15.5	Pr >= |M|	<.0001
부호 순위	S	248	Pr >= |S|	<.0001

정규성 검정				
검정	통계량		p-값	
Shapiro-Wilk	W	0.979926	Pr < W	0.8106
Kolmogorov-Smirnov	D	0.072234	Pr > D	>0.1500
Cramer-von Mises	W-Sq	0.018724	Pr > W-Sq	>0.2500
Anderson-Darling	A-Sq	0.158197	Pr > A-Sq	>0.2500

분석변수에 대한 정규성 검정을 위해서는 여러 가지 통계량을 제시하는데, 여기서 귀무가설은 'Weight의 분포는 정규분포를 따른다.'이다. 제시된 유의확률들이 모두 0.05보다 크므로 유의수준 0.05 하에서 귀무가설을 기각할 수 없다. 따라서 Weight는 정규성을 따른다고 말할 수 있다. 다음의 Q-Q 도표 또한 대부분의 점들이 대각선의 정규분포 참조선에 근접하므로 데이터가 정규분포를 따른다는 것을 알 수 있다.

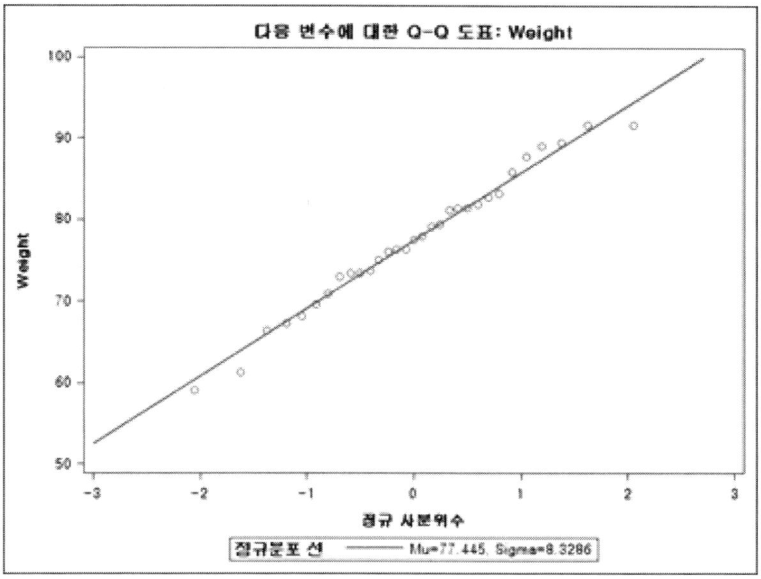

10.4.2 산점도 행렬

설명변수에 대한 산점도 행렬을 그리는 방법으로는 그래프 기능도 있지만, 그래프의 산점도 행렬 기능을 이용하면 변수들의 조합에 따른 산점도를 그래프로 표현해 준다. 산점도 행렬은 10.5절의 **SGSCATTER 프로시저**를 이용한다.

예 10.18 성별에 대한 산점도 행렬

Fitness 데이터를 이용하여 남녀 성별에 따른 산점도 행렬 그래프를 그려 보자.

① Fitness 데이터를 클릭하여 활성화한다.

② 메뉴바의 **작업(K) 〉 그래프(G) 〉 산점도 행렬(C)**을 차례로 선택한다.

③ 산점도 행렬 설정을 위해 산점도 행렬 대상 팝업 창이 나오면 다음과 같이 설정한다.

A. **행렬 변수** 항목의 드롭다운 버튼을 클릭하여 **칼럼 역할(R)**의 **행렬 변수**에 출력하고자 하는 설명변수를 할당하고, **확인** 버튼을 누른다. 여기서는 RunTime 변수부터 Performance 변수까지 총 8개의 변수를 선택한다.

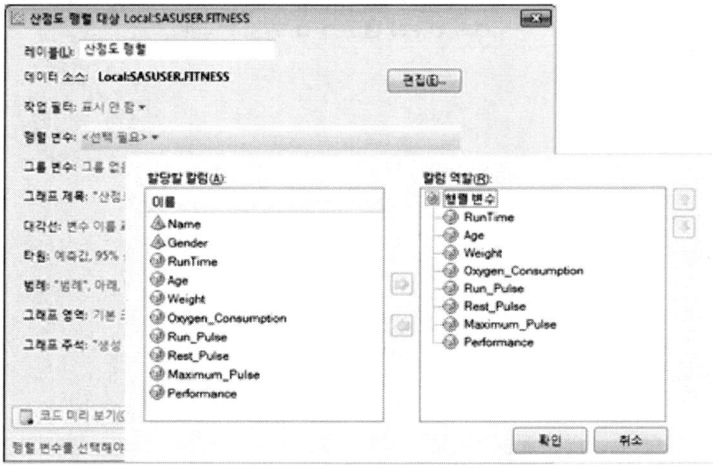

B. **그룹 변수** 항목에서 산점도를 성별에 따라 구별하기 위해 Gender를 선택하고, **확인** 버튼을 누른다.

④ **실행(R)** 버튼을 누르면 다음과 같은 결과를 얻는다.

산점도 행렬

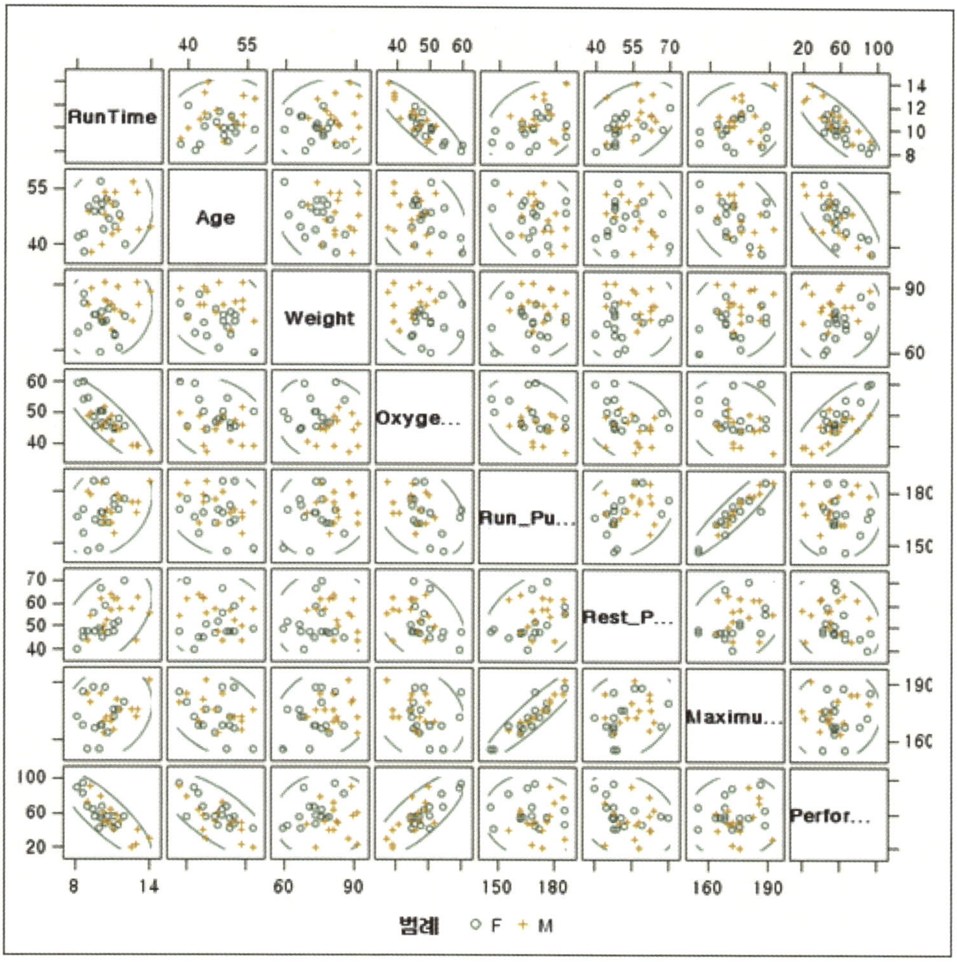

Note 산점도 행렬 그래프의 주요 옵션

- **데이터 소스(Data Source)**: 산점도 행렬에서 사용할 데이터셋을 지정하며, 데이터셋이 저장되어 있는 라이브러리 및 이름을 데이터 소스 필드에서 확인할 수 있다. 다른 데이터로 변경하고 싶을 경우에는 편집 버튼(편집(E)...)을 이용하여 변경한다.
- **작업 필터(Task Filter)**: 작업 필터가 '표시 안 함'으로 되어 있을 때에는 입력 데이터셋 전체로 산점도 행렬을 출력한다. 그러나 사용자가 특정 대상에 대한 산점도에 관심이 있는 경우에는 작업 필터 옵션에서 해당 조건을 입력하여 산점도 행렬을 출력한다.

- **행렬 변수(Matrix Variables)**: 산점도 행렬 그래프에 출력될 변수를 지정하며, 반드시 두 개 이상의 변수가 할당되어야 한다.
- **그룹 변수(Group Variables)**: 출력되는 산점도가 그룹 변수의 범주에 대해 다른 색깔의 범례로 구별된다. 예를 들어, 성별을 그룹 변수로 설정하는 경우 남자와 여자별로 다른 색깔의 범례로 분리되어 산점도로 출력된다.
- **대각선(Diagonal)**: 산점도 행렬 그래프의 대각 행렬에 히스토그램, 커널밀도함수 추정값, 정규 밀도함수 추정값과 같은 도표를 추가할 수 있다.
- **타원(Ellipse)**: 산점도 행렬의 각 셀별 신뢰수준의 타원이 추가적으로 그려진다. 평균을 선택하면 각 변수별 평균의 신뢰수준에 대한 타원이 표시되며, 예측값을 선택하면 상관분석과 마찬가지로 신뢰수준에 대한 예측타원이 표시된다.

10.4.3 데이터 필터링(정제)

분석결과를 얻기 위해 각 변수들을 요약, 시각화하여 데이터를 필터링하는 과정이 필요하다. 데이터 필터링이란 데이터를 분석 목적에 맞게 데이터를 추출하거나 일관성이 없고 오류가 있는 데이터를 처리하는 과정이다. 따라서 데이터 필터링을 통해 데이터의 무결성과 품질을 보장해야 한다. 이렇게 필요한 데이터를 필터링하기 위해서는 **질의 빌더** 작업을 이용한다. 이것을 이용하여 데이터를 필터링하는 방법에 대하여 알아보자.

예 10.19 데이터 필터링

Fitness 데이터를 이용하여 성별이 여성(F)인 데이터만을 필터링하여 새로운 데이터를 생성해 보자.

① Fitness 데이터를 클릭하여 활성화한다.

② 메뉴바의 **작업(K) 〉 데이터(D) 〉 질의 빌더(Q)**를 선택한다.

③ **출력 이름**(데이터셋을 저장할 이름)을 지정한다. 여기서는 EDU.FITNESS_FEMALE로 입력한다.

④ 왼쪽 변수 리스트에 있는 모든 칼럼을 데이터 선택 영역으로 끌어다 놓는다. 모든 칼럼을 가져올 경우에는 t1(FITNESS) 테이블을 끌어다 놓는다.

⑤ 여성을 필터링하기 위해서는 **데이터 필터** 탭을 클릭하고 왼쪽 변수 리스트에서 Gender (성별)을 **데이터 필터** 영역으로 끌어나 놓는다.

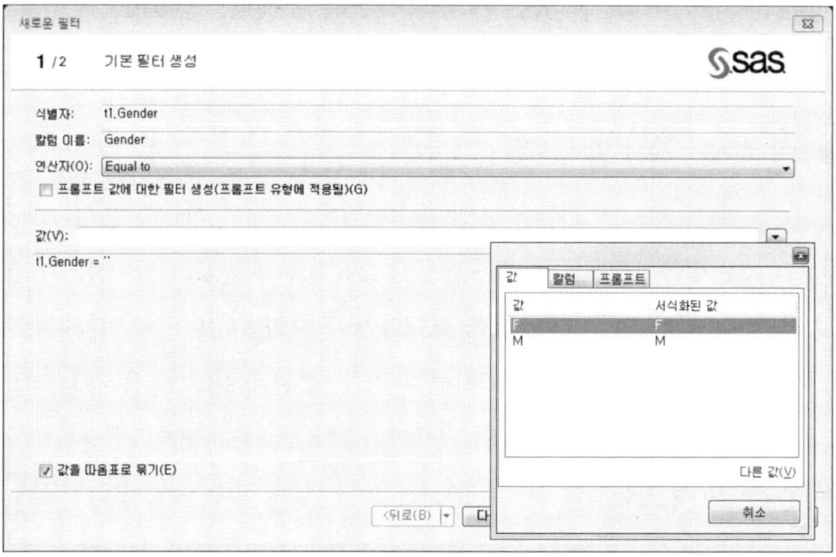

⑥ 조건을 완성하기 위해 **값(V)** 항목에 'F'를 입력하거나 오른쪽 끝의 버튼(▼)을 클릭한 후 **값 〉 값 가져오기(V)**를 클릭하면 Gender가 가지는 값들이 화면에 나타난다. 여기에서 'F'(필터링하고자 하는 값)를 더블클릭하면 필터 입력 부분에 값이 입력된다. **값 가져오기(V)**를 이용하는 것의 장점은 'F', 'f', 'Female' 등이 모두 여성을 의미하지만, 데이터에 저장되어 있는 값과 정확하게 매칭되지 않으면 다르다고 판단하기 때문에 생길 수 있는 오류를 줄일 수 있다는 것이다.

⑦ 설정을 모두 마치고 **실행(R)**을 클릭하면 성별(Gender)이 여성(F)으로 필터링된 새로운 EDU.FITNESS_FEMALE 데이터가 생성된다.

10.4.4 SAS 프로그램을 작성하고 실행하기

Enterprise Guide의 작업 기능을 통해 SAS 프로그램 없이도 대부분의 많은 분석을 수행할 수 있지만, 작업으로 정의되지 않은 분석을 프로그래밍을 통해 수행하고 싶거나, 이미 사용자가 작성해 둔 SAS 코드를 수행하고 싶은 경우가 발생할 수 있다. SAS 프로그래밍 환경에서도 Enterprise Guide는 전통적인 Base SAS에 비해 편리한 여러 기능들을 제공하고 있다.

(1) 새로운 SAS 프로그램 작성하기

새로운 SAS 프로그램을 만들기 위해서 메뉴바의 **파일(F) 〉 새로 만들기(N) 〉 프로그램(P)**을 선택하면, 빈 프로그램 창이 작업 공간에 열리게 된다. Enterprise Guide의 프로그램 편집기는 문법에 반응하기 때문에 SAS 키워드는 파란색, 코멘트는 초록색, 큰 따옴표 안의 문자열은 자홍색으로 표시된다.

(2) 자동화된 키워드 제시 및 도움말

키워드 자동 제시(Auto Completion 또는 자동 구문 완성) 기능은 Enterprise Guide 4.3 버전부터 새롭게 추가된 기능으로, SAS 프로그래밍 환경을 보다 편리하고 효율적으로 만들어 준다. 사용자가 코드 창에서 SAS 코드의 일부를 입력하면 입력 가능한 후보 키워드를 Enterprise Guide가 자동으로 제시해 주며, 관련된 도움말도 즉시 확인해 볼 수 있다. 예를 들어, 아래의 그림에서처럼 사용자가 코드인 pr을 입력하면 pr로 시작하는 다양한 후보 키워드가 자동으로 제시되는 것을 볼 수 있다. 또한 나열된 키워드에 마우스

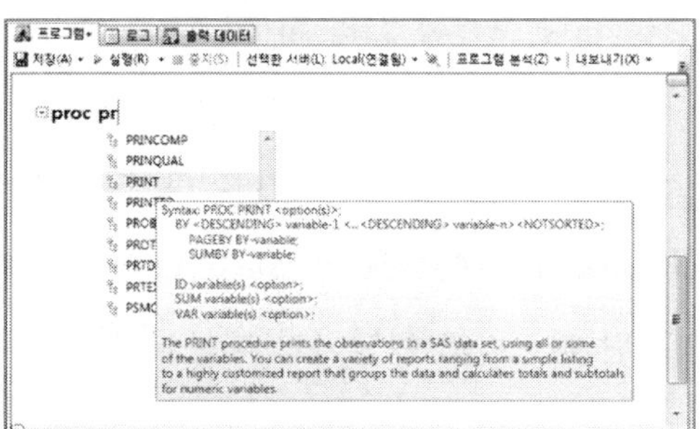

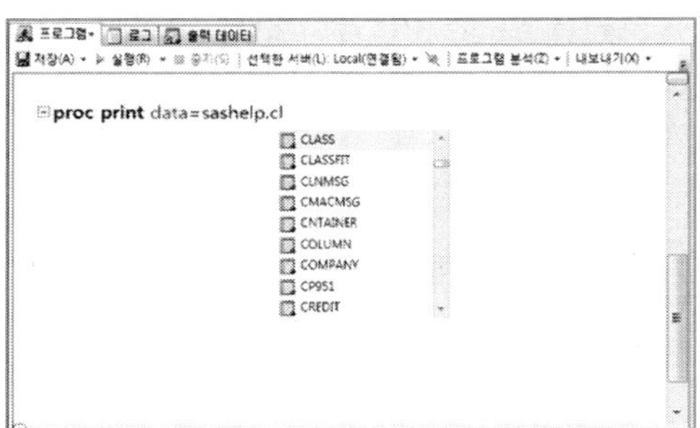

를 가져가면 자동으로 도움말이 나타나므로, 일일이 도움말을 찾아보는 수고를 덜 수 있게 해 준다.

자동으로 제시되는 키워드는 프로그래밍 구문뿐만 아니라 대상 라이브러리 및 라이브러리 내의 테이블 목록도 포함되므로, 원하는 데이터를 빠르고 손쉽게 찾아낼 수 있다. 또한 프로그램 편집 창에서 사용 가능한 키워드 자동 제시와 관련된 단축키는 다음과 같다. 아래의 단축키를 사용하면 사용자가 원하는 키워드 자동 제시 창을 나타낼 수 있다.

동작	단축키
현재 위치에서 키워드 자동 제시 창이 나타남	CTRL + space bar
SAS 함수 목록이 나타남	CTRL + Shift + F1
매크로 함수 목록이 나타남	CTRL + Shift + F2
현재 사용 가능한 라이브러리 목록이 나타남	CTRL + L
SAS 인포맷 목록이 나타남	CTRL + Shift + I
SAS 포맷 목록이 나타남	CTRL + Shift + F
컬러 선택을 위한 목록이 나타남	CTRL + Shift + C
통계적 키워드 목록이 나타남	CTRL + Shift + K
스타일 요소 목록이 나타남	CTRL + Shift + F3
스타일 속성 목록이 나타남	CTRL + Shift + F4
DATA 스텝 문장을 통해 생성되는 데이터셋의 이름이 나타남	CTRL + D

참고 Enterprise Guide의 작업 vs. SAS 프로시저

작업 중분류	작업 소분류	SAS 프로시저
데이터	필터 및 정렬	SQL
데이터	질의 빌더	SQL
데이터	데이블 추가	SQL
데이터	데이터 정렬	SORT
데이터	출력형식 생성	FORMAT
데이터	데이터셋에서 출력형식 생성	FORMAT
데이터	전치	TRANSPOSE
데이터	칼럼 분할	TRANSPOSE
데이터	칼럼 세로 배열	TRANSPOSE
데이터	확률표본	SURVEYSELECT
데이터	순위 계산	RANK
데이터	데이터 표준화	STANDARD
데이터	데이터셋 속성	DATASETS
데이터	데이터 비교	COMPARE
데이터	데이터셋 및 출력형식 삭제	DELETE
데이터	데이터 파일을 서버에 업로드	DATA STEP
데이터	데이터 파일을 컴퓨터에 다운로드	DATA STEP
데이터	JMP 파일 가져오기	IMPORT
데이터	SPSS 파일 가져오기	IMPORT
데이터	STATA 파일 가져오기	IMPORT
기술	데이터 리스트	PRINT
기술	요약통계량 마법사	MEANS
기술	요약통계량	MEANS
기술	요약테이블 마법사	TABULATE
기술	요약테이블	TABULATE
기술	리스트 리포트 마법사	REPORT
기술	데이터 특성화	CONTENTS, UNIVARIATE, FREQ
기술	분포분석	UNIVARIATE
기술	일원빈도분석	FREQ
기술	테이블 분석	FREQ
그래프	막대 그래프 마법사	GCHART
그래프	막대 그래프	GCHART
그래프	원 그래프 마법사	GCHART
그래프	원 그래프	GCHART
그래프	선도표 마법사	GPLOT
그래프	선도표	GPLOT
그래프	산점도	GPLOT, G3D
그래프	산점도 행렬	SGSCATTER
그래프	영역도표	GPLOT
그래프	막대-선 그래프	GBARLINE
그래프	버블도표	GPLOT
그래프	도넛 그래프	GCHART
그래프	등고선도표	GCONTOUR
그래프	상자도표	GPLOT
그래프	레이더그래프	GRADAR
그래프	표면도	G3D
그래프	타일 그래프	GTILE
그래프	지도그래프	GMAP
그래프	지도용 데이블 생성	GPROJECT

10.5 연습문제

10-1 <예 10.3>의 방법을 이용하여 'C:\Program Files\SASHome\SASEnterpriseGuide\4.3\Sample\Data' 폴더의 as_products.xls 파일을 SAS 데이터셋으로 생성해 보아라(라이브러리: EDU, 데이터셋 이름: as_products).

10-2 <예 10.10>에서 범주이름을 아래와 같이 사용자 출력형식을 지정하여 원 그래프를 생성해 보아라(출력형식 이름: Category_format).

범주 ID	범주
1	Beverages
2	Condiments
3	Confections
4	Dairy Products
5	Grains/Cereals
6	Meat/Poultry
7	Produce
8	Seafood

10-3 sashelp.fish 데이터를 이용하여 어종(Species)에 따른 무게(Weight)의 요약통계량과 상자수염도를 출력하여 결과를 비교하여라.

10-4 sashelp.gas 데이터를 이용하여 연료(Fuel)의 빈도분석을 수행한 후 결과를 해석하여라.

10-5 sashelp.cars 데이터를 이용하여 자동차 생산국(Origin)이 Europe인 경우를 필터링하여 데이터를 생성하여라.

10-6 문제 5번에서 필터링한 데이터를 이용하여 차를 생산하는 회사(Make)의 빈도분석을 수행하고 결과를 해석하여라.

10-7 문제 5번에서 필터링한 데이터를 이용하여 다음과 같은 요약테이블을 생성하여라.

		Horsepower	Engine Size (L)	MPG (City)	MPG (Highway)
Make	Type	평균	평균	평균	평균
Audi	Sedan	238.46	3.07	18.62	25.92
	Sports	276.25	2.75	19	26.75
	Wagon	280	3.6	16.5	23
BMW	SUV	275	3.7	16	22.5
	Sedan	232.31	3.13	19.23	28.08
	Sports	268.75	2.98	18.25	26
	Wagon	184	2.5	19	26
Jaguar	Sedan	289.5	3.69	17.75	26.13
	Sports	342	4.2	17	24.5
Land Rover	SUV	224.33	3.83	14	17.67
MINI	Sedan	139	1.6	26.5	35.5
Mercedes-Benz	SUV	290	5	13.5	15.5
	Sedan	259.13	3.7	18.06	24.63
	Sports	365.8	4.3	16.2	22.8
	Wagon	230.33	3.6	18	25.33
Porsche	SUV	340	4.5	14	18
	Sports	318	3.38	18	25.83
Saab	Sedan	218.33	2.1	20.67	28.83
	Wagon	250	2.3	19	29
Volkswagen	SUV	220	3.2	15	20
	Sedan	204.09	2.83	22	29.27
	Wagon	185	2.6	21.33	28.67
Volvo	SUV	268	2.9	15	20
	Sedan	226	2.47	20	27.11
	Wagon	189	2.2	21	28
Total		251.89	3.21	18.73	26.01

찾아보기

ㄱ

ㄴ

ㄷ

ㄹ

ㅂ

ㅂ

ㅅ

l

m

n

o

p

q

r

s

저자 소개

강현철
고려대학교 대학원 통계학과 박사
호서대학교 빅데이터AI학부 교수
e-mail: hychkang@hoseo.edu

최병정
고려대학교 대학원 통계학과 박사
하나카드 데이터본부 본부장/상무
e-mail: byoungjeong.choi@gmail.com

김기영
미 조지아대학교 대학원 통계학과 박사
고려대학교 통계학과 교수
e-mail: kykim@korea.ac.kr

최병진
고려대학교 대학원 통계학과 박사
경기대학교 경제학부 응용통계학전공 교수
e-mail: bjchoi92@kyonggi.ac.kr

예제로 배우는

SAS 프로그래밍 입문 제2판

저　　자　강현철 · 최병정 · 김기영 · 최병진
발 행 인　김지영
발 행 처　자유아카데미
주　　소　경기도 파주시 회동길 37-42
　　　　　파주출판도시
전　　화　031-955-1321
팩　　스　031-955-1322
홈페이지　www.freeaca.com
전자우편　main@freeaca.com (대표)
　　　　　editor@freeaca.com (편집)
　　　　　crm@freeaca.com (영업)
등　　록　제406-2003-017호, 1980. 7. 12
제2판1쇄　2023년 10월 31일 발행
제2판2쇄　2024년　7월 25일 발행

ISBN 979-11-5808-532-2　93310